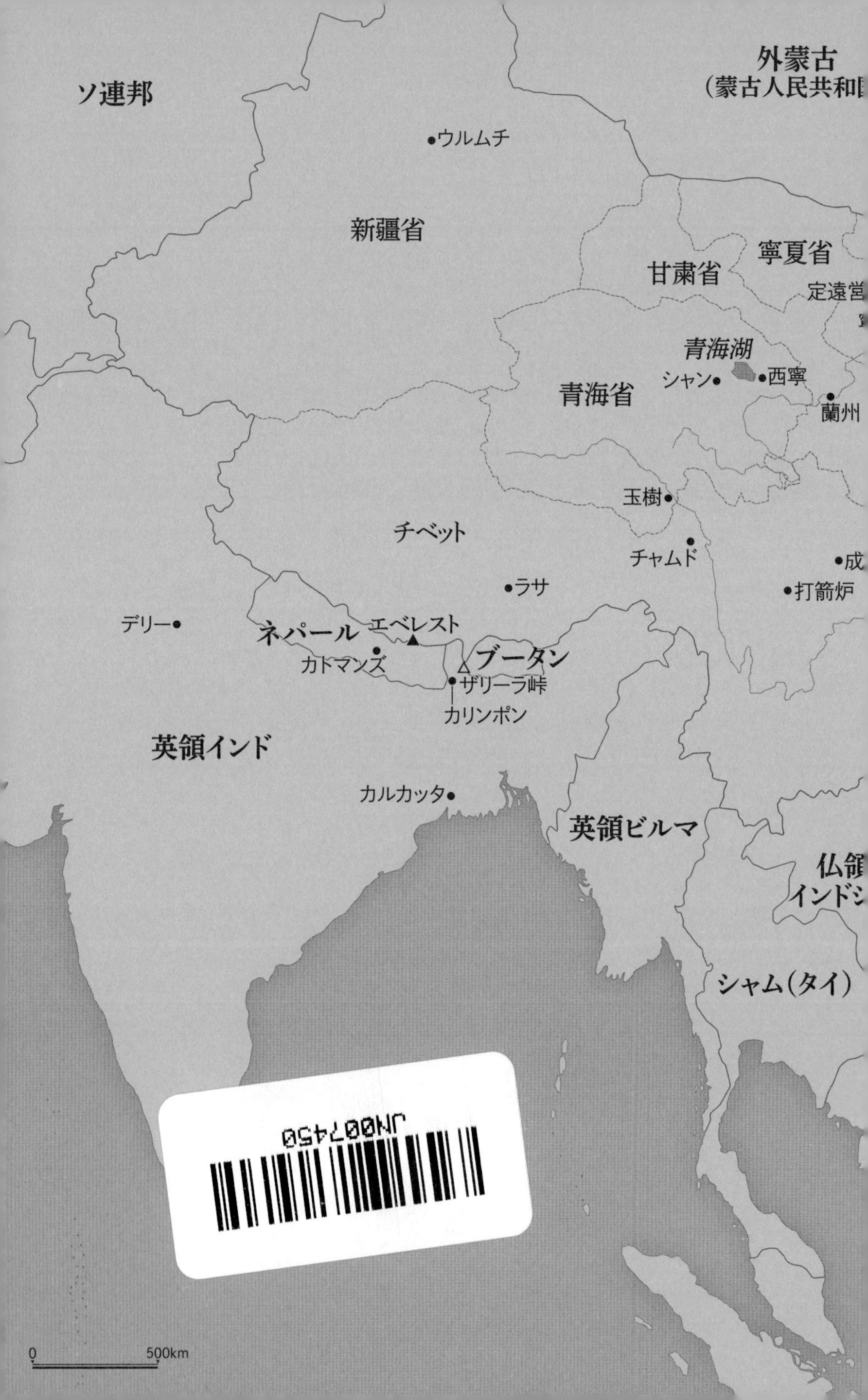
外蒙古
(蒙古人民共和
ソ連邦
ウルムチ
新疆省
寧夏省
甘粛省
定遠営
青海湖
シャン
西寧
青海省
蘭州
玉樹
チベット
チャムド
成
ラサ
打箭炉
デリー
ネパール
エベレスト
カトマンズ
ブータン
ザリーラ峠
カリンポン
英領インド
カルカッタ
英領ビルマ
仏領
インドシ
シャム(タイ)
0
500km

天路の旅人

沢木耕太郎

新潮社

天路の旅人　目次

装画　吉川 優《夏日》1992年～2015年
郷さくら美術館蔵
装幀　緒方修一

地図制作　株式会社アトリエ・プラン

天路の旅人

序章　雪の中から

いまから四半世紀前の初冬のことだった。

ある寒い日の午後、私は東北新幹線に乗り、東京から盛岡に向かっていた。

仙台を過ぎ、盛岡に近づくにつれ、重く垂れ込めていた空から雪がちらつきはじめた。

それにぼんやり眼を向けているうちに、不意に胃の辺りが収縮するような感じを覚えた。

痛みとは違う。仕事で初めての人を訪ねるとき、その直前に決まって味わうことになる、一種の緊張感からくるものだ。

私は、その日の夕方、盛岡で初めて会う人を訪ねることになっていた。

確かに、いつでも、初めての人と会うときは緊張する。その人がどのような人なのか、どのように話が流れていってくれるのか。何年、何十年と、人と会うことから始まる仕事を続けながら、いつまでも慣れることのない緊張をする。


その日、私が会うことになっていたのは、西川一三《かずみ》という名の、あと二、三年で八十歳になろうかという老人だった。

西川一三は、第二次大戦末期、敵国である中国の、その大陸の奥深くまで潜入したスパイである。当時の日本風に言えば諜報員だが、西川は自らのことを「密偵」と呼んでいる。

二十五歳のとき、日本ではラマ教といわれていたチベット仏教の蒙古《もうこ》人巡礼僧になりすまし、日本の勢力圏だった内蒙古を出発するや、当時の中華民国政府が支配する寧夏《ねいか》省を突破し、広大な青海《せいかい》省に足を踏み入れ、中国大陸の奥深くまで潜入した。

しかも、第二次大戦が終結した一九四五年（昭和二十年）以後も、蒙古人のラマ僧になりすましたまま旅を続け、チベットからインド亜大陸にまで足を延ばすことになる。そして、一九五〇年（昭和二十五年）にインドで逮捕され日本に送還されるまで、実に足掛け八年に及ぶ長い年月を、蒙古人「ロブサン・サンボー」として生きつづけてきたのだ。

その壮大な旅の一部始終は、帰国後自らが執筆した『秘境西域八年の潜行』という書物に記されている。

この著作は、その旅の長さにふさわしく、分厚い文庫本で全三冊、総ページ数で二千ページに達しようかという長大なものである。


私が西川一三という人物に興味を覚えたのは、密偵や巡礼としての旅そのものというより、日本に帰ってきてからの日々をも含めたその人生だったかもしれない。

戦争が終わって五年後に日本に帰ってきた西川は、数年をかけて『秘境西域八年の潜行』を書き上げると、あとはただひたすら盛岡で化粧品店の主としての人生をまっとうしてきたという。

そこには、強い信念を抱いて生きてきたに違いない、ひとりの旅の達人、いや人生の達人がいるように思えた。

会ってみたいと思うようになって、何年かが過ぎていたが、岩手の一関《いちのせき》に仕事で行ったとき、地元の新聞の「戦後史を考える」というような連載記事の中に、たまたま西川のことが出ていた。そこには、西川の「姫髪《ひめかみ》」という店の名前が載っていて、記憶に残った。

それからしばらくした初冬のある日、東京の仕事場で、どういうつもりもないまま、その店名から電話番号を調べると、すぐにわかって逆に驚かされた。そして、思った。これはいい機会なのかもしれない。電話を掛け、もし許されるなら会わせてもらおうか……。

思い切って電話をすると、すぐに、くぐもった声の男性が応対に出てくれた。

それが西川一三だった。

私は、突然電話を掛ける非礼を詫びたあとで名前を名乗り、自分の仕事について説明をし、できればお会いできないだろうかと訊ねた。しかし、そこでは、注意深く「取材」という言葉を使わなかった。実際、それが何かの具体的な仕事につながるかどうかわからなかったからだ。わかっていることは会いたいということだけだった。会って、話をしてみたい。それを具体的にどうしたいのかまではわかっていなかった。

盛岡に伺うので暇な時間にお会いいただけないか。私が頼むと、西川はいとも簡単に引き受けてくれた。

「いいですよ」

だが、それに付け加えてこう言った。

「私には休みというのがないんです。元日だけは休みますけど、一年三百六十四日は働く。だから、誰かのために特別に休んだり、時間を取るというわけにはいかないんです。毎日、午前九時から午後五時までは仕事をします。それでよければ、いつでもかまいません」

私は、一年のうち一日しか休まないと淡々とした口調で言う西川に一瞬言葉を失いかけたが、すぐに気持を立て直して訊ねた。

「では、午後五時以降ならお会いいただけますか」

西川は、その時間帯なら問題ないと言う。そこで、私は今週の土曜の夜はいかがだろうかと訊ねた。それに対しても、西川はまったく問題がないと答えた。

私が、午後五時以降に店を訪ねるつもりで、盛岡駅からの道順を訊ねると、西川は言った。

「それだったら、盛岡駅に着いたところで電話をしてください。こちらから駅まで出向きますから」

それは申し訳ないからと固辞したのだが、その方が面倒が少ないからと言われて、従うことにした。


盛岡に近づく新幹線の中で、私はしだいに暗くなっていく窓の外を眺めながら、実際に会う前から西川に威圧感のようなものを覚えていることに気がついていた。

若いとき、戦中から戦後にかけての混沌とした一時期、たったひとりでアジア大陸の中国からインドまでの広大な地域を旅してきた人物。そして、その旅については長大な一編を著しただけで、あとはひっそりと東北の一都市で商店主として人生を終えようとしている。

そこには、鋼のように硬質な、あるいは胡桃《くるみ》の殻のように堅牢な人生が存在しているかのように思える。立ち向かっていっても、簡単にはじき返されてしまうのではないだろうか……。

午後五時過ぎ、盛岡駅に着いた私は、改札口を出るとすぐ西川に電話をした。

当時はまだ携帯電話を持っていなかったはずだから、構内の公衆電話から掛けたと思われる。

ベルが鳴るとすぐに出てくれた西川は、私がいる改札口を確認すると、これから向かうので少し待っていてくれと言った。

互いに初対面なのでまごつくかもしれないと心配していたが、電話を切ったあとで、改札口付近で待ち合わせをしているような人がまったくいないことに安心した。これなら間違えることはないだろう。

十五分くらい待っただろうか、ジャンパー姿の長身の男性がこちらに歩いてくるのが見えた。それが西川だということはすぐにわかった。化粧品店の店主というより、町工場の親父というような雰囲気だったが、単に長身だというだけではない独特の存在感があった。私は駆け足で近づき頭を下げた。

「沢木です」

「西川です」

雪の中を歩いてきたのか、溶けかかった雪が頭髪にいくつかついている。

西川は、八十歳近いというのに、老人と言ってしまうのはためらわれるほど元気そうだった。身長は百八十センチの私とほぼ同じくらいある。しかも、体つきは、私よりがっちりしている。大正生まれの人としては、かなりの大男の部類だったろうと思える。

その上、軽快なジャンパー姿であることがいかにも仕事においての現役感をかもし出していた。どういうところで話をしたらいいか。私は新幹線の中で考えていたとおりのことを提案した。

「一杯飲みながらというのはいかがですか」

西川が酒好きなことは『秘境西域八年の潜行』を読めばすぐにわかる。問題は、その若いときの好みが、齢《とし》を取っても変わっていないかどうかということだ。

私が提案すると西川は頷《うなず》き、この構内に居酒屋風の和食屋があるはずだと言う。私は西川に案内してもらい、その店に行くことにした。

店は、旅行客が目当てなのか、市内の住人を相手にしているのか曖昧な、いささか中途半端な店だったが、逆に、気の置けない安直さがあった。

四人掛けのテーブルに向かい合って座った私たちは、最初から酒を飲むことにした。西川が、ビールは飲まないと言ったからだ。

一合入りの銚子をそれぞれ貰い、手酌で飲むことにした。

それを決めてから、メニューを渡して肴《さかな》を選んでもらおうとしたが、西川は何もいらないと言ってメニューを見ようとしなかった。のちにメニューを見ようとしないのは、薄暗い店内では視力が弱いためほとんど見えないからだと知るようになるが、そのときは遠慮をしているのかもしれないと思った。何も食べずに酒だけというのは店にも悪いような気がするし、私がどちらかといえば酒はおいしいものを食べながら飲みたい口だということもあった。

そこで、私はメニューをゆっくりと読み上げ、その中の二、三品を西川に選んでもらおうとした。

すると、いくつも読み上げないうちに、西川が言った。

「もずくと揚げ出し豆腐をお願いします」

「その他には？」

そう言いながら、魚料理の欄を読み上げようとすると、西川はそれをさえぎるように言った。

「それだけで充分です」

私は一瞬、虚をつかれたが、注文を取りにきた若い女性の店員に私も西川と同じものを頼み、さらに刺身の盛り合わせを貰うことにした。もしよければつまんでもらおうと思ってのことだったが、西川は最後まで刺身に箸はつけず、ほとんどつまみなしに酒を飲みつづけた。


酒を手酌で飲みながら、とりとめもない世間話をした。

私の流儀として、かりにそれが仕事の場合であっても、最初に会ったときには、いわゆるインタヴューをしない。そのときの雰囲気のまま、流れる方向に流され、気ままな会話をする。そして、いちど会ったという親しみを培《つちか》ったあと、二度目に会ったところから本格的なインタヴューを開始するのだ。

それに、西川に会ってもらったのも、具体的な執筆の予定があり、それに沿ってインタヴューをすると決めてのことではなかった。だが、それでも、私が訊ね、西川が答えるというかたちになるのは当然だった。

会う前から、いくつか訊きたいことはあった。

まず、どうして盛岡だったのかということである。山口県の出身である西川が、どうして遠い岩手県の盛岡で化粧品店の店主をしているのか。

だが、それに答えてくれる前に、自分の仕事は化粧品店の店主ではない、と言われてしまった。

なるほど、聞いてみると、一般の客に化粧品を販売する化粧品店ではなく、岩手県内の各地にある美容室や理容室を相手に、パーマやカットなどに必要な用具や消耗品を直接卸す店を経営しているのだという。

ところで、どうして盛岡だったのかと、私はあらためて訊ねた。

「たまたま、です」

「具体的には」

「仕事があるということで、岩手の人に誘われて、まず水沢《みずさわ》に来ました」

「いまと同じ仕事ですか」

「そうです」

「なぜこの仕事を」

「食べるために……」

そこまで言うと、途中で言い換えた。

「生きるために」

そこに料理が運ばれてきた。

刺身の皿を中央に置き、私は言った。

「一緒につまんでいただければ」

しかし、西川は、軽く頷いたあとでこう言った。

「でも、つまみはこれだけあれば充分です。普段からあまりいろいろなものは食べないんです」

そして、付け加えるように言った。

「昼も、毎日、同じものを食べています。カップヌードルを一杯とコンビニの握り飯を二つ」

「毎日？」

「毎日」

「三百六十四日？」

「三百六十四日」

「夜は？」

「店の帰りに居酒屋に寄ります」

「寄って？」

「酒を二合」

「つまみは？」

「ほとんど食べません」

夜は家で何を食べるのかと訊くつもりだったが、昼はカップヌードルと握り飯二つ、夜はつまみもなく酒を二合という答えに圧倒され、つい訊きそびれてしまった。

酒が入り、私の舌もいくぶん滑らかになりかかってきた。

その数年前、東京放送（現・ＴＢＳ）の「新世界紀行」というテレビ番組で西川が取り上げられたことがあった。西川一三が歩いた土地を辿《たど》りつつ旅をするという全四回の番組だった。私が西川一三の名を初めて知ったのもそれを通してのことだった。

だが、その番組では、旅の案内人として民族学の研究者風の別の男性が立てられていた。番組的には当人の方が面白いはずだが、そのときは、西川が老齢のため、案内人としての役に立たないからだろうと思っていた。

しかし、実際に会ってみると、壮年の人と変わりないくらい、かくしゃくとしている。これだけの壮健さがあれば、充分に旅に耐えられたはずだ。どうして本人を案内人として立てなかったのだろう。

テレビ局側からそのような依頼はなかったのか。私が訊ねると、プロデューサーに同行を求められたが断ったのだと西川は言った。仕事があるので休めない、と。出演料は、何カ月分もの稼ぎに匹敵するような額を提示してきたが、相手にしなかったとも言う。

「どうしてです」

私が訊ねると、西川は斬って捨てるように言い放った。

「一度行ったことがあるところにまた行っても仕方がありませんからね。行ったことのないところなら別ですが」

面白いな、と私は思った。面白い。そして、この人について書いてみたい、と強く思った。それにはまず、あの『秘境西域八年の潜行』の旅についての理解を深めることから始めなくてはならない。一通り読んではいるが、その旅が、自分の頭の中で映像として再現できるほど読み込んではいない。

これから、何回になるかわかりませんが、あの旅についての話をうかがわせていただけませんか。私が頼むと、別にかまいませんよ、と西川は答えた。三百六十四日、午後五時過ぎならいつでもかまいません、と。

第一章　現れたもの

1

西川一三と初めて会ったのは十二月のことだった。私は、翌年の一月から、一カ月に一度、二泊三日の予定で盛岡に通うようになった。

土曜の午後に東京を出て、その夜と翌日の日曜の夜に盛岡で西川と会い、話をしてもらう。そして月曜の朝に東京へ戻る。

週末にしたのは、もっぱら私の事情だった。三百六十四日働くことにしている西川には平日も週末もなかったが、私の方には、突発的にどんな用事が入るかわからない平日と違い、土曜と日曜なら東京を離れていてもいいだろうという安心感があったからだ。

二度目の盛岡では、市内の中央を流れる北上川に面して建つビジネスホテルに泊まることにした。駅から北上川を渡って繁華街へと続く通りに開運橋という橋が架かっており、ホテルはそのたもとにあった。

幸いなことに、ホテルの地下に「開運亭」という名の小さな和食の店があり、そこには小上がりの座敷があった。私たちは、そこに上がり込み、開店時間に近い午後五時半から閉店時間の九時近くまで、酒を飲みながら話を続けた。

以後、そのホテルに泊まり、その店で飲みながら話すことが決まりのようになった。

私たちは、常に入店するのが早かったので、小上がりの座敷を借りるのに支障がなかった。しかも、冬のスキーシーズンが終わると土日のホテルの宿泊客はぐっと少なくなり、その和食の店全体がほとんど貸し切り状態になった。

唯一困ったのは、バックグラウンド・ミュージックとして琴による和風の音楽がエンドレスで流されているため、西川の話を録音しているテープがかなり聞き取りにくくなってしまうことだった。

その店には二合徳利があったので、それぞれ一本ずつもらい、手酌で飲むというのが常だった。西川が一日二合にしていると言っていたからだ。しかし、回数が重なるにつれ、互いにもう少し飲みたくなり、二合徳利をもう一本もらい、二人で分け合うということが多くなった。そして、時には、一本を半々というのではなく、それぞれさらに一本ずつもらい、互いが四合ずつ飲むというような夜もあった。

そんなときは、話が終わり、ホテルのエントランスまで出て西川を見送ると、表に停めてあった自転車を曳いていくその後ろ姿が、少し酔っているのではないかと思えることもあった。

毎月のその酒席では、西川の八年間の旅を、記憶によって順に辿り返してもらうことにした。『秘境西域八年の潜行』に書かれていないこともあるかもしれないと思えたし、また、書かれている文章だけでは微妙にわからないところも少なくなかったからだ。

西川の書いた『秘境西域八年の潜行』は、その長大なページ数にふさわしく、訪れた土地のことも、出会った人々のことも、起きた出来事も克明に記されている。だが、なぜか旅の全体が把握しにくい。それは、一本一本の木々は枝や葉に至るまで丹念に描かれているのに、その木々が構成している森の全体が見えにくいというのに似ていた。木を見て森を見ない、という言い方があるが、『秘境西域八年の潜行』は、木は見せてくれるものの森をくっきりとは見せてくれない、とでも言ったらよかったかもしれない。

私は「森」を見るために、西川の旅を遡行《そこう》する質問を重ねていった。

だが、時として、旅から離れて、西川の仕事や店の話になるというようなこともなくはなかった。

西川の店は大きな通りに面しているがあまり小ぎれいなものではなく、商品の入った箱などがぎっしりと積まれた乱雑なところだという。

「狭くて、汚い店です」

西川はそう言った。

だが、それも、あえて汚いままにしてあるということであるらしい。

「人はむしろ汚いくらいの方が安心するんです。通行人が道を訊くために店に入るのは、近隣の中ではうちが最も多いくらいのものでね」

そして、自分を低いところに置くことができるなら、どのようにしても生きていけるものです、と言った。

それを聞いて、私はほとんど反射的に奥崎謙三《おくざきけんぞう》のことを思い浮かべていた。

かつて、正月の皇居で行われる一般参賀の際、群衆に紛れて昭和天皇に向かってパチンコ玉を発射して逮捕された元日本兵に、奥崎謙三という男がいた。彼は、戦場で空しく死んだ戦友の名を叫びながらパチンコ玉を発射したのだ。

「ヤマザキ、天皇を撃て！」

と。

私は、その奥崎に、逮捕され、懲役刑を受け、出所したあとで、バッテリーを商う神戸駅の近くの彼の店で会うようになった。店のガラス戸に「権力に対する服従は神に対する反抗である」と大書するなど、近隣の人から奇矯なふるまいをする人として眉を顰《ひそ》められるような行動を取りつづけている奥崎は、しかし商売人として極めて真っ当な感覚を持っていた。

あるとき、彼の『ヤマザキ、天皇を撃て！』という危険な本を、ほとんど独力で苦労の末に出してくれた出版社の編集者が、独立して小さな出版社を興すことになった。すると奥崎は、その編集者に、自分の本の版権を与えただけでなく、軍資金にと百万円をポンと渡し、こう言ったという。

「あんたは、商売というものがよくわかっていないのではないかと思うが、頭を下げるときにはしっかり下げなくては駄目ですよ」

私は、西川の商売論を聞いて、奥崎のこの感覚と近いものを感じたのだ。

西川は過去の旅について話すことをいやがってはいなかった。むしろ、月に一度、二晩にわたって酒を飲みながら話すことを楽しんでいるような気さえした。しかし、基本的には訊かれたことをポツポツと答えるだけで、自分から積極的に話すということはほとんどなかった。それは、本を書いた者として、読者と真摯に対応するという、いわば著者の義務を果たしてくれているだけのように思えることもあった。

私は、毎月のように二日にわたって西川と会いながら、依然として二人のあいだに薄い膜のようなものがあるように感じていた。それは、端的に言えば、私に対してほとんど関心を向けていないというところに現れているように思えた。私が無限に質問を重ねながら、西川は私に何ひとつ質問をしなかったのだ。

しかし、私は焦らずに待つことにした。そういうときは待つに限る。時間をかけて、ゆっくりと「逢瀬」を重ねていく。すると、いつか、状況が動き出す瞬間が来る。

そして、実際にその瞬間が訪れたのは、最初の冬が過ぎ、春から夏に差しかかった頃のことだった。

二人で辿り返している西川の壮大な旅も、日本の勢力圏にあった内蒙古から中国の青海省を経てチベットに入り、さらにヒマラヤの山塊を越えてインドに出るや、仏教の遺跡を廻りながら放浪するというところに差しかかっていた。

西川は、カルカッタ（現・コルカタ）からガヤに出て、仏陀が悟りを開いたブッダガヤに向かうことになる。親しくなった巡礼者たちと、ガヤ駅で無賃乗車の夜行列車を降り、駅前の広場で夜が明けるのを待ったという。

「僕も、ガヤの駅前で野宿したことがあります」

私が言うと、西川がごく普通の相槌を打った。

「そうですか」

しかし、そこには微かに意外そうな響きがあった。

「インドも明け方は温度が下がるんですけど、土に温もりが残っていて寝るのにちょうどいいんですよね」

さらに私が自分の旅を思い出しながら付け加えると、西川が訊ねてきた。

「巡礼を？」

それは、西川が私に向かって発した初めての問いだった。

「いえ……」

そう答えかけて、いや、あれも一種の巡礼の旅だったかもしれないと思い返し、私が二十代の半ばのときに行った、香港からロンドンまでの旅について簡単に話した。

香港からインドのデリーまではさまざまな乗り物に乗ったが、デリーからロンドンまでは基本的には乗合バスだけの旅だった。

私が、乗合バスによる通過国をひとつひとつ挙げていた、そのときだった。

「インド、パキスタン、アフガニスタン……」

すると、西川が言葉を挟んだ。

「アフガニスタンに行ったんですか？」

私が頷くと、どんな国だったか、とさらに訊ねてきた。

そう言えば、西川は、インドを放浪したあと、パキスタンからアフガニスタンに向かおうとして、印パ紛争のため果たせなかった。パキスタンとの国境に近いインドのアムリトサルから引き返さざるを得なかったのだ。しかし、私は、西川にそれほど強い執着がアフガニスタンにあるとは思っていなかったので、驚かされた。

どんな国だったかと訊ねられた私は、パキスタンからカイバル峠を越えてアフガニスタンに入ったあとの、ジャララバードから首都カブールに至るまでの夕暮れの風景の美しさについて語った。

駱駝《らくだ》を引き連れた遊牧民の長い列が、ゆっくりと横切っていく砂漠。そこをくねくねと流れ、夕陽を映してキラキラと輝いている河。それらを取り囲むようにそびえている裸の山々……。

そして、アフガニスタンの、砂漠というより土漠と言った方がいいような曠野《こうや》をバスで走るとき、羊の群れを追っている牧羊犬たちが、バスを敵と認識して突進してくる姿の勇敢さに、胸が震えることがあったと話すと、西川は、自分も遊牧民の飼っている犬たちには何度も苦しめられたという話を始めた。とりわけ東チベットのカム地方を巡礼していたときは、集落に近づくたびに獰猛な犬たちに襲われ、持っている槍で必死に応戦しなければならなかったという。そして、自分もアフガニスタンには行ってみたかったと呟くように言った。

かつて、テレビの「新世界紀行」の誘いには、一度行ったところに行っても仕方がないと断ったと聞いた。しかし、そのとき、行ったことがないところなら別だが、と付け加えたということを思い出した。

そこで、私は冗談めかして訊ねてみた。

「もし僕が、アフガニスタンに一緒に行きませんかと誘ったら、行きますか」

この頃、すでにタリバンが権力をほぼ手中に収めかかっていたが、ジャララバードくらいまでなら行って行けないことはないように思えたからだ。

それを聞くと、西川は一瞬考えるような眼つきになり、しばらくしてから言った。

「少し、遅すぎますね」

だが、ほんの一瞬、アフガニスタン行きを本気で考えたことは確かなようだった。

「アフガニスタンに行ったのは、いつのことですか」

西川がさらに訊ねてきた。

「一九七四年、僕が二十六歳のときでした」

私が言うと、西川が意外な反応を示した。

「二十六歳……ですか。私が内蒙古を出発したのも、二十六歳のときでした」

しかし、頭の中で計算すると、一九一八年（大正七年）生まれの西川が、一九四三年（昭和十八年）に出発したのだから、かりに誕生日が来ていたとしても二十五歳でしかないはずだった。

「二十五歳ではありませんか」

私が確かめると、西川はきっぱりした口調で言った。

「いや、二十六歳でした」

そのとき、彼が満年齢ではなく、数えの年齢で言っているのだということに気がついた。戦前に生まれた人にとっては、満年齢より数え齢の方が親しい年齢の数え方だということを思い出したのだ。そして、思った。そうか、西川も「二十六歳」のときに出発したのか、と。

2

それ以来、西川もたまに私に対して質問してくることがあり、いくらか二人のあいだの距離も縮まったかのように思えたりもした。実際、二人が飲む酒の量も、三合ずつから四合ずつになり、二合徳利をコンスタントに二本ずつもらうまでになった。

話し込み、遅くなり、店の人に、そろそろ閉めたいので先に会計をしてもらえないかと言われる夜が続いた。


そのように定期的に会うことを重ね、二度目の冬を迎えた。

内蒙古を出発し、チベットを経て、インドを放浪し、ついには逮捕されて、日本に送還される。その足掛け八年に及ぶ旅の一部始終を、二度繰り返して聞かせてもらった。

だが、いくつかの箇所で意外な発見があったものの、本質的なところで『秘境西域八年の潜行』を超えるような挿話は出てこなかった。

もしかしたら、『秘境西域八年の潜行』を書くことで、あの旅の内実が西川の内部から消えてしまったのかもしれない、と思えなくもなかった。

それは自分自身を振り返ればとてもよく理解できることでもあった。私は二十六歳のときの長い旅を『深夜特急』というタイトルの紀行文にまとめていた。以後、さまざまな機会に、その旅について訊ねられることになったが、自分でももどかしく感じるほど大した話ができないでいた。『深夜特急』を書き上げるまでは生々しく私の内部に存在していたあのときの旅が、本としてまとめられることによって希薄になってしまったような気がしてならなかった。西川も、『秘境西域八年の潜行』を書き上げてしまったことで、あの旅が体内から抜け出て、本の中にしか存在しなくなってしまっていたのかもしれない。

そうと理解はしても、私はやはりインタヴューを重ねることで『秘境西域八年の潜行』には含まれていない新鮮な話が出てくることを望んでいたのだと思う。

だが、出てこなかった。

西川一三という、この希有《けう》な人物のことを書いてみたい。しかし、そうは思うものの、『秘境西域八年の潜行』という確固たる著作がある中で、どのように書けばいいかわからないという戸惑いが頂点にまで達してきた。

一カ月考え、私は西川の描き方がわかるようになるまで、しばらくインタヴューを中断させてもらうことにした。

盛岡に行き、二晩、気ままな雑談をしたあとで、来月からはしばらく盛岡に来るのを中断し、あらためて参上させていただきたいと私が告げると、西川は、どうしてと理由を訊かないまま、いいですよと言い、まったくいつもと変わらない様子で帰っていった。


以後、気になりながら、私が盛岡に足を向けることはなかった。

すぐにオリンピックやサッカーのワールドカップの取材があったり、アマゾンの奥地への旅や中国大陸を縦断する旅があったりして、瞬く間に歳月が過ぎていった。とりわけ、アマゾンの旅では、乗ったセスナ機が墜落するという事故に遭い、命に別状はなかったものの、床に投げ出され、全身打撲で体を傷めてしまうということもあったりした。

ただ、中国大陸を百日ほどかけて縦断する旅では、可能なかぎり西川が歩いたところに立ち寄るように努めるというようなことはしていた。

すっかり忘れ去っていたわけではないのだ。

それでも、態勢を立て直してふたたび参上しますと盛岡訪問を中断してから十年余が過ぎてしまった。

インタヴューを再開するタイミングがどうしても見つからなかった。タイミングというより、西川を描く、その書き方が発見できなかったのだ。

しかし……。


それは二〇〇八年（平成二十年）の冬の終わりのことだった。

私は、二月の末に東南アジアからの比較的長い旅から帰ってきて、郵便物の整理をしていた。手紙類に眼を通したあと、寄贈された書籍と定期的に送られてくる雑誌類の整理に入った。

封筒から月刊誌を取り出し、次に週刊誌を取り出した。

一冊一冊、月刊誌や週刊誌のページをパラパラとめくり、気になった記事を読んでいるとき、「週刊新潮」の「墓碑銘」というページで手が止まった。

《中国西域に特命潜行　西川一三さんの不撓不屈《ふとうふくつ》》

そのタイトルを見て、私は声こそ出さなかったものの、内心「あっ！」と叫んでいた。

——西川一三が死んでしまった……。

記事にはこうあった。

《平成15年、85歳で副鼻腔癌になるまで仕事を続けた。昨年12月、心不全と肺炎で入院し、2月7日、89歳で逝去》

私は心の片隅で西川をどのように書いたらいいのかと気にかけてはいたが、死ぬなどということはまったく考えていなかった。

もちろん、私が会っていた当時すでに八十近かったのだから、十年が過ぎれば九十近くになる。いつ死んでも不思議はなかったのかもしれない。しかし、年齢は八十近くても、毎月会っていた西川は、老人というより、背筋の通った壮年の風格があった。颯爽《さっそう》としていた。だから、西川と死を結びつけるなどということをまったくしたことがなかったのだ。

だが、死んでしまったという。

これで西川について書くことはできなくなった。

諦めよう、と私は思った。

しかし、書かせていただくつもりだと伝えておきながら途中で勝手に中断し、また参上しますと言っていた約束を反故《ほご》にしてしまったという申し訳なさが残った。

せめて墓前に線香でもそなえさせてもらおうか。しかし、死から一カ月近く過ぎてはいるけれど、遺族は何かと忙しいだろう。落ち着いた頃を見計らって連絡を取ってみることにしよう、と思った。

とはいえ、ここまで遅くなっている以上、別に急ぐ必要はなかった。考えた末、中途半端なところで伺うより、来年の一周忌の前後に伺う方がいいのではないか。そう思うようになった私は、翌年の二月の末、一周忌の法事が終わっただろうと思われるタイミングで西川宅に電話をすることにした。

そしてその二月がやって来た。お線香を上げるだけのために、わざわざ東京から出向くということになると大袈裟すぎるし、相手の心理的な負担も大きい。ついでに寄らせていただくというのがいいだろうと思えた。

その頃、ちょうど取材のため秋田に行く用事があったので、すべてが終わった翌日に盛岡に寄り、線香を上げさせてもらって帰ることにした。

電話をすると、夫人と思われる女性が、どうぞいらしてくださいと言ってくれた。

ところが、秋田で取材を済ませると、その夜半から大雪になり、翌日は秋田新幹線をはじめ在来線も不通になってしまった。どのようにしても盛岡には行けそうもない。

夫人に電話で事情を説明し、後日、あらためて伺わせていただきたいと告げた。

頃合いを見て、半月後に電話をすると、今度は、夫人に、体調が悪くなってしまったのでまたの機会にしてほしいと言われてしまった。

三カ月後、電話をすると、まだ具合がよくならないという。さらにその三カ月後にもう一度電話をしたが、返事は同じだった。

私は自分の連絡先を告げ、よくなられたら連絡をいただけないかとお願いをした。

だが、この時点で、縁がなかったのだろうと諦めることにした。西川一三との細い縁は切れたと思うことにしたのだ。

そして、やはり、夫人からの電話はなかった。

それからまた何年もの歳月が過ぎた。

ある日、私はスポーツ・ノンフィクションの新しい短編集のラインナップを検討していた。すでに書いてある短編をどう編集し、どのようなタイトルをつけるか。

対象となっているアスリートは、ボクサーのモハメッド・アリ、ジョージ・フォアマン、マイク・タイソン。スプリンターのボブ・ヘイズ、ジム・ハインズ、ベン・ジョンソン。クライマーのラインホルト・メスナー……などである。

これらの短編の並べ方をあれこれ考えているうちに、ふと『超人たち』というタイトルが浮かんできた。

悪くない。だが、そこに日本人がひとりも入っていないことが気になった。クライマーとしては山野井泰史《やまのいやすし》は「超人」の名にふさわしい。しかし、彼は、すでに『凍』という作品で描いてしまっている。

そのとき、西川一三のことが頭に浮かんだ。クライマーでもアスリートでもないが、超人というなら、西川こそふさわしい。旅の過程で、実に七回もヒマラヤの峠を越えているのだ。これまで、長編で書くということしか考えてこなかったが、この短編集に収めるつもりなら短編でもいいことになる。そして、もし短編なら、『秘境西域八年の潜行』から離れ、自由に西川を描くことができるかもしれない。

たとえば……。

そうだ、あの西川は、一年のあいだ、まったくひとことも家族について話さなかった。

そのとき、電話でしか言葉をかわしたことのない、西川の夫人のことが気になりはじめた。

彼女は、なぜ西川と結婚したのか。彼女にとって、西川とはどんな人物だったのか。

妻の眼から見た夫という存在は、『火宅の人』を遺した作家の檀一雄について、『檀』という作品で書いたことがある。それと同じ手法で書くつもりはなかったが、あの西川を、妻がどう見ていたかについては知りたかった。もしかしたら、それを突破口にして、西川についての短編を書くことができるかもしれない……。

私はもう一度だけ電話をしてみることにした。


電話を掛けると、夫人ではなく、もう少し若い声の女性が出て応対してくれた。西川の娘だということだった。

私が名前を告げると、線香を上げるために訪問したいとの申し出を受けていることを母から聞いて知っているという。

そこで、私は、線香を上げるだけでなく、夫人に西川について話をしてもらえないかと思っていると付け加えた。

だが、娘によれば、母は乳癌の闘病中に大腿骨を骨折し、入院中であるという。お会いするのは無理だろうとも言う。そこにはもう先があまり長くないのでというニュアンスが含まれているように思えた。

万事休す。もう少し早く気がつき、もう少し早く夫人に連絡をすればよかった。ついに、ついに、西川を書くということを完全に諦めるべきときがきたらしい。

ところが、その数日後、西川の娘から電話が掛かってきた。

母に話をしたところ、自分はもういつ死ぬかわからない。西川のことを訊きたいという方がいるのなら、妻として話しておくべきだろうと思う。病院でいいなら、いらしてくれれば話をしましょう、と言っている。どうしますか、というのだ。

私は、すぐにでも伺いたいと応じた。

そして、その二日後に盛岡に向かったのだ。

3

夫人の名はふさ子。電話で応対してくれた女性は一人娘の由起《ゆき》だった。

ふさ子が入院していたのは盛岡市内の民間の病院であり、四人部屋だったので病室で話を聞くわけにはいかなかった。そこで、娘の由起が日曜日なら空いているという病院内の会議室を借りる手筈を整えておいてくれた。

日曜の昼下がり、病院を訪ねると、玄関まで由起が出迎えてくれた。そして、私は病院の奥にある会議室に案内されることになったが、そこにはすでに車椅子に乗ったふさ子が待機してくれていた。

ふさ子は一九二五年（大正十四年）生まれだというから、そのとき九十歳だったことになる。

車椅子の上のふさ子は、たび重なる手術のあとということもあったのだろうが、体つきがとても小さくほっそりして見えた。あの大柄な西川と並ぶと身長にかなりの差があったのではないだろうか。

私が最初の挨拶が終わるか終わらないかのうちに、ついうっかり身長のことを訊ねると、ふさ子がきっぱりと言った。

「いえ、そんなにとんでもない差はありませんでした。わたしは中肉中背、女学生のときも列はいつも真ん中でした」

外見はいかにも病中病後の弱々しい老女のように見えていたが、ひとたび口を開くと、話し方は明晰で覇気があった。

いくらか耳が遠かったため質問を理解するまでに間があったり、同じことを繰り返して話すという傾向はあったものの、インタヴューを始めると、すぐに私が知りたいことを的をはずさず語ってくれることになった。


ふさ子は、静岡県の富士郡、いまの富士市の出身で、農家に生まれた。旧制の富士高等女学校を卒業したあとの一時期、近くの学校で代用教員をしたが、幼い頃から体が弱かったこともあり、長続きしなかった。その後は、戦中から戦後へという混乱期だったこともあり、未婚のまま実家で暮らしていた。

二十代の終わり頃、食べる物から体を改善しようと思い立ち、東京の代々木で桜沢如一《さくらざわゆきかず》という人物が主宰する真生活協同組合の本部に向かった。

桜沢は戦前から食についての研究を続け、食べ物から健康にという「食養」の考え方に傾倒し、すべてを陰陽から説明する「無双原理」なるものを提唱するようになる。『食物だけで病気が癒る　新食養療法』はベストセラーになったという。

戦後は、真生活協同組合を設立し、代々木の西原に置いた本部で、食養と無双原理を融合したマクロビオティックの普及に努めた。

マクロビオティックとは、「一物全体」、「身土不二」、「陰陽調和」を三大理念として、肉や魚や乳製品を排し、砂糖や添加物を可能な限り遠ざけて食事を作るという、現代の徹底したヴィーガンの考え方の先駆ともなるものだった。

真生活協同組合では、世界連邦運動やそのための新聞「世界連邦新聞」の発行をはじめ、マクロビオティックの普及のための講演会や勉強会を行い、マクロビオティック用の食材を仕入れて売ったりしていた。

本部があったのはかつての国際フレンド会館というところで、三十くらいの部屋がある洋館だった。そこは、戦前、来日した外国人が長期に滞在することができるようにと建てられた国際親善を目的とする宿泊施設で、かつてブルーノ・タウト夫妻も利用したことがあるというところだった。それを戦後になって桜沢が借り受け、真生活協同組合の本部とした。

真生活協同組合ではさまざまな活動が行われていたが、その中に「診療所」と呼ばれるものもあった。正規の医師もいて、食養の思想のもと健康的な食事を取り、体質を改善するために、個室に滞在するというものだった。

ふさ子はその「診療所」の個室に何度かほんの短い期間入ったのだが、そこに食品販売に従事している長身で寡黙な男性がいた。

それが西川だった。

初めて言葉を交わしたとき、西川が、自分は野宿をしながら旅をしていたことがあると言っていたのがふさ子には印象に残った。二度目に言葉を交わしたとき、自分はその旅の記録を書いているという。本を読むことが好きだったふさ子が読ませてくれないかと言うと、ざら紙のような原稿用紙に書いた原稿の一部を見せてくれた。

それは『密偵　西に消える』というタイトルの鉛筆書きの原稿だった。

ふさ子には、内容はともかく、字が小さく、しかも鉛筆がこすれて読みにくくなっているのが気になった。もしこれが大事な原稿だとすると、いつか読めなくなってしまうという恐れがあるのではないか。

そこで、咄嗟にこう言っていた。

「もしよければ、ペンで書き直してあげましょうか」

すると、西川は喜んでお願いしたいと言った。気軽に引き受けたふさ子は、まさかそれが全部で三千枚以上もあるものだとは思いもしなかった……。


私は、ふさ子に話を訊くため、盛岡の病院に三度ほど通うことになった。最初のときと同じく娘の由起が会議室を借りておいてくれたが、その二度目のときのことだった。

その日は、由起が家から持ってきた家族写真を見せてくれることになっていた。

机の上に広げられたその写真を見ながら、私は何の気なしに訊ねていた。西川さんの遺品はどうなっているんですかと。

由起によれば、遺品と言えるようなものはほとんどないという。書物が少しと、インドから持ち帰ったラマ教の巡礼具がいくつかあるくらいだという。

「本の原稿も家にはなくて……」

由起にそう言われて、初めて原稿のことが気になりはじめた。それまでは、原稿の存在について考えたこともなかった。私にとって『秘境西域八年の潜行』と言えば、全三巻の中公文庫版がすべてだったのだ。

もちろん、最初に単行本として刊行されたのは芙蓉《ふよう》書房からであるということは知っていた。だが、その芙蓉書房版は、原稿があまりにも長すぎるため大幅に削ってまず上下二巻で出され、その好評を受けて、削った部分を中心にして別巻が出されることになったらしい。中公文庫版は、それを原形に戻し、三巻で出すことになったと言われている。

だから、私たちが読んでいる中公文庫版は原稿そのものであるはずだという思い込みがあった。

しかし、あらためて考えてみると、中公文庫版の『秘境西域八年の潜行』にも、わかりにくい箇所がいくつもあった。その多くが、つながりの悪さに起因するものだった。あそこからここにどうしてこんなに簡単に移動できたのだろうかとか、そこについての説明があまりにも簡単すぎるのではないかとか感じていたことを思い出した。

もしかしたら、中公文庫版も完全に元の原稿が復元されているというのではないのかもしれない……。

元の原稿はどうなったのか。

西川の家にないとすれば、たぶん今頃は散逸してしまっているに違いない。

芙蓉書房から最初の版が出たのは一九六七年（昭和四十二年）、中央公論社（現・中央公論新社）から中公文庫版が出たのはさえ一九九〇年（平成二年）である。出版社に残っている可能性は極めて低い。

だが、盛岡から東京に戻った私は、いくつか調べてみることにした。

まず、念のため、中央公論新社に原稿が残っていないか、在籍している知り合いの編集者に調べてもらったが、やはり、見つからなかった。同時に、どういういきさつで中央公論社で文庫化されたのかも調べてもらった。これも確かなことはわからなかった。無理もない。何十年も前の出版物なのだ。

しかし、その文庫化を担当した編集者の名前はわかるという。そして、もう定年退職しているが、連絡先を教えることもできるという。

私はありがたく住所と電話番号を教えてもらい、その元担当編集者に連絡を取ることにした。それは小林久子という女性の方だった。電話をすると、すぐに銀座で会ってくれることになった。住まいが「勝どき」のマンションだったからだ。

銀座の喫茶店で向かい合った小林は、定年退職して何年にもなるとは思えないほど若々しかった。

なぜ文庫化したのかという問いには、それはいわば社の方針に従っただけで自ら探し出して文庫化したものではなかった、という答えが返ってきた。

中公文庫には、旅に関するノンフィクションの傑作、佳作を文庫化するという伝統があり、単なる旅行記だけでなく、冒険記や登山記や民族学的なフィールドワークに至るまでの旅の本が豊富に文庫化されている。『秘境西域八年の潜行』の文庫化もその流れの中のひとつであり、小林は与えられた仕事として文庫化を担当したというのだ。

芙蓉書房版では、上下二巻にするため原稿が大幅にカットされていた。カットされた部分は、のちに別巻としてもう一冊出すときに多くを収録することができるようになったが、それでも本来の流れを断ち切っているため、読むとかなりぎくしゃくした感じを与えるものになっている。そこで、文庫化の方針は、別巻の部分を元に復し、本来の流れに近づけるというものにした。

そのため、作業は、送られてきた生原稿を参照しつつ、上下二巻と別巻を合体させるということが主になり、西川とはさほど頻繁にやり取りが必要なことはなく、直接会ったのも数回程度だったという。ただ、一度だけ、京橋の中央公論社を訪れてくれたことがあり、その西川を東京駅に送りがてら、途中の居酒屋で軽く飲んだことがあるらしい。

そのとき小林が受けた西川の印象は、ほどのよい酒飲みだなというものだった。

私は、小林と西川の飲みっぷりについて語りあっているうちに、ふと、思いついて訊ねてみた。

「原稿はいつ返却されたんですか」

「返却してはいません」

すると、出版社で処分してしまったということになる。

「廃棄されてしまったんですか？」

「いえ」

返却もされず、廃棄もされていないという。しかし、出版社には残っていない。私は状況が摑めず、困惑しながら訊ねた。

「どういうことでしょう」

すると、小林は驚くべきことを口にした。

「原稿は……あります」

「どこに、ですか」

「わたしの家に」

私は言葉を失った。

聞けば、文庫化の作業がすべて終わり、生原稿が用済みになった。小林がどのようにしたらよいか西川に電話で訊ねると、こちらも不要なのでそちらで勝手に処分してくださいという。

それは廃棄してくれというニュアンスだったが、段ボール二箱に入ったその原稿を廃棄する勇気はなかった。何年もの汗の結晶なのだ。しかし、どうしていいかわからない。編集部の片隅に置いたまま歳月が過ぎてしまった。定年で退社する際、さまざまなものを廃棄処分したが、その二つの段ボールだけは処分しきれなかった。そのとき西川はすでに死んでいた。西川の遺族も、大部の古い原稿を送り返されても困るだけだろう。迷いながら、それを自宅に運んだ。さして広い家でもないのに、その二つの段ボールは場所ふさぎで困らないこともなかったが、そのままにされ、また何年もが過ぎている……。

私はその話を聞いて、とんでもない僥倖《ぎょうこう》が訪れたと思った。

「もし、遺族が了解してくれたら、その原稿を見せてもらうことはできますか」

「もちろんかまいません」

私は、小林と別れると、家に帰って盛岡の由起に電話をした。そして、小林に連絡し、原稿を私のところに送ることを了解した旨を伝えてくれないか、と頼んだ。

4

二週間後、ミカン箱より少し大きめの段ボール二つに入った『秘境西域八年の潜行』の生原稿が届いた。

それは思わず呻き声を出してしまいそうになるほど圧倒的なものだった。

確かに、いくら筆者に処分してくれてかまわないと言われたとしても、なかなか廃棄する勇気が湧いてこなかったのも無理はない。

まず、その量の凄まじさということがあった。私もかつて原稿用紙にペンで書いていた時期に、書き下ろしの長編の原稿を五百枚ほど束ねるという経験があったが、そのときは一束にして机の上でトントンと耳を揃えるということが可能だった。ところが、三千二百枚の『秘境西域八年の潜行』の生原稿は、白いボール紙で表紙をつけられ、二十三もの束に綴じられていた。平均すればひとつの束が百四十枚程度ということになるが、戦後間もない頃の原稿用紙に書かれているため、紙の質が悪く、一枚一枚がざら紙のように分厚い。それを二つ折りにして綴じているため、一束でも『広辞苑』並の厚さがあるのだ。

圧倒されたのは、その量だけではなかった。原稿用紙は、紙質の悪さからか濃い茶色に変色し、書かれてからの長い時間の経過が示されていた。しかも、その原稿用紙は、各所で余ったものを貰ってきたものらしく、片隅に「経済安定本部」とか、「資源委員会事務局」という文字が印刷されているものが少なくなかった。

だが、なにより驚かされたのは、その原稿に、芙蓉書房の編集者の手によると思われる、おびただしい量の朱筆が入れられていたことである。句読点や拗音《ようおん》や促音《そくおん》に指示の朱を入れるという通常の編集上の朱だけでなく、「やう」を「よう」に、「でせう」を「でしょう」にというような、旧仮名遣いを新仮名遣いにする朱や、旧字を新字にするというような朱が丹念に入れられている。そして、それ以上に眼を奪われたのは、文章をカットするための二重線や×印が無数に入れられていたことだった。

ざっと見ただけでも、百カ所以上がカットされている。中公文庫版では大きくカットされたところを復元するという方針で編集したということだったが、細かいところではカットされたままのところが少なくないようだった。そして、そのカットされた部分に、わかりにくさを解消していくヒントが隠されていそうだった。

その日以来、二千ページの文庫本と、三千二百枚の生原稿を突き合わせる作業が始まった。それによって、さまざまなことが新たにわかってきた。

まず単純な誤植が明らかになった。

たとえば、旅の最初のところで、西川と同行してくれる三人の蒙古人ラマ僧が登場してくる。その中のリーダー的な立場の中年のラマ僧は、出発する間際に、近くの漢人の集落から幼い男の子を「買い取り」、旅に連れていくことにする。確かに、当時の中国では、貧しい家の親が口減らしのために子供を売るということがよくあったらしい。だが、そのことについて触れた『秘境西域八年の潜行』の中に、弟として買った、という一文があり、なんとなく気に掛かっていた。男の子の年齢は九歳だという。中年の蒙古人が九歳の漢人を弟として買うとはどういうことなのだろうと。

しかし、原稿で確かめると、そこには「弟」ではなく「弟子」という文字が記されていた。弟子ならわかる。妻帯の許されないラマ僧には、少年を弟子として育て、一人前のラマ僧に仕立て、老後の自分の面倒を見てもらうという将来設計があるらしいからだ。

もうひとつわかった単純なことは、原稿のかなりの部分が散逸しているということだった。

なにより、冒頭の「はじめに」という章が丸ごと失われていた。

原稿で調べると、次の「内蒙古篇」という章の最初の一枚の肩に「1」というノンブルが打たれているが、編集者の朱筆によって「21」と書き換えられている。つまり、冒頭の二十枚分が消えているということなのだ。

それは、出版に際して、いきなり内蒙古のところから始めるのではなく、もう少し読者の興味を惹くようなイントロダクションがほしいという編集サイドの要求を容れ、西川が新たに書き加えた部分だと思われる。

本来の原稿の束には入っていなかったため、時間の流れの中でどこかに消えてしまったということらしい。

それ以外にも、失われている箇所がいくつもあった。

芙蓉書房版では、二巻本にするため大幅にカットし、さらにその後に、カットした部分を集めてもう一冊を作るというアクロバティックな編集作業がされているため、その過程で散逸してしまった部分が少なくなかったらしいのだ。

残念だが、それは諦めるより仕方がなかった。

しかし、不完全であれ、生原稿が出てきたことで、大きく開けた問題があった。

この『秘境西域八年の潜行』の微妙なわかりにくさのひとつにつながりの悪さがあったが、それは芙蓉書房版のときに細かくカットされたことによるものだということがわかったのだ。

カットも、流れに直接関係のない情報や蘊蓄《うんちく》のような部分はいいのだが、単調な旅が繰り返されているようなところを無造作に縮めてしまっているため、地図を追って読んでいくと、どうしてここからここまで、こんなに少ない日数で移動できたのだろう、というようなところが出てきてしまっていたのだ。

中公文庫版は、別巻として出された最後の一冊分を元の形に戻す努力は続けているが、芙蓉書房版で細かくカットされた部分はほとんど復元されていなかった。

このカット部分を生原稿で参照することによって、疑問点のかなりの部分が明らかになってきたのだ。

だが、『秘境西域八年の潜行』のわかりにくさのもうひとつの点として、微細すぎるため全体が見えにくくなっているということがあった。それは、旅のすべてが終わってしまった時点、すべてがわかってしまった地点から書かれているため、過程のドラマが見えてこないということによっていた。西川も、さまざまなことを徐々に知り、徐々に理解していったはずなのだ。それが描かれていないため旅の困難さが逆に希薄になってしまっている。

しかし、中公文庫版の本文と生原稿の異同を確かめる作業をする中で、あらためて私が西川と交わした一年に及ぶ対話のテープの存在が大きな意味を持ちはじめた。

その五十時間近いテープにおいて、私は旅の細部ではなく、そのときどのように思ったのか、どうしてそのような行動を取ったのか、といった心の動きを中心に訊ねていた。私は、すべてが終わり、すべてがわかったところからの視点ではなく、まだ何もわからず、何も経験していない、旅の初心者、新人のところから、徐々に経験し、徐々に理解し、徐々に逞しくなり、真の旅人になっていくプロセスが知りたかったのだ。

私は、そのテープを、最初からあらためて聞き直してみた。

そこには、当時の私が気がつかなかっただけで、実は西川の旅を深く理解するための鍵のような言葉がちりばめられていた。

生原稿とテープの中の言葉。その二つを突き合わせることで、あの八年に及ぶ旅が立体的に見えてくるようになってきた。

私は、そこから、ふたたび西川の長い旅を辿り返してみることにした。

すると、『秘境西域八年の潜行』という鬱蒼とした森から、西川が辿った一本の細い路がくっきりと浮かび上がってきた。

私は、その路を在るがままに叙することが、結局、西川一三という希有な旅人について述べる唯一の方法なのだと思い至ることになった……。

第二章　密偵志願

1

西川一三は山口県の出身だった。

山口と津和野を結ぶ山口線の途中に地福《じふく》という小さな駅がある。地福は山あいの農村地帯である。西川家も農家だったが、一三の父・常吉《つねきち》の代に鉄道駅を作るのに尽力したこともあって、村の収入役を務めることになった。駅前にできる運送会社に出資するなどして、村では比較的裕福な家だった。

一九一八年（大正七年）に生まれた一三は、三人兄弟の真ん中で、兄の義雄《よしお》は早稲田大学の理工学部から日立製作所に入った。

戦前の農家では、息子を東京の大学に通わせるということは「一大事業」であり、ひとりで充分と考えるようなところがあった。そのため、次男の一三には、旧制の中学までしか進学させられないということがあらかじめ言いきかせられていた。

進学したのは、隣の県である福岡の名門、修猷館《しゅうゆうかん》中学だった。

修猷館中学では、ラグビー部に勧誘され、入ることになった。身長が中学入学時にすでに五尺五寸（約百六十五センチ）はあったからだが、卒業時には六尺（約百八十センチ）をわずかだが超えるようになっていた。徴兵検査で甲種合格となる成年男子の身長が百五十五センチ以上という時代である。極めて長身の部類に属した。

成績は優秀だったが、進学コースには入らず、就職コースを選択した。

中学五年になり、問題なく卒業できることになり、就職先も多くの若者の憧れの勤務先のひとつである満州の満鉄に決まった。

満鉄、南満州鉄道は、この当時、日本の内地の人が羨むほどの給与体系だったという。西川と同じ時期に機関士をしていたという人物の手記によれば、入社してしばらくぶりに内地の故郷に戻り、給料を百五十円貰っていると話すと、恩師の小学校の教頭が自分は百円しか貰っていないのにと嘆いたという。

一九三六年（昭和十一年）の二月下旬、西川は大陸に渡る前に東京見物をするため兄の下宿先に泊まりに行った。しかし、ある日、雪が降り、不意に東京見物ができなくなった。それは降雪が理由ではなく、陸軍の青年将校たちが反乱決起したためだった。いわゆる二・二六事件が勃発したのだ。

西川には、天皇に叛旗をひるがえすということはどう考えても肯定できなかった。だが、国のために命を懸けて行動を起こす人たちがいるということには強い印象を受けた。

四月、満鉄の本社から来た社員に引率され、朝鮮を経由して本社のある満州の大連《だいれん》に向かった。半年ほど大連で研修を受けたあと、朝鮮との国境に近い安東《あんとう》で実務についた。仕事の内容は、駅で働く人たちのための生活物資を調達するというものだった。

ところで、この時代の日本と中国の関係はどうなっていたのか。

一八九四年（明治二十七年）に始まった日清戦争に勝利することで、朝鮮半島における中国の影響力を排除することに成功した日本は、その十年後の一九〇四年（明治三十七年）に始まった日露戦争にも勝利することで、ロシアが独占的に保持していた中国大陸の東北部、いわゆる満州に進出する足掛かりを得ることに成功する。それは、やがて、数次にわたる日露協約の締結を経て、満州の南半分と内蒙古の一部の権益をロシアに認めさせるところまで行く。

だが、一九一七年（大正六年）のロシア革命によって帝政が倒れ、共産政権が成立すると、ロシアと国境を接する満州と蒙古は、単に通商上の利益を得る場所としてだけでなく、共産化を堰《せき》止《と》めるための防波堤としても、日本にとっての重要な「生命線」と捉えられるようになる。

それによって「満蒙《まんもう》」が日本にとっての主要な「問題」と化していくことになるが、その問題を一挙に解決するための方策として、まず満州を中国から分離独立させようというプランが練られはじめる。

一九三二年（昭和七年）、日本の軍部によってそのプランが強引に実行に移され、満州国の建国が宣言されると、さらに同じような手法で中国の華北部を分離独立させようという工作が開始される。それに連れて、中国の民衆による反日、排日の機運が高まり、大規模なデモやテロ行為が頻発するようになる。

やがて、この華北分離工作が成功する前の一九三七年（昭和十二年）、盧溝橋事件という、なかば偶発的な出来事によって日本と中国とのあいだの戦いが本格化する。

日本軍は凄まじい勢いで中国の華北部に攻め入ると、北京市をはじめとして河北省、山東省、山西省の三省を占領し、同時に内蒙古の察哈爾《チャハル》省と綏遠《すいえん》省にも侵攻し、点と線ではあるものの占領地を拡大していった。

外蒙古にはすでにロシアの共産政権の支援を受けることによって蒙古人民共和国が樹立されていたが、この動乱を機に、内蒙古でも蒙古人による独立した自治政権を打ち立てようという志向が高まってきていた。

日本の軍部は、内蒙古を満州国の安定のための緩衝地帯と見なしていたが、もし内蒙古に親日的な独立国家ができれば、青海省《せいかいしょう》から新疆省《しんきょうしょう》に住む蒙古人やウイグル人らと手を結ぶことにより、漢族が主体の中華民国を包囲できるようになる。そこで、日本軍は、蒙古人で、チンギス・ハーンの血筋を引くという徳王《とくおう》を首班とする自治政府の樹立に手を貸すことになった。

そうした状況下、大陸に渡った日本人のあいだで「蒙疆《もうきょう》」という単語がよく口にされるようになっていく。それは、日本独特の用語で、字面から想像されるような蒙古と新疆を指すものではなく、内蒙古とその周辺を意味する言葉だった。そのため、蒙古人側は、蒙疆政権なる日本の呼び方を、誤解されるとして好まなかったという。

満鉄に入った西川は、最初こそ、満州内の駅に配されたが、日中間の戦いが全面戦争になると、日本軍の占領地域の拡大と共に、中国領内に送り込まれることになった。華北の鉄道もまた満鉄の職員の手によって運転管理されるようになったからだ。西川は、天津《てんしん》で勤務したあと、華北の北京と内蒙古の包頭《パオトウ》を結ぶ京包線《けいほうせん》に赴くことになる。

始発駅の北京でも、終着駅である包頭でも勤務した。

当時、その包頭は地の果てという印象だったという。それは、その先にはもう線路がなく、茫漠たる蒙古の黄土高原が広がっているだけだったからだ。

西川の仕事は、満鉄から華北や内蒙古に赴いている日本人職員のための生活物資を確保することになっていった。

包頭の次は北京方面に少し戻った途中駅の大同《だいどう》に行き、そこでは華北消費生計所長という肩書と三人の部下を得た。ところが、組織の改編によって、学歴の序列でいうと旧制中学の上位にある専門学校の卒業生が、ほとんど実務の経験がないにもかかわらず自分の上司として赴任してくるというようなことがあり、嫌気がさしてきた。新天地である大陸の満鉄は、学歴、学閥などというものとはまったく無関係の、希望に満ちたところだと聞いていたが、入ってしまえば内地と同じだということを思い知らされた。

入社して五年後の一九四一年（昭和十六年）、西川は満鉄を退社することにした。

多くの若者が入りたいと願っている会社にせっかく入らせてもらったのに申し訳ないという気持がなくもなかった。しかし、弟の貞三《ていぞう》も旧制の津和野中学を出ると兄の一三に憧れて満鉄に入社していた。自分の代わりに弟が働いてくれるからいいだろう。そう思い切り、退社の申し入れをした。

2

だが、西川は別の会社に入ろうとして退社したのではなかった。内蒙古に設立された興亜《こうあ》義塾《ぎじゅく》という学校に入り直したいと思ったのだ。

一九三三年（昭和八年）、日本国内で、蒙古との友好をはかるための組織として善隣協会という財団法人が設立された。

《興亜ノ精神ニ基《もとづ》キ善隣ノ友誼《ゆうぎ》ニヨリ東亜諸民族トノ融和親善ヲ図《はか》リ相互文化ノ向上ニ寄与セントス》

この協会は、内蒙古の察哈爾、綏遠両省における各種の調査研究をはじめ、医療支援や畜産方法の改善や教育の普及など多岐にわたる活動をすることになっていた。

やがて、善隣協会は東京と内蒙古との二つの組織に分かれ、内蒙古の張家口《ちょうかこう》に本部を置いた蒙古善隣協会は、そこに西北研究所を設立する。これは、今西錦司や石田英一郎や梅棹《うめさお》忠夫といった戦後の日本の民族学を主導する才能が多く結集する、一種の梁山泊《りょうざんぱく》になった。

そしてまた蒙古善隣協会は、一九三九年（昭和十四年）、興亜義塾を創設するに至る。

この興亜義塾については、当時の朝日新聞の次の記事によってどのような意図のもとに作られたのかがわかる。

《財団法人善隣協会では大陸国策の線に沿い蒙疆方面に進出する有為の人材を養成するため四月蒙古の厚和《こうわ》に「興亜塾」を設立することになり、十日塾生十五名の募集を始めた。

現地で一年半大陸建設に関する各学科を教育し、興亜の先駆者として活躍させようとの趣旨で資格は満二十歳から二十八歳までの中等学校卒業以上の学歴のある青年で費用一切は同会で負担する、締切は来る二十日まで、人物は銓考《せんこう》の上決定す》（昭和十四年三月十一日）

やがて名称は、すでに似たようなものが内蒙古にあるということで、興亜塾から興亜義塾に変更され、第一期生の人数は二十二人になり、年齢も二十歳からではなく十八歳からということになった。

当時、内蒙古に蒙疆新報という日本人向けの新聞が出ていて、満鉄の事務所にも配られていた。そこに、興亜義塾の第三期生の学生募集広告が載っていた。

広告の文面によれば、中国大陸の蒙古から新疆にかけての奥地、日本では特に「西北」と呼ばれていた地域で国家のために挺身する若者を養成するという。所在地は、京包線の途中駅である厚和（現・呼和浩特《フフホト》）だった。学費は無料で、小遣いも出るという。

それを眼にした西川は、これだと思った。

西川には、子供の頃から、中国大陸の奥地への憧れのようなものがあった。それを植えつけてくれたのは、ある日、地福の尋常小学校に来て、ゴビ砂漠とか青海湖とかいう地名を含んだ旅の話をしてくれた蒙古服姿の男性だった。

――どうやら、海を渡った大陸の奥には、「月の沙漠」に出てくるような広くて大きい砂漠とか、真っ青な水をたたえた海のような湖があるらしい……。

以来、よく読むことになった少年雑誌の中の冒険譚も西川の好奇心を搔き立ててくれ、いつか自分も大陸の奥地に行ってみたいという願望を抱くようになっていた。中学卒業後の就職先に満鉄を選んだ理由のひとつもそこにあった。

そしてもうひとつ、西川にはこうした思いもあった。

戦前、日本の成人男子は二十歳になると本籍のある地で徴兵検査を受けなくてはならなかったが、大陸にいた西川は天津勤務時代に故郷の地福ではなく現地で受けることになった。

身長は基準の百五十五センチをはるかに超え、肉体的にもすこぶる頑健だったが、視力が弱いため、甲、乙、丙のうちの乙種合格になってしまった。

――自分は、眼が悪いため、乙種合格になってしまった。実際に徴兵され、軍隊に入っても、限られた任務にしかつけないだろう。もし、この興亜義塾に入り、卒業できたら、蒙疆の地で日本のために目覚ましい働きをすることができるかもしれない……。

御国のためにもなり、自分の夢の実現にもなる。西川は、満鉄という日本の内地の人から見ても羨むような高給取りの身分を打ち捨て、興亜義塾の塾生になる道を選んだのだ。

応募すると、簡単に合格した。


一九四一年(昭和十六年)四月、二十二歳の西川が興亜義塾の寮に入るときの荷物は、ほんの少しの身の回りの品を除くと、『吉田松陰全集』の全十二巻だけだった。

同じ山口出身の偉人として、西川も吉田松陰に対する尊敬の念は強く抱いていたが、これまでの『吉田松陰全集』は原文のままの漢文で歯が立たなかった。しかし、一九三八年(昭和十三年)から刊行が開始された岩波書店の「普及版」は、可能な限り書き下し文に書き改めてくれているもので、西川にもなんとか読めるものになっていた。西川は、給料で全巻を買い求め、繰り返し読むようになっていた。

西川と同時に入った三期生の多くは旧制中学を卒業したばかりというような若い年齢の者が多かった。西川は、一度社会に出た経験があるため年齢も上から数えた方が早いということもあり、また、『吉田松陰全集』だけを持って入塾してきたということもあって、同期生たちからある種の注目を浴びていた。

授業は三期に分かれていた。

まず語学を中心とした塾内教育に半年弱。ここでは、志望によって蒙古班と回教班に分かれ、西川が属した蒙古班では、蒙古語と中国語とロシア語が叩き込まれた。それ以外の学科としては、蒙古事情、回教事情、地理、歴史、政治、経済、畜産などの講義、さらには体力作りのために乗馬や武道などの時間も設けられていた。

それが終わると、一年弱の塾外教育が始まる。この塾外教育こそが興亜義塾の最も特色ある教育だった。少数の回教班の塾生は、北京に行かせ、回教寺院などでイスラム世界の言葉と文化を学ばせるが、大部分の蒙古班の塾生は、ひとりずつ、広い蒙古の高原にぽつんと建つ廟《びょう》や包《パオ》に預けられ、放置されるのだ。その地で、蒙古班の塾生は、自分の蒙古語が生の言葉としてはまったく通用しないことに衝撃を受け、さらには衛生観念のまったく異なる蒙古人社会に放り込まれて絶望する。体を洗うという習慣がないだけでなく、食器すらも水で洗わず、便は大地に垂れ流し、服を布団代わりに眠る。しかし、そこで生きていくしかない塾生は、少しずつ言葉を身につけ、生活に慣れていき、一年後に塾のトラックが呼び戻すために来てくれる頃には、鼻をかんだ汚い手で拭いただけの椀に入れて出された茶を平気で飲むことができるようになっているのだ。

塾に戻ると、仕上げの塾内教育をもう一度行うが、それは短期間の講演が主で、ほとんど形ばかりのものだった。

一九四二年（昭和十七年）九月、三期生は一年半の教育を終えた。ところが、卒業を目前にして、西川は退塾、すなわち退学を命じられてしまう。

退塾だけでなく、同期生の中野富美雄と二人、この蒙疆の地から出ていけと命じられてしまった。

理由は、酔って、塾の雑役をしていた漢人のボーイを殴ったためだったという。

一方で、塾の先輩などには、同期生たちと倉庫から酒を盗み出して宴会をした、その責任を引き受けたからだと伝わっていた。

確かに、酔いにまかせて誰かを殴ったとすると、二人が同時に退学させられるというのも奇妙と言えば言えないこともない。

これについて西川自身は、『秘境西域八年の潜行』においてこう述べている。

《当時私達同志が道場と考えていた塾の在り方に対し、一部教育者はこれを営利的に考えていたので、

「こやつ斬るべし」

との若い血に燃えた憤懣《ふんまん》が、たまたま酒の勢いに度をはずして、罪のないシナ人ボーイをなぐってしまった》

これを読むと、その頃の西川が、幕末の勤王の志士かなにかのように思えてくる。実際、『吉田松陰全集』を読みつづけていた西川には、強い「尊王」の念と、日本という国に対する、なかば盲目的な「愛国」の心があった。

だが、塾の関係者への「憤懣」がなぜ漢人のボーイを殴ることに結びついたのかがわからない。

これについては、私も、二度ほど、角度を変えて西川に訊ねたことがあるが、「酒の上でボーイを殴ってしまったんです」としか答えようとしなかった。

いくつかの細部を寄せ集めて推測すると、それは次のようなことだったのではないかと思われる。

この興亜義塾について、のちにそれはスパイの養成学校だったとするような見解が流布されるが、実態はまるで違っていた。

たとえば、卒業後の進路はさまざまで、中国の華北に進出してきた日本の紡績会社や運輸会社、あるいは新聞社や商事会社などに就職する者も少なくなかったし、蒙古の牧畜業を改善するための実験農場に赴いたり、蒙古地域の医療のために満州の医科大学に進学して学ぶように命じられたりして、いわゆる諜報活動に従事する者はあまりいなかった。

西川は、むしろ西北を含んだ中国奥地の辺境地域に「挺身」したいと思っていたので、そうした状況に失望するところがあったのだろう。この塾が、よい就職先を見つけるための足場となっていること、そして塾の関係者がそれをよしとしていることに「憤懣」を抱くようになっていた。

そうした中、どこかの店で買い求めたのか倉庫から盗み出したかはよくわからないが、いずれにしても大量の酒をみんなで飲んでいるうちに、塾に対する批判のボルテージが上がってきてしまった。そこに、漢人のボーイが加わった。

興亜義塾では、食堂での仕事をはじめとした雑用をさせるため、漢人の若者がボーイとして雇われていた。

とりわけその中のひとりは、塾で重用されるようになっていたらしく、たとえばその前年の「紀元二千六百年」の祝賀会では、塾生と共に記念写真に収まったりしている。

ここからは想像だが、西川たちの宴会に、ボーイとしての仕事のためだったか、偶然だったのか加わることになったそのボーイが、塾側に立つ発言をしたのではないか。たとえば、みなさんはそれで高給取りになれるのだからいいではないですか、というような。

いずれにしても、誰かがボーイを殴ってしまった。

そこには多くの同期生がいたが、年長だった西川と中野富美雄が責任を取ることになった。この中野という人物は、陸軍の軍曹だったが、現地除隊後、興亜義塾に入ってきたという変わり種だった。

塾側は二人に対して退学、退塾の断を下す。理由は「意味のない暴力は異民族教化の敵である」というものだった。興亜義塾の設立趣旨の中に「異民族ニ対シテハ身ヲ以テ儀表《ぎひょう》タルヘシ」という一項があったからである。儀表とは、手本とか模範とかを意味する言葉で、異民族の人々に対する無意味な暴力は最も忌むべきものとされていたのである。

3

卒業を目前に控えて退塾となった二人は、京包線の厚和の駅頭で教務主任から北京までのチケットを渡され、そこへ行って自分たちの身の振り方を考えよと告げられた。

いったんは素直に北京行の列車に乗ったものの、西川には蒙古の地を離れるつもりは毛頭なかった。

厚和から北京に向かう京包線の車中で、西川は中野に自分の思いを告げた。自分は、北京ではなく包頭に行き、そのずっと先にあるバタゲル廟に一時身を隠し、それから西北に潜入したいと思っている。バタゲル廟の活仏《かつぶつ》は親日的だと聞いているが、幸いなことに、その付近には日本の特務機関員や善隣協会の関係者が駐在していない。しばらくは、命令に反して、蒙疆の地から離れていないことがばれないだろう……。

中野も行動を共にすることに賛同してくれたため、二人は途中の駅である平地泉《へいちせん》で下車した。待合室で一晩を過ごし、北京とは反対方向に向かう列車に乗り換え、翌日、終着駅の包頭に着いた。

包頭は西川がかつて満鉄時代に一年ほど暮らした土地だった。

すでに知り合いの日本人はいなくなっていたが、駅の周囲に住んでいる漢人に温かく迎えられ、旧知の何人かが集まって食事や酒を振る舞ってくれた。

そして、一夜の宿を提供してくれただけでなく、次の日には、石拐子《シグァイジ》というところまでの石炭列車に乗る手筈を整えてくれた。

包頭は北京から西に向かう列車の終着駅だったが、それとは別に、北東方面に向かう大青山《だいせいざん》線という短い線の始発駅でもあった。

この大青山線については、日本側にあまり資料が残されていない。ただ、京都大学が所蔵する、戦前のこの地域に関する膨大な写真群の中に一枚だけ写っているものがあり、それによると、両側の小山が壁のように迫る切り通しをトロッコのような車両が走っている。西川が書いているように、主として石炭などの物資を運ぶための軽便鉄道だったのかもしれない。

包頭の漢人たちは、その列車に乗る際、饅頭の弁当まで持たせてくれた。

このとき、西川は思ったという。

——どのような人種でも人間は同じなのだ。包頭時代、自分は漢人に対してもつとめて誠実に対応するようにしていた。すると、漢人も誠意をもって対応し返してくれた。大事なのは人種ではなく、この誠の心というものなのだ。吉田松陰も、遺書とも言うべき『留魂録《りゅうこんろく》』の中で書いていた。結果として死への旅となる二度目の江戸行きの直前、白い綿の布を買い求め、孟子の「至誠にして動かざる者は未だ之れ有らざるなり」の一句を書きつけ、それを自分の志とした、と。そうなのだ、たぶん「至誠」は人生の旅における最大の武器なのだ……。

包頭から石拐子まで石炭列車に揺られて行き、石拐子からは北に山中を半日ほど歩くと、小高い丘に三階建てのラマ廟が見えてきた。それがバタゲル廟だった。

西川は、中野を伴い、廟の主とも言うべきデンクリ活仏の前に出て、しばらく暮らさせてくれないかと頼んだ。

活仏とは、偉大なラマ僧の転生者、生まれ変わりと見なされた存在で、ラマ教（チベット仏教）における重要な宗教者である。

バタゲル廟のデンクリ活仏は、二人を客人として受け入れてくれ、ラマ僧が暮らす僧室ではなく、活仏のための一種の事務所で暮らすことを許してくれた。

しばらくは、そこで平和で穏やかな暮らしが続いた。

ところが、初冬に入ったある日の夜、バタゲル廟が不意に匪賊《ひぞく》の一団の襲撃を受けた。

二人は事務所の屋根裏から屋上に登って危うく難を逃れたが、屋根の透き間から見ると、その匪賊は烏合の衆ではなく、着ている服から八路《はちろ》軍だとわかった。内蒙古は、当時、日本軍の支援によって樹立された蒙古の自治政府軍が支配していたが、共産革命を目指す八路軍も勢力を伸張していた。宗教を否定する彼らは、ラマ廟を襲撃することに躊躇はなかった。

やがて八路軍は引き揚げたが、廟は金目の物をすべて奪われ、おまけに二人のラマ僧が連れ去られてしまった。そして、しばらくして、八路軍は二人のラマ僧の身代金を要求してきた。

デンクリ活仏は、西川たちに、日本軍に連絡して助けてほしいと懇願してきた。そこで、包頭に駐在する日本の特務機関に被害を訴える報告書を書き、早馬で送り出した。

その結果、日本軍と内蒙古軍が共に行動を起こしてくれることになり、最終的には二人のラマ僧は無事取り戻すことができたが、西川たちには新たな災難が待っていた。

特務機関に、日本人の若造たちが許可なくこのような地帯で勝手な行動をしていると見なされ、包頭に呼び出された揚げ句、蒙疆の地から立ち去れと命じられてしまったのだ。

この命令に逆らうわけにはいかなかった。二人はとうとう北京に向かわざるをえなくなった。

北京では、興亜義塾の回教班に属し、そこで回教について学んでいる後輩のところに身を寄せた。

しかし、そのことが塾側にも伝わり、後輩に迷惑をかけるな、という電報を送りつけられ、やむなくそこも立ち去ることになった。

途方に暮れかかったが、そのとき、二人の窮境を知った同期生から「張家口に来い」という電報が届いた。

張家口は、内蒙古に進出した日本人にとって最大の街だった。北京と包頭の間にあり、内蒙古に成立した自治政府に対する日本の大使館的な役目を果たしている「大使館事務所」なる機関が存在していた。実際、内蒙古に住む日本人は、そこを張家口大使館と呼んでいた。

張家口はまた、蒙古善隣協会の本部があるところでもあった。

卒業して張家口にいた同期生たちが、西川と中野の境遇を心配し、善隣協会で理事をしている中沢達喜に相談したところ、なんとかしてやろうということになったのだ。

西川と中野の二人が張家口に赴くと、日本人の篤志家が作ったという日本人のための無料宿泊施設に滞在させてもらえることになった。さらにしばらくすると、中沢の仲立ちで興亜義塾の塾長の前に出ることが許された。そして、酒を飲まず、異民族の人々を決して殴ったりしないという二つを誓うことで、卒業証書を受け取れることになった。

やがて張家口で一九四三年（昭和十八年）の正月を迎えることができたが、それは、西川にとって、興亜義塾卒業、蒙疆追放解除、そして新年という三つのめでたさが重なる正月となった。


張家口での生活が少し落ち着いてくると、蒙疆の地で役に立つ存在になりたい、という当初の思いが強く呼び覚まされてきた。どこかの企業に勤めたりするために、満鉄を辞め、興亜義塾に入ったわけではないのだ。

今度は中野と別れ、西川はひとりで内蒙古の奥地に向かうことにした。

中沢に相談すると、善隣協会が医療支援のための診療所を設けているトクミン廟までなら行ってもよいということになった。

トクミン廟は、外蒙古に成立した蒙古人民共和国との国境線に近い、まさに最果ての地だった。

西川は、張家口から京包線で厚和へ、さらに厚和からは乗合トラックで陰山《いんざん》山脈を越えて百霊《ひゃくれい》廟《びょう》へ向かった。

百霊廟からは、もう交通手段がない。そこで、道案内のために蒙古人の若者を雇うことにした。彼の所有する二頭の馬で、馬の旅を始めたのだ。

かつて塾外活動で一年近く暮らしたサッチン廟を経由し、五日後に目的地のトクミン廟に着いた。

トクミン廟は、イクジュールラマという若い活仏を中心に、百数十人のラマ僧が暮らす中規模の廟だった。近くには蒙古人や漢人の暮らす集落もあるが、蒙古人民共和国が成立した外蒙古と内蒙古を分かっている山地が間近に迫ってもいる。

そこには二人の特務機関員と、善隣協会の医療活動に従事している杉山秀之助の三人の日本人が住んでいた。

杉山は陸軍の衛生下士官だったが、現地除隊をして善隣協会に入った熱血漢だった。

西川はその杉山の宿舎に転がり込むことになった。


そこでの日々は、朝のラマ僧たちの読経を聞くことに始まり、夜の勤行《ごんぎょう》を聞くことで終わる。

一日一日がゆっくりと過ぎていく。特に何をしなくてはならないということのない単調な日々だったが、それはそれで自分の汚れた心が澄んでいくような清らかな日々でもあった。

やがて蒙古高原に夏がやって来た。

ほんのわずかな雨によって青々とした草が生え、家畜たちがそれを喜々として食むようになる。

空気は澄み渡り、空の色は恐ろしいほどの紺碧になる。

西川は、トクミン廟のラマ僧たちに連れられ、廟の外の、草原の中にぽつんと立つ遊牧民の包に一日過ごさせてもらったことがあったが、それは廟で味わう日常とはまた別の感動があった。包の中に横たわり、その包の裾をほんの少し開けてもらうと、風が吹き抜ける。その風には緑の香りがまとわりついている。

遠くには鶴や雁や鴨たちの渡りの姿が見え、間近には羊や馬や駱駝などの家畜たちの草を食む姿がある。

夜になれば、包の外の空一面に無数の星が輝き、時に流れ星が尾を引いて消えていく。

自分は、いま、蒙古にいるのだという感動に何度心を揺さぶられたことだろう。

4

トクミン廟における日々に満足しながら、しかし西北に潜入したいという願望が抑えがたくなってきた。潜入して、日本人にとって未知の部分の多い地域についての知見を深めたい。それは結果として中国とのこの戦いに大いに益するはずだ……。

大陸雄飛の夢を抱き、内蒙古にいる日本の若者、とりわけ興亜義塾の塾生になるような若者たちにとって、西北というのは独特の魔力を持つ言葉だった。言葉そのものの意味を解すれば「中国の西北部の地域」を指すにすぎない。当時の中華民国政府の区分によれば、海沿いの華北、華中の諸省から内陸の奥深くに続く、陝西《せんせい》省、甘粛《かんしゅく》省、寧夏《ねいか》省、青海省、新疆省の五つの省を意味する。しかし、興亜義塾の塾生たちにとっての西北は、もう少し漠然としており、漢民族とは異なる、蒙古人やウイグル人などが自由に遊牧を営みながら暮らしている高原や砂漠というイメージが強かった。そこから西北に対するロマンティックな憧憬が生まれることになった。彼らにとって西北は、いつか行かなくてはならない夢の土地のようなものになっていたのだ。

西北に向かうには、日本の勢力圏にある内蒙古の綏遠省と中華民国政府が支配する寧夏省との省境にある「国境」を突破しなくてはならない。その「国境」を突破できさえすれば、あとは寧夏省と甘粛省を通り抜けて青海省に入ることもさして難しくはないように思える。

ただ、寧夏省に足を踏み入れる前に中国側に捕まれば、命はないものと覚悟しなくてはならない。

どのように「国境」を突破するか。

方法はひとつしかないように思えた。巡礼者に扮するのだ。

トクミン廟で、ラマ僧たちと触れ合う機会が増すにつれ、西川にも、彼らの「巡礼」というものに対する強い思いが理解できるようになってきた。

ラマ僧にとって、巡礼は旅をすること自体がひとつの修行であり、目的の聖地や廟に辿り着き、仏の前に額ずくことができれば、さらなる喜びとなる。

彼らの究極の願望は、イスラム教徒がメッカのカーバ神殿に行くのを一生の望みとするように、チベットのラサに行き、ツオグラカン仏殿に祀《まつ》られている釈迦《しゃか》牟《む》尼《に》仏《ぶつ》に詣でたいというものだった。しかし、そこまで行くことはできなくとも、せめて青海省の西寧《せいねい》の近くにあるタール寺に参詣ができれば本望というラマ僧が少なくなかった。タール寺は、チベットを除けば、内蒙古から青海にかけてのラマ教圏内で最大の寺であり、ラマ教を立て直した中興の祖とも言うべきツォンカパに最も縁の深い寺でもあった。

西川にとっても、西寧まで行けば、そこから青海省を横断し、中央アジアと接する新疆地方に行くことは難しくないように思えた。

――タール寺に参詣するという巡礼者に混じって行けば、とりあえず西寧までは行けるのではないか？

そう思いついた西川は、トクミン廟にいるラマ僧のうちで、タール寺へ巡礼しそうな人物を捜しはじめた。

すると、三人の三川人《さんせん》ラマ僧がこの秋にも帰郷する予定らしいという噂を耳にした。

三川人とは、聞き馴れない言葉だが、これは現在の中国で「三川土族」と呼ばれる少数民族ではないかと思われる。蒙古系の遊牧民だったが青海省の西寧に近い民和《みんわ》県に定着し、農耕をすることによって漢族と近くなり、商才にも長けるようになった。

西川は意識的にこの三川人の三人に近づき、親しくなったところで同行を求めてみた。すると、彼らは、西川が日本人だと知っているにもかかわらず快諾してくれた。とりあえず、「国境」を突破した先の定遠営《ていえんえい》（現・阿拉善左旗《アラシャンさき》）まで連れていってくれることになったのだ。

三人の名はオーズルとイシとラッシ。オーズルは五十代、片目のつぶれているイシは三十代、そしてラッシは西川と同じ二十代だった。オーズルは最も年長というだけでなく、ここ内蒙古のトクミン廟から西北地方の一省である寧夏省の定遠営まで何度か旅をしたことがあるということもあって、一行のリーダー格の存在だった。

七月、西川は、中国の西北地域へ潜入するという計画書を書き上げると、張家口に向かうことにした。

その計画には、資金として三千円が必要であり、何より、日本政府と軍部の承認が必要だった。そして、その相談をするには、やはり善隣協会の理事である中沢達喜が最もふさわしいと思えた。中沢は、大阪外国語学校の蒙古語部を卒業すると満鉄の嘱託になった。そこで本社の情報課に入ったことから、しだいに日本軍の情報活動に関わるようになり、やがて正式に特務機関の嘱託になった。そこでいくつかの任務に関わったあと、「諜報活動から足を洗う」つもりで善隣協会に入ることになる。だが、やはり、政府や軍部から善隣協会に持ち込まれる諜報関係の案件についてては、依然として中沢が捌いているらしいことはよく知られていた。

張家口で中沢に会った西川は、どうにかして中国の西北地域に潜入したいという強い思いを述べた。中沢も、その思いを正面から受け止めてくれ、なんとかしてやろうと応じてくれた。西川は、張家口に滞在して、その返事を待ちつづけた。

しかし、一週間が過ぎても二週間が過ぎても返事がない。やはり駄目なのだろうかと絶望的になり、酒浸りになってしまった。満鉄時代に貯めてあった金もついに尽き、所持品を質屋に入れては酒を飲むという日々が続いた。

やがて、中沢が来て、どうしても三千円の金が調達できないので、その計画は来年にしてくれないかと言う。

それを聞き、西川はしばらく放心状態になってしまったが、すぐに、こうなったら誰かの金など当てにせず裸一貫で行ってやろうと思うようになった。「至誠」を武器にこの身ひとつで出発しよう。しかし、政府と軍部の了解だけは手に入れたい。そこで中沢に、張家口大使館の次木一《なみきはじめ》に会わせてくれるよう頼んだ。

次木は、一種の伝説的な人物だった。陸軍士官学校の士官候補生時代、のちの二・二六事件につながる「士官学校事件」という「幻のクーデター計画」を起こした首謀者のひとりとして、在学中に士官学校を放校になり、その後、満州に渡ってきたという人物だった。そして、内蒙古の張家口に大使館と呼ばれるようになる公館が開設されると、そこの嘱託となった。それには、初代の張家口公使となって赴任してきた岩崎民男が、陸軍士官学校の先輩だったということが大きかったと思われる。岩崎は、陸軍士官学校から東京帝大の法学部に進んだ異色の軍人外交官だった。

嘱託となった次木は、政府と軍部をつなぐ内蒙古における諜報活動のキーマンとなっていた。会ってくれることになった次木は、西川の話を聞くと、その計画にたった三千円で足りるのかと訊いた。西川は充分ですと答えた。金などなくても、やり遂げてみせますと見得を切った。

それを聞いた次木は、一週間待ってくれないかと言った。西川によれば、熊本出身の次木は、そのときこうも言ったという。

「心配しなくてもよか、俺が個人でも心配してやろう」

もしかしたら、次木には、興亜義塾から退塾させられたことのある西川を、陸軍士官学校から放校された自分と重ね合わせるようなところがあったのかもしれない。

一方、西川は、熊本出身の次木を、幕末の志士で肥後藩士だった宮部《みやべ》鼎蔵《ていぞう》に重ね合わせていた。宮部鼎蔵は、長州出身の吉田松陰にとって掛け替えのない年長の友人であり、彼と東北一周の旅に出るために脱藩までしてしまうほど大事にしていた存在だった。西川は、次木を、吉田松陰における宮部鼎蔵のような、自分の旅を後押ししてくれる人かもしれないと思ったのだ。

一週間後、それは現実となり、張家口大使館の調査員という辞令と六千円の準備金を手渡されることになった。

西川は書いている。

《次木先生のおかげで、「西北シナに潜入し、シナ辺境民族の友となり、永住せよ」との総理大臣東条大将の命令と、準備金六千円の大金を受領した》

この一連の流れが記されているのは、中公文庫版だと、『秘境西域八年の潜行』の上巻第一章「内蒙古篇」の「東条総理の命令書」という節の中である。

だが、ここに二つの謎がある。

西川によれば、時の総理大臣東条英機から「西北シナに潜入し、シナ辺境民族の友となり、永住せよ」という命令書を受け取ったという。

常識的に考えて、異国に存在する一公館が現地で雇ったスタッフに、総理大臣からの命令書が届くとは思えない。まず、期間的に、遠い内蒙古からの稟議書に対して、政府部内で検討され、総理大臣が許可し、命令書なるものに署名して送り返すという作業が、わずか一週間で行われるなどということはありえない。

それに、命令系統としても、大使館の調査員としての辞令を出すのは、外務大臣であるだろう。当時の内蒙古は新設の大東亜省の管轄となっていた可能性が高いので初代大東亜省の大臣、青木一男だったはずだ。

しかも、その命令が、戦闘中の敵国に「潜入」し、「永住」しろというのだ。つまり、「死ね」

というのと同じ意味を持つことを命じている。外交を司《つかさど》る官庁がそのような命令を文書に残すことは考えにくい。

そこで、残された西川の元原稿を調べてみると、その文章が記されている節は、本来「東条総理の命令書」というタイトルではなく、「捨身」というもので、それに編集者の朱線が引かれ、書き直されていた。さらに、原稿の内容も、単に《次木先生のおかげで、「西北シナに潜入し、シナ辺境民族の友となり、永住せよ」との命令と、準備金六千円の大金を受領した》とあるだけのところに、「命令」の二文字の前に「総理大臣東条大将の」という朱字が書き加えられているのだ。

では、編集者が著者の意に反して勝手に書き加えてしまったのか。いや、少なくとも、ゲラは見ているはずだから、西川もその書き換え、書き加えに同意していると思われる。

さらに、芙蓉書房からの出版に際して、最後に自ら書き加えたと思われる「はじめに」の章では、はっきりと「東条総理の命令書」を「受領した」と記されている。

ということは、西川もまた嘘を承知でセンセーショナルな「東条総理の命令書」というイメージを生み出すことに加担してしまったのだろうか。

実は、このとき、同じように中国の奥地、西北地域に潜入したいと望んでいるもうひとりの若者がいた。

同じ興亜義塾の卒業生で、三期生の西川より一期先輩の木村肥佐生《ひさお》である。

木村は二期生として興亜義塾を卒業すると、内蒙古のザリン廟という集落に設けられた善隣協会の実験牧場で働くことになる。

当時の内蒙古には多くのラマ廟が点在していたが、そこには僧舎にラマ僧が住んでいるだけでなく、周囲にいわゆる「俗人」の蒙古人や漢人が住むようになり、集落を形成するようになる。そしてその集落の名としては、ラマ廟の名をそのまま使うことが多かった。

ザリン廟で働いていた木村は、とりわけ語学的な才能に恵まれていた。蒙古語を自在に話せるようになっていただけでなく、各地の方言にも関心を持つようになり、とりわけ新疆地区に住むというトルグート蒙古族に惹かれるようになっていた。

トルグート族とは、かつてロシアのボルガ河の下流に住んでいた蒙古人たちである。しかし、帝政ロシアによる支配の苛酷さに耐え切れず、その昔、祖先が住んでいたといわれる「黄金の土地」の新疆に民族の大移動を開始した。ところが、それに怒ったロシア皇帝はコサック兵を送って追撃し、殲滅《せんめつ》をはかった。トルグート蒙古族もよく戦ったが、目的地である新疆の天山地方に着いたときには総勢の五分の一にまで減っていたという。

この悲劇的な話を蒙古人の学者から伝え聞いた木村は、どうにかしていまだよく知られていないトルグート蒙古族に接したいという願望を抱くようになった。

どうしたらよいか。考えた末、ひとつのアイデアを思いつく。

当時、日本軍は、中国への連合国側からの支援物資の流入ルートを「援蔣ルート」と呼んでいたが、そのうちの「仏印（現・ヴェトナム、カンボジア、ラオス）ルート」と「ビルマ（現・ミャンマー）ルート」を遮断することに成功していた。

すると、連合国側は、果てしなく遠回りの援蔣ルートを通じて搬入するようになった。北極圏にあるロシアの港湾都市ムルマンスクから中央アジアのカザフスタンまで鉄道で運び、あとはトラックで新疆のウルムチを経由して中国内陸の主要都市まで運ぶのだ。

日本側も、それを「西北ルート」とか「赤色ルート」とか呼び、おおよそのルートはわかっていたものの、実態をはっきりと摑めていなかった。

木村は、このソヴィエト・ロシア経由の援蔣ルートの調査をするということを名目にして、中国の西北地域に潜入しようと考えたのだ。

入りさえすれば、新疆に行って、トルグート蒙古人の居住地を訪れても文句は言われないはずだと踏んだ。

西川の「西北行」は、あくまでも御国のためにという「滅私奉公」的なところが少なくなかったが、木村の「西北行」は、もう少し個人的なロマンティシズムに衝き動かされたものだったと言えるかもしれない。

木村は、ザリン廟で親しくなった若い蒙古人夫婦と共に旅をすることで中国の西北地域に潜入するという計画を立て、やはり善隣協会の中沢にその計画書を提出していた。

それが一年前。しかし、そのときは、十九歳で興亜義塾を卒業した木村が、二十歳の徴兵検査がまだ済んでいなかったということもあって、先送りされてしまっていた。だが、やがて厚和で徴兵検査を受けると、百五十五センチに満たない小柄な木村は乙種合格になり、「入営に及ばず」という知らせを受けることになる。

それもあったのか、西川が次木から潜入の了承を受ける直前の九月はじめ、木村も張家口大使館から呼び出しを受け、中国の奥地潜入の許可が下りる。

戦後、やはり日本に帰還した木村は、その八年後に『チベット潜行十年』という書物を出していたが、死後、その増補決定版という趣のある『チベット 偽装の十年』という口述の書を遺すことになった。

そこで木村は次のように語っている。

《一九四三年九月、私は張家口に召喚された。一年以上前に提出した計画が承認されるかもしれず、私は期待に胸をふくらました。今回は失望させられることはなかった。私は次木氏の上司にあたる安木偉久太氏と話をした。安木氏の話では許可はするが一年後には帰還してほしいとのことで、支度金として一万円が支給されることになり、さかのぼって日本大使館に雇われている形になるという》

西川と木村の二人は、ほぼ同じ時期に、中国西北地域への潜入を目的として、張家口大使館の調査員として雇われることになったのだ。

だが、木村は、東条英機によるそのような命令書を受けたということを述べていないばかりか、大使館の調査課長であった安木という人物に一年で帰還しろと命じられてさえいる。

これらの事実やその他の証言から総合すると、西川と木村の置かれていた立場には微妙な違いがあったのではないかと思われる。

木村は、前年からの流れによって、中国の奥地に潜入するという計画がすでに大使館内で検討され、正式に調査員として送り込まれることになっていた。

そこに、不意に、西川が登場し、同じように「密偵」を志願してきた。いったんは、拒否されたが、次木の腕力によって特別に許可されることになった。

その結果、二人が潜入するに際しての扱いに差が出ることになった。木村によれば、彼のために、特務機関から委託された先遣隊のような立場の老ラマ僧が、「国境」付近の中国側の警備状況を探るべく二人の部下と蒙古人の集落に滞在していたという。一方、西川にはそのような配慮はまったくされていなかった。

この西川と木村の立場の違いや扱いの差は、やがて戦後の日本に帰還して、それぞれが別々に外務省に立ち寄ったときの職員の対応の差異にも明らかに現れている。

西川は単に門前払いを受けただけだったが、木村は「神戸上陸の日を以て依願免職とする」という外務大臣吉田茂の辞令を受け、わずかばかりだが退職金を受け取らされている。

さらに、西川も木村も、故郷の親のもとに、終戦まで、毎月、潜行中の給料が支払われていたが、西川の故郷へは張家口の大使館からだったのに対し、木村のもとへは日本の外務省から送られていたという。

これらのことからも、木村は外務省、あるいは大東亜省にまで公式に任用を認められていた存在であるのに対し、西川は次木の個人的な配慮によって臨時的に採用された存在に留まっていたのではないかと推察されるのだ。

いずれにしても、東条総理の命令書なるものは存在していなかったのだろう。ただ、次木から西川に口頭でそれに近いことを言われたということは考えられる。中国の奥深くに潜入し、日本軍が堂々と進攻してくるまで待つように、と。

西川は、それを「総理大臣東条大将の命令」と受け取って感激し、「捨身」の決意を燃やしたのだ。

のちに日本に帰り、『秘境西域八年の潜行』を出版する際に、その「命令」について編集者にも話した。それを聞いた編集者は、そのような目覚ましい事柄を文中に取り入れないのはもったいないと思い、書き加えてしまった。その書き加えを西川も受け入れた。少なくとも、西川は編集者が加筆した「総理大臣東条大将の」という文字を削除しなかった。それは、次木に口頭でさまざまに言われたことの中に、それに近い言葉があったからではなかったかと思われるのだ。

もうひとつの謎は準備金の六千円である。

西川と木村の双方の計画に関わった中沢の手になる回想記によれば、二人には一万円の準備金が用意されていたはずだという。

どうして西川だけ六千円だったのか。邪推を働かせれば、仲介した誰かが中抜きしたと考えられなくもない。

しかし、それはこういうことだったらしい。

テレビ番組で西川を取り上げた「新世界紀行」の取材スタッフで、エンドロールに流れるクレジットではアシスタント・ディレクターと記されている渡辺智央によれば、西川の旅のバックグラウンドを調べるため、当時入院中だった次木を病床に訪ねることになった。

そこで会った次木はこう語ったという。

西川は、自分の計画が、徴兵逃れのためと思われるのを嫌っており、金などなくても許しさえ得られれば、この身ひとつで中国の奥地に潜行すると述べたという。しかし、金がなくてはどうしようもないだろうと、六千円の金を受け取らせたというのだ。六千円というのは半端のように見えるが、西川の計画書にあった三千円の倍だった。

こうして西川と木村は、ほとんど同時に西北へ潜入する旅に出ることになったのだ。二人の計画はまったく別々のものであり、互いに目的も目的地も知らなかったが、前となり後ろとなり、結果的にほとんど似たようなコースを辿って中国の奥地に進んでいくことになる。

九月上旬、西川は、「命令」らしきものと六千円の金を携え、トクミン廟に戻ってきた。

同行してくれることになっているオーズルとイシとラッシの三人のラマ僧は、西川の帰りを待ちわびていた。出発が遅くなると、気温が下がり、旅が困難なものになる可能性が高まるからだ。

三人は、すぐに旅の準備に入ってくれたが、それなりに時間がかかった。

まず道中に必要な食糧を調達しなくてはならなかった。途中のすべてが無人地帯というのではないが、高原地帯や砂漠地帯では調達が難しく、かなりの量の食糧を用意する必要があった。この代金は西川が負担した。それが、危険を顧みず、密偵である自分を中国の支配地の奥深くまで連れていってくれることへの謝礼でもあった。

西川にとっての最大の買い物は二頭の駱駝だった。これは経験豊富なオーズルが選んでくれた。あとは、最初の目的地である定遠営で売りさばくための阿片と道中で使うための中国銀貨を手に入れる必要があった。

阿片はオーズルが自分のものを買うときに一緒に買ってくれたが、銀貨は最後の最後に次木と中沢が激励のためにトクミン廟を訪れたときに持ってきてくれた。西川は、別に中華民国の発行する法幣と呼ばれる紙幣を持っていったが、長い旅のあいだで役に立ったのは銀貨の方だった。

十月下旬、ラマ僧たちの準備がすべて整ったらしく、西川は片目のイシから「明後日の夜、出発することになった」と告げられた。

第三章　ゴビの砂漠へ

1

その日、西川が朝起きてみると、夜のうちに雪が降ったらしく、一面の銀世界になっていた。内蒙古における巡礼の季節は秋ということになっている。酷暑の夏と極寒の冬を避けるというだけでなく、目的地まで巡礼者や荷物をのせて運んでくれる家畜類が、夏の豊富な草で栄養をつけているからだ。しかし、張家口《ちょうかこう》での軍資金の調達に手間取ったため、予定より少し遅れてしまった。

その結果がこの雪だった。

だが、西川は、この日の深夜から予定されている旅が困難なものになるかもしれないという気重な予測とは別に、その雪の白さによって自然が自分の出発を祝してくれているような晴れやかな気持にもなっていた。

もちろん、このとき、蒙古人の巡礼旅について何も知らないも同然だった西川には、雪がその旅をどれほど苛酷なものにするかほとんどわかっていなかった。

西川が聞いていたところによれば、定遠営《ていえんえい》までは二十日ほどで着くということだったが、実際には一カ月近く要することになる。それは雪が原因だった。

定遠営に行くには、まず日本の勢力圏である内蒙古の綏遠省《すいえん》から中国の勢力圏である寧夏省《ねいか》との「国境」地帯を越えなくてはならない。しかし、そこに至るまでの内蒙古の一帯はさほど大きな起伏のない高原地帯である。危険なのはその「国境」地帯だけのはずだった。

ところが、雪は旅人の体力を奪うだけでなく、曠野《こうや》においてかろうじて道としての役目を果している、人や家畜の歩いた「跡」を覆いつくすことになってしまった。道が消え、ただの雪原と化した曠野で、道を求めて右往左往しなくてはならなかったのだ。

最後の日の夕食は、西川が滞在していたトクミン廟で何くれとなく世話をしてくれていた善隣協会の杉山秀之助が、羊の骨つき肉を茹でた料理のヤスタイマハと中国の酒である白酒《パイチュウ》とでひそかに祝ってくれた。

ひそかに、というのは、そのとき、トクミン廟で、この日の夜が西川の出発の日であるということを知っている者は誰もいなかったからだ。知っていたのは、杉山を除けば、西川に同行する三人の蒙古人ラマ僧だけだった。

食事が終わると、二人は言葉少なになってしまった。西川はもともと自分から進んで口を開くという方ではなかったが、いつもは闊達《かったつ》に話をする杉山まで黙りがちになっている。それは、杉山の胸に込み上げてくる思いがあるからなのだろうということが西川にも推察できた。

――この若者は、これから敵地に密偵として潜入する。恐らく、生きて帰ることはできないだろう……。

西川には自分に向けられた杉山のそうした気持が痛いほど伝わってきた。命を捨てようとしている若者への哀れみと、いくらかの敬意が、ある種のいたわりの気持を生んでいるに違いなかった。

二人が、西川と同行してくれることになっているラマ僧たちが呼びにくるのを待っていると、その前に、トクミン廟に送り込まれている日本の特務機関員から花札をやりにこないかという誘いが来てしまった。

今夜はこれから敵地へ潜行することになっているので、とは断れなかった。どんなことで噂が広がらないとも限らない。西川は、このトクミン廟に住む蒙古人だけでなく、そこで暮らしている日本の特務機関員にも限られた情報しか洩らしていなかった。だから、彼らも、まさかこの夜、西川が旅立とうとしているとは思ってもいなかったのだ。

とりあえず、西川は杉山と二人で何食わぬ顔をして特務機関員の宿舎に向かった。

そこで、待ち構えていた特務機関員の二人と花札をやることになった。いわゆる「馬鹿っ花」の札合わせで、四人のうちのひとりが抜け番となって三人で勝負をする。西川は、その夜、不思議なほどの勝ち運に恵まれ、二着が抜けることになっている抜け番がなかなか回ってこないほどだった。

しかし、西川は、その勝ちを楽しむどころではなかった。自分がいないあいだにラマ僧が迎えに来てしまい、不在のため彼らだけで出発してしまうのではないかということを恐れていたのだ。もちろん、そんなことはありえなかったが、すべてが初めての西川には、小さな不安もすぐに大きく膨れ上がった。

その心配を見越して、頃合いを計っていた杉山がさりげなく助け舟を出してくれた。

「だいぶ遅くなりましたから、この辺で切り上げましょうか」

そのひとことでお開きになり、ようやく自分たちの宿舎に戻ることができた。

ふたたび西川は杉山と二人で黙ったままラマ僧が呼びにくるのを待つことになった。

西川は、部屋の片隅に準備してある旅装をあらためて眼で確かめた。

蒙古服（毛皮製の裾の長いデールという上着）
ズボン（革製）
蒙古帽（毛皮製）
蒙古靴（革製）
ガオー（首から下げるお守り入れの容器）
数珠
キセル
煙草入れ袋
椀（木製）
蒙古刀

それらはすべて、蒙古のラマ僧が巡礼するときに身につける典型的な旅装だった。西川は、同行してくれるラマ僧と同じく、聖地を巡礼する蒙古人ラマ僧に扮して旅をするつもりだったのだ。

なによりも、これから西川が潜行しようとしている地域では、その姿になるのが最も自然だった。

中国の奥地を長期にわたって移動する者は、遊牧民か、商人か、巡礼者の三種類しか存在しない。

消去法で考えても、巡礼者しか残っていなかった。

しばらく待っていると、杉山が西川に向かって言った。これから夜を徹しての行軍になるだろう。自分が起きているから一眠りしたらどうですかと。

西川はその言葉に促されて横になったが、どこか興奮しているらしく、なかなか眠りに入れない。いつでも、どんなところでも眠れるというのが西川の特技のひとつだったが、この夜だけはその特技を発揮できなかった。ようやく眠れそうになると、置いてきぼりを食らってしまったらどうしようという考えが浮かんで、ハッと眼が覚めてしまう。

そんなことを何度か繰り返したあげく、ついに西川は眠るのを諦め、起きて待つことにした。外は激しい吹雪になっているらしいことが室内にいてもよくわかった。雪によって音が吸い取られるのか真空のような無音状態になっていく。時折り、どこかの戸が、風によってあおられ、バタン、バタンと立てる音が聞こえてくるくらいだ。

さらに夜が更け、二人で鍋に残っていたヤスタイマハの肉をつつきながら待っていると、戸がそっと開き、ひとりのラマ僧が入ってきた。片目のイシだった。

――廟のラマ僧たちが眠りについたようなのでそろそろ出発しようと思う。用意をして「廟の西側」に来てほしい。

イシはそれだけを告げると、またそっと出ていった。

廟の西側。それはこれから西に向かおうとしている一行にとって、進行方向にある「廟のはずれ」を意味していた。

西川は服を着替え、用意しておいた小物を身につけると、周囲に気づかれないように「廟のはずれ」に向かった。

杉山も黙って付き従ってくれた。

待っていた三川《さんせん》人のラマ僧たちは、これから先の長い旅の困難を思うより、故郷に向けて出発できるという喜びに満ちているように見えた。まず最初に向かうことになっていた定遠営は、彼らの故郷である三川の途中にある街なのだ。

「では」

「気をつけて」

西川は杉山と短く挨拶をかわすと、自分用の荷物が積んである二頭の駱駝を曳いて歩きはじめた。少し歩いたところで振り返ったが、吹雪の中に杉山の姿はまったく見えなくなっていた。

それが西川にとって日本というものとの別れであり、八年に及ぶ長い旅の始まりだった。

2

吹雪の中を、それぞれがそれぞれの荷物を積んだ駱駝を曳いて歩いていく。

一行は、オーズルとイシとラッシの三人のラマ僧以外にもうひとり、漢人の少年がいた。名前は、バト。本来の名は李三品というのだが、蒙古風にバトと呼ばれるようになっていた。バト少年は、オーズルが廟の近くの貧しい漢人の家庭から弟子として「買い取り」、故郷の三川に連れ帰ろうとしていた。つまり、一行は西川を含めて総勢五人ということになる。

駱駝は七頭。隊列の先頭はイシ、次に西川、ラッシ、オーズルと続く。イシが曳く駱駝は一頭。

そこに個人的な持ち物のすべてがのせられている。西川が曳く駱駝は二頭。そのうちの一頭に西川の持ち物をのせ、もう一頭には一行の食糧の一部が積まれている。ラッシが曳くのはイシと同じく自分の持ち物をのせた一頭。最後のオーズルは三頭の駱駝を曳いている。一頭には家財道具一式というほどの持ち物。長い巡礼生活を切り上げて故郷に帰るため、土産物を含めて持ち物が膨れ上がっている。もう一頭には一行のテントと食糧。そしてもう一頭にはまだ幼いバト少年をのせている。そのバト少年は、深夜ということもあり、眠ったまま転げ落ちたりしないようにと駱駝の背に縄で縛りつけられている。

西川は、これまで馬で旅をしたことはあったが、駱駝を用いての旅は初めての経験だった。前を歩く駱駝の大きな体が、吹きつける雪をいくらか防いでくれる。その体の陰に隠れるためにも遅れてはならない。西川は必死にイシの駱駝のあとを追った。

やがて、激しかった雪の降りが徐々に穏やかになってきた。そして、雪がすっかりやむと、夜空に美しい星々が現れてきた。

トクミン廟の西に広がる曠野から、小高い台地のあたりに差しかかった頃、夜が明けてきた。暗かった西の空も、いくらか明るさを帯びてくる。その空を見上げて、先頭を行くイシがようやく一休みの号令をかけてくれた。

それまで五、六時間は歩きつづけたろうか。西川は緊張していたため疲れを感じていなかったが、歩みを止めると寒さと疲労で全身が痺れるようになっていた。

駱駝から荷を下ろし、積もっている雪を掻き分け、全員で一張りの布製のテントを立てた。

だが、次の瞬間、西川はこの巡礼の旅における最初の衝撃を受けることになる。

テント内に荷物が運び込まれると、誰から命令されたわけでもないのに、それぞれがそれぞれの仕事を始めたのだ。オーズルはテントの中で、少しだけ携帯していたアルガリ、乾いた家畜の糞を使って火をおこしはじめ、ラッシはテントの外のどこかで水を汲んでくる。イシは鍋や食糧を出して朝食の用意をし、バト少年までがテントの外に出て、落ちているアルガリを拾い集めて服の裾を風呂敷のようにして入れて戻ってくる。

テントの中でぼんやりしているのは西川だけだった。自分だけ何もしないでいるのは恥ずかしい。早く旅に慣れなくてはならない。そう思った西川は、せめてアルガリくらいは拾ってこようとテントの周囲を歩きまわり、雪を蹴散らかして落ちている家畜の糞を集めてきた。

ところが、そのアルガリを見て、イシが憐れむように言った。

「それは使えないよ、割ってごらん」

言われた西川がその糞を割ってみると、外は乾燥しているかに見えて中はまだ湿っている。このようなアルガリを火の中に投じてしまうと、煙が立ち、テント中にくさい匂いが充満することになってしまうらしいのだ。

西川は、みんなの前で自分がいかに旅人として無力かを見せつけられたように思った。恥ずかしかった。だが、これからひとつひとつ身につけていけばいいのだという謙虚な気持も生まれていた。実際、西川は、これ以降、三人のラマ僧から、旅人としての、とりわけ巡礼をする旅人としてのイロハを学んでいくことになる。

茶と、携帯用に炒ってある粟と、蒙古風饅頭とでも言うべきボボによる朝食を終えると、ゆっくり休む間もなく素早くテントを畳み、荷物を駱駝の背にのせ直して出発した。

先を急いだのは、できるだけ早くトクミン廟から離れようとしていたからだった。西に向かうこの一行の姿を誰かに見られてしまうと、どのような噂となって広い蒙古人社会に伝わるかわからなかった。それがめぐりめぐって中国軍の耳に入らないともかぎらない。日本人を伴ったラマ僧の一行が西に向かったと知れば、その日本人が密偵であるかどうかにかかわらず捕らえようとするだろう。だから、西川が日本人だと知られている地域をできるだけ早く離れなくてはならなかったのだ。

明るくなった大地には雪が積もり、鳥やウサギのような小動物の足跡や、それを狙う狐や狼のような捕食動物たちの足跡が散見されるようになった。

昼過ぎ、積雪の少ない地帯に入ったらしく、歩く道に地肌が現れてきて、四子部落《しじぶらく》旗から、ダルハンベール旗に入った。「旗」とは蒙古人が暮らす地域で用いられる行政単位で、日本風に言えば「郡」か「県」に当たる。人口は少ないが、空間的な広さからすれば「県」が妥当かもしれない。そうだとすると、四子部落県からダルハンベール県に入っていったということになる。

日が暮れるにはまだ時間があったが、井戸のあるオランハタに到着したため、そこでテントを張って宿営することになった。オランハタは、蒙古語で「赤い丘」を意味するように土が赤みを帯びている。

西川が外に出て、今度こそはと気をつけながら赤い土の上に転がっている乾いたアルガリを集めていると、テントの中からオーズルが声を掛けてきた。

「ニシカワ・バクシイ、茶にしましょう」

バクシイというのは先生という意味だった。オーズルは西川よりはるかに年長だったが、単に日本人であるというだけで、ある種の敬意を込め、西川先生と呼んでくれていたのだ。

火を囲み、みんなで茶を飲んでいるとき、西川は、その日、駱駝を曳きながら考えたことを話してみることにした。

かつて、興亜義塾の塾生時代、蒙古語を習得するためサッチン廟というラマ廟で過ごしていたとき、廟の高僧から「ロブサン・サンボー」という蒙古名を貰った。ロブサンもサンボーも、ラマ教では僧名によく使われる名前であり、そのときは特に強い印象を持たなかった。しかし、それはチベット語で「美しい心」と訳すことができる名前らしい。それを日本的に翻訳すれば「誠意」ではないか。卒業の直前に興亜義塾を放逐されたあとで仲間の同期生と内蒙古をさまよったとき、包頭《パオトウ》で「至誠」こそが人々をつなぐ武器になると悟った。その自分は、気がつけば「美しい心」というすばらしい名前を持っていた。だから、と西川は言った。自分はもはや日本人の西川一三ではなく、蒙古人ラマ僧のひとりだ。これからは、自分を呼ぶとき、ニシカワ・バクシイ、西川先生と呼ぶのをやめてくれないか。ぜひロブサン・サンボーと呼んでほしい。

すると、オーズルも即座に賛成し、これから先は中国の支配地域に近づき、ますます危険が増す。西川を日本人と悟られないように注意しなくてはならない。みんなで気をつけて「西川先生ではなく、ロブサンと呼ぶことにしよう」と言ってくれた。

こうしてこの日、日本人の西川一三から蒙古人のロブサン・サンボーという名を持った人間が誕生することになったのだ。

茶を飲み終わると、皆は放してある駱駝を集めたり、アルガリを拾ったりするためテントを出たが、西川は荷物の見張りのため残ることになった。すると、この広い曠野の旅人であるらしい蒙古人がひとりでひょっこり来訪した。

西川は、そこに自分しかいないということに不安を覚えた。

蒙古人ラマ僧に扮して巡礼旅を始めたものの、その最大の不安は自分が蒙古人に見えるかどうかということだった。言葉はどうにか喋ることができるにしても、立ち居振る舞いに日本人らしさが現れてしまい、疑われはしないか心配だったのだ。しかも、万一のときに助け舟を出してくれるはずのオーズルたちがいない。

だが、訪れた人は招き入れなくてはならない。それが蒙古人の絶対の約束事である。

西川は、勇を鼓して相手をテント内に招き入れると、蒙古人の作法通り嗅ぎ煙草を交換し、茶を振る舞った。相手は、西川が日本人であるなどとまったく疑うことなく、しばらく雑談をすると出ていった。

立ち去った旅人は自分を蒙古人と信じて疑わなかった。西川は、そのことに、心からの嬉しさが込み上げてきた。

――もしかしたら、自分は蒙古人として通用するかもしれない……。

また全員がテント内に戻ってきて、夕食の時間になった。

西川が、蒙古人の旅人に日本人と疑われなかったと報告すると、皆が素直に喜んでくれた。

食事は、まず羊肉を煮て食べ、その汁に小麦粉の団子状のものを入れてスイトンを作る。味付けは薄い塩味だけである。

一日の最後の食事が終わると、すぐ眠ることになった。

蒙古人の旅の寝具は着ている毛皮の服である。裾の長いデールが防寒具であると同時に寝具ともなる。下に厚手の敷物を広げて横になり、服を脱いでそれを上からかぶる。そこに猫のように丸まって眠るのだ。真冬のような外気温に対してはあまりにも頼りない寝具だが、アルガリで煮炊きした熱がテント内にこもって残っていることと、毛皮の保温力によってそれほど寒いとは感じない。

その夜は、丸一日完全な徹夜で歩きつづけてきた疲れで、西川はぐっすりと眠ることができた。しかし、翌朝、眼を覚ますと、みんなはすでに起きていて作業をしている。寝ているのは自分だけだった。慌てて起き、まずテントの外で小便をすると、オーズルに注意された。

「そこで小便をしないでくれないか」

理由は、そこがこれから自分たちの進もうとする方向だからだという。これから旅をする方向の土地を汚してはならない。小便をするなら、すでに歩いて来た方でしろというのだ。

西川一三からロブサン・サンボーと名前を変えただけで簡単に蒙古人になれるというわけでもないのは当然だった。だが西川は、恐らく蒙古人なら誰でも知っているような習慣で過ちを犯してしまったということに、また強く打ちのめされていた。

朝食は、茶と、昨夜の残りの肉と、炒り粟とで簡単に済ます。

そして、食事が終わると手早くテントを畳み、駱駝の背に荷物をのせて太陽が昇る前に宿営地を出発した。

蒙古人の駱駝による旅は、まず薄暗い時間帯に起き出し、夜のあいだ荷物につないでおいた駱駝を野に放ち、自由に草を食べさせ、自分たちは茶を沸かして朝食をとる。そして、太陽が昇る前に駱駝に荷物を積み、出発して歩きつづける。午後に入り、少し陽が傾きかけたところで草の状態のいいところを見つけ、テントを張って宿営地とする。そこで駱駝を放って草を食べさせ、日が暮れると駱駝を集めて外に出しておいてもよい荷につなぎ、夕食にする。食べ終わると、何をするということもなく、ほとんどすぐ横になる。

西川は、やがて、こうした単調な日々の繰り返しの中に蒙古人の旅があるのだと知っていくようになる。

3

旅の二日目、いや出発した夜を一日目と数えると、正確には三日目に当たるその日、一行はさらに西に向かった。

全員が駱駝を曳き、ただひたすら黙って歩きつづける。

辿ったのは人や家畜の踏み跡によってできた巡礼路だったが、周囲は家や包《パオ》がないただの曠野である。しかし、そこで、稀に西からの旅人とすれ違う。

雪で白くなった丘をいくつも越えて進んでいくと、やがてアバカインゴール河の源流域に出てきた。ゴールは蒙古語で河を意味する言葉であり、アバカインゴール河では河を二つ重ねることになってしまう。正しくはアバカインゴールだけにすべきなのだろうが、それが河であることを示すためにあえて重ねて表記することが少なくない。ここでもその例に従うことにする。また、そのような例はチベットの河についても言えることで、キチュ河というときのチュはチベット語で河を意味するので、正しくはキチュだけでいいのだが、やはり河であることを示すためにキチュ河と表記する。

そのアバカインゴール河を渡って、さらに西へ歩みを進めた。

曠野は見渡すかぎりの雪原となっている。夕方、その雪の平原を越え、あたりに何もない丘に差しかかると、オーズルがその盛り上がった丘の横にテントを張ることにしようと言った。

食事をし、すぐ寝に入ったものの、夜が深まるにつれて激しい雪になり、テントの中も冷え込んできた。西川は、寒さのためよく眠れないまま夜明けを迎えることになった。

朝食後、本来なら日の出前にテントを畳んで出発するのだが、冷え込みがあまりに厳しく、前夜の煮炊きによって蒸発した水分を吸い込んだ布地がバリバリに凍っていて畳めない。そのため、おこした火に燃料のアルガリをさらに継いで、テントの内側から布地を暖めて待つことになった。

ようやくテントの布地が畳める程度の柔らかさになった。

荷物を駱駝に積んで歩きはじめてしばらくすると、馬や駱駝も曳かず、ただひとりトボトボと歩いてくる漢人と出会った。蒙古人に雇われている羊飼いで、阿片が切れてしまったため売人のところに行くのだという。それはいかにも哀れな姿だった。

日が高くなるにつれて、雪に反射した陽光が顔に照りつけてくる。西川は、四日間の雪上生活で、自分が雪焼けによって蒙古人のように顔が赤銅色になりはじめているのがわかった。それは、たとえほんのわずかであっても、旅に慣れてきたことの証しのように思え、頬がヒリヒリするのも苦にならなかった。

それから三日ほどかけてダルハンベール旗からモミアン旗を抜け、中公旗《ちゅうこうき》に入り、その王府、いわば県庁所在地とでもいうべきところに到着した。

西川たちがテントを張ると、そこにいろいろな蒙古人が訪れてきて、さまざまなニュースを知らせてくれた。同時に、オーズルたちから内蒙古の他の土地の様子を熱心に聞いていった。

このようにして、茫漠たる曠野の包に孤立して暮らしていると思われている蒙古人のあいだで、またたくまにニュースが広まっていくのだ。西川たち一行がトクミン廟からの出発の日時を秘したのも、彼らが到着するよりも早く、先に噂が伝わってしまうことを恐れたからでもあった。

訪れた蒙古人のひとりが、この先のダレインゴール河近くにある日本側の特務機関に注意しろと教えてくれた。いろいろ難癖をつけては所持品を奪う盗っ人同然の奴がいるからというのだ。もちろん、そこに西川という日本人がいるなどということを知らないからこその忠告だったが、西川には聞くのがつらい話だった。

翌日、一行は隊商路をさらに西に向かった。

一歩一歩、日本の支配地域の西の端に近づいていく。それは、同時に、中国の支配地域の東の端に一歩一歩近づいていくということでもあった。

三日後、山峡を歩いていると、路傍に蒙古風の包が並んでいるところに差しかかった。

西川たちの一行が通り過ぎようとすると、いきなり三人の兵士が飛び出してきた。

蒙古兵だった。

どこへ行く、と蒙古兵の尋問が始まった。

オーズルが、自分たちは巡礼を終え、故郷である青海省《せいかい》の三川に帰る途中なのだと答え、あらかじめ西川が手に入れておいた日本の特務機関の証明書を見せると、簡単に通行を許可してくれた。その証明書が有効だったのも、内蒙古の自治政府軍が、日本軍との連携にまだ希望を抱いていたからだった。

さらに低い丘が続く道を進んでいくと、ハノンというところに到着した。

西川は、ハノンにも日本人と蒙古人から成る混成の特務機関の分所があることを知っていた。そして、そここそが日本軍の勢力圏の西の端であることも知っていた。つまり、その先はいよいよ敵である中国軍の勢力圏に突入することになる。

一行は、ハノンの少し先にある、灌木の生い茂る山中にテントを張った。

夜、小便のためにテントの外に出ると、空には皓々《こうこう》たる月が昇っており、積もった雪を照らしている。その月の光と輝くような雪景色を眺めながら、果たして生きて敵の第一線を突破できるだろうかと不安に思わないわけにいかなかった。中国軍に捕まり、拷問などを受け、オーズルたちが苦しまぎれに西川は日本人だと告げてしまえば、それですべては終わってしまう。しかし、その一方で、西川は自分の中にどうにかなるだろうというふてぶてしい気持が育っているのも感じていた。

翌朝、テントの外は一面が深夜に降ったらしい雪で真っ白になっていた。

一行は隊商路をさらに西に向かった。

寒気が増す中、ウニンオスというところに到着した。

ここから中央アジアに接する新疆《しんきょう》方面に向かう隊商路と寧夏省の定遠営に続く巡礼路とに分かれることになる。

西川たちが定遠営への巡礼路を選んで進んでいくと、静かに降っていた雪が強い風を伴った吹雪になり、しだいに体が凍りつきそうになってきた。

それに耐え、黙々と歩きつづけた。

歩きに歩き、全員、疲労の極に達してきた。

もう歩けない。そこで、ついに、風と雪を避ける岩陰や山陰も見つけられないまま、曠野のど真ん中にテントを立てざるをえなくなった。

しかし、あまりにも風が強いためテントが吹き飛ばされそうになってしまい、どうしてもうまく張れない。

仕方なく、ふたたび駱駝に荷をつけて、凍え死にしそうな寒さの中を前進することになった。

それは、旅の初心者である西川にとって、とりわけつらく苦しい行進だった。

いつ敵と遭遇するかわからないという不安を抱えながら、雪と風の中をただただ必死に歩きつづけた。いまはまだ敵に捕らえられたくない、死にたくないという思いだけが、西川の体の内部を燃え立たせてくれているようだった。しかし、それでも、何度これ以上は歩くことはできないと立ち止まりかけたことだったろう。

すると、行く手に、大地に段差のできているところが眼に入ってきた。いつの間にか大きな断層地帯に入っていたのだ。

西川は、これが「天の助け」というものだろうか、と思った。

――ここならテントが張れるのではないか……。

そう思っていると、誰が命令したわけでもないのに、駱駝たちがその大地の切れ目の、地層が露出している断面の脇の、雪の吹き溜まりになっている窪地に向かって下りはじめるではないか。そこは烈風吹きすさぶ広い大地で唯一風が静かなところだったのだ。

一行はようやく歩みを止め、荷物を駱駝から降ろし、雪を被りながらもなんとかテントを張ることができた。

しかし、燃料のアルガリは雪に埋もれて見つからない。みんなで雪を蹴散らしながら家畜の糞を探し求め、わずかなものを拾い集めて持ち寄り、テントの中でどうにか火をつけるところまでこぎつけた。

ところが、古く乾いたアルガリは、中は乾いているものの外は雪に濡れ、新しいアルガリは、中にまだ水分が残っているため石のように凍りついている。

どれも普通なら決して火にくべたりしないような代物だったが、燃料といえばそれしかないのだ。イシが携帯用のフイゴを使って風を送り、必死に火をおこそうとするが、煙を出すだけでほとんど炎を出さない。やがて、煙にやられたみんなの眼は涙で赤くなり、鼻水が出てくるようになった。

それでも、そのわずかな熱で、鍋に入れた雪を溶かして水にするしかない。そして、さらにその水で肉を煮なくてはならないのだ。それには気が遠くなるほどの膨大な時間と根気が必要だった。

西川にはほとんど絶望的な作業のように思えたが、それでも雪は水になり、その冷たい水が少しずつ温まり、そこに入れた肉にもいくらか火が通りはじめた。

全員、ひとことも発せず、火のまわりに座り、鍋に向かって手をかざし、肉が煮えるのを黙って見つめている。

しかし、なかなか煮えてこない。ついに空腹に耐え切れず、生煮えの赤い肉を食べることになった。

汁も生ぬるいままだ。それでも、その生煮えの肉と生ぬるい汁はどんな豪華な食事よりおいしく思えた。

徐々に体が温まってくると、相変わらずアルガリからは煙が出放題だったが、その煙すら暖かく感じられてくる。

テントの外では、雪も風も少しやんできた気配がする。

すると、片目のイシがおどけてつぶやいた。

「馬鹿野郎、いまごろやんできやがって、遅いぞ」

みんなも笑いながら声を合わせた。

「馬鹿野郎、遅いぞ」

食べたあとはもう眠るだけだ。

西川も横になったが、テントの中にまで忍び込んでくる凄まじい寒気のため、うつらうつらしては眼が覚めてしまう。そのたびに脚を腹に引きつけ、猫のように丸くなる。夏のトクミン廟で汗を拭きながらこの暑い夏が過ぎ去り、はやく冬が来ないかと願ったのがはるか遠い昔のことのように思えた……。

それが、ロブサン・サンボーとしての西川の、旅の困難の最初の洗礼だった。

4

夜が明けても、テントの布地が凍っているため、まったく畳むことができそうにないことがわかった。そこで、起きるのを遅らせ、もう少し眠っていることになった。西川も布団がわりの蒙古服の中に丸まってじっとしていた。

しばらくして起き、外に積もっている雪で湯を沸かす作業に入った。前夜と同じように火をおこすのに時間がかかったが、その熱によって少しずつテントが暖められていき、顔を出した太陽の熱によってようやく畳むことができる柔らかさになった。

茶を飲み、簡単な朝食を済ませると、荷物を駱駝の背にのせる。

出発が可能になり、歩きはじめれば、西に向かう西川たちの背中に東から昇ってくる陽光が当たり、その暖かさと自分の発する熱によってポカポカしてくる。

——幸せとはこういうことを言うのか……。

西川は歩きながら思っていた。旅に出ると、生活が単純化されていく。その結果、旅人は生きる上で何が大切なのか、どんなことが重要なのかを思い知らされることになる。火がおきてくれれば湯が沸き、太陽の光を浴びれば体が暖かくなる。たったそれだけで幸せになる……。

しかし、その幸福な気分も長くは続かなかった。昼を過ぎると、また雪が降り出してきたのだ。雪の中をしばらく進んでいくと、突然、前を行くイシの叫び声が聞こえた。

「道がない！」

慌てたオーズルとラッシまでもが加わって、周囲の雪を蹴散らし、道を見つけようと焦った。ようやく雪の下に人と家畜が通った跡を見つけることができ、それに従って歩いていくと、平坦な曠野から起伏のある丘の山道に入っていくことになった。

どれだけ歩いただろうか。ひたすら歩くと、薄く張った氷の下を水が流れている谷川に差しかかった。

その流れの近くに楊柳《ようりゅう》が生えている。楊柳は、枯れていない状態でもよく燃えるため、アルガリ以上に貴重な燃料として用いられるのだという。宿営地に必要な物は、まず水と燃料である。そこなら、雪を溶かして水にする手間も省け、アルガリを捜しまわる苦労もしなくて済む。まだ日が暮れる時間には早かったが、オーズルの判断でテントを張ることにした。


次の日の朝、茶を飲みながら、オーズルとイシとのあいだで議論が始まった。イシは中国軍兵士に見つからないようにするためにここから先は夜間に行動した方がいいと言い、オーズルはまだ一日くらいは昼間に移動してもかまわないだろうと主張して、互いに譲らない。

中国軍兵士は夜間に警戒行動をすることはないということが知られていた。そのため安全なのは夜間に移動することだが、道を間違えるという危険をはらむ。前日のように道を見失うということも起こりかねない。結局、オーズルの方がこの道についてはよく知っているということで、あと一日だけ昼間の移動をすることになった。

テントを畳んで、巡礼路を歩んでいくと、先頭を行くイシが叫んだ。

「誰か、人が来る！」

西川は緊張した。もしかしたら、中国兵かもしれないと思ったからだ。

見ると、確かに向こうから二人の男が一頭の駱駝を曳いてやってくる。

だが、近づいてくるに従って、着ている服から中国人兵士ではなく、蒙古人であることがわかってきた。しかも、彼らは西川たちが出発してきたトクミン廟にかつていたラマ僧で、オーズルたち三人とは顔見知りの仲だった。

そのラマ僧たちは、出会ったのが旧知の相手だということを知って、急に元気づいたように話し出した。

青海省は西寧《せいねい》の近くにあるタール寺までの巡礼をして帰ってきたところだという彼らは、ありがたいことに、これからまさに西川たち一行が向かおうとしている中国の支配地域に関する最新の情報を持っていた。

彼らの話の中で、西川たちにとって特に重要だったのは、日本の支配地域である東方からの巡礼者に対する中国側の監視が厳しくなっているということ、とりわけ定遠営には東方からの旅行者を密告する者がいるから立ち寄らないほうがいいということだった。さらに、その手前の善丹《ぜんたん》廟《びょう》付近の監視も厳しくなっており、このすぐ西にある水場のナランボルク付近まで中国軍兵士がうろついている気配があるので、無事に突破するためには夜間に動いたほうがいいという。そして、そのためのルートとしては、まずナランボルクに出たら、そこから真西に進み、善丹廟の南の砂漠地帯を通っているドンドジャムを行けばいい、と教えてくれた。ドンドは蒙古語で中央、ジャムは公路を意味する。つまり中央の公路という意味の、ドンド公路を行けというのだ。

ラマ僧たちはそれだけ話すと、やせ衰えた一頭の駱駝を連れ、西川たちが来た方向である内蒙古方面に向かって去っていった。その駱駝の悲惨な姿は、青海省からの旅がいかに苛酷なものであったかを物語っているようでもあった。

彼らと別れたあとで、オーズルは一転して考えを改めた。イシの意見を容れ、夜間に移動することにしたのだ。

そこで、その少し先のところにテントを張り、夜を待つことになった。

このあたり一帯は、かつては誰もが自由に往来していたところだったという。蒙古人はもちろんのこと、漢人も、ウイグル人も、チベット人も、遊牧のためであれ、巡礼のためであれ、商売のためであれ、どちらの方角にも自由に行くことができた。ところが、盧溝橋事件を切っ掛けとして日本軍と中国軍とが本格的な戦闘状態に入って以来、状況が一変してしまった。その周辺が日本と中国の支配地域の境界線になったため、双方の監視体制が強化されてしまった。とりわけ、東から西、日本の支配地域から中国の支配地域に向かう旅人にとっては、中国軍に捕らえられるのはどうしても避けなくてはならないことになってしまった。所持品は没収され、時には命まで奪われかねない。もし、捕まり、検査の結果、武器か阿片が発見されれば、即座に銃殺されるだろうと聞かされていた。

青海省の三川に故郷を持つ三人は、本来、「国境」を警備する中国兵を恐れる必要はないはずだった。しかし、彼らもまた、西川と同じく、寧夏省に持ち込むことが禁じられている阿片を隠し持っていた。

中国側の寧夏省ではケシの栽培が禁じられているため、内蒙古よりはるかに阿片の値段が高くなっていた。そこで、四人は内蒙古で買い込んだ少量の阿片を定遠営で売りさばき、旅費の足しにしようと思っていたのだ。

だが、間近に中国軍兵士がいる以上、運悪く捕らえられ、万一検査を受けることになれば発見されてしまうかもしれない。あらためて阿片をどこに隠すか話し合われた。

いろいろな案が出たが、ここなら絶対見つからないという決定的なところが思いつかない。そこで、イシの発案で、とにかく無事に通過できるよう仏に祈ろうということになった。

読経が終わり、まず危険なものを廃棄することにした。日本の特務機関が発行してくれた通行証明書はもちろん、およそ日本語の文字の入っているもののすべてを火にくべて焼いた。なにしろ、日本の支配地域から中国の支配地域に入ろうとしているのだ。

そして、阿片は、西川が何の気なしに提案した、燃料のアルガリ袋、家畜の糞を入れておく袋に隠すことになった。

アルガリは、宿営する土地で拾い集めるのが基本だが、落ちていなかったりすることもありうるので、ある程度のものをストックしておくことになっている。いまはまだほとんど空の状態だが、動物の糞の匂いがついている袋に、まさか阿片が入っているとは思わないだろうという思いつきだった。それに、固形の阿片から漂う微かな匂いが糞の匂いに紛れるかもしれないという思惑もあった。

これまでとは逆に、西川たち一行は、日が暮れるのを待って、巡礼路上の重要な宿営地であるナランボルクに向けて出発した。

だが、ここから立て続けに危機に見舞われることになった。

夜になると、雪が降り出した。しばらく行くと、よい水場のあるナランボルクに着いた。しかし、危険を避けるためナランボルクには泊まらず、水場についている人間や家畜の足跡を追って巡礼路を進んでいった。

ナランボルクを過ぎるとチャガンゴール河に出る。水の干上がったチャガンゴール河の河床は雪で白くなっており、そこについている足跡を追って歩いて行ったが、やがて先頭のイシが不安げな声を出した。

「足跡が消えている……」

真っ暗闇の中、全員で巡礼路についているはずの足跡を探したが、その先のものがどうしても見つからない。

どうやら、どこかの地点で方角を南寄りに取り過ぎてしまっていたらしい。そこでオーズルが決断した。遠まわりの手段だが、もう一度ナランボルクまで戻り、そこから足跡を確認しながら辿り直そうというのだ。

暗闇の中、ナランボルクで、四人が手分けして家畜の足跡のある道を探した結果、オーズルがこれに間違いないと断を下した道があった。

そこから出発してふたたび河を渡り、山に入り、西と思われる方角に向かった。

ところが、だいぶ行ったところで、イシがまた悲鳴を上げた。

「道がない！」

さすがに疲労困憊しており、もう一度ナランボルクに戻る気力はなくなっていた。雪で前が見えない中、ひたすら山道を真っすぐ進むことになった。だが、駱駝は山道を歩くのが不得意な動物である。とりわけ下りが苦手だった。途中で立ち尽くしてしまう駱駝の手綱を引っ張ると悲しげな鳴き声を上げる。それでも強引に進ませると、背中に積んである荷物が荷崩れを起こしてしまう。しっかりと荷物を積み直したいが、岩がゴロゴロしているため、駱駝に脚を折らせて座らせることができない。手で押し上げ、応急処置を施すが、すぐに荷物のバランスが崩れて傾いてしまう。寒気は増し、体は凍りつき、疲れ果てた一行は、山中に迷い込んで道を失い、ついに進むに進めなくなってしまった。

そのため、ふたたび最後尾のオーズルが断を下すことになった。

「ここで宿営して、夜明けを待とう」

なんとか雪をどけてテントを張ったが、歩きつづけてきた疲労のあまり、茶を沸かすこともせず、食事も取らないまま、全員が毛皮の蒙古服をかぶり、倒れるように眠り込んだ。

5

どのくらい寝たかわからないが、西川にはほんのしばらくの間だったような気がした。

「起きろ！」

いつになく慌てたオーズルの声で眼が覚めた。

オーズルはテントの外にいる。急いで飛び出ると、朝日に照らされた近くの山の中腹にラマ教の廟が見えるではないか。

「善丹廟だ！」

オーズルが言った。

夜だったのでまったくわからなかったが、彼らがテントを張ったのは善丹廟のある山のすぐ真下のところだったのだ。

善丹廟には東からの旅人に監視の眼を光らせている中国軍がいるはずだった。

すさまじい勢いでテントは畳まれ、もと来た道を戻り、善丹廟からの眼が届かない山の陰に隠れた。

どうにか廟から見えないところに隠れることはできたものの、身動きが取れない。そこから出て行けば、白い雪の中を動く一行はすぐに発見されてしまうだろう。夜を待つより仕方がなかった。

日が暮れるまでの長い時間をテントの中で待っていると、突然、外で女の声がした。

「はい、こんにちは」

そして、テントの入口に蒙古人の老女と娘が姿を現した。

訪れた人は招き入れなくてはならない。

二人はテントに入ってくると、いきなり老女が口を開いた。

なんでも彼女の一家はここから少し離れたところに住んでいるのだが、西川たちがテントを張っているのはその一家が夏のあいだ暮らすところなのだという。そこにテントを張っているのはどんな連中だろうと見にやってきたのだともいう。

そう説明したあとで、いかにも場代を請求するような口調で言った。

「お茶を少し分けてくれないか」

「私たちは貧しい巡礼のラマ僧だ。人に分けられるほどの茶を持っているわけではないんだよ」

オーズルはそう言いながら、しかしひとつかみの茶を渡した。

だが、それに満足しなかったらしい老女が、ただで貰おうというのではない、売ってほしいといっているのだと言い張り、いまや価値が大きく下がりつつあった中華民国発行の金、いわゆる法幣の小額の札を差し出した。

それはほとんどただでくれというのと同じことだったが、オーズルは忍耐強く、今度は半つかみほどの茶を渡し、言った。

「少ないけれど、これで我慢してくれないか」

すると、ようやく諦めたのか、老女はその茶をしまい、出した札も引っ込めながら言った。

「ところで、おまえさんたちは、夜の間にここを通り抜けようと思っているんだろう。もし道案内が必要なら、息子を差し向けてやってもいいよ」

それは、この強欲そうな老女に、息子を雇えと強要されているようでもあった。

もし断ったりしたら善丹廟に駐屯している中国兵に密告されたりするのではないか。わずかな額で済むのなら、金を払って雇ってもいいのではないか、と西川は思った。

しかし、オーズルは平然とした口調で言った。

「私たちは道案内を雇うほどの金はないんだよ」

それを聞いて、腹を立てたらしい老女は、わかったよ、息子にはそう話しておこうなどと呟きながら引き揚げていった。

あるいは本当に密告されてしまうかもしれない。一行は早めの夕食を取り、いつでも出発できる態勢だけは整えておくことにした。

テントを畳み、駱駝に荷をつけると、ちょうどその頃、太陽が沈み切った。出発できる時間帯に入ったのだ。

昇ってきた月が高原の雪の原を照らしている。

北斗七星を頼りに西に向かって進んでいくと、白い曠野に黒い蛇のように南北に走っている道に出た。どうやら、そこは善丹廟と黄河沿いの街である磴口《とうこう》の駐屯地を結ぶ中国軍の歩哨線、警戒ラインのようだった。その証拠に、軍隊用と思われる馬の蹄の跡が無数についていた。

しかし、どうしても自分たちの進むべきドンドジャム、ドンド公路が見つけられない。

とにかく西に進んでいこうということになり、雪の曠野への歩みを進めていった。

思ったより雪は深く、靴が濡れてくる。汗ばんだ体は、少しでも歩みを止めると凍るように冷たくなる。しだいに足の感覚がなくなり、転びやすくなる。雪で土地の凹凸がわかりにくくなっていることもあり、盛り上がったところに足を乗せては、体のバランスを崩してしまうのだ。

もし朝になり、中国軍が不審に思えば、この足跡を辿って追うことができてしまう。西川は、敵地である寧夏省に足を一歩でも踏み入れるまでは捕まりたくないと思った。いわば、その一念だけで、雪まみれの体を前に進めていた。

ひたすら歩いていくうちに、偶然にも、そして幸運にも、人や駱駝の足跡がついたドンド公路らしき道に出ることができた。

そこを歩きつづけ、夜明け近くになって、道から少しそれた砂丘の陰にテントを張った。

茶を飲んだだけで倒れるように寝込んだが、西川が眼を覚ますとオーズルがいない。慌ててテントを出ると、日が昇った空の下でオーズルがひとりで立ち尽くしていた。

オーズルによれば、このあたりは中国軍の第二の歩哨線の近くではないかという。危険このうえないが、身動きは取れない。ふたたび日が暮れるのを待って動き出した。

途中で道が二つに分かれていた。オーズルは、日中間で本格的な戦闘が始まって以来、警備が急に厳しくなった中国兵の眼を盗み、蒙古人たちが「国境」を突破するために拓いた間道《かんどう》と思われる道を選んで進んだ。

あまり利用されていないと見え、どこが道かよくわからなくなっているが、幸いなことに、最後に雪が降った日からこの日までのあいだに道を利用した小さな隊商がひとつあったらしい。何十頭かの駱駝の足跡と、数人の人間の足跡が入り混じったものが残されていた。

西川たち一行は、零下数十度に達するのではないかというような凍える寒さの中をただひたすらその足跡を辿って歩きつづけた。

山中に入り、岩の多い峠にかかったとき、先頭のイシの駱駝が甲高い鳴き声を上げた。それを静めようとしたイシのムチによって、駱駝はさらに悲鳴のような鳴き声を上げ、それは静まり返った四方に響き渡るかと思え、息を呑んだ。

さらにその駱駝は、荷物を振り落として逃げ出してしまった。四人がかりでようやく取り押さえたが、興奮した駱駝が胃の中から吐き出したドロドロに溶けた草を頭から降り注がれてしまった。

その興奮状態は、夜間の移動というかたちで、駱駝たちに無理に無理を強いてきたことの反動だったのかもしれなかった。

一行には、それ以後も、次々と困難が待ち受けていた。

駱駝の次は河だった。河が凍結していたのだ。駱駝は滑るのを恐れて氷の上を渡ろうとしない。土を撒いて駱駝を安心させて渡らせることにしたが、掘るシャベルもなく、凍りついた土を素手で掘り返さなくてはならなかった。

ようやく駱駝を渡らせると、対岸にはこれまで辿ってきた足跡が消えている。どうやら前を歩いていたはずの隊商の一行はこの地点の河を渡れず、ずっと下流の河幅の狭くなったところを渡ったらしい。仕方なく、河に沿ってその地点まで行き、やっと足跡を見つけて山を下った。

夜明け前、テントを張ったが、湯を沸かし、茶を飲んでいると、小便に出たラッシが、少し離れたところから煙が立っているのを見つけた。

そっと近寄って偵察してみると、漢人の商人の一行だということがわかった。商人なら問題はないだろうが、用心のため荷物をまとめてそこから離れることにした。

そして、小さな山をひとつ越えると、砂漠地帯に足を踏み入れることになった。

ゴビ砂漠だった。ついにゴビ砂漠に入ることができたのだ。このゴビ砂漠こそが中国軍の監視の眼の届かない、砂に姿をくらませられるところだった。もちろん、ここも旅の難所のひとつには違いなかったが、身を隠すための絶好の地であり、自分たちを護ってくれる安全地帯でもあった。

それはまた、西川たちが、日本の勢力圏である内蒙古を出て、ついに中国の勢力圏内にある寧夏省のアラシャンに入ったということを意味するものでもあった。

白い砂丘に入り、砂を踏み締めて歩いたとき、西川の胸に込み上げてくるものがあった。トクミン廟を出発してから、ここに至るまでの唯一の望みは、敵地に足を踏み入れる前に中国兵に捕らえられて殺されるということだけは避けたいということだった。しかし、いま、敵との「国境」を突破して、端の端ではあるがゴビの砂漠の上を歩いている。

果てしなく砂の世界が続くとされるこのゴビ砂漠は、少年時代からの西川の夢の対象だった。さまざまな冒険読物で親しんだ秘境だった。西川は、もうこれでいつなんどき死ぬことになろうとも後悔しないだろう、とさえ思った。

一行は、アラシャンの中心都市のひとつである定遠営に向かって歩を進めた。

やがてゴビ砂漠は細かい砂から砂礫《されき》の続く土地となり、丸一日歩きつづけてスチというところに到着し、そこで宿営することになった。

「ここまで来ればもう安心」

オーズルが言った。

「国境」を突破し、ゴビ砂漠に入った以上、もう昼間に行動して夜に宿営するという普通の旅に戻すことができる。危ないのは勢力圏がせめぎ合っている「国境」地帯なのだ。

「これもみんなのおかげだ」

西川が言った。それは心からの言葉だった。

——自分ひとりでは決してここまで来ることはできなかったろう。中国兵に捕まれば一蓮托生だったのに、その危険を顧みず、よくここまで連れて来てくれた……。

6

翌日、西南に向かうと、道はふたたび砂が深くなっていった。やがて山あいに入り、岩だらけの小道を少し登ると峠に出て、不意に視界が開けた。

その雄大な自然に西川は息を呑んだ。

眼前には新たに現れたジャルタイの砂漠が広がっており、南方の地平線上には狼山《ろうざん》山脈と賀蘭《がらん》山脈が淡い紫色に見えている。

それらはまるで、砂漠という大きな海に浮かぶ巨大な船のようにも思えた。

西川が立ち止まって賀蘭山脈の方に眼をやっていると、後ろから追いついたオーズルが同じように賀蘭山脈を眺めながら言った。

「いちばん高いのが賀蘭山《ホーラン》のニタクの嶺。定遠営の街はその麓にある」

「そうか、それなら明日には着くな……」

西川が呟くように言うと、オーズルに笑われてしまった。

「とんでもない。あと四、五日はかかる」

それは砂漠や草原というものを本当の意味で知らない者の陥りやすい遠近感の罠だった。手前に遮るもののない対象物までの距離はどうしても近く見えてしまうらしいのだ。

峠を下り、二日ほど行くと、「黒い馬」を意味するハラモリトの井戸に到着し、テントを張った。

翌日、ハラモリトを出発した一行は、ジャルタイの砂漠の奥深くへ入っていくことになった。

ハラモリトの先は、西に甘粛省《かんしゅく》の蘭州《らんしゅう》に出る道と、真南に下ってジャルタイの砂漠を横断して定遠営に向かう道とに分かれている。一行は、ジャルタイ砂漠を横断して定遠営に向かう道を選んだのだ。

だが、そのジャルタイ砂漠というのは、野鼠の巣穴が目立つような荒れ地か、塩分が土の表面を白く覆っているようなところばかりで、なかなか一休みできるようなところがなかった。

立ち止まって、はるか遠くを見ると、西方に真っ白なジャルタイ塩湖が太陽の光を浴びて輝いている。

それを見ながら、西川は考えていた。

――砂漠を歩いていると、路傍にさまざまな動物の死骸が横たわっているのにぶつかる。砂漠ではどんな死骸も放置されたままだ。最初こそ無残な姿を晒すことになるが、すぐに獣や鳥たちに肉を食べつくされ、風に吹かれ、砂に洗われているうちに美しい白骨となる。そうした大自然の営みを前にすると、人間の力ではどうしようもない巨大な力を感じる。そして、ここにおけるすべてのことはこの大自然が解決してくれるように思える。あるいは、その大自然の意思を天と呼ぶのかもしれない。自分は、その天が命ずるままに、眼の前に続く道を歩いていけばいいのではないだろうか……。

やがてタリムという地の井戸に到着し、テントを張ることになった。

砂漠地帯に入ると、それまで雪や寒気に悩まされていたのが嘘のように、暖かな好天気が続くようになっていた。それは、この一帯が、山地と高原に囲まれた、一大低地であるからのようだった。

タリムの井戸の周辺には、駱駝が好む「ボトルガー」と呼ばれる草が生えており、ここで二日間の休養を取ることになった。

家畜と一緒の旅において大切なのは、人間と家畜の飲む水があること、家畜が食べる草があること、そして、人間が食べたり飲んだりするために必須の燃料が潤沢なことである。

このタリムには、そのすべてがあった。燃料は、彼らの前にこの井戸の周辺で宿営した隊商の家畜の落としたアルガリを利用することができた。

駱駝たちが久しぶりの御馳走に喜んだだけでなく、人間たちも、水餃子を作るなどして満腹になるまで食事をすることができた。

二日間の休養で元気を取り戻した一行は、さらにジャルタイ砂漠の旅を続けた。

やがて、一行が進む道で、白酒や日用品を駱駝の背にのせて歩む蒙古人とすれ違うようになった。どうやら、定遠営で買い求め、それぞれの家に帰るところらしいとわかった。

いつもはのんびりしている蒙古人たちもなんとなく気ぜわしいのは、蒙古暦の正月が近づいているための、いわゆる暮れの慌ただしさが影響しているようだった。

道をなおも歩きつづけていると、前方の大砂丘の上に、真っ白な布がはためいているオボが見えてきた。

オボとは、小高い丘や山頂などに、石を積み上げたり、木を立てたりして作られる一種の祭壇で、道標としての意味も持つ。
するとと、後ろのオーズルが言った。

「明日は定遠営だ」

それを聞いた西川は、身震いがしそうな高揚感に襲われた。やがてトクミン廟を出てから一カ月になろうとしていたが、ようやく密偵としての旅の最初の目的地に辿り着くことができるのだ。

その日はチャハルオスという砂漠の中の盆地のようなところにある井戸端で宿営し、翌日は、大きな砂丘のゆるやかな斜面を登りつづけた。

登り切り、頂から下って西南へ道をとると、やがて、前方に、街を囲むように築かれている城壁が見え隠れするようになってきた。それが定遠営だった。定遠営もまた、中国の他の多くの街と同じく四方を城壁で囲まれていた。

歩くに従って、城門が近づいてくる。だが、その城門をくぐって中に入っていくのは避けることにした。

出発時の心積もりでは、到着したら、すぐにも城内に入り、宿を見つけて今後の方針を立てるつもりだった。しかし、途中で出会ったラマ僧たちの話を聞き、警戒するにこしたことはないという判断に傾いたからだ。彼らによれば、内蒙古からの巡礼者は、中国側に密告される恐れがあるという。

ひとまず定遠営を迂回して、近くにあるバロン廟に行き、状況を見定めることにした。

バロン廟は定遠営の周辺では最大の廟であり、かつてオーズルが僧として暮らしたことがある廟でもあった。

一行は、城壁の手前にある砂地の川床にテントを張ったが、夕方、突然、大砲の音がして驚かされた。それは定遠営の城門を閉める合図の砲声だった。

翌朝出発し、定遠営の城壁を迂回して賀蘭山の山麓に到着した。

バロン廟は麓から山を少し登った小高いところにあった。

一行が山道を登っていくと、そこを下ってくる三人のラマ僧と遭遇した。蒙古服に赤い袈裟《けさ》をつけている。その中のひとりの若いラマ僧が、どこから来たのだと詰問するように訊ねてきた。オーズルは用心深く青海省にあるタール寺から来たと答えたが、その若いラマ僧は信じなかった。おまえたちが曳いているのは内蒙古の駱駝のように見える。内蒙古から来たに違いないと言うのだ。

西川は、同じ駱駝にそのような差異があるとは知らなかったので、まずいことになったなと思った。

だが、そのとき、もうひとりのラマ僧がオーズルに向かって大きな声を上げた。

「誰かと思えば、オーズルではないか！」

しばらくじっとその顔を見ていたオーズルも同じように驚きの声を上げた。

「おお、ダンペリ！」

そのラマ僧は、かつてオーズルがバロン廟にいたとき、同じ師につき、同じ僧舎に住んでいた同輩だという。

「先生は元気かね」

オーズルが訊ねると、ダンペリと呼ばれた僧が答えた。

「デムチイになりになった」

デムチイとは廟における出納長のような役割だということを、あとでオーズルに教えてもらった。

二人が、共に付き従っていた師の話をしはじめる頃には、若いラマ僧の敵対的な態度も消えていた。

そして、また、すべてを察知してくれた上でダンペリが、ここでは東から来たということを決して口にするなと忠告してくれた。どんなことを密告されてしまうかわからないからというのだ。

西川は、それを聞いて、「国境」を突破できたことで晴れ晴れとしていた心に、やはり捕まってしまうのではないかという不安が兆してきた。そして、そのようなことで一喜一憂する自分が情けなく思えた。

ダンペリによれば、日本と中国との間で本格的な戦闘が始まってからというもの、情勢がガラリと変わり、中国側の管理が厳しくなったという。日本の支配地域から来た旅人については中国軍に通告するよう定められている。そのため、バロン廟でも住まいを見つけることは難しいだろうともいう。しかし、とダンペリは言った。デムチイとなった師に相談すれば道は開けるかもしれないと。

その日は、バロン廟の手前の、あまり人目につかないところにテントを張って宿営した。全員が暗い気持になったが、望みの綱はオーズルのかつての師で、デムチイという高い位の役職についているというラマ僧である。

翌朝、そのデムチイラマとの交渉に、先発隊としてイシが出向くことになった。オーズルが行き、そこでうまく話がまとまらないと行き詰まってしまう。イシが状況を見極めてからオーズルが赴いた方がよいと判断したのだ。

イシの出発後、しばらくしてからみんなで荘厳華麗な建物が並ぶバロン廟へ向かったが、その途中で戻ってくるイシと出会い、すべてうまくいったことを知らされた。デムチイラマがバロン廟における保証人になってくれるというだけでなく、自分が持っている部屋まで貸してくれることになったのだという。

バロン廟に着くと、デムチイラマの僧舎の、二部屋あるひとつの建物をあてがわれることになった。

部屋に荷物を入れ、全員でデムチイラマに挨拶に出向くと、ゆっくり休むがいいと声を掛けてくれた。

それによって、一カ月ぶりにようやく屋根のある家で眠れることになった。

夜、横になった西川は思っていた。

――風の当たらない部屋で眠れるというのはなんとありがたいことだろう……。

西川は、そこでも、人間の幸せというものが極めて単純で小さなことによって成り立っていることを思い知らされたのだった。

第四章　最初の別れ

1

バロン廟での最初の朝は、凄まじいカラスの鳴き声で明けた。数百羽のカラスが、カアカアなどという生易しい鳴き声ではなく、ドラを叩くかのような野太い声で騒ぎ立てるため、おちおち眠っていることなどできなかったのだ。

起きてきた皆と、これまでと同じように茶と炒った粟による簡単な朝食をとったあと、このバロン廟の主ともいえるラマタン活仏《かつぶつ》と対面することになった。西川には、このようなとき、ラマ僧がどのような行動を取るべきなのかわかっていなかった。だから、全員の後ろにつき、皆がするのを見ながら同じように振る舞った。

まず活仏にハタクを差し出し、逆にアデスを受ける。ハタクとは、献上品などに添えて渡す絹の布である。日本風に言えば熨斗《のし》のようなものということになるかもしれない。アデスとは、活仏など上位の宗教者が授けてくれる祝福である。

ラマタン活仏は、オーズルたちが内蒙古から来たと知ると、なにかと気をつけるように、と忠告してくれた。西川は、その様子に、単なる威厳だけでない温かみを感じ、強く惹きつけられるのを覚えた。

この日は、オーズルの案内で、本堂を見学したり、廟内を歩いたりして過ごした。

翌日は、このアラシャン地方には珍しいと言われるほどの大雪になった。真っ白になった賀蘭山《ホーラン》の美しさは格別だったが、その美しさをぼんやりと眺めているわけにはいかなかった。雪かきのために、この廟に身を寄せている巡礼のラマ僧たちも駆り出され、バロン廟で修行中のラマ僧たちと協力して道を作らなくてはならなかったのだ。バロン廟のラマ僧たちは、雪かきの合間にも若くかわいいラマ僧の噂話をしては笑い興じている。ラマ僧たちには男色家が少なくないのだ。

作業が終わると茶が振る舞われ、全員に饅頭のボボと中華民国の紙幣である法幣で十元の金が渡された。

その額自体は大したものではなかったが、西川は「敵地」で金が稼げたということにひそかに興奮していた。自分が蒙古人として通用するらしいということにますます自信を深めると同時に、敵地でもなんとか生きていけるのではないかという希望のようなものが生まれてきたからだ。

こうして、バロン廟での生活が始まった。

いくらかバロン廟での生活に慣れはじめた頃、蒙古暦の正月がやってきた。

大晦日の真夜中、除夜の鐘ならぬ、法螺《ほら》貝とブレーとビシグールの音色で新年が知らされる。ブレーは一種のラッパであり、ビシグールは日本の笙《しょう》のようなものである。

まず、部屋の仏壇に灯明《とうみょう》を上げてから、皆で新年の挨拶をし、本堂へお参りに行く。戻ってくると、それぞれがそれぞれに縁の深い高位のラマ僧のところに挨拶に行く。西川たちは、デムチイラマのところに新年の挨拶に行った。

それから自分たちの部屋に戻り、ようやく明けはじめた元日の朝を骨付き肉のヤスタイマハとボボと茶で祝った。

昼頃、廟全体の新年の法会《ほうえ》が開かれた。この法会だけは、よそ者である巡礼のラマ僧も参加できることになっており、西川も自分の荷物の中に入れてきた袈裟をかけ、僧らしい姿で参加することになった。ラマ僧に扮して旅をしてきたものの、まったく経典は読めず、所作もわからない。本当は出席したくなかったのだが、特別な行動を取って疑われたりしないようにと出席することにしたのだ。オーズルには自分たちの真似をしていればよいと言われ、そのとおりにした。大勢のラマ僧による読経中は、皆と同じように口を動かさなくてはならず、仕方なしに教育勅語の「チンオモウニ、ワガコウソコウソウ、クニヲハジムルコトコウエンニ……」と口の中でぶつぶつと唱えていた。

そうこうしていると、茶とボボが配られ、五十元の法幣まで貰えることになった。

夕方、あらためてデムチイラマの部屋に招待され、びっくりするような料理を御馳走になった。大きな鯉の丸揚げ、鴨の丸煮、ヤスタイマハなどが並び、白酒までが振る舞われたのだ。廟内での飲酒は表向きは禁止されているが、位の高い僧が飲むのは大目に見られていた。

正月気分がまだ抜けない一月十五日、「ジュンアチョバ」の供養会《くようえ》が催された。

その日、このバロン廟では、「跳鬼」というラマ僧による踊りが披露され、それを見るために周辺の遊牧民たちが集まってくることになっていた。その観客を狙ってバロン廟の周囲には寺市が立ち、その市での買い物も楽しみにした人々で、祭りのようにごった返すという。

実際、当日はラマ僧による踊りが始まると、観衆が群がり、背伸びをしなければ見えないほどだった。そのため、オーズルや西川たちが代わる代わる小さなバト少年の体を持ち上げ、群衆の上から見させてあげたりした。

そして、バト少年には、立ち並ぶ露店でおもちゃの類をいくつか買ってやった。内蒙古の辺境の地で育った貧しい漢人家庭の子であるバト少年にとっては、生まれて初めての楽しみだったかもしれない。子供らしい喜びを全身に表して笑っていた。

西川にはそのときのバト少年の笑い顔がいつまでも忘れられなくなった。なぜなら、それから一カ月もしないうちに死んでしまったからだ。

原因は天然痘だった。

当時、青海省《せいかい》から甘粛省《かんしゅく》へと広がりつつあった天然痘が、寧夏省《ねいか》のアラシャンにまで及んできていた。大勢のラマ僧が集団生活をしているバロン廟にも侵入してくると、日に一人、二人と、死人が出るようになっていた。

ある日、病気ひとつしなかった元気なバト少年が、頭が痛いと寝込んだ。そして、その数日後には、全身に赤い発疹ができていた。

バロン廟では天然痘に対する治療はできない。近代医学の医者がいないからだ。できることは、祈禱をすることだけだった。

バト少年の師というより、ほとんど親同然の存在だったオーズルが、精一杯の金を使い、治癒させる能力があると言われているラマ僧たちに祈禱してもらったが、病状は一向によくならない。

そして、発疹が口の中にまでできて、食べることはもとより喋ることもままならない状態になり、ついにオーズルの献身的な看護のかいもなく息絶えてしまった。

わずか九年の生涯だった。

西川も、最初のうちは、人の子を「買う」という行為にわだかまりを感じていたこともあり、バト少年に対しても冷淡だった。しかし、ここまでの道中を共にする中で、近しい親類の子供以上の愛着が生まれていた。

口減らしのために親に売られ、兄弟との仲を引き裂かれ、異邦人と苛酷な旅をしている。まだ九歳という年齢にもかかわらず、いやだとか、つらいとかいう言葉をいっさい口にせず、黙って皆に付き従い、言われなくても自分の役割を果たす。

いじらしいなという思いが増していた。いや、それだけでなく、バト少年がいるおかげで大人たちの関係がギクシャクしそうなときも救われるということが少なくなかった。そのバト少年が死んでしまった。

西川ですらつらい死だったのだ。オーズルの落胆ぶりは見ていられないほどだった。オーズルには、バト少年を弟子として育て、ゆくゆく自分が年老いたら面倒を見てもらおうという心積もりがあったと思われる。だが、旅をする中で、そうした打算をはるかに超える愛情が生まれていたことが西川にも伝わってきていた。

遺体は風葬することになった。

西川にとって親しい者を風葬するのに立ち会うことは初めての経験だった。

オーズルは、まず、デムチイラマに頼み、部屋から外に出すべき日と時間と方角を占ってもらった。

その結果、二日後の夕方に東の門から送り出すことになった。

当日は、昼間から酒を飲んでいるような漢人の死体運搬人が二人やって来て、戸板にバト少年の遺骸をのせ、廟から少し離れたところにある死体捨て場の谷間に運んだ。最も縁の近いオーズルは付き添うことができず、代わりに最も縁の遠い西川がきちんと谷間に運んでもらえたかどうかの見届けをすることになった。

それからさらに二日後、西川はオーズルを伴い、その谷間を訪れた。見ると、わずか二日のあいだにバト少年の遺体はすでに白骨化していた。犬とカラスと禿鷲《ハゲワシ》によってきれいに食べられていたのだ。それを見て、オーズルはいくらか安心したようだった。遺体の肉が食べ残されていたりすると、何か今生《こんじょう》で悪行をしたからではないかと忌まわしく思われてしまうからだ。

ある朝、オーズルがその前の晩に見たという夢の話をしはじめた。その夢の中では、バト少年は両親のもとに帰り、兄弟と楽しそうに語り合っていたという。そのようにして、オーズルは自分の悲しみと折り合おうとしていたのだろうと西川は理解した。

しかし、西川にとっても、バト少年とのこの別れが、やがていくつも繰り返されることになる、旅で親しくなった者との別れの最初のものとなったのだった。

2

アラシャン蒙古の特産物は絨毯と塩である。とりわけ絨毯は質がよく、また塩湖から産出される塩は中国の西北全域を賄《まかな》うくらいの量がある。

定遠営《ていえんえい》は砂漠の中のオアシスであり、甘粛や青海へ向かう隊商路が通っているため多くの物資が運び込まれてくる。しかも、近くの寧夏平原からは豊かで安価な農産物が流れ込む。そのため、アラシャン蒙古は他の蒙古人居住地域と比べると極めて暮らしやすい土地となっていた。

だが、アラシャン蒙古の「都」のはずの定遠営は、城郭で囲まれた内側には、蒙古人より漢人の方が多く住んでいた。

移動する遊牧民としての蒙古人には阿片吸飲者はほとんどいないが、定住家屋に住む蒙古人には、漢人の影響を受けて阿片を吸飲している者が少なくなかった。それもあって、定遠営の城内における阿片の需要はかなりのものになった。にもかかわらず、アラシャン蒙古ではケシの栽培が許されていなかったため、内蒙古などと比べると阿片の相場が何倍にもなっていた。その差額を手に入れようと、一獲千金を夢見て内蒙古から阿片を密輸する者があとを絶たなかった。西川をはじめとして、オーズルたち三川《さんせん》出身のラマ僧三人も、その差額を狙って荷物の中にひそかに阿片を隠し入れてきていたのだ。

三月に入り、春の気配が漂いはじめると、バロン廟の暮らしにもいくらか慣れ、定遠営の状況も把握できるようになってきた。そこで、オーズルたちの同郷人で定遠営に住む三川出身の商人たちの手を借り、阿片を売りさばくことになった。

それまで、阿片の相場が低くなったと聞いてはがっかりしたり、密輸した者が摘発されたという噂を聞いては心配したり、隠しておいた阿片の臭いが部屋に漂い出しては不安になったりしていたが、定遠営に住む三川人のネットワークによってついに阿片の密売に成功した。実に仕入れ値の二十倍近くになったのだ。

西川は、さらに荷物を積んできた駱駝も売って、中国の金で二十万元を手に入れることができた。日本と違い、紙幣の発行には中国銀行、中央銀行、交通銀行、中国農民銀行といったいくつもの銀行が関与しているため、同じ百元札や十元札でも色が違う。赤や青や緑や紫色の札で風呂敷は膨れ上がった。

これほどの大金を手に入れたのは人生において初めてのことだった。

西川が満鉄に入った当時は、日本の一円が中華民国の発行する法幣でほぼ一元に相当した。つまり二十万元は二十万円ということになる。かりに満鉄での月給を二百円とすると、実に一千カ月分、八十数年分の給料に匹敵する大金を手に入れていたことになる。もちろん、そのとき、すでに法幣の価値は下がっていたから、一千カ月分ということはなかったが、それでも大金であることには変わりなかった。

これだけあれば、さらに奥に、具体的には青海地方に潜入することも不可能ではないな、と西川は思った。

だが、やがてこの金がほとんど紙屑同然になることをそのときは知らなかった。半分くらいは銀貨にしておこうと思ったのだが、オーズルたちに、これから先の旅を考えると軽くて持ち運びに便利な紙幣の方がいいと意見され、それを受け入れてしまった。しかし、銀による裏打ちのある銀貨は価値が下がらなかったが、法幣と呼ばれる中華民国の紙幣は雪崩《なだ》れるように価値を失っていくことになってしまった。

理由は二つあった。

ひとつは、偽札。一九四一年（昭和十六年）十二月の真珠湾攻撃によってアメリカと戦端を開き、さらにはイギリスを初めとする連合国にも宣戦を布告すると、日本軍は素早く香港を占領した。そして、そこにあった造幣所で法幣の原版を発見すると、日本軍は大量に偽札を製造して中国国内にばらまきはじめたのだ。

もうひとつは、乱発。日本との戦いのために膨大な戦費を賄わなければならなくなった中華民国政府が、法幣を大量に刷りはじめたのだ。その額はすさまじく、戦争前の法幣の総発行高が十四億四千元だったものが、終戦間際には実にその四百倍近い五千六百億元にまで膨らんでいた。

その結果、一枚の銀貨が百元の法幣で交換できていたものが、一年も経たないうちに一枚が三千五百元、さらには四千元ということになった。二十万元で二千枚の銀貨が買えたのに、わずか五十枚しか買えないという悲惨なことになったのだ。いや、その交換比率によってさえ、奥地に行くにつれ銀貨の売り渋りにあって手に入れられず、法幣はほとんど紙屑同然になってしまった。

以後、内蒙古を出発するときにあるていど用意しておいた銀貨を、必要なときにちびちびと使いながら旅をすることになる。だが、それはほとんど無一文の旅と言っていいくらいのものであった。しかし、無一文になったことによって、西川は旅人として逆に多くのものを得るようになっていく。

バロン廟で暮らしているうちに、オーズルたちに導かれるようにして三川出身者との付き合いが増えてきた。商売が上手で何事にも抜け目がないと言われている三川人である。利によって転んだりするのではないかと疑ってかかるところもあった。しかし、しばらく付き合っていくうちに、オーズルやイシがそうであるように、一度信用したら最後まで守り通してくれるという、義理人情に厚い者がほとんどだということがわかってきた。

しかも、三川人はバロン廟や定遠営だけでなく、これから向かおうとしている青海を含めた西北の全域に強固な同郷人のネットワークを持っており、これを使わせてもらえば、自分の報告書を内蒙古にある日本の外務省の出先機関に届けることも可能なのではないか、という希望を抱くことができるようになった。

西川と同じく、阿片を売って大金を手に入れたオーズルたち三人のうち、まずオーズルとイシはその金で故郷のラマ廟に奉納する豪華な絨毯を織ってもらうことにした。一方、ラッシは、その金を元手に絨毯や羊皮などを仕入れて内蒙古に戻って売りさばき、その代金でさらに大量の阿片を仕入れ、ふたたび定遠営に持ち込み一獲千金を狙うことにした。

四月、ラッシが、シェンバーというやはり三川出身のラマ僧と二人で内蒙古へ出発することになった。その二人を信用できると踏んだ西川は、内蒙古のトクミン廟を出発する前にあらかじめ取り決めてあった百霊廟《ひゃくれいびょう》の日本側の連絡先に報告書を届けてもらうことにした。

そこには、自分がこれまで歩いてきた土地の地図と状況を記した報告書のほかに、興亜義塾の塾生に宛てた手紙も含まれていた。

《小生更に西北に旅し、諸兄の来光を待つ》

この最後の一行には、西川の、ここまで来た、という高揚感と同時に、まだ行動を起こしていない興亜義塾の塾生に対する、ほんのわずかな優越感のようなものが滲んでいたかもしれない。

だが、それも、すぐに大きな不安感によって吹き飛ばされることになる。

ラッシがシェンバーと共に内蒙古に向かって姿を消すと間もなく、オーズルとイシが故郷の三川に向かって出発することになった。依頼していた絨毯が織り上がったのだ。

西川は、二人から一緒に三川に来いと強く誘われたが、迷った末に断った。これ以上彼らと共に旅をし、万一、自分の身分が露見したとき、どれほど迷惑をかけるかわからない。それに、独り立ちのよい機会だと思う気持もなくはなかった。永遠に彼らと一緒にいることはできない。それなら、できるだけ早いうちに、この中国の奥地で生きるラマ僧として独り立ちできるようになるべきだと考えたのだ。また、三川人が住む民和《みんわ》県という狭い地域に暮らしていては、手に入れられる情報にも限りがあるだろうとも思えた。

三頭の駱駝に、絨毯と故郷の人々への大量の土産物を積んで出発していくオーズルとイシの二人を見送ると、バロン廟のその部屋には西川以外に誰もいなくなった。

誰もいなくなった部屋は空虚だった。

ひとりになってしまったな、と西川は思った。それは自分が望んだことではあったが、この広い異国の地で、自分の身分を明らかにすることもできず、危機のときに頼る人もいなくなったということが、ひしひしと胸に迫ってきた。

そして、ここから初めて真の密偵として生きることになったのだな、と思った。これまでは、やはりオーズルたちの庇護のもとにあった。しかし、これからはすべてひとりで切り抜けていかなくてはならない。

――さて、どうしよう……。

3

ひとりになった自分は、この廟でどう生きていけばいいのか。

幸い、デムチイラマは滞在中の部屋を引き続き使うことを許してくれた。金は充分にある。だからといって、ただその金を使うだけで法会にも参加せず、ラマ僧としての修行をしないまま「徒食」をしていれば誰かに疑われはじめるかもしれない。

しかし、自分は経のひとつもあげることができず、ラマ僧として生きていく力がない。どうしたらいいのだろうかと真剣に考えた。

数日後、ひとつのアイデアが生まれた。

この廟内には、真剣にラマ教を身につけようとしている修行僧ばかりでなく、ただその日その日を送るため、いわば生活をするためだけにいるラマ僧も少なくなかった。そうしたラマ僧の中で、とりわけ貧しい者は、賀蘭山の奥に入って木を切り出し、それを持ち帰って薪にしてラマ僧たちに売っている。廟内での煮炊きには家畜の糞であるアルガリと併せて薪が使われていたからだ。自分も薪売りをしてみたらどうだろう。そうすれば生活をするために廟にいるラマ僧として認知してもらえるようになるかもしれない。

薪売りとして生きようと思い決めた次の日、西川はデムチイラマに借りた斧を手に、薪集めに向かうラマ僧たちについて山の奥に入っていった。廟の周囲にも雑木林はあったのだが、そこは伐採が禁止されていたのだ。

山の奥には、伐採するまでもなく、いい薪になりそうな枯れ木がいくらでも落ちていた。西川は必死に拾い集めると、これもやはりデムチイラマから借りた革紐で結わき、腕を通せる輪っかを二つ作って背負った。

連れてきてくれたラマ僧たちは、西川の背中の薪の量を見て、多すぎるから減らせと忠告してくれた。見ると、ラマ僧たちの背中の薪の量は西川の半分もない。だらしのないことだと、体力に自信のあった西川はなかば軽蔑し、これくらいはなんということもないと突っぱねて、一緒に山を下りはじめた。

だが、いくらも行かないうちに、肩に革紐が食い込みはじめ、さらにしばらく行くと、足が動かなくなってしまった。仲間のラマ僧たちはごく普通の足取りで山を下っていく。やがて、西川は仲間のラマ僧たちから遅れ、少し歩いては休み、また少し歩いては休むようになってしまった。たったひとりになった西川はなんとか廟まで辿り着いたが、背中と言わず、腰と言わず、ふくら脛《はぎ》と言わず、体のいたるところが悲鳴を上げていた。そのときようやく、薪売りの先輩のラマ僧たちの忠告の意味がよくわかったのだ。

以後、背中に担ぐ薪の量を減らすことを覚え、ひとりで山の奥に薪取りに行くことができるようになり、それを楽しいと思えるようになった。

薪取りに行かないときは暇なはずだったが、他にもやらなくてはならないことが増えてきた。まず家主とも言うべきデムチイラマの雑用を一手に引き受けなくてはならなくなった。デムチイラマにも弟子はいたのだが、雑用の多くが新参者である西川のところに回されてきた。

食材の買い出しと炊事から始まって、寝る前の肩揉みまで、さまざまな用事を言いつけられた。しかし、とりわけ西川にとって難しかったのは炊事だった。

これまで日本では炊事は女の仕事だとまったく経験したことがなかった。日本を離れ、満鉄に入ってひとり暮らしをするようになっても、食事は常に外食だったし、トクミン廟を出てからオーズルたちと共に巡礼僧としての旅に出てからも、イシが中心になって食事作りをしてくれていた。だが、廟で暮らすラマ僧は炊事だけでなく裁縫も含めて身の回りのことはすべて自分でやらなくてはならないため、誰でも一通りのことができる。西川もこれからラマ僧として生きていくのなら自分ですべてをやり抜く術を覚えなくてはならなかった。

第一に、包子《パオズ》を作るにも、麺を作るにも、その基礎となる小麦粉のこねかたを身につけなくてはならなかった。最初のうちはその無様な手つきを皆に笑われていたが、なんとか平らに延ばせるようになり、包子も中身をはみ出させずに包むことができるようになった。

また、米の炊き方も日本と違っていて苦労した。沸騰した湯の中にそのまま米を入れ、煮えたところで火から降ろして水分を切り、弱火で最後の仕上げをする。そして、切った水分は、塩を入れて米汁として飲み物とするのだ。

夕食後にデムチイラマの肩揉みをすることはほとんど日課のようなものになった。だが、それは少しも苦痛ではなく、むしろ楽しみになった。肩を揉みながらデムチイラマとかわす会話は蒙古語のレッスンになったし、ラマ廟での暮らしについての学びにもなったからだ。しかし、その肩揉みが楽しみだったのは、なにより、その駄賃として白酒一杯を飲ませてくれたからだった。

肩揉みが一段落すると、切り上げてよいと言うと同時に、デムチイラマが瓶《かめ》に隠し持っている白酒を一杯飲んでいってよいと言ってくれるのだ。これがおいしかった。それが楽しみで肩を揉みつづけたと言ってもよいほどだった。西川は、興亜義塾を酒の上での暴力で放校された際に禁酒を誓ったが、これだけは守れなかったのだ。

ひとつひとつ、なんとかラマ僧として生きていくために必要なことができるようになっていった西川は、気がつくと他のラマ僧から一目置かれるような存在になっていた。もともと西川はよく喋る方ではなかったが、自分が日本人だと露見しないように口数を少なくしているようなところがあった。しかし、誰かに用事を頼まれると、どんなことでも引き受け、仕事はいっさい手を抜かずにこなした。やがてバロン廟では、ロブサンは口数は少ないが骨惜しみをせず働く気のいい奴だ、という評判が立つようになった。

それは、僧侶としての素養もなく、ただ僧舎に寄宿するだけの身にとっては、最上の隠れ蓑になった。

その評判によって、いろいろなラマ僧から雑用を頼まれるだけでなく、廟の仕事を頼まれたりするようにもなった。

あるときは、臨時の炊事担当にさせられたりもした。

廟には千人以上のラマ僧がいる。大きな法会があると、このラマ僧全員に茶をはじめとしてボボのような食べ物を供することになる。そのため、炊事場には炊事専門のラマ僧が何十人といるのだが、それでも人数が不足すると、臨時に調達する必要に迫られる。西川もそのひとりに充てられたのだ。

その炊事場は油臭い熱気のこもった戦場のようなところだったが、仲間になった荒っぽいが気持のいいラマ僧たちと一緒に働くのは楽しかった。

また、蒙古語の読み書きができるらしいということを知られ、廟の書記の仕事をしないかと誘われたりもした。

蒙古人のラマ僧は、経文に使われているチベット語はいくらか読めるが、自分たちの言葉である蒙古語は書かれた文字に接する機会がないため読めない者が多い。西川は、蒙古語の読み書きは興亜義塾の教育によって話すことより先に覚えていた。

書記の仕事を引き受ければ、もう日本人だと露見しないかとビクビクすることもなくなる。ありがたい申し出だったが、それを引き受けてしまうと、この廟に永くとどまらなくてはならないことになる。できるだけ身軽でいたかったので、迷った末に断ることにした。

やがて廟内で生きていくためのひととおりの作業ができるようになった。そしてまた、気がつくと、正確な文法はわからないながらも、チベット語の経文写しができるようになっていた。

そのように過ぎていった半年ほどの廟生活の中で、最大の出来事といえばこのバロン廟の主ともいうべき存在だったラマタン活仏の死だったかもしれない。

ラマタン活仏には、バロン廟に到着した翌日、最初に挨拶に出向いたときに声を掛けてもらっただけだったが、全身から滲み出ている豊かな品性と、人を包み込むような温かさに驚かされたことがあった。そのラマタン活仏はまた、宗教者として毅然とした強さを持つ人でもあった。

甘粛省のトガンという名の活仏が、多くの巡礼者と共に日本の支配下にある内蒙古を訪れ、各地を巡ったあと、今度は中国の支配下にある寧夏省を通ってタール寺に向かおうとした。ところが、中国政府は無断で日本の支配地域に行ったということで一行を逮捕してしまったのだ。そのとき、二十人ほどの巡礼者が脱走し、バロン廟に逃げ込んだ。当然、中国政府は引き渡すようにと命じたが、ラマタン活仏は、逃げ込んだ巡礼者たちを守り通した。そのため、さまざまな嫌がらせをされるようになってしまった。これにたまりかね、元からバロン廟にいるラマ僧たちは、その原因となった二十人の巡礼者ばかりでなく、西川たちのような外来の巡礼者すべてに対して、迷惑を掛けられるのはごめんだから出ていってくれという追放の動きをするようになった。すると、ラマタン活仏はこう言って、諫《いさ》めたのだ。

——もし巡礼のラマ僧たちを追放するなら、まず私を追放してからにしなさい。私も巡礼者なのだから。

もちろん、ラマタン活仏は巡礼者ではなかった。しかし、このバロン廟の元祖となった活仏はチベットからの巡礼者だった。だから、その転生者たる自分もまた巡礼者のひとりということになる、と言ったのだ。

ラマタン活仏のひとことで、バロン廟における巡礼者排斥の動きはぴたりと収まった。

そのラマタン活仏が病に伏した。廟のラマ僧たち全員に叩頭《こうとう》が割り当てられ、合計十万回の叩頭が活仏のために捧げられることになった。

巡礼者たちにとっての恩人とも言えるラマタン活仏のためである。西川もまた多くのラマ僧と共に本堂前の石畳で叩頭を繰り返した。

叩頭とは、両手を合わせ、それを額から胸まで下ろし、体を地面に投げ出すようにひれ伏し、また立ち上がって、同じことを繰り返す。慣れない者には、わずかな回数でも息が切れる。

西川は体が悲鳴を上げるほど叩頭を捧げたが、五月の末、ブレーとビシグールの調べが流れ、ラマタン活仏の死を知らされることになった。

葬儀は風葬ではなく、高貴な人に対する特別なものである火葬で行われた。土葬は土を汚す。火葬は空気を汚す。水葬は水を汚す。しかし、風葬は何も汚すことがない。そこで、蒙古やチベットでは風葬が選ばれるのだが、高貴な人は火葬にしても空気を汚すことはないとされているのだ。

ラマタン活仏の死によって防波堤がなくなったバロン廟には、中国側の圧力が増した。二十人の巡礼者たちの引き渡しを命じられたが、そのときには彼らはすでにバロン廟をあとにしていた。

そのラマタン活仏の死がバロン廟における最大の出来事だったとすれば、西川個人にとって最大の出来事はひどい熱病に罹ったことかもしれなかった。

あいかわらず薪取りを続けていた西川は、春が終わる頃、運搬用に牡のロバを一頭買うことにした。

一緒に山の奥に入り、ロバの背に薪を乗せ、自分もまた薪を背負って帰ると、銀貨で一枚ほどの稼ぎになった。

先に山を下ったロバが荷物を振り落として草を食んでいたり、放し飼いにしている廟の裏手からどこかに行ってしまったりするたびに、腹を立て、鼻面を殴りたくなるようなこともあったが、しだいに愛着を覚えるようになった。どんなに重い荷物でも文句を言わずに運んでくれ、それでいていつも涼しげなつぶらな眼をこちらに向けてくる。そのロバは、密偵として生きている西川にとって、唯一の心を許せる「友」のような存在になっていた。

しかし、やがてそのロバも手放さざるをえなくなった。

バロン廟では、六月から七月にかけて断食が行われる。この期間中は、廟の付近にロバを放置しておくことはまかりならぬということになっていた。西川はそれをおして飼っていたが、発情期に入ったロバが牝のロバを求めてうるさく鳴くようになったため、ついに売らざるをえなくなってしまったのだ。

ロバがいなくなり、またひとりで薪取りをすることになった。

初夏のある日、山に薪取りに出て、妙な寒気を覚えた。汗が乾いたときに覚える寒気と違って体の奥底から伝わってくる。

その夜、高熱を発し、寝込んでしまった。

デムチイラマの弟子たちや、三川出身のラマ僧たちが、粥などを作ってくれたがまったく食欲がない。体を動かそうとすると、頭が割れそうに痛む。デムチイラマも「これを飲めば治る」と煎じ薬を持ってきてくれたが、なんの効き目もない。熱で朦朧とした中で、もしかしたら自分は死ぬのかもしれないと思ったりした。

一週間ほど寝込んだままの状態でいると、親切に世話をしてくれていたデムチイラマの弟子のひとりが、西川に告げた。

——いま、寧夏（現・銀川《ぎんせん》）の街から漢人の漢方医が来ている。よかったら診てもらったらどうか。

藁にもすがりたい状況だった西川は、さっそく呼んでもらうことにした。

すると、やって来た漢方医は、西川の様子を見て言った。

「悪い血を抜けば、すぐよくなりますよ」

そして、千枚通しのような太い針を取り出すと、まず眉間に刺し、出てきた血をふき取り、さらに額から絞り出すように血を出させ、ふき取った。

次に、両手の中指の先の爪と肉とのあいだに針を刺してぽつんと血を吹き出させ、自分の両手を輪のようにし、西川の腕の付け根から手先に向かってゆっくりと撫で降ろし、やはり血を絞り取った。

それだけ済ますと、漢方の粉薬を置き、百五十元を受け取って、帰っていった。

不思議なことに、その直後から、頭痛は消え、しばらくすると熱も下がりはじめた。

もしかしたら、それは単に回復期と重なっただけなのかもしれなかったが、ひょっとしたら草《そう》莽《もう》の名医だったのかもしれないと、強く記憶に残った。

ただ、のちに、これはノミやダニによって媒介される回帰熱だったかもしれないと思うようになる。

この熱は十日前後のうちにまた出ることがあるので回帰熱と言われるが、西川には二度目の発熱はなく、そのまま回復していった。

だが、それは、自分も簡単に死の間近にまで行くことがあるということを思い知らされる体験になった。

4

熱病から癒えてしばらくたった頃、なにくれとなく世話をしてくれた二人のラマ僧に、アラシャンにおいてバロン廟と並ぶ廟のひとつであるジュン廟に参詣しないかと誘われた。漢人はバロン廟を南寺と呼び、ジュン廟を北寺と書くように、ジュン廟はバロン廟のかなり北に位置していた。

他の廟への参詣は、ラマ僧にとって行楽のひとつだった。

西川も、ジュン廟にはいつか参詣したいと思っていたので、喜んで連れていってもらうことにした。

バロン廟からジュン廟までは徒歩で二日ほどの距離だった。

三人で賀蘭山脈沿いに北に向かうと、途中の畑で、禁制のケシを栽培している農夫がいた。それを見たラマ僧のひとりが、脅かすように言った。

「おい、アラシャンでケシなんか栽培していいと思っているのか。役人に言いつけるぞ」

すると、その農夫が嘲笑するように答えた。

「言いつけるつもりなら、言いつけてみろ。おまえがひどい目に遭うだけだ。これは劉大人《りゅうたいじん》に頼まれて栽培しているんだ。あそこにお屋敷が見えるだろ。あれが劉大人の家だ」

それを聞いて、ラマ僧は黙ってしまった。劉大人というのは、満州蒙古族の末裔《まつえい》で、アラシャンの権力者のひとりだったのだ。

その家に近づくと、門の前に、赤い、日本の着物のような服を着た、若く美しい女性の姿が見えた。しかも、長い髪を後ろに束ねている。西川は、一瞬、日本の女性ではないかと胸をときめかせた。しかし、すぐ、単なる見まちがいで、彼女はやはり蒙古の娘だということがわかった。それでも、美しいことに変わりない。つい、通り過ぎたあとで、呟いてしまった。

「なんとも美しい娘だったなあ」

すると、もうひとりのラマ僧が、吐き捨てるように言った。

「女は汚い」

そして、西川に詰問するように訊ねてきた。

「ロブサン、おまえはバンデより女の方が好きなのか？」

バンデというのは、男色の相手で、若い少年たちをさす言葉だ。

蒙古では、男女間の性交渉については、結婚の有無にかかわらずかなりルーズなところがあり、性病が蔓延していた。しかし、ラマ廟における唯一の性である男色においては、性器の挿入が行われない。そのため、男色では性病が伝染《うつ》りにくい。逆に言えば、ラマ僧で性病に罹《かか》っていたりすると、女性との性交渉を行っているということを告白しているようなものでもあるのだ。

おまえは女が好きなのかと問われた西川は、慌ててラマ僧としての当たり前の答え方をした。

「いや、俺だって、バンデの方が好きさ」

その日は、日が暮れてきたところに、一軒の家が見つかった。

そこで、泊めてもらえないか頼むと、出てきた上品な蒙古人の女性が、どうぞと言って、部屋を与えてくれた。

夜になり、白米のごはんと肉と高菜の煮物で御馳走してくれた。

家族には、二十歳前後の美しい娘が二人いて、彼女たちもどこか日本の女性を思わせるところがある。

西川は、続けざまに日本を強く思い出させる女性に出会って、不思議な気になると同時に、少しだけ得をしたような気にもなった。

だが、日本を思い出しはしたが、故郷に帰りたいというようなホームシックに罹りはしなかった。西川には、この頃から、未知の土地を歩くことがすべてに勝る、といった感覚が生まれはじめていたのだ。


半年を過ぎたバロン廟での日々も、デムチイラマの雑用と廟内の雑用、そして薪売りだけで過ぎていった。

デムチイラマのところで飲ませてもらう一日一杯の白酒を除けば、敵の中にいるという緊張を強いられていた西川を慰めてくれたのは賀蘭山の自然だった。

毎日のように薪を集めに山奥に入ることを続けていたが、ときにはそのまま賀蘭山の最も高い頂であるニタクの嶺の山頂まで登ることがあった。

途中、野生化した鶏や放牧されているバロン廟のヤクの群れに出会ったり、飛び立つ雉《きじ》に驚かされたり、山の斜面に遊ぶ鹿の姿を見かけたりする。

険しい山道を登り切り、標高三千数百メートルと言われる山頂に辿りつくと、そこは台地状の草原になっていて、三百六十度の視界が開けている。

そこから眺める広大な大地の風景には心を震わされた。

ゴビに連なる黄色い砂漠、身をくねらす蛇のような黄河の流れ、かつては西夏《せいか》国の都だった寧夏城、その王だった者たちの半球状の不思議な形をした陵墓、そして地平線に落ちていく巨大な赤い夕日……。

思わず山頂に長居をしてしまい、慌てて薪を拾い集めて山を下るなどということもあった。

しかし、バロン廟で暮らすことには習熟してきたが、密偵としての役割を果たすには限界を感じていた。ここで手に入れられるだけの情報はすでに手に入れていた。さらに多くのものを手に入れるためには、この大陸のもっと奥に入っていかなくてはならない。では、どこに行くか。そのとき、真っ先に頭に浮かんできたのは青海省の西寧《せいねい》の近くにあるというタール寺だった。

西寧は青海省の中心の都市だが、そこが歴代の中国王朝の漢人支配が及ぶ西の端でもあった。そこから西は、蒙古人やチベット人やウイグル人が支配する地域になる。そしてまた、その近くにあるタール寺は、ラマ教徒にとっての聖地のひとつであり、巡礼者が目的とする最も大きな寺のひとつでもあった。

バロン廟のラマ僧たちにとって、この寧夏省のバロン廟から青海省にあるタール寺に参詣することは夢だった。西川も、内蒙古にいるときにはそれほどはっきりと意識していなかったが、バロン廟で暮らしているうちに蒙古人ラマ僧たちのタール寺への強い思いを共有するようになっていた。

しかも、そのタール寺には、いま、幼いパンチェンラマが鎮座ましましていた。

ラマ教において、パンチェンラマはダライラマに次ぐ高貴な存在である。その第九代のパンチエンラマが一九三七年（昭和十二年）に死去し、その「生まれ変わり」が青海省で発見されたのは一年前のことだった。

ちなみに、ラマ教は大きく、ニンマ派、カギュ派、サキャ派、ゲルク派の四つの宗派に分かれるが、西川は、十四世紀にツォンカパによって創始されたゲルク派を新教、それ以前から存在する三つの宗派をひとまとめにして旧教と認識していた。

その四派のうち、ニンマ派とカギュ派は僧が妻帯することを認め、サキャ派は教主だけだが例外的に妻帯することを認めているのに対し、ゲルク派はいっさい妻帯することを認めていない。新教のゲルク派に属するダライラマやパンチェンラマが「生まれ変わり」によって代をつないでいくのはそれが理由だった。

青海省で発見された「生まれ変わり」の少年が第十代のパンチェンラマとなり、その推戴《すいたい》式がこの年の二月に行われていた。だが、かつてダライラマがチベットのラサにあるデプン寺を居寺としていたように、パンチェンラマの本来の居寺は同じくチベットのシガツェにあるタシルンポ寺である。間もなく、パンチェンラマはそのタシルンポ寺に向かって旅立つらしいという噂が蒙古人のあいだに広がり、タール寺にいらっしゃるあいだにありがたい姿を一度でも拝んでおきたいと、続々とタール寺巡礼に向かっているという。

西川も、その流れに乗って、西寧のタール寺に向かいたいと思った。

しかし、やはり、ひとりで旅をするのは無理だった。この定遠営のバロン廟から西寧のタール寺までは、半月ほどの行程だという。さほど長い日数は必要としないが、その旅の途中のどこで宿営するか、水場の知識のない西川にはひとりで旅することは難しい。しかも、その途中には三つの難所があるという。テングリ砂漠の横断と大通河《だいつうが》の渡河とテングリ峠の峠越えである。

やはり、どうしても同行者が必要だった。そこで、西川は、自分もいつかタール寺に行きたいものだと機会があるごとに口にするようになった。もしかしたら、旅の同行者を欲している誰かが声を掛けてくれるかもしれない——そう思ったからだ。

第五章　駝夫として

1

短い夏が終わり、九月に入ると寧夏省《ねいか》のアラシャン地方は秋の気配を漂わせはじめた。賀蘭山《ホーラン》も、木々の葉が色づき、歩けば芳しい茸の香りが鼻をくすぐるようになり、山頂から眺め渡せば、アラシャン平原の穀物畑が黄金色に染まっているのがわかる。まさに実りの秋が来ようとしていた。

農耕民にとっての実りの秋は、遊牧民にとっては移動の季節の到来である。羊をはじめとする家畜たちが、夏の豊かな草を食べ、脂肪をたっぷり蓄えている。

とりわけ、荷物の運搬用として、また人間の乗用として旅に必須の駱駝たちも、毛がふさふさになり、倒れかかったようになっていた背中の瘤《こぶ》もまっすぐに立つようになってくる。駱駝の瘤は脂肪でできているのだ。

それはまたラマ教徒にとっての巡礼の季節が来たことを意味していた。

――早く、ここを出発したい！

西川が焦りに似た感情を持て余していると、思いがけない誘いが舞い込んできた。誘ってきたのは地元アラシャン出身の蒙古人のラマ僧でニマーという名の男だった。

ニマーの話はこうだった。定遠営《ていえんえい》で商売をしている三川《さんせん》出身の二人のラマ僧がいる。二人は、アラシャン地方に多く産する天然のソーダを青海《せいかい》地方の西寧《せいねい》まで運んで売りさばきたいと思っている。ついては、自分も駱駝十五頭分の荷物を引き受けようと思っているが、ひとりでは手に負えない。駱駝を扱う駝夫がもうひとりいると助かる。西寧までの食費を持つから一緒に行ってくれないか、というのだ。

アラシャンは内蒙古地方と青海地方を結ぶ交通の要衝に位置し、それぞれの物産を運搬する中継地点になっていた。とりわけ、定遠営と寧夏の二つの街では、駱駝を所有する普通の住民だけでなく、ラマ僧までもが運送業に手を染め、相場の安いところから高いところに向かって物品を移動させることによって利を得ようとしていた。

ニマーによれば、青海地方ではソーダの相場が高く、アラシャンから続々と運び出されているという。

西川はその話に乗ることにした。

理由は三つあった。

第一は、とにかく西寧に行きたかったということがある。

本来、駝夫として同行するなら、食費以外に報酬を要求することもできただろう。ニマーは西川がタール寺に行きたいという強い希望を抱いていることを知って安く使えると踏んだのだ。西川にもニマーの魂胆はわかっていたが、なにより西寧に行けるということの方が重要だった。西寧まで行けば、タール寺はもう一日の距離しかないという。

第二に、荷主がダンズンとダートウという三川出身のラマ僧だったことである。内蒙古からアラシャンまで来るあいだ、常に一緒だったラマ僧のオーズルとイシとラッシの三人が三川人だった。バロン廟に来てからも、オーズルたちとの縁で三川人のラマ僧たちと行動を共にすることが多く、彼らも同郷者に近い扱いをしてくれるようになった。自然とその中には西川が日本人だということを知るようになった者もあったが、口を固くして無闇に喋りふらすようなことはなかった。

第三は、この西北で生きるための手立てとして、いわば手に職をつけたいという思いがあったからである。

駝夫というのは、あるいは、もっとも底辺の職業かもしれなかった。しかし、動物を相手の仕事なら、蒙古人でないかもしれないという疑いをかけられることも少ないだろうし、さほど難しくはないだろうと思えたのだ。

ある日、西川はニマーと共に定遠営に住む荷主のところに挨拶に行った。すると、ダンズンもダートウも言葉のはしばしからすでに西川が日本人だと知っているらしいことが察せられ、駝夫として同行することを喜んでくれた。どうやら、二人は、アラシャン出身者であるニマーに対しては全幅の信頼を置けないらしく、同郷人も同然の西川が加わることで荷物の安全性が増すと考えているようだった。

しかし、西川はもうひとつ気がかりなことがあった。万一、旅の途中で、自分が日本の密偵だということが露見してしまった場合、荷主のダンズンとダートウに大きな迷惑をかけてしまうことになりかねない。西川は、ニマーが小便のため席を外した隙を見計らって二人に訊ねた。実は、自分は日本の密偵なのだが、それでもいいだろうかと。

もちろん、そんなことを告げるのは危険だということはわかっていた。しかし、いくら身分を隠し通さなくてはならないといっても、場合によっては死の道連れにするかもしれない危険に、知らぬ顔で巻き込むことは良心が許さなかった。密偵に良心は不要だという声がどこからか聞こえてくるような気もしたが、西川は自分の良心に従うことにした。

西川の話を聞くと、二人は笑いながらすでにそのことも知っていると答え、気にすることはないと言ってくれた。考えてみれば、日本人がこのようなところまで蒙古人と偽りつつ旅して来ているというだけで、その目的がどんなものであるかの推察は、三川人の誰にもついていたのかもしれなかった。

定遠営からバロン廟に戻った西川は、すぐに旅の準備に入った。

だが、すでに内蒙古のトクミン廟からアラシャンのこのバロン廟に来るまでの旅を一度経験しているということが、旅の準備を簡単にさせてくれた。

西川がこの旅のために新たに準備したのは、蒙古服一枚、ズボン一枚、シャツ一枚、蒙古靴、フェルトの敷物一枚、鍋と杓子《しゃくし》の各一個だけである。それとは別に、風呂敷に包んであった二十万元の紙幣と百五十枚になっていた銀貨をフェルトで作った袋にまとめた。テントと食糧はニマーが用意してくれることになっていた。

九月下旬、西川は親しくなったラマ僧たちに別れを告げ、ニマーと共に十六頭の駱駝を連れて賀蘭山を下り、定遠営へ向かった。

二人は、定遠営に着くと、荷主のダンズンとダートウのところに出向き、自分たちが受け持つことになった十五頭分のソーダを駱駝にのせ、テントや食糧などを一頭の駱駝に積み、いよいよ青海地方へ向けて出発することになった。

同行の者としては、ダンズンとダートウの二人以外に、ニマーと同じようにソーダを運ぶ仕事を引き受けたダンペリという兄弟のラマ僧がいた。彼らもニマーと同じく十五頭分のソーダを運搬することになっていた。

駝夫はそれぞれが受け持ちの八頭ほどの駱駝を曳きながら歩いて進む。

寧夏省の定遠営から青海省の西寧までのあいだには甘粛省《かんしゅく》が横たわっている。

まず、定遠営から甘粛省との省境まではほとんどが砂漠地帯で、とりわけテングリ砂漠と呼ばれている一帯は、巨大な砂丘が連なる難所として知られていた。甘粛省を通過して青海省に近づくと、大通河《だいつうが》という大河があり、そこを渡河するのに苦労するらしい。さらにその先にはテングリ峠という山峡地帯があり、危険な狭い山道が続くという。

一行は定遠営から寧夏に至る自動車道に沿ってまず西南に向かった。やがてヤオパーというところでその自動車道から分岐する駱駝道に入って西に向きを変えた。

西川は、砂地に雑草の生えた、いわば草原砂丘とでも言うべき砂漠地帯を、ひたすら前を行く駱駝の尻を見ながら歩いた。

夕方、シャラフドーという小さな集落に着いた。そこにはダンペリ兄弟の両親が住んでおり、全員がその狭い家に泊まらせてもらうことになった。

それには理由があった。

ここから先、ダンペリ兄弟の母と姉が八頭の駱駝と加わり、ニマーの愛人とその子供の十二、三歳の少年が五頭の駱駝と加わることになっていたのだ。

その駱駝たちは、青海地方からの帰りに、今度はアラシャン地方で高く売れる物品を積ませるためのものだった。

とりわけニマーは、バロン廟からバターを買ってくるようにという特別の注文を受けていた。ラマ教の寺院では、ラマ僧の食用としても、各所の灯明用としても、また法会などの行事用としても、大量のバターを必要としていたからだ。


翌朝、シャラフドーから西に向けて出発した。

一行は、男女子供合わせて十人、駱駝は五十頭ほどになり、規模は小さいが「隊商」の形態をなすようになっていた。

旅をする者は、それが商取引をする者であれ、聖地を巡礼する者であれ、できるだけ多くの人と行動を共にする方がよいとされていた。途中で匪賊《ひぞく》に狙われる危険性が減るからだ。さすがに、大きな隊商を襲う匪賊はいない。どのような備えがあるかわからない相手は避けようとする。最も危険なのは少人数の巡礼者で、このルート上でも、匪賊に襲われ、身ぐるみはがされるということが頻繁に起きていた。

一行が運んでいる荷物のソーダは、結晶すると石のように固くなる。しかし、その煉瓦《れんが》のようになった白い塊を十数個ずつ縄で結んで駱駝の背に振り分けのようにして積んでいるだけのため、進んでいくうちにずり落ちてしまうことがある。そのたびに歩みを止めて荷造りをしなおさなくてはならない。

夕方、草原砂丘の真ん中にテントを張ることになった。

その宿営一日目から、西川は自分の甘さを思い知らされた。

駱駝曳きは、宿営地に到着すると、さまざまな仕事が待っている。まず駱駝から荷と鞍を下ろし、草のあるところに放つ。次に、燃料となるアルガリ、乾いた家畜の糞を集めてテントに戻り、夕食の支度をしてもらっているあいだに、鞍やロープの修理をする。そして夕食後、暗くなる前に駱駝をテントの近くに集め、それぞれの荷につないで遠くへ行ってしまうのを防ぐ。

西川も、前の旅で駱駝の扱いにはいくらか慣れているつもりだったが、十数頭も一時に扱う経験は初めてだった。受け持ちであるニマーの駱駝はどれも同じ顔にしか見えない。それがダンペリ兄弟の駱駝と入り混じると、どれがどれだかさっぱりわからなくなってしまう。

ところが蒙古人はどんなに多くの駱駝がいてもどれが自分の駱駝か簡単に見分けがつくらしい。西川は、選別に失敗するたびに、手に職をつけるなどという前に、ニマーやダンペリ兄弟に自分が蒙古人ではないことが見破られはしないか心配になった。

その日、夕食後に西川とニマーが自分たちの駱駝を集めて荷につないでいると、ダンペリ兄弟が困惑したように戻ってきた。いったん解き放った駱駝のうちの七頭が、どこにもいなくなってしまっているというのだ。ダンペリ兄弟は、ニマーのところに自分たちの駱駝が混じっていないことを確かめると、その日はもう暗くなってしまったので、捜索するのは明日にということにしたようだった。

次の日は、朝からダンペリ兄弟が駱駝を捜しにいってしまったため、一行は足止めを食うことになった。

結局、ダンペリ兄弟が七頭の駱駝を連れて帰ってきたときには夕方になっていた。行方のわからなくなった駱駝たちは、シャラフドーのダンペリ兄弟の家まで戻ってしまっていたのだ。旅に出たばかりの駱駝にはそういう習性があるので、とりわけ旅の始めは注意しなくてはならないのだということだった。

2

翌朝、丸一日の足踏みのあと、ようやく本格的に出発できることになった。

すでに砂漠地帯に入っていたが、しだいに砂地が深くなって歩きづらくなってきた。

夕方、遠い砂丘の上に小さなラマ廟が見えてきた。

そこでは、数人のラマ僧が廟の前に佇み、駱駝道を歩んでくる西川たちの一行を眺めていた。その砂丘の下に着くと、ニマーとダンペリ兄弟のひとりが駱駝に容器のボリベを積んで砂丘を登っていった。水を貰うのだという。西川が、あんな丘の上に井戸があるのかと驚くと、少し離れたところにある井戸から汲み置きをしてある水を分けてもらうのだという。そして、なにがしかの喜捨をする。そのチョクトフリエーという名の廟は、どうやらそれによって生計を維持しているらしい。

日が傾いていく中、その光を浴びて砂丘に長い影を曳いている廟の建物とラマ僧の姿は美しかった。

水を手に入れると、一行はさらにしばらく進み、もうひとつの砂丘の上に宿営することになった。

た。

食事をしていると、遠くからガランガランという駱駝につけている鈴の音が聞こえてきた。やがて、遠くの砂丘を越えて姿を現したのは塩を運ぶ隊商の長い列だった。山羊の毛で織られた袋に、近くの塩湖で採った岩塩を詰め、黄河の河畔に向かうらしい。

夕暮れというと、回教寺院のある街ではコーランの朗唱の声が、ラマ廟があるところからはビシグール、笙の音が、草原では遊牧民の包から流れてくるアルガリの匂いが、それぞれ旅人の旅情をかき立ててくれる。だが、砂漠では、なにより隊商の駱駝たちが鳴らす鈴の音が、旅の空の下に在るということをしみじみと知らしめてくれる。

そして、西川は、その鈴の音を聞きながら、もしこの西北からあの鈴の音が聞こえなくなったら、と考えた。それは、塩を運ぶ隊商の流れが途絶えたということを意味するはずだ。塩が断たれる。それは、西北で暮らす人々の息の根を止めるくらいの重要さを持つことになる。西川は、自分が、西北という土地の急所のひとつを摑んだような不思議な高揚感を覚えた。


翌日は比較的ゆっくり出発した。

定遠営からチョクトフリエー廟までは、粘土質の土の上に砂がのっているというような道だったが、チョクトフリエー廟を過ぎたあたりからほとんど砂だけになってきた。道といっても人と駱駝の踏み跡と糞だけが頼りになる。

昼過ぎ、はるか前方にテングリエリス、「天の砂漠」の巨大な砂山が迫ってきた。

やがて、その巨大な砂山の東の麓であるバインボルクに到着し、テントを張ることになった。

バインボルクは、草もよく、水も豊かなので、このテングリ砂漠を越えようとする旅行者たちにとっての重要な宿営地になっているらしい。

その夜、一行に大きな騒動が起きた。荷主であるダンズンとダートウの二人と、ソーダの運搬を引き受けているニマーとのあいだで、激しい言い争いが始まったのだ。

発端は、この日の午前だった。

チョクトフリエー廟の少し先の宿営地から出発する段になっても、荷主のひとりのダートウだけがのんびり煙草をふかしている。最後尾から行くことになっている西川は少し不思議な気がしたが、そのまま先に出発すると、しばらくしてダートウが乗用の駱駝を急がせて追いついてきた。その駱駝にはソーダの塊が四つほど結びつけられている。少し前までは姿も形もなかったソーダだった。西川が眼をみはると、ダートウがさも愉快そうに話してくれた。

それは前夜のことだったという。

荷主の二人は、夜間にソーダが誰かの手によって盗み出されるのを恐れ、テントの中で眠らない。外で、身の回りの品を積み重ねて風よけにし、毛布をかぶって眠るのだ。

二人が山積みのソーダの近くで横になっていると、ニマーのテントから二人の男女が出てくるのに気がついた。ニマーとその愛人らしく、しきりにこちらの方をうかがっている。荷主の二人が寝たふりをしていると、二人の男女はそっと近づき、ソーダの山から煉瓦状の塊をいくつか抜き取り、服の中に隠して持ち去ったのだという。どうやら、近くの砂丘のどこかに隠したらしく、しばらくして戻ってきた。恐らく、青海地方からの帰りにそれを掘り返して持ち去るつもりなのだ。

荷主の二人は、どうしてくれようと話し合った結果、翌朝、ダートウがひとりで残り、埋められたソーダを見つけ、それをニマーの鼻先に突きつけて絞り上げようということになった。

この朝、ダートウがひとり残って砂丘を探してみると、二人分の足跡が続いている先に、誰かが小便をした跡が残っている。

ここだ、と掘り返してみると、案の定、ソーダの塊が四個埋まっていたというのだ。

荷主のダートウは、西川にその経緯を話してくれたあとで、今夜、宿営地のバインボルクに着いたら、もうひとりの荷主であるダンズンとニマーとのあいだで大騒動になるから楽しみにしていなと笑った。

そして、そのバインボルクに着いてみると、やはりダートウの言葉通りの大騒動が巻き起こったというわけだった。

夕食後、すべての仕事を終えて寝るだけになっているニマーのテントに、荷主の二人が入ってきた。

ダンズンは最初は冷静に話していたが、ニマーがどうしても盗んだことを認めようとしないため、次第に激昂してきた。

「おまえがおまえなら、女も女だ。二人して盗んだものを隠そうとするとは」

すると、ニマーが開き直り、それほど言うなら、もうこの仕事から降りると言い出した。

それを聞いて、西川は内心慌てた。せっかくの西寧行きが頓挫しそうになってしまったからだ。

しかし、ダンズンの方にも切り札があった。

「いいだろう。それなら、最初に渡してある半金を戻してから、とっとと消えてもらおうか」

ニマーは、すでに駱駝や食糧を調達するのに前金のほとんどを使ってしまっている。返せるはずがなかった。

そこを嵩《かさ》にかかって責めていると、隣のテントからダンペリ兄弟がやって来た。

そして、ニマーにこれからは決して盗みなどはしないということを約束させ、二人の荷主に今回だけは勘弁してやってほしいと口をきき、なんとか決裂するのを防いでくれた。

これを最も喜んだのは西川だったかもしれない。

のちに、西川はダートウに訊ねてみた。どうして、砂丘に隠されたソーダが小便をした跡の下に埋められているとわかったのか。

すると、ダートウが教えてくれた。

アラシャン地方では、盗んだ物を隠したところに女が小便すると見つからないという言い伝えがあるのだという。そして、一度隠した物を掘り返すと、それはもう盗品ではなくなるのだという。あるいは、小便によって「清められた」ということなのかもしれない。いずれにしても、砂丘に残された小便の跡はニマーの愛人のものだったということになる。西川は、その言い伝えの滑稽さに、内心いつまでも笑いが止まらず困った。


次の日の早朝、バインボルクを出発し、いよいよ最大の難所であるテングリ砂漠に足を踏み入れることになった。

テングリ砂漠は砂、砂、砂の世界だった。

それまで、西川は、砂漠というものを、広大な砂地に起伏のなだらかな砂丘がどこまでも続くところとイメージしていた。まさに童謡の「月の沙漠」が喚起するような世界だ。

ところが、このテングリ砂漠は、小山ほどもあろうかという砂丘を登ると、その先には巨大なすり鉢のような窪地があり、そこを降りて底の底に至ると、また前方に壁のようにそそり立つ大きな砂丘があるという具合で、いったい自分がどこに向かって歩いているのかまったくわからなくなるほどだった。しかし、ニマーやダンペリ兄弟は、そこを太陽の角度と勘だけで突っ切っていく。また、西川にはよくわからなかったが、この砂だけの大地にも隊商や巡礼者が通った道の跡があるらしく、方向に迷うと、砂を蹴散らし、動物の糞を見つけては、歩みの修正をしたりする。

ラマ教では、このテングリ砂漠を徒歩で越えると、あの膨大な大蔵経《だいぞうきょう》をすべて読む以上の功徳があると言われている。そこで、駱駝に乗っていた女や子供たちだけでなく、同じく駱駝に乗っていた荷主のダンズンやダートウも砂漠に降りて歩きはじめた。

日が高く昇るにつれ、砂に照りつける陽光の熱で、真夏のように暑くなる。砂の山は、登っても、登っても、ずるずると滑り、なかなか頂に辿り着かない。しまいには、砂に酔ったように朦朧としながら足を前に出すだけになった。

そのうえ、風が吹くと、あたり一面薄暗くなり、口の中は砂でザラザラになる。

やがて、あまりの苦しさに女と子供たちがふたたび駱駝に乗りはじめた。さらに、しばらくすると、ダートウとダンズンも駱駝の背に逃げ込んでしまった。

西川も、ニマーに、愛人が連れている空荷の駱駝に乗ってもよいと言われたが、最後まで歩いてこの難所を越えることに決めていたので断った。仏の功徳を得たいと願ったからではなく、困難を克服するということに喜びに似たものを感じるようになっていたからだった。

最後の砂山を降り切ると、そこはただの曠野となる。砂漠と曠野の違いは、そこに砂があるかどうかだけのようだったが、最後の砂山を降りきったところにショルゴルゲンホトク、「蟻の泉」と呼ばれる水場があった。そこで飲んだ水のおいしさはまさに砂漠を越えてきた旅人への旅の神様による褒美のようだった。

ここでの体験を経て、西川はこのような認識を抱くようになる。

もしかしたら、困難を突破しようと苦労をしているときが旅における最も楽しい時間なのかもしれない。困難を突破してしまうと、この先にまた新たな困難が待ち受けているのではないかと不安になる。困難のさなかにあるときは、ただひたすらそれを克服するために努力すればいいだけだから、むしろ不安は少ない、と。


そこから少し行くと、中国側の監視所があったが、別に咎められることもなく通過することができた。

その地点が寧夏省と甘粛省との境だった。ついに定遠営から六日目にして寧夏省から甘粛省に入ることになったのだ。

寧夏省はすでに日本軍の力の及ばない「敵地」だったが、甘粛省はその「敵地」のさらに奥になる。西川は、「敵地」の省をひとつ、またひとつと突破していくことに快感のようなものを覚えていた。

この省境地帯は不毛の大地で、治安の悪さでも知られているところだった。バロン廟でも、このあたりで蒙古人の巡礼者が匪賊に襲われたという話をよく聞かされていた。

そこに横たわる曠野をさらに進んでいくと、冬青《とうせい》という灌木が密生しているところに出てきた。その葉が生のままでもよく燃える。その夜は、冬青の葉を集め、豪勢な焚き火をして夜を過ごした。それはまた匪賊の襲撃を警戒してのものでもあった。

幸い西川たちの一行は匪賊の襲撃を免れたが、翌朝、テントの中で朝食の用意をしていると、突然、蒙古人の夫婦が入ってきて驚かされた。何か食べるものを恵んでくれないかというのだ。事情を聞くと、二人はタール寺を参詣してきた巡礼者で、昨夜、オランダバーという峠のふもとで野営していると五、六人の漢人の匪賊に襲われ、駱駝二頭をはじめ、所持品のすべてを奪われてしまったのだという。夜通し歩きつづけ、どうにかここまで逃げてきたのだともいう。

西川たちは、疲労しきった二人に食事をさせ、少しの食糧を持たせて、別れることになった。

だが、匪賊に襲撃された夫婦の哀れな姿を見て、ニマーとダンペリ兄弟が怯んでしまった。明日は、自分たちが襲われるかもしれない。あの夫婦が野営をした「赤い峠」という名のオランダバーを避け、迂回しようと言い出したのだ。

そこで、あくまでオランダバーを越えて直進しようと主張する荷主の二人と大激論になったが、最後は、荷主側の「どちらの道を選んでも危険度は同じだ。それなら早く突破したほうがいい」という意見に押し切られることになった。

出発して西に進んでいくと、山道へと入っていくようになる。

狭い谷間を行くときは、荷主のダンズンなどが、この山の上から鉄砲をぶっ放されてよく襲われるのだ、というような話をする。そのたびに、すべてが初めての西川は緊張したが、なんとか襲われることなく、前方が大きく開けた峠に出ることができた。そこが「赤い峠」、オランダバーだった。

そこから見た光景は美しかった。

歩いてきた寧夏省のアラシャンが黄色く燃えていたとすれば、これから進むべき甘粛省の高原地帯は陽光を浴びて紫色に揺らめいているようだった。

夕方になり、宿営したが、恐れていた匪賊の襲撃もなく、夜が明けていった。

3

翌日からは、甘粛省の農耕地帯を行くことになった。

寧夏は好天続きだったが、甘粛に入ると天気が崩れ、寒気が増してきた。

耕作地帯が途切れ、ただの曠野となるあたりに、崩れかかった土塁のようなものが連なっているところがあった。

それは、蒙古人がチャガンヘリムと呼ぶ「万里の長城」だった。

西川は、その無残な姿に衝撃を受けた。オランダバー、「赤い峠」のような天然自然が生み出した境界線はいつまでも存在するのに、人為によって生み出された壁は、長い年月に耐えられず、いつか消えていくことになるのだ。

その日、西川たち一行は、崩れかけた万里の長城の下にテントを張ることになった。

翌朝、さらに南西に向かった。

遊牧民は農耕地帯を嫌う。水には困らないが、煮炊きをする燃料と家畜に食べさせる草が不足するからだ。しかし、曠野から山峡地帯に入ると、草がよくなっていく。それとともに遊牧民と家畜の群れを見かけるようになる。

夕方、羊とヤクの群れを追っている美しいタングート族の娘たちと遭遇した。

タングート族は、チベット人が蒙古人の影響を強く受けることで形成された人々だが、彼女たちは、まるで日本人の娘のような顔立ちをしている。それは美しい夕暮れの景色とあいまって西川に強い印象を残した。

早めにテントを張ったが、夜になると一段と寒気が強くなり、西川はよく眠れなかった。

朝はさらに冷えており、凍るような手で駱駝の背に荷物を積むのがつらいほどだった。それでも、寒冷さに慣れている蒙古人たちはまったく平気でいる。そこでもまた西川は、自分はまだまだ蒙古人にはなれていないと思わざるをえなかった。

しかし、駱駝を曳いて歩き出すと、陽光を背に受けていくらか暖かくなってくる。

やがて黄河に注ぐ荘浪河《しょうろうが》に差しかかった。幅は二十メートル近くあるが、あまり深くはない。そこを渡ると、粘土質の黄土の大道がどこまでも延びている。それこそが、日本軍が「援蒋ルート」と呼ぶ、西北公路だった。

陝西《せんせい》省の西安《せいあん》から蘭州《らんしゅう》、粛州《しゅくしゅう》（現・酒泉《しゅせん》）、安西《あんせい》、さらに新疆《しんきょう》省のウルムチからソヴィエト領内にまで延びているため、日本人は「赤色ルート」と呼んだりもしている。この道を通って、アメリカなどから蒋介石の中華民国政府に大量の軍事物資が流れ込んでいるらしい。日本軍にとってはどうにかしてその流れをストップさせたい道だった。

だが、その道はかつてのシルクロードでもある。途中でルートを西に取り、どこまでも進んでいけばやがてはローマに至るのだ。西川は、援蔣ルートとしてのその道に対する憎悪と、シルクロードとしてのその道に対する憧憬の二つの感情に見舞われた。

そして、その現代のシルクロードたる西北公路には、ドラム缶や武器を満載したトラックが走り、その頭上には爆音を響かせた飛行機までもが飛んでいた。

西川たちの一行は、その西北公路を少し北上し、蘭州と西寧を結ぶ蘭西公路に出るため西南に向かう間道へ入った。

その日は起伏のある台地状のところでテントを張り、翌朝、さらに西南に向かった。

寒気が厳しいせいかひどく草の貧しい丘陵地帯が続いたが、その日は風を防ぐものの何もない丘陵地帯の中腹で宿営することになった。

夕暮れとともに寒気が増し、ついには小雪まで舞いはじめた。

夜明けはさらに寒くつらかった。

出発し、丘を越えると、前方に祁連《きれん》山脈が黒くそびえているのが見えてくる。それと共に、漢人の集落が点々と存在するようになった。

道は、祁連山脈の山峡を流れる綺麗な河に沿って続いていた。一行はその河の南岸を進んでいたが、途中で道が北岸に移っているため、幅十数メートルはある河を渡ることになった。深さは人間の膝くらいなので、駱駝もなんとか渡れるはずだった。

いよいよ渡ろうとしたそのとき、ダンペリ兄弟の曳いていた一頭の駱駝の荷の綱が切れ、振り分けになっている荷物が落下した。ひとつは道の土の上に落ちたが、反対の荷は河の中に転がり落ちてしまった。河に落ちたソーダは水を含んで泡を吹きながら溶けはじめた。

ダンペリ兄弟と荷主の二人が慌てて水に飛び込み、なんとか拾い上げようとしたが、手の中でみるみるうちにグズグズと崩れ、ついに諦めるより仕方がなくなった。

こうして、荷主は大事な荷物のひとつを失うことになってしまった。

祁連山脈の山峡を通過すると、連城鎮《れんじょうちん》という街に至る。

そこに一泊する予定だったが、その先の大通河が結氷しているという話を聞いて、急遽、予定を変更することにした。

定遠営から西寧に至るルートの難所のひとつである大通河は、下流には橋がかかっているが、このあたりで渡河するのには渡し舟を使わなくてはならない。ところが、駱駝は舟に乗るのを恐れ、なかなか言うことを聞いてくれない。そんなところから、駱駝を連れて旅する蒙古人たちは大通河が結氷することを祈っているようなところがあった。氷の上なら、駱駝たちも、恐れながらも歩いてくれる。

大通河のほとりに出てみて、西川も蒙古人たちがこの河を渡ることに恐れを抱いている理由がわかった。河幅が二百メートルはあろうかという大河だったからだ。

しかし、結氷してまだ四、五日ほどしか経っていないため、氷の厚さが充分なものになっていない。その上、ここ数日の好天によって逆に氷が溶けはじめている。一行は、少しでも厚いところを求めて河に沿って北上した。すると、いくらか河幅の狭くなっているところで、少し前に人や家畜が渡った気配のあるところが見つかった。

恐る恐る渡りはじめたが、氷の薄いところでは、ミシミシと音がする。おまけに、結氷した表面のすぐ下を流れている河の水が氷のかけらを運び、それが表面の氷とぶつかりカラカラと不気味な音を立てる。

駱駝の歩みは慎重でのろく、いまにも氷が割れてしまうのではないかと肝を冷やされつづけた。それでもなんとかすべての駱駝が渡り終え、対岸にテントを張って宿営することができた。


翌朝、大通河の河畔から出発してしばらく行くと、三つ目の難所と言われているテングリ峠への山道が始まった。

この峠は海抜三千メートル以上の高さがあるため、甘粛省と青海省との省境となっている。さほど勾配は急ではなかったが、七合目くらいからは雪が積もる道になった。登るにつれて道は狭くなり、片側は灌木の茂る斜面が覆いかぶさるように続き、反対側はゴツゴツとした岩が雪のあいだから露出している断崖が深い谷底に向かって切れ落ちている。足を滑らせたら、まず命はないものと思えた。

細い山道を右に折れ、左に折れて進むうちに、ようやく九合目あたりにまで至った。

そのとき、ニマーの曳いている駱駝の一頭が足を滑らせた。そして、荷の重さに引きずられ、左手の断崖を一回転しながら転げ落ちた。幸い、そこに生えている灌木に引っ掛かり、谷底まで落ちるのは回避できた。

しかし、その駱駝とつながれていたもう一頭の駱駝が斜面に引きずり込まれ、ずり落ちはじめた。

ニマーの叫び声に、男たちが、自分の駱駝の紐を女たちに預け、総掛かりで駱駝を引き上げようとした。どうにか一頭は引き上げられたが、下に落ち過ぎた最初の駱駝は、どうしても引っ張り上げられない。駱駝の重量は優に人間の十人分以上あるのだ。

日が暮れかかり、あまり遅くなると匪賊に襲われるかもしれないという恐れもあった。ついに、この一頭は諦めようということになりかかったとき、反対方向から七、八名ほどの蒙古人がやってくるのが見えた。彼らも背中にウールグ、背負子《しょいこ》を背負った巡礼のラマ僧だった。

天の助けと彼らに事情を説明し、手助けを求めると、こういうときはお互い様と、快く手を貸してくれた。そこで、木に引っ掛かった駱駝が暴れないように脚をロープで縛り、全員で力を合わせて引きずり上げることに成功した。

西川は、一頭の駱駝を失わなくて済んだ礼に、いくらかの金か何かの品を渡すのかと思っていたが、ニマーが何度も何度も礼を言っただけで、具体的な物のやりとりはなかった。そして、それを巡礼のラマ僧たちも不満に思っていないようなのだ。西川は、それが旅をしている者同士の仁義のようなものなのかと感心した。

峠の最高地点に至ると、振り返った背後の東に白蛇のようにのたうつ大通河が見え、眼を戻した西には、これから向かおうとしている青海省の黄味を帯びた低い山々が見えた。

峠の西側を下ると、雪はもうなく、暖かく感じられるようになってくる。それはまた、荷主の二人にとっては、故郷の三川によほど近づいたということを意味するらしく、その安心感からか、顔つきも穏やかなものになってきた。

4

やがて宿場町の高廟鎮《こうびょうちん》(現・海東《かいとう》)に着いた。

高廟鎮は、甘粛省の省都の蘭州と青海省の省都である西寧を結ぶ蘭西公路上の重要な街だった。

一行が高廟鎮の街はずれで宿営の準備をしていると、青海省の収税吏が現れ、ソーダの税金を徴収して帰った。省をまたぐ物品の移動には税金が課せられるらしい。

翌朝、一行は蘭西公路を西に向かった。

この公路は、省都と省都を結ぶ街道にふさわしく、馬やラバにまたがったり、ロバに荷物や女子供を乗せたり、ヤクを追ったり、駱駝を曳いたりした役人や商人や農民や巡礼者たちが、これまでの巡礼路とは比べものにならないくらい大勢行き交っていた。

その日の昼までには蘭西公路上の最大の街である楽都《らくと》に着くことができた。

本来、青海省の省都は西寧だが、この省の実質的な支配者で、回教を奉じる回族の長でもある馬歩芳《ばほほう》が住んでいるのは、この楽都だった。

中国には中華民国が成立し、当時は蔣介石が重慶《じゅうけい》に首都を移して国民政府を置いていたが、中央から離れた各地方には依然として軍閥が勢力を保っており、西北地域では回族の馬一族の支配が続いていた。とりわけ、青海省には馬歩芳がいて、国民政府に恭順を誓う姿勢を見せながらも、回教軍の武力を背景に半独立国的な支配体制を築き上げていた。

西川たち一行が楽都の城壁の下を通りかかると、収税所にいた馬歩芳配下の回教軍の兵士たちに呼び止められた。西川は、高廟鎮で荷主がソーダの税金を払っていたためすっかり安心していたが、ここではすべての荷物の検査をするという。

駱駝の背から下ろした荷物を順番に調べていた兵士のひとりが、西川のところに来ると、荷物の上に無造作にのせておいた汚いフェルトの袋に眼を留め、これを開けろと言う。その中には、衣類や食器などの下に、価値が下がりつつあるとはいえ二十万元もの紙幣と、移動が禁止され、見つかりしだい没収されることになっている百五十枚もの銀貨が入っている。

手に入れた理由を糺《ただ》されれば、説明のしようがない。西川は万事休すと思ったが、同時にどうとでもなれという度胸も生まれた。

西川は袋を開けると、一番上にのっている垢のこびりついたシャツを手に取り、芝居がかった調子で呟いた。

「なんと汚くなったものよ」

そして、埃を払うように手で叩いた。

すると、少し離れたところで見ていた役人たちが、苦笑しながら言った。

「わかった、わかった、もういいから」

こうして危機一髪のところで助かった。

西川は「一世一代の大芝居だった」と思うが、これが最初で最後だったわけではなく、それ以後も、さまざまな局面で、何度も似たような芝居を打つことになる。そのたびに芝居は堂に入ったものになり、西川はそんな自分が少しばかりいやになってきたりもした。たとえどんな理由であれ、嘘をつくという行為が、西川には耐えられないことのように思えたのだ。

楽都からは、やがて姿を現した西寧河に沿って歩み、二日後には橋を渡って対岸を進むようになる。しばらくは峡谷の山道を行くことになるが、ついに前方に平野が開け、その向こうに西寧の高楼がそびえているのが見えはじめた。

西寧の街もまた城壁によって囲まれ、東西南北の四つの門から中に入ることになっていた。

一行が到着したのは東門の外だった。門には衛兵がいる。城内に入るためにまた何か取り調べを受けるのかと身構えていると、瞬く間に宿の客引きたちに取り巻かれ、荷主のダンズンとダートウとの値段の話し合いが始まった。しばらくして交渉がまとまり、客引きに案内されて門をくぐると、別に取り調べにあうこともなく、すんなりと城内に入ることができた。西川には、自分が漢人の勢力の及ぶ限界地である西寧に足を踏み入れることがかくも簡単にできたということが信じられなかった。ここから先は、古来、蒙古人やチベット人が支配する地域になる。

宿帳を持って現れた主人には、アラシャン蒙古出身で、名前はロブサン・サンボー、目的地はタール寺と告げた。内蒙古出身としなかったのは、東からの旅行者は眼をつけられやすいと聞いていたため、それを避けようとしてのことだった。

しばらくして、回教軍の将校が宿帳の改めに来たが、お座なりの簡単なやりとりだけで済んだ。

割り当てられた部屋は狭かった。しかし、その夜は、定遠営を出て半月にしてようやく屋根の下で眠れることになった。

結局、その宿屋には三泊することになった。

そのあいだに、ダンズンとダートウはソーダを売りさばいた。残念ながら、相場は大きく下落しており、ほとんど儲けは出なかったらしい。しかし、二人は、次にこの青海からアラシャンに戻るときの荷で利益が出ればいいと、さばさばしていた。

四日目、一行は、いよいよタール寺へ向かうことになった。

タール寺は蒙古語であり、漢語では塔爾寺《とうじ》と書き、チベット語ではクンブム寺と呼ぶ。

西寧からタール寺までは二十マイル（約三十二キロ）ほどあったが、荷が空になった駱駝の背に乗ることができたということもあり、また、パンチェンラマに拝謁できるかもしれないという希望もあって、皆どこか喜々としている。

峠を登り、そこを下ると禿げ山が迫り、山の谷間にタール寺の偉容が見えてきた。白いラマ塔がいくつも見え、金色の屋根が葺かれた堂も見える。そして、そのあいだに白い僧舎が何百と建っている。まるで白い角砂糖が無数に並べて置かれているようだった。僧徒四千と言われているのも当然と思える壮大さだ。

到着すると、ダンズンとダートウは自分たちの部屋を確保してある北山の僧舎へ向かい、アラシャン出身のニマーとダンペリ兄弟たちは、南山で同じアラシャン出身のジュジュラマと呼ばれるラマ僧の僧舎の部屋を借り受けることになった。西川もニマーと南山に行き、一緒の部屋に泊めてもらうことにした。

その日の午後は、金色の屋根を持つ本堂に参拝してから、このタール寺に寄寓するための登録手続きを済ませ、さらに駱駝の世話をしてから食事の準備をする、という具合に実にめまぐるしい一日になった。

翌朝、第十代のパンチェンラマに拝謁するためニマーやダンペリ兄弟の一行と「赤い宮殿」を意味するオランラブランに向かった。

そこにパンチェンラマはいることになっていた。

かなり早い時間だったが、門前にはすでに五十人以上の巡礼者が待っていた。

彼らは中国の奥地のさまざまなところから来ているラマ教徒で、互いに知らない者同士であるにもかかわらず、すぐに打ち解けて情報の交換を始める。西川は、それを黙って聴いているだけで、各地の状況がよくわかることに気がついた。

やがて、門が開き、出てきたラマ僧の案内で二階の一部屋に通されて、待つことになった。

そして、順番に隣の部屋に案内される。

そこは、立派な絨毯が敷き詰められた芳香のする特別の間で、西川にはまるで絵本で見た浦島太郎の竜宮城のようだと思えた。絵本の竜宮城と違っているとすれば、部屋の各所に金ぴかの仏像が配されていることだったかもしれない。

部屋の中央には、一段高くなった座があり、そこに座布団と机が置いてあり、幼いパンチェンラマが鎮座ましましていた。

第九代パンチェンラマの生まれ変わりとされる第十代のパンチェンラマは、全身が黄色の帽子と法服で包まれており、ふかふかの座布団に埋まるように座っていた。

六歳という年齢にふさわしいかわいらしい少年だったが、確かにどことなく普通の子供とは異なる気品のようなものが漂っている。ふと、この子なら、もしかしたら……と思わせるところがあった。

周囲には、いかにも位の高そうなラマ僧がはべっている。

拝謁する巡礼者たちは、パンチェンラマの前にまかり出ると、まず三拝してから絹の布でできているハタクを机の上に差し出す。そのとき、銀貨や宝石類を添える。西川は、ニマーたちがするのと同じように振る舞った。全員が、銀貨を二枚以上添えていたが、西川は一枚だけにした。

それに対して、本来は、高貴な僧であるパンチェンラマが巡礼者たちの額に経典などを当てるアデス、祝福をしてくれることになるのだが、パンチェンラマの手が届かないため、おつきの者が代理でアデスをしてくれる。

それで拝謁は終了するが、退出する巡礼者たちにはパンチェンラマのおつきのラマ僧のひとりから、赤い紐と万能だという丸薬が与えられる。西川は、その丸薬を見て「まるで日本の征露丸のようだな」と思った。


それから二、三日は、タール寺内のさまざまな施設を巡った。

大本堂、ツォンカパ堂、神託堂、ラマ塔……。

そんなある日、ニマーの愛人がタール寺の門前町とも言うべき魯沙爾《ルサール》（現・湟中《こうちゅう》）の街に買い物に行くという。西川はどんなところか見てみたいと思い、彼女の息子の少年と一緒についていくことにした。

西寧と比べるとはるかに規模の小さな街だったが、ひととおりの物は揃うくらいの店舗は並んでいる。

そこからの帰り、タール寺の境内に入り、白いラマ塔の前を歩いていると、向こうから歩いてくる四、五人のラマ僧のうち、つるつるに頭が禿げているひとりが、自分の顔に強い視線を向けてくるのに気がついた。

——何か自分の顔についているのだろうか……。

思わず片手で顔を拭うように触ってしまったが、別に妙なものはついてなさそうだった。

しかし、すれ違って、しばらくしたところで、内心「あっ！」と叫びたいほど驚いた。

彼の禿げ頭に見覚えがあることを思い出したのだ。あれは興亜義塾の塾外教育で内蒙古のサッチン廟にいるときに会ったことのある僧だった。当然、彼は西川が日本人であることを知っているはずだ。

たぶん、彼は、その西川がどうしてこんなところにいるのかと驚いたのだろう。ところが、アラシャンの女と子供を連れている。どういうことなのか混乱したに違いない。それで、あのような眼でじっと見つめていたのだ。

もし、彼が西川だということを確信し、そのことを誰かに話したらどうなるか。

逮捕、という文字が西川の頭の中をグルグル回りはじめたが、もうここまで来てはじたばたしても仕方がないと度胸を決めた。内蒙古出身のロブサン・サンボーだと突っぱねるしかない。

だが、その日は何も起こらなかった。そして、次の日も、大丈夫だった。

三日が過ぎたとき、あの禿げ頭のラマ僧のことは心配しなくてもいいのかもしれないと思うようになった。アラシャン蒙古の女と子供を連れていたことで、自分がサッチン廟で会った日本人だということに自信が持てなくなったのか、あるいはわかっていながら見逃してくれたのか。いずれにしても、ニマーの愛人とその息子の少年と一緒だったのが幸いしたことは間違いないようだった。

それにしても、と西川は思った。このタール寺に中国の各地から人が集まるということは、情報を手に入れやすいということであると同時に、自分のことを知っている人に出会う可能性も高くなるということでもあったのだな、と。

5

それからしばらくして、ニマーとダンペリ兄弟が施主となる法会が開催されることになった。三人で金を出し合い、タール寺のラマ僧たちに布施をするというのだ。

法螺貝が鳴ると、正式にタール寺に属するラマ僧が全山から大本堂に集まってくる。全員による読経が終わると、主人公のニマーとダンペリ兄弟が登場して上座に座る。やがて、ラマ僧のひとりひとりに茶が配られ、十元の法幣が渡される。ただそれだけのことだったが、ニマーたちにとっては大いなる徳を積んだという満足感が得られる晴れの舞台だったのだ。

その法会が終わるとニマーとダンペリ兄弟の一行は、この青海行の目的をすべて終え、故郷のアラシャン地方への帰途についた。

十月中旬、ニマーはバロン廟からの依頼を受けていたバターを満載し、ダンペリ兄弟も同じようにバターやチベット経由の布地などを駱駝に積んでバロン廟に向かって旅立っていった。

彼らを送り出すと、西川の部屋には誰もいなくなった。

一カ月足らずではあったが、起居を共にした人々がいなくなり、かつてバロン廟で青海省の三川に向かうオーズルたちを見送ったときと同じく、西川はまたひとり敵中で生きなければならなくなった。

――さて、これからどうするか。

考えた末、西寧の街に移動することはせず、このタール寺に居場所を見つけることに決めた。ここは自分が日本人と露見する危険性が皆無ではないが、情報収集には圧倒的に便利だと思えたからだ。

問題は二つあった。ひとつは、どこで暮らすか、そしてもうひとつは、どのように暮らすかということだった。

暮らす場所の問題はすぐ解決した。

本来、西川がニマーたちと過ごしたこの部屋は、彼らが部屋の持ち主であるジュジュラマと同じアラシャンの出身だから借りることができていた。ニマーたちがいなくなったいま、自分にこの部屋で暮らしつづける理由はない。ジュジュラマは、西川が内蒙古の出身だということを、ニマーから聞いてすでに知っているはずだった。ところが、ジュジュラマに腹を割って相談すると、そこに住みつづけることを簡単に了承してくれた。

ラマ廟における僧舎は、廟のものではなく、それを建てた個々人の所有物になっている。所有者が了承すれば、どのような者でも住まわせることができる。そこには、貸間や宿屋のように賃料や宿泊料が発生したりはしない。借り手は基本的に無料で泊まることができる。しかし、長期に部屋を貸してもらえることが決まると、一種の儀式のようなものが執り行われることになっている。タール寺では、借り手が貸し手に対して、干しぶどうのような食べ物とハタクに何枚かの銀貨を添えて差し出すことになっていた。西川は銀貨を何枚渡したらいいのかわからなかったが、奮発して三枚添えることにした。ジュジュラマはそれを喜んで受け取ってくれた。

部屋の問題は解決したが、それ以上に難問なのは、どのように暮らしていくかということだった。アラシャンのバロン廟のときのように薪取りをすることで周囲の眼をくらませるというわけにはいきそうになかった。タール寺では、周囲に森や林がないため、煮炊きの主要な燃料は穀物の藁《わら》や籾《もみ》の類いだった。

タール寺には四種類のラマ僧が暮らしていた。まず、ここで修行を積み、一人前の学僧になることを目指している者。次に、かなり厳格な修行をすることになる学問の道を諦め、寺の維持運営に関わる業務に携わることで存在感を見せつけている者。さらに、巡礼の途中で滞在している者。そして、そのどれでもなく、ただその日その日を暮らしている者。

西川には、まだ、かつてのオーズルのような手本となる存在なしにひとりきりでラマ僧として振る舞う自信がなかった。そこで、タール寺に参集してくる多くの巡礼者と同じ日々を送ることにした。

午前中はツォンカパ堂で叩頭《こうとう》をする。まず、堂の前で叩頭し、さらに堂の周りを叩頭しながら廻りつづける。叩頭は、バロン廟で活仏《かつぶつ》の治癒を願ってみんなと割り当ての回数だけ行ったことはあるが、自発的にやるのは初めてだった。

午後になると、今度は、一周五マイルから六マイル（十キロ弱）はあろうかというタール寺の外縁に設けられている巡回路を巡る。

これを毎日のように続けていくうちに、西川の内面に変化のようなものが生まれてきた。

西川は、それまで、実はラマ教に対して強い否定的な考えを抱いてきた。かつて世界を征服せんばかりに版図を広げたあの勇猛果敢な蒙古族が、いまは他民族に圧迫されても抵抗すらできずに散り散りにされている。それもこれも、すべてはラマ教によって教化されてしまったからだ。男子の多くが妻帯をしないラマ僧になってしまうため人口減少に歯止めがかからず、ラマ教の教義をすべてに優先するため、統一した国家さえ作れない。蒙古人のために、歯痒くてならなかった。

だが、毎日、何百回と叩頭を繰り返しているうちに、自分が日本人であることが露見したらどうしようとか、これから先どうしたらいいのだろうかという不安や懸念がしだいに消え、頭の中が澄んでいくような気がしてきた。

これも信仰の力のひとつでもあるのだろうと思えた。

もっとも、それが、かつて旧制中学の修猷館《しゅうゆうかん》において西川が属していたラグビー部で、毎日のようにスクラムの練習をしたあとに覚える疲労感や充実感と、よく似たものだということに気がついていないわけではなかった。

しかし、それだけでなく、この巡回路では、中国の西北各地からやってきた多くの巡礼者たちと知り合うことができるようになった。

毎日歩いていると、何回も顔を合わせる人がいる。最初は挨拶をするだけだったのが、やがて休憩時に一緒に嗅ぎ煙草を嗅ぐようになり、四方山話をするようになる。そのうち、相手の僧舎を訪ねることになり、そこで、さらに新しい人と知り合ったりするようになった。

そうしているうちに、中国各地の情報が労せず入ってくるようになってきた。

タール寺のラマ僧の食事はつましいものだった。朝は茶とツァンパかボボを食べる。ツァンパとは、日本風に言うと麦焦がしのようなもので、大麦の一種である青稞《せいか》を挽き、粉状にして炒ったものである。青海省からチベットに至る一帯では、このツァンパが主食になっていた。粉状のツァンパを茶やバターで練って食べるが、そのまま嘗めるようにして口に入れることもある。

昼も茶とツァンパか饅頭のボボで済ます。ただ、夜は肉の入った汁うどんか、味つきの味噌を用いた混ぜうどんを食べる。あるいは、饅頭類と野菜汁というときもある。西川も、彼らに合わせて、同じような食事をした。ただ、このつましい食事も、朝と昼のツァンパだけはこの地方に豊富なバターを用いるためおいしいものになった。

西川をタール寺まで連れてきてくれることになった荷主のダンズンとダートウは、その後もさまざまに面倒を見てくれた。ダンズンは十月中にふたたびアラシャンへの旅に出てしまったが、残ったダートウがタール寺内だけでなく、門前町である魯沙爾《ルサール》にいる三川人にも紹介してくれたところから、知人の輪が広がった。

午前中はツォンカパ堂で叩頭、午後は巡回路を周回する。それ以外のときは、ダートウの部屋や巡回路で知り合った巡礼者の部屋を訪ねて話をしたり、魯沙爾の街を歩いて観察したりした。

だが、タール寺での生活に慣れるに従って、つい油断をしてしまい、危険に巻き込まれそうになることもあった。

魯沙爾の街をひとりで歩いているとき、強い尿意を催してしまい、裏通りに入り、壁に誰かが小便をした跡を見つけ、そこで立ち小便をしていると、巡回中の回教兵に見つかってしまった。清潔好きな回教徒は、あたりかまわず小便をする漢人や大便までもしてしまう蒙古人を教化するため、タール寺にも便所を作らせたり、市中での立ち小便を禁止したりしていた。西川はうっかり立ち小便をしたところを見つかり、役所に引き立てられていきそうになって内心慌てた。漢語のわからない蒙古人のふりをしつづけ、わずかな金を摑ませて見逃してもらったが、蒙古人はしゃがんでするため立ち小便をしないということを知っている回教兵だったら、それどころでは済まなかったかもしれないと冷やりとした。

冷やりとしたと言えば、それ以上に肝を冷やされることが起きた。荷主のひとりのダンズンが、アラシャンに戻るとき、ついでに百霊廟《ひゃくれいびょう》まで足を延ばしてもいいと申し出てくれ、青海からの第一報を委ねてあった。ところがしばらくしてダンズンから手紙が届き、預かった報告書をなくしてしまったという。もし中国側の官憲の手に渡ったらと思うと恐怖を覚えざるをえなかった。だが、のちに、それは帽子に縫い込んだ報告書を、大通河を渡るとき風に飛ばされ、流された結果だと知った。流されているうちにどこかに沈んでくれたのか、何事も起こらなかった。

6

そうした日々を送っているうちに、日本の支配力の及ばない「敵地」で迎える二度目の正月が巡ってきた。

もちろん、タール寺で用いられていたのは蒙古暦だったので日本の陽暦の日付とは異なっていたが、西川にとってその正月は、一九四五年、昭和二十年を迎える正月と意識されていたことになる。

暮れには、門前町の魯沙爾にある商店にも、正月用の御馳走として用いられる乾燥させた葡萄やナツメ、氷砂糖や菓子類、それに年始の挨拶に用いられるハタクなどが並ぶようになった。

とりわけ眼を引くのは、店頭にヤスタイマハに使われるような肉が大量に現れることだ。皮を剝がれ、丸裸にされた羊やヤクがあちこちにぶら下げられている。客はそれを、脚の一本分、二本分というように切り分けてもらい、買っていく。

タール寺の周辺は、大本堂で催される正月の祈禱会に出ようとする周辺地域の住民や遊牧民で賑わってくる。

大晦日の深夜、日本なら除夜の鐘が鳴るのだろうが、その代わりにブレーやビシグールなどによる楽の音が流れ、ラマ僧たちが互いに新年の挨拶をかわす。

「ロー・サル・ジョン」

新年おめでとう、と。

西川も住んでいる僧舎の主であるジュジュラマをはじめとして同じ僧舎に住むラマ僧たちの部屋を訪ね、勧められるままに茶を飲んだり、ボボをつまんだりした。

ひととおり挨拶を済ませ、誰もいない自分の部屋に戻り、格別な御馳走の用意もない自分のところには誰も来ないだろうと思っていると、ジュジュラマを筆頭に、ひとり、ふたりと僧舎のラマ僧たちが姿を現しはじめ、結局、すべてのラマ僧が訪ね返してくれることになり、胸に熱いものが込み上げてきた。

夜が明け切ると、風は冷たいが雪のない快晴の正月日和だった。

大本堂では新年最初の法会が催されることになっており、法螺貝を合図に正装したラマ僧たちが続々と参集する。その前庭には堂内の法会に参加できない巡礼者や、一般の参拝者が大勢集まり、日本の初詣のような熱気であふれるようになる。

堂内の法会に参加できない西川は、その前庭に集まった群衆の中を歩きまわった。ひょっとしたら、この中に、自分以外にこの西北地域に潜入している日本人の密偵がいるかもしれないと思ったのだ。もしいたら、どのような服装をしていてもわかるような気がしたが、ついにそれらしい人物を見つけることはできなかった。

だが、西川のその勘は、ある意味で正しかった。

その一年前、西川と同じ時期に密偵としての旅を開始していた興亜義塾出身の木村肥佐生が、道案内となるべき蒙古人を見つけるためこの群衆の中を歩きまわっていたことがあったのだ。

木村は、張家口《ちょうかこう》大使館から調査員の辞令と一万円を受け取ると、すぐに西北潜入の準備を始めた。旅の同行者としては、木村が働いていたザリン廟にいた蒙古人のダンザン夫妻を選んだ。ダンザンは木村の援助によって母の葬式を出してもらい、妻との結婚もまとめてもらったことから、深い感謝の念を抱いており、その危険な旅にも喜んで同行してくれることになった。そのダンザンはまた、かつてラマ僧としてラサまでの巡礼旅をしたことがあり、同行者としてうってつけだった。三人はラサに向かう巡礼者に扮し、木村はダンザンの妻の弟という触れ込みで旅をすることになった。

張家口にダンザン夫妻を呼び寄せて旅の準備を進めていた木村は、そこで西川と出会っている。西川とほぼ同じ時期に内蒙古を出発した木村たち三人は、ほとんど同じようなコースを辿って青海省に足を踏み入れていた。だが、西川のようにアラシャンで長期の滞在をしなかった彼らは、出発から三カ月後にはタール寺に到着していた。そして、ツァイダム盆地を経由して新疆方面へ向かおうとしていた木村は、そのツァイダム盆地まで案内してくれそうな蒙古人を捜して歩きまわっていたのだ。

正月の法会が終わると、西川は廟の北山の僧舎にいるダートウを訪れた。

行くと、ダートウの部屋には大変な御馳走が用意されていて、おまけに白酒まで飲ませてくれた。西川にとって実に久しぶりの酒の味だった。

翌日は、このタール寺に来てから知り合った別の三川ラマ僧たち、ヨンドンやシェーラブたちが招いてくれて、また御馳走を食べることになった。そのようにして西川も正月らしい正月を迎えることができたのだった。

正月七日、日本にいたら七草粥を食べるところなのだろうな、などと考えていると、またヨンドンのところから小坊主が使いにやって来て、すぐ部屋に来るようにという。何事だろうと駆けつけると、そこには、なんとバロン廟で別れた三川人のオーズルと片目のイシがいるではないか。最初は懐かしさのあまり言葉も出なかったが、やがて別れて以後のことをあふれるように語り合うことになった。

二人は、一月十五日に催される「ジュンアチョバ」の供養会に合わせて、近くの三川から出てきていたのだ。

　バロン廟もそうだったが、このタール寺でも、その前後に開かれる寺市が盛大なことで有名で、オーズルやイシのように、周辺の地域から大勢の仕人や遊牧民が押し寄せて活況を呈するのだという。

　実際、十五日前の数日は、タール寺から魯沙爾の街までの沿道にぎっしりと露店が並んだ。そこを各地からの巡礼者と近隣の遊牧民などがごったがえすように歩いている。露店では包子や臓物の類いが買い食いできたりする。

　そして当日の十五日、タール寺の各廟には灯明に使われているバターの甘い匂いと焚かれている香の煙が満ち、ラマ僧たちの読経の声や巡礼者たちが回すマニ車の音が騒然とした雰囲気を醸し出すようになる。

　日が暮れると、人々は大本堂に集まりはじめる。その前には、バター細工の彫像が並べられている。ツォンカパの像や毘沙門天の像や釈迦牟尼の像。とりわけ西川が圧倒されたのは女性の仏とされる多羅菩薩《たらぼさつ》の巨大な像だった。官能的で生き生きとした表情を浮かべた傑作だった。西川は、このようなところにこれほどの芸術家、それも無名の芸術家がいるということに衝撃を受けた。

　堂の周囲も多くのバターで作られた彫刻が囲んでいるが、そのひとつひとつが素晴らしい出来だった。固いバターをヘラ一本で彫り上げるのだ。

　西川が茫然としていると、不意に、輿《こし》に乗せられた幼いパンチェンラマが姿を現した。それを見た群衆は、「オムマニペメフム」の真言を絶叫するように唱えて、一種の狂熱状態に陥った。

それは、真夜中になってようやく収まり、人々の波は夜の闇の中に溶けていった。

祭りが終わった次の日、オーズルとイシは三川に帰っていった。二人からは一緒に三川へ来るよう今度もまた強く誘われたが、新疆ではなく、チベットへ向かう意思を固めつつあった西川は、帰りに必ず寄るからと断った。

だが、タール寺からチベットへの旅は、「行き」だけで「帰り」はなかった。

チベットへ行こうという西川の思いは、タール寺にいるあいだにしだいに強固なものになっていた。

それは、トクミン廟から密偵としての旅に出た時には、まださほどはっきりしたものではなかった。まず、次の目的地である定遠営まで本当に行くことができるかどうかもわからなかったからだ。

しかし、定遠営に近いバロン廟に住み、さらにそこから大陸の奥に進んで西寧近くのタール寺で暮らしているうちに、チベットのラサに行こうという思いが生まれ、確固としたものになっていった。

チベットのラサは、蒙古のラマ教徒にとって、回教徒におけるメッカと同じく、いつかは巡礼したいと願っている究極の土地だった。西川も、形ばかりではあっても、ラマ僧の姿を借りて旅をし、辿り着いた廟でラマ僧たちと起居をともにしているうちに、しだいに自分にとってもラサが行くべきところ、巡礼すべきところと思えるようになってきていたのだ。

西川にはこの大陸の奥地でラマ僧として生きていけるという自信が生まれつつあった。だが、それにはもっと経が読めなくてはならない。ラマ教における経典はチベット語で記されている。そのチベット語を学ぶためにもチベットへ行く必要がある。

しかし、それ以上に、西川は、無意識のうちに、密偵としての任務とは別に、自分の知らないところに行きたい、そして見てみたいという情熱に強くとらわれるようになっていた。外国との門を閉ざしつづけているチベットは、日本人がまだ何人と数えられるほどの人数しか入ったことのない謎の国である。そこに潜入するというのは、若い西川には心が躍る大冒険のように思えた。

ある日、ダートウの部屋を訪ねると、ラッシが魯沙爾に来ているらしいことを教えてくれた。オーズルやイシとバロン廟まで一緒に旅をしたラッシは、阿片で稼いだ金を元手に定遠営で商品を仕入れ、とんぼ返りで内蒙古に戻っていた。西川が、そのついでに百霊廟に行ってくれないかと頼むと、気軽に引き受けてくれ、シェンバーという相棒と一緒に西川の報告書を持っていってくれていたのだ。

そのラッシとシェンバーが、百霊廟からバロン廟に戻ると、すでに西川がタール寺に出発してしまっていると知り、追いかけて青海まで来てくれたということらしい。西川は、もしかしたら何かの不都合があったのかもしれないと不安になった。

部屋で待っていると、ダートウに案内されてラッシとシェンバーの二人がやって来た。

話を聞くと、西川が記した報告書は間違いなく届けることができたが、日本側からの連絡書は危険なため持たず、口頭で伝えてくれということになったらしい。驚いたことに、ラッシが口頭で伝えてくれたところによれば、西川には「還れ」という命令が下っているという。

アラシャンのバロン廟にいたときは、大きく時間が空くと、山を下りて定遠営の街まで行くことがあった。そこには、中華民国政府の宣伝を担っているらしい図書館があり、漢語の新聞が閲覧できるようになっていた。それには、日本の海軍が南方で大敗したというような記事が載っていたりしたが、中国側の宣伝戦の一環だと歯牙にもかけなかった。しかし、もしかしたら、アメリカとの戦いが困難なところに差しかかってきているのかもしれない。だが、たとえそうだとしても、この中国大陸における戦況が、すぐにも日本の勢力圏に帰還しなければならないというほど悪化しているとはとても思えなかった。

自分は還るつもりはないとラッシに告げた。

なぜ命令に背くことにしたのか。それは、西川の内部に、漢人が制する中国を、包囲するかのように散らばっている諸民族の協力態勢を構築したいという野心が芽生えつつあったからだった。漢人によって痛めつけられている蒙古族やチベット族やウイグル族を糾合《きゅうごう》し、中国の奥地に新しい秩序を生み出すという自分の役割がぼんやりと見えはじめていたのだ。

――そのためには、蒙古人と並んで、チベット人の協力がなにより必要だ。チベット人を知るためにもチベットに行かなくてはならない……。

これから自分はチベットに向かおうと思う。来年はラサで会おうと約して、ラッシたちを百霊廟に帰すことにした。ラッシはふたたび百霊廟に行くことを快く引き受けてくれたのだ。どうやら、百霊廟の日本側は、二人を歓待してくれ、彼らが思っていた以上の報酬を支払ってくれたようだった。

その夜、西川はあらためて青海からの報告書を書き、それとは別に興亜義塾の塾生への第二信も託すことにした。
実際に内蒙古に届いたその手紙は、終戦後、塾生によって日本に持ち帰られ、帰国した西川の手に戻されることになる。

四季の移り変りは内地を思わす。紅葉しきっていた賀蘭山脈に白雪を戴いた十月、阿拉善《アラシャン》旗の南寺を後に西に向かえり。行くこと三日にして、四顧寂《しこせき》として万籟《ばんらい》声なきテングリ沙漠の難関にかかり、流沙を以《もっ》て身を飾ること二日にしてこれを突破すれば、太陽は朝に沙を出でて夕に沙に入り、四辺の風物頗《すこぶ》る荒寥を極みいる。沙漠の阿拉善を離れ、高原甘粛に入る。山亦《また》山の漠、回、蒙、蔵の雑居地帯を行くこと三日にして赤色ルートの大道に会す。大道延々長蛇の如く南北に走り、空に飛行キ、大道に自動車の往来想像以上にして、時に十月五日、実に感慨無量なりき。更に二日難旅を続くれば、砂金で名高き大通河の急流に会し、祁連山颪《おろし》も寒き連城鎮にて、難なく渡河すれば対岸は青海なり。青海に入るや否や名高きテングリ峠眼前に迫る。二日にして越え下れば、西蘭公路に出ず。街道の此処彼処《ここかしこ》より流れ来る西北一流の歌声、馬の鈴の音は旅人の哀傷をそそる。街道に沿い高廟子、楽都の回々一流の街を見送ること二日西し、小沙の隘口《あいこう》にて西寧河を渡れば西寧の高楼眼前に浮ぶ。おお、青海の都西寧よ、馬歩芳の牙城西寧よ。遊ぶこと一旬にして、更に一日南下すれば黄金の甍《いらか》は燦然《さんぜん》と輝き、数百の伽藍《がらん》、僧舎は山峡を埋め、数千の赤衣黄帽の喇嘛《ラマ》は逍遥す。喇嘛教徒の聖地塔爾寺に到着し旅装を解く。月を友とし山野に草枕せしこの二十日間の難旅を回顧すれば、実に感慨深きものありき。内蒙を後に早や二星霜至誠《しせい》を以て大道を闊歩《かっぽ》すれば恐るるものなし。塾生諸兄、来たれ住め西北の新天地へ。来たれ住め西北の大東亜西壁の一角へ。必要とするものは、唯《ただ》意気と体なり。小生更に二月青海蒙古に旅し、西蔵に向いて諸兄の来光を待つと共に諸兄の健康を祈る。

塾長はじめ諸先生に宜しく

一月下旬塔爾寺にて　　西川一三

興亜義塾々生諸兄

——秋になり、賀蘭山脈に雪が降るようになった頃、アラシャンの南寺から西に向かって旅立った。難所のテングリ砂漠を越え、高原地帯の甘粛省を行くこと三日にして、南北に走る援蔣ルートの大道にぶつかった。そこでは、多くの自動車が往来しているだけでなく、空には飛行機が飛んでいたりしていた。さらに進むと砂金で有名な大通河にぶつかり、河を渡ると青海省に入ることになった。テングリ峠を越えれば、蘭州と西寧を結ぶ蘭西公路に出る。その道を西寧に向かい、高廟鎮、楽都を過ぎると、やがて青海の都である西寧の高楼が見えてくる。西寧でしばらく過ごしたあと、ようやくラマ教徒の聖地であるこのタール寺に辿り着いた。内蒙古を出発して、はや二年になるが、至誠を胸に秘めて旅すれば恐いものはないと知った。塾生諸兄も西北、中国奥地の新天地に来てほしい。そして、住んでほしい。それに必要なのは、ただ意気と肉体だけだ。私はこれから青海蒙古のさらに奥に進み、チベットへ向かう。諸兄とチベットでお会いできることを願うとともに、健康を祈る……。

西川が、このようなある種の文語調の手紙を書いていたということについては、単に戦前の学校教育を受けた人だからと簡単に片付けるわけにはいかない。

その独特さは、西川とほぼ同時に、しかもほぼ同じようなルートで中国の西北地域に潜入することになった木村肥佐生の手紙と比べてみるとよくわかる。

木村は、内蒙古を出てタール寺に向かう途中、日本の諜報機関の協力者であるエレンチンというラマ僧と出会い、善隣協会の中沢達喜に向けた経過報告のような手紙を託している。

その手紙もまた、西川の手紙と同じく、「めぐりめぐって」日本に帰還した木村の手元に戻り、『チベット潜行十年』の中に引用されている。

（前略）
私はクムブム経由青海蒙古に入り新疆入りの予定。駄目の時はラサへ行きインドかビルマ経由で帰る予定。我々三名至極元気、和気アイアイ、西川君の噂聞かず、多分無事。青海クムブム廟に行った事と思う。アラシャンは砂と岩山、水に不自由。エレンチンは引続き使用される事を希望。

以上

必要なことだけを述べている事務的な文章だが、むしろこちらの方が一般に近いものだったと思われる。

一方、西川の修辞の多い文面には、吉田松陰を読みつづけていたということの影響が色濃く出ている。

いずれにしても、ここで西川は、新疆ではなくチベットに行くことを、興亜義塾の仲間たちに宣言することになったのだ。

第六章　さらに深く

1

西川がチベットのラサに行こうと決心したとき、チベットは依然として鎖国状態を続けている国だった。

それもあって、その時点までに日本人でチベットのラサに足を踏み入れることのできた人の数は極めて少なかった。一九〇一年（明治三十四年）に河口慧海《えかい》が最初のひとりになって以来、わずかに七人を数えるだけである。

河口慧海、寺本婉雅《えんが》、成田安輝《あんき》、矢島保治郎《やすじろう》、青木文教《ぶんきょう》、多田等観《とうかん》、野元甚蔵《じんぞう》。

チベットは、東を中国に、西をインド、ネパール、ブータンなどに囲まれている海を持たない内陸国だ。そのため、チベットへは陸続きで東か西のいずれかの方角から入ることになるが、日本人のチベット入国者の多くが西からの陸路を選んでいる。理由は、西からの場合、その間にヒマラヤ山脈が横たわっているものの、低い峠を選んで越えていけばさほど難しくはなく、要する日数も短くて済むということが大きかった。中国側からの東の陸路だと、広大な無人地帯や、険しい山岳地帯を多く越えていかなくてはならないため、時間や費用が増す上に危険度も高かったのだ。

しかし、蒙古人の巡礼者は、当然のことながら、東の中国側からラサに向かうことになる。

西川が滞在していた青海省のタール寺から、はるか遠いチベットのラサへ行く巡礼路には、代表的なもので三つあった。サルタン公路、チベット公路、バル・ラムの三つだが、それぞれがそれぞれに一長一短を持っていた。

第一のサルタン公路は、青海湖畔《せいかいこはん》からツァイダム盆地を経由して、揚子江源流のいくつかの河を渡り、標高五千メートルを越えるタンラの峠を越えてチベット高原に入り、ナクチュからラサに至るというものだ。

このルートは、標高ほどには険しい山岳地帯が少なく、基本的には高原の台地を進むことになる。しかし、途中、数カ月間は無人地帯が続くので食糧の補給ができない。そのため馬や駱駝のような運搬用の家畜に食糧を背負わせることが必要になってくる。問題はそれだけではない。ルートのあちこちに旅行者を狙って所持品を略奪する匪賊がいる。それを防ぐために、小人数での行動を避け、春に出発する大きな隊商に加わることが必要になる。

第二のチベット公路は、青海湖畔を通らないが、青海省を支配する回教軍が作らせた自動車道路を西南に向かって玉樹《ぎょくじゅ》まで行き、そこから西に向かってチベットのナクチュに出て、サルタン公路に合流する。しかし、当時、その自動車道路は水害のため崖崩れなどによって各所で寸断されているという状態にあった。

第三のバル・ラムは、タール寺からいったんチベットとは反対の東に向かい、大廻りをするようにしてラブラン寺のある甘粛省《かんしゅくしょう》の夏河《かが》に行き、さらに青海省と四川省の省境に沿って西南に向かい、西康省《せいこうしょう》の徳格《とくかく》を経由してチベット東部の街であるチャムド、漢語名で昌都《しょうと》に出る。そこからはラサまで一本の道である。

このバル・ラムは遠廻りではあるが、まったくの無人地帯というものがなく、ぽつぽつと存在する人家によって食糧の調達が可能であるばかりでなく、時と所によっては食糧を恵んでもらえることもある。つまり食糧の備蓄が必要ではなく、それを運搬するための家畜を必要としない。金のない巡礼者にはもってこいのようだが、そこには公路と呼ばれるような道らしい道がないのはもちろんのこと、所によっては深い山に分け入り、道なき道を歩まなくてはならないという難点がある。しかも、西康省の遊牧地帯には、サルタン公路以上に多くの匪賊が待ち構えており、略奪を受けかねない。

一月も半ばを過ぎると、タール寺のラマ僧たちが次々とチベット巡礼に旅立つようになっていた。

西川は、タール寺で親しくなっていたラブチュルという内蒙古出身のラマ僧が、仲間と共にバル・ラムのルートでチベット巡礼に出かけることを知った。そこで、自分も同行させてもらえないかと頼むと、快く了承してくれた。彼らにしても、同行者は多ければ多いにこしたことはないのだ。

喜んだ西川は、急いで旅立ちの準備を始めた。

このルートでは、仲間と喧嘩別れをして単独行をすることになっても大丈夫なように、食糧をはじめとするすべてをひとりずつ持っていくことになっていた。

そうした物の手当てはすぐについたが、問題は金だった。

西川には、所持品として、かなりの現金があった。二十万元の法幣はあまり価値のないものになりつつあったが、銀貨が百五十枚ほど残っていた。

その現金をどう運んだらいいか。西川が三川《さんせん》出身のラマ僧たちに相談すると、バル・ラムのルートを小人数で行くのは危険すぎると猛反対されてしまった。万一のことがあったら、使者として百霊廟《ひゃくれいびょう》に送ったラッシが持ち帰ってくるかもしれない日本からの返書を、どう処理してよいかわからなくなる。どうか、少しでも安全な、サルタン公路で行ってくれと言われてしまった。その気持もよくわかり、またありがたかったので、考えた末、ラブチュルたちとバル・ラムのルートでチベットへ行くのを諦めることにした。

西川は、これで大きな隊商が出発する春になるまで待たなくてはならなくなってしまったのかと落胆した。いや、春になったからといって、サルタン公路で巡礼に出る仲間に入れてもらえるとは限らない。かりに入れてもらえたとしても、その巡礼者たちが大きな隊商に同行させてもらえるかどうかの保証はない。

暗い気持で冬を送っていると、二月に入ったある日、ダートウが、チベット人のラマ僧がツァイダム盆地のシャンに行く駝夫を探している、という話を伝えてくれた。

シャンはサルタン公路上にある小さな街であるらしい。そこに行くというのはラサに一歩近づくということだったが、タール寺からラサまでを双六にたとえると、シャンまでは十あるマスのうちの一つか二つのマスを進めるくらいの距離しかない。旅の日数も、ラサまでは百数十日かかるというのに、シャンへは十日余りで行かれるという。一気にラサに行きたかったが、とにかくチベットへの旅の手初めに、まずはそこまで行ってみるのも悪くないかもしれないと思うようになった。ダートウも、シャンまで行けば、次にラサに行く手立ても見つかるだろうという。

西川は、さっそく、駝夫を探しているというチベット人ラマ僧の住む僧舎を訪ねてみることにした。

会う前は、どのように対応したらよいのかと悩んだ。これまでチベット人と親しく接したことはなかったし、もちろんチベット語は話せなかった。

ダートウに教えられた僧舎に着き、部屋を覗き込むと、五人のラマ僧が車座になって茶を飲んでいた。交わされているのはチベット語だった。入り口でどう切り出そうか迷っていると、西川に気がついた比較的若いひとりのラマ僧が言った。

「何か用かい？」

それはとても上手な蒙古語だった。

西川はほっとして、蒙古語で応えた。

「駝夫を探していると聞いたんだが……」

「その話か」

ラマ僧はそう言うと、西川を部屋に招き入れてくれた。

そこで、西川は、駝夫を探しているのなら自分を雇ってもらえないかとあらためて頼み込んだ。

——自分は内蒙古出身の貧乏なラマ僧だが、なんとかチベットを巡礼してみたいと願っている。ついては、シャンまで行き、それから機会を見つけてラサに向けて出発したいと思っている……。

駝夫を探していたのは、その中のソナムとドンルブという二人のラマ僧だった。彼らによれば、ツァイダム盆地周辺の河で、砂金の採集をしようとする漢人に売るための道具を西寧《せいねい》から運ぶのだという。

「駱駝を八頭ほど世話してもらうことになるが、大丈夫か」

最初に西川に声を掛けたソナムという名のラマ僧が訊ねた。

定遠営《ていえんえい》から西寧まで十六頭の駱駝を二人で世話してきたと告げると、安心したようだった。

金のことをひとことも言わなかったのもよかったのかもしれない。しばらく話しているうちに、ソナムとドンルブが自分に好感を抱いてくれたのが伝わってきた。

やがて、ソナムが言った。礼金はあまり多く出せないが、もしシャンまで一緒に行ってくれたら、なんとかラサに行けるよう取り計らってあげよう、と。

西川にはそれで充分だった。

自分の僧舎に戻った西川はふたたび旅の準備に入った。食糧はすべて雇い主の二人が用意してくれることになったため、準備しなくてはならない品は以前よりさらに少なくなった。

2

一九四五年（昭和二十年）の二月、西川はタール寺より青海省のさらに奥深くにあるシャンという街へ向けて出発することになった。

前夜、ダートウをはじめとして、タール寺で親しくしてくれていた三川出身のラマ僧たちが、出発する西川のために別れの宴を催してくれた。西川の部屋でヤスタイマハなどの御馳走を用意してくれただけでなく、チベット巡礼を済ませたら、きっとまたタール寺に戻ってくるのだよと何度も何度も念を押してくれた。

西川は彼らの好意に胸が熱くなった。

三川人のラマ僧の何人もが、危険を顧みず、自分の報告書を運んでくれている。また、バロン廟でも、このタール寺でも、自分が日本人の密偵であることを知りながら、さらに奥地に向かうことの援助をしてくれている。彼らの好意には、もしかしたらこの大陸において日本が覇権を握ったときに有利になるかもしれないというような打算があったかもしれない。しかし、西川には、それとは別の、自分に対する親愛の情のようなものがそうしてくれているように感じられてならなかった。

ラマ僧たちが帰ったあと、ひとりになった西川は、自分の僧舎を出て、あらためて眺めのいいところからタール寺の全域を眺め渡してみた。月は出ていなかったが、星明かりで黒い塊のような僧舎群が見えた。

自分は、わずか四カ月足らずに過ぎなかったが、なんとか暮らしてきたこのタール寺を離れ、親しくなったラマ僧たちとも別れ、まったく予測もつかない未知の土地に向かおうとしている。しかも、一緒に旅をするのは、これまで深く交わったことのないチベット人なのだ。

それは不安なことであり、ともすれば、もう少しここで暮らしていたいという弱気に圧倒されそうになる。

だが、西川は、自分を叱咤するように言い聞かせた。前に進むのだ。新しい土地に向かうのだ、と。

西川を雇ってくれたチベット人の二人のラマ僧は、ソナムが三十代でドンルブが四十代くらいの男だった。しかし、隊長格なのは三十代のソナムの方で、すべてのことに関する決定権を持っていた。

出発の日の朝、最も若い二十代の西川は、ソナムとドンルブのいる僧舎に行き、前庭につないである二十五頭の駱駝に荷物を積み込む手伝いをした。

駱駝への荷積みが終わると、ソナムが西川にロシア製の小銃を手渡し、言った。道中、もし匪賊に襲われたらこれで応戦してくれ、と。西川は、このシャンまでの旅を、本格的にチベットに向かう前のほんの足慣らしというような意識がないではなかったが、それどころではない危険地帯へ向かうのだということを知らされて緊張した。

総勢は三人。それに、乗用の三頭のラバ、荷物を積んだ二十五頭の駱駝、そしてセンゲイという名の大きなチベット犬が付き従うことになっていた。センゲイはチベット語で獅子を意味するという。

西川は、親しくなった三川出身のラマ僧たちがそれとなく見送ってくれるのを眼の端に留めながら、タール寺を出発していった。

三人は、乗用のラバにまたがり、それぞれが八頭から九頭の駱駝を曳くことになる。

西川にとってラバに乗っての旅は初めてだったが、これまでの徒歩の旅と比べるとやはりはるかに楽だった。

先頭を行くのはソナムで、タール寺を出ると、まず麓にある魯沙爾《ルサール》の街に向かった。そこには、馬に跨がったチベット人が二人待っていて、十五頭の駱駝と共に合流してきた。

これで総勢は五人、駱駝は四十頭、ラバが三頭、馬が二頭、犬が一匹ということになった。

西川は八頭の駱駝を曳くことになったが、以前とは違い、自分が扱う駱駝の特徴をすぐに覚えることができた。前回の定遠営から西寧までの旅で駱駝を曳きつづけてきた経験によって、駱駝も一頭一頭顔つきや瘤の形状が微妙に異なることがわかるようになっていたのだ。

魯沙爾からは赤土の小山を登っていくことになる。

西寧から魯沙爾にかけての一帯は、すでに海抜二千メートルに達している。だが、これからまず向かおうとしている青海湖は、海抜三千メートルを優に超える。つまり、魯沙爾から青海湖に向かう行程は千メートル近くの登りになるということだった。

旅の最初の日は、タンサールという集落の近くでテントを張ることになった。

このとき、西川は、この旅の敵が、どこかに潜んでいるという匪賊ばかりでなく、とんでもないところにいることを思い知らされた。

西川が駱駝から荷物を下ろしていると、荷主のソナムとドンルブが血相を変えて走りはじめた。犬のセンゲイが集落の子供を襲ったのだ。逃げる子供が転び、追いついたセンゲイが足を嚙みかけたが、追いついたソナムとドンルブが必死に引き離し、なんとか事なきを得た。

センゲイは、鉄の鎖に繫がれていないときはいいのだが、ひとたび繫がれると、自由を束縛された怒りからか急に獰猛になり、主人であるソナムとドンルブ以外の人が近づくと嚙みつくのだという。それだけでなく、繫がれそうになると、怒り狂い、誰彼となく怒りをぶつけるのだともいう。

このときは、集落に到着し、自分が鎖に繫がれそうなことを察知し、それを嫌って暴れはじめたらしい。

センゲイはテントの近くに繋がれたが、いかにも不満そうだ。西川は、ソナムに、主人たちの相棒だということを認識させるために餌の肉をやるといいと勧められ、挨拶がわりにセンゲイに肉片を投げ与えてやった。これで友好関係は成立したと思っていたが、しばらくして近くを通ると跳びつかれ、太もものあたりを嚙みつかれてしまった。幸い、革のズボンをはいていたからよかったものの、そうでなければ深い傷痕が残ったはずだった。なにしろ、牙によって、丈夫なはずの革に裂け目が入ってしまうほどだったからだ。このセンゲイこそが匪賊よりはるかに危険な存在だったのだ。

二人によれば、センゲイはあまり賢くないので、顔をすぐ忘れてしまうのだという。

夕食はツァンパとヤクの干し肉だった。西川にとってヤクの干し肉は初めてだったが、おいしかった。まるで山賊のように腰に差した刀を抜いて、それで小さく切りながら食べるのだ。

そして、夕食が終わると、すぐ眠りにつく蒙古人と違い、そこから茶を飲みながらの話の時間が続く。

西川は、主に二人の話を聞きながら、神秘の国チベットの、そのチベット人と、ひとつテントの中で、茶を飲みながら話をしているという不思議さに、戸惑いに近い感動を覚えていた。そして、チベット人に対して、自分たち日本人と同根の民族に違いないという親近感が湧いてきた。それは、蒙古人に対する思いに近いものだったが、漢人に対しては決して抱かなかった感情でもあった。

こうして青海蒙古の一日目の夜が更けていった。

翌朝、駱駝に荷物を積み込み、西川たち三人はラバに跨がり出発した。鎖から放たれた犬のセンゲイは、自由の身になって、その歩みも獅子の名にふさわしい悠然としたものになっている。

夕方、丹噶爾《タンガル》（現・湟源《こうげん》）に到着した。

丹噶爾は遊牧地帯への要衝の地で、ここを過ぎるともう街らしい街はなくなるのだという。

街のはずれの広場に三人でテントを張ったあと、西川が銅製の容器のボリベを持ってひとりで小川に水を汲みに行くことになった。

小川に着いたが、流れがあまりにも汚い。泥をふくんで茶色く濁っている。しかも、そこにヤクの群れを連れた男がやってきて、水を飲ませはじめた。そのヤクたちも、ただ水を飲むだけならまだしも小川の中に入って底の泥を掻き混ぜてさらに濁らせ、中には気持よさそうに小便までしはじめるものもいる。

とても飲み水にはならない。どこか別の水場はないものかと見まわしていると、遅いのを心配してドンルブがやってきた。そして、西川が汲むのを逡巡しているのを看て取ると、「流れている水は汚くないよ」と言って、さっさとボリベに水を入れてしまった。

ここでも西川は、自分は旅人としてまだまだだなと思い知らされることになった。

翌日、西に向かって出発しようとすると、同じく西に向かおうとしている漢人の小規模な隊商がソナムに同行させてもらえないかと申し入れてきた。漢人は四人で、三十頭余りの駱駝を連れていた。同行の人数が増えるのは匪賊対策としてありがたいことなので、ソナムは喜んで受け入れた。

こうして人数も家畜も大幅に増えた一行は、さほど険しくない山峡地帯を自動車路に沿ってゆっくりと進みはじめた。

やがて自動車路を折れ、谷間に入っていく。

日はまだ高かったが、草の状態がよいので途中のその谷間で宿営することにした。

夕食後はいつものように火を囲んでの雑談が始まり、ソナムとドンルブの身の上話を聞いた。それで初めて、どうして二人がタール寺とツァイダム盆地のシャンのあいだを行き来しているのかがわかったりもした。

彼らはもともとチベットのシガツェにあるタシルンポ寺にいたが、師であるドニルチェンボーがタシルンポ寺の寺領であるシャンを管理する役僧に任命されたため、一緒にツァイダム盆地にやって来たのだという。やがてその三年の任期が終わって師はタシルンポ寺に戻ることになったが、ソナムとドンルブはシャンにとどまることになった。シャンには、任期中に師のものとなった家屋や家畜があり、その管理をする者が必要になったからだ。いまは、ネルバーと呼ばれる管理責任者と共にシャンに住み、タール寺とツァイダム盆地のあいだを往き来して、交易をしているという。

彼らの身の上話も興味深かったが、西川には、そのときソナムの口から何気なく語られた、チベットのラサを出て二十日も歩けばインドに抜けていくことができるという話に強い印象を受けた。それまで、チベットのさらに向こうにはまったく意識が行ってなかったからだ。

3

次の日、山峡地帯のなだらかな坂道を登りつづけた。

そのあたりが、日月峠《にちげつ》だった。

かつて唐の時代、荒ぶるチベット族を抑えるため、皇帝の太宗は愛する王女の文成公主を輿入れさせることを受け入れた。

時は六四一年、長安からチベットのラサに向かった文成公主の一行がこの峠に差しかかった。王女は、辺りのあまりにも荒涼とした風景に、長安に戻りたいと涙を流した。すると、同行していたチベットの大臣がこう言ったという。

「あなたを長安にお帰しするのは、太陽と月とをひとつにするより難しいことです」

そこから、この峠を日月峠と呼ぶようになったのだという。

いずれにしても、この辺りが、中国の歴代王朝にとっては自らの支配が及ぶ限界地点だったということなのだ。

西川たち一行がだらだらとしたその坂道を登りつづけていると、やがて台地状のところに到達した。

すると、進行方向の眼下に、真っ青な水をたたえた湖が現れた。

「あれが、ククノールだよ」

ソナムが教えてくれた。

ククノール、青海湖だ。名前のごとく本当に真っ青だった。西川は、もしそこにソナムたちがいなかったら、大声で叫び出したいくらいの激しい感情のうねりに襲われた。

青海湖こそ、「西北」という名の中国の奥地への憧れを抱いていた日本の若者たちにとって、どこよりも足を踏み入れたいと望む象徴的な土地だった。

海抜三千メートル以上のところにある青い海のような広大な湖。その青海湖がいま眼下にある。

一行は、湖畔に向かってゆっくりと下っていった。

青海湖の一角に到達し、テントを張ると、西川はひとり湖の岸辺に向かった。そして、両手で湖水をすくって口に含んでみた。塩辛かった。塩湖である青海湖の水が塩辛いのは当然だった。しかし、それでも、西川には甘美に感じられた。もっとも、実際には、すぐに吐き出してしまったのだが。

テントに戻ると、どこからかタングート人の男がふたりでやって来て、バターはいらないかと売り込みはじめた。差し出されたバターの塊を見ると、品質は悪くない。何が欲しいとソナムが訊ねると、茶が欲しいという。だが、ソナムが、これくらいでどうだと、茶を固めて板状にしたものである磚茶《たんちゃ》を見せると、量が少なすぎると言い残して立ち去っていった。

そのタングート人の姿が見えなくなると、ソナムが言った。あれは商売をしにきたのではない。こちらがどのくらいの人数で、どのような物を運んでいるか偵察にきたのだ。もしかしたら、今夜、仲間と略奪にやってくるかもしれない……。

襲撃を恐れた一行は、夜通し焚き火を絶やすことなく、寝ずに警戒することにした。

西川も小銃をそばに置き、焚き火を囲んでいたが、気がつくと朝になっていた。自分だけぐっすりと眠り込んでしまっていたのだ。

バツが悪かったが、どうやら匪賊の襲来がなかったことだけは間違いないようだった。

翌日からは、いつ果てるとも知れない広大な青海湖のほとりの道を西に向かうことになった。丸二日、歩きつづけて、ようやく南岸の端に辿り着き、テントを張った。明日は、青海湖の湖畔を離れ、目的地のシャンがあるツァイダム盆地に向かう道に入ることになる。

その夜、同行している隊商のチベット人がひとり湖に向かって立ち、朗々とチベットの歌をうたいはじめた。歌は湖面を渡って、どこまでも伝わり響いていくようだった。青海湖に別れを告げているのか、チベットに近づくことを言祝《ことほ》いでいるのか。どちらかはわからなかったが、誰に聞かせようというのでもなく、自らの感情のほとばしるままに歌っている。いいな、と西川は思った。

翌日、青海湖に到達してから四日目にしてついに湖畔を離れ、湖に流れ込んでいる谷川に沿って低い峡谷を登りはじめた。

ジャガスタイダバー、「魚の峠」という名の峠を登り切って振り返ると、青海湖の全景が見える。ここからの景色が青海湖でも最高と言われているとのことだったが、なるほど美しかった。

ここで青海湖とは別れを告げ、峠を下ると泥土地帯ともいうべきダブスノールという塩湖を抱えた盆地に入ることになる。

農耕地帯も散在するが、基本的には遊牧地帯であるらしい。その証拠に、アラシャンを離れて以来、ほとんど見なかった真っ白い蒙古包が点在するのが眼に鮮やかに入ってくる。

草がいいため、早めに塩湖のダブスノール湖畔でテントを張ることになった。

翌日は、塩湖を迂回してその湖畔を進んだ。もっと気温が低ければ、塩湖の泥土が凍結して直線的に進めるのだが、この時期は泥土がぐずぐずとした状態だったため、迂回せざるを得なかったのだ。

その日は、塩を採取している漢人の集落でテントを設営した。すると、そこの漢人から不安な話を聞かされた。前日の夕方、この先のゴウゲンクトウルという峠の近くで漢人の隊商が匪賊に襲われた、というのだ。

だが、それを聞いても、ソナムは予定通りゴウゲンクトウル峠越えの道を選ぶことを変更しなかった。

翌日は何も起きなかった。早めにテントを張って宿営の準備をしていると、峠の方から馬に乗った一団が現れて緊張したが、それは旅行者だということがわかり安心した。

その次の日の朝は、夜明け前にいつもよりさらに早く出発し、パインゴール河の河畔を進んだ。途中、同行していた漢人の隊商が、危険なところを回避すべく、大廻りにはなるけれど、と言い残して別の道をとるため離れていった。

ふたたびチベット人たちと西川だけになってしまった。

その夜は、人数も少なくなり、匪賊の巣窟にも近づいて、緊張の極に達していた。

火を焚き、全員で寝ずの番をすることになった。

ところが、また西川だけ寝込んでしまったらしく、夜明け前にソナムに揺り起こされて、恥ずかしい思いをしてしまった。

どこでも、どんな状況でもよく眠れるというのが西川の特技だった。やがてその先の長い旅の途中では、野宿をしていて雪に降られても気づかず寝ていたり、豪雨の中で眠りつづけたりして同行者に驚かれることになる。だが、その能力が、長い困難な旅を乗り切らせてくれることになる力の源だったのかもしれない。

とにかく、急いで朝食を済ませ、まだ暗い中を出発した。

峡谷を登りはじめてしばらくすると、前方に焚き火の炎らしい明かりが見えてきた。

匪賊の群れに遭遇してしまったのかもしれない。慌てて歩みを止め、ソナムと同行のチベット人二人が小銃を持って、偵察に向かった。

しばらくして戻ってきたソナムが言った。ハサクの男たちが焚き火で肉をあぶって食べている。きっとどこからか盗んできた羊でも焼いているのだろう。

ハサクとは、ハザクとかカザフ、あるいはコサックとも呼ばれる人々のことである。彼らは中央アジアに広く住んでいたが、外蒙古に蒙古人民共和国の共産政権ができると、共産主義を嫌って新疆《しんきょう》地域に逃れてきた。さらにその一部が青海蒙古地方に移動してくると、そこに生きる蒙古人やチベット人から略奪の限りをつくすようになった。戦闘的なハサクの前に、遊牧民の蒙古人やチベット人はなすすべもなく家畜や財産を奪われ、命まで奪われることになった。

危険なハサクを避けるため、一行は物音を立てないようにそっと進んでいった。

幸い、河のせせらぎの音が、こちらの駱駝の気配を消してくれたのか、気づかれることなく通過することができた。

やがて夜が明け、道らしくなった道を行くと漢人の集落にぶつかった。匪賊の巣窟を突破し、この旅における最大の難所を越えることができたのだ。

山峡地帯から平地の砂漠地帯に出たが、途中で青海省を支配している回教軍の監視所に遭遇した。

あるいは、タール寺からシャンまでの道中で、ゴウゲンクトウル峠以上の難所はこの監視所だったかもしれない。旅人は、ここで検査をされ、課税されるからだ。しかし、西川たちの一行は、ソナムが挨拶に行っただけで、いっさい検査されずに通過できた。それはシャンに住むチベット人に対する特別待遇のおかげのようだった。持ち運び禁止の銀貨を所持している西川にとっては、ソナムたちと旅をできたことは幸運だったのだ。

さらに西に向かうと、農耕地帯に入った。

その日は、広い溝の手前にある崖の上にテントを設営することになって、ようやく長い一日が終わった。それはタール寺からシャンまでの旅の、実質的な最後の一日だった。


翌朝、シャンへの最後の道程を進んでいった。

やがてツァイダム盆地の中央を流れるヨゴラインゴールの大河にぶつかった。しかし、幅こそ三百メートルくらいあるが、ほとんど河底が干上がっており、浅くて細い小川が幾筋か流れているだけである。

そこを渡り切った対岸に百戸ほどの集落がある。それが目的のシャンの街だった。

集落の中で、出発時の魯沙爾から一緒だった二人のチベット人と別れ、西川はソナムたちと共に、土塀に囲まれ、大きな門のある広い家に到着した。それがソナムたちの住むドニルチェンボー家だった。

その家は、中庭を中心に六棟の家屋が建っており、その中の母屋風の家に上がることになった。囲炉裏の前には五十代と思われるチベット人の男性がいた。それがこの家の管理責任者、ネルバーだった。西川が蒙古語で挨拶すると、ネルバーも蒙古語で簡単な返事をしてくれたが、あとはソナムとチベット語で話しはじめた。

ソナムから西川がなぜ一緒なのかを聞いたネルバーは、もし仕事の手助けをしてくれるつもりがあるならこの家に逗留してもよいと言ってくれた。誰ひとりとして頼る人のいないこの地で、どうしようと思っていた西川には渡りに船だった。

こうして西川はドニルチェンボー家の「下男」として住み込むことになった。


夕食は少量のヤスタイマハとうどん汁だけだった。しかし、その後で青稞《せいか》を醸造して作られたチャンと呼ばれる酒がふるまわれた。その薄い黄色みを帯びた酒は、久しぶりだったからという以上においしく感じられた。

夜が更けると、囲炉裏の切ってあるその母屋で、毛皮の敷物の上に着ていた服を布団として眠った。

西川は、タール寺を出発してソナムとドンルブと初めてテントで一夜を過ごすことになったときも感動したが、その夜、チベット人の住む一般家屋で眠れることになったのにも感動していた。神秘の国であるチベットに、また一歩近づいたような気がしたからだ。

4

西川には、なんとなくしばらくは客人扱いをしてくれるのではないかという淡い期待のようなものがなくもなかったが、翌日の朝早く起きると、もうすぐに下男としての生活が始まってしまった。

驚いたのは、起きたとたんに使用人たちが始めた掃除だった。いや、それは単なる掃除ではなく、「清めの儀式」とでも言うべきものだったかもしれない。土間には水を撒き、部屋は掃き、家具は拭かれる。

この家の管理責任者であるネルバーが祈りの堂に灯明をともしてから母屋に戻り、席に着くと、素焼きの香炉に火を入れて机の上に運ぶ。ネルバーはそれで香を焚きながら読経を始める。すると使用人のひとりがその香炉を持って部屋の隅から隅まで香りが行き届くように運び、清める。さらにそれを中庭に持ち出し、中央に置いて家の外が清められる。

このあいだに、別の使用人が茶を沸かす。沸いたところで、朝の茶の時間になる。

各自の椀に、バター茶と呼ばれる、磚茶《たんちゃ》とバターとミルクと少量の塩で作られた茶が注がれ、別の椀に少量のツァンパ、麦焦がしが配られる。このバター茶のおいしさは格別だった。

しかも、ツァンパを嘗めながらその茶を飲み終えると、今度は空いた椀にヤクの乳で作ったどろりとした乳製品のタルグが配られる。これもまた微妙な酸味と甘みを持つおいしいもので、西川は最初の朝から驚きつづけていた。

朝の茶の時間が終わると、すぐに各自の仕事が始まる。

西川は、河に水汲みに行かされた。直径一尺（約三十センチ）、高さ三尺（約九十センチ）くらいの円筒形の木桶を担ぎ、この家からは集落の反対側に位置するヨゴラインゴール河に流れ込んでいる小川から水を汲んでくるのだ。重いものを担ぐのは、薪集めをしていたバロン廟にいたときに慣れていたはずだったが、水の重さはそれとは比べものにならないほどであった。しかも、汲んできた水は土間にある大きな水桶に移すのだが、それを一杯にするには、七、八回ほど往復しなくてはならなかった。

水汲みが終わったときには、木桶を担ぐために用いる革紐の痕が肩にくっきりと赤くついていた。

一息入れていると朝の茶の時間とは別の、本格的な朝食の時間になった。茶と大量のツァンパと少量の干し肉が配られる。

それを食べ終わると、次は馬小屋の掃除を命じられた。この家には、六百頭のヤクと五十頭の駱駝、千五百頭の羊と山羊、それに五頭のラバがいたが、ほとんどは街の外に暮らすタングート人や蒙古人に預けられており、この家の塀の中で飼われていたのは食用の乳をしぼるための数十頭の羊と五頭のラバしかいなかった。

西川が命じられたのは、そのラバの小屋の掃除だった。

それがようやく終わったのが正午頃だったが、またみんな集まって茶を飲むことになる。蒙古人もよく茶を飲む方だったが、チベット人の茶好きは途方もなかった。

茶を飲み終わるとしばらくは休憩時間になる。

昼食はどうするのだろうと思っていると、二時近くになって、ツァンパと酒のチャンが出た。椀に少量のツァンパが配られ、そこにチャンが注がれる。みんなはそのドロドロになったものを飲む。昼食はそれで終わりだった。

西川は、次に薪割りを命じられた。

それに一区切りがついた頃、夕食になった。その日もヤスタイマハとうどん汁で、それを食べ終えると、やはり乳製品のタルグが配られた。

夕食が終わると、蒙古人はすぐに眠る準備に入るのだが、チベット人は雑談をしながら、チャンを楽しむ習慣があり、西川も相伴にあずかった。

このようにして、西川の下男としての最初の一日が終わることになった。

前夜は囲炉裏のある母屋で寝たが、二日目からは使用人が暮らす棟で寝起きすることになった。さらにその翌日からは、水汲みと馬小屋掃除と薪割りだけでなく、五頭のラバについて、餌やりをはじめとする世話のすべてを任せられることになり、ほとんど休む間もない忙しさになった。餌にする青稞の藁を小さく切ること、河辺に連れていって水を飲ませながら運動をさせること、連れ帰って毛をブラシでこすってやること……。

ただその忙しさは西川だけのものでなく、使用人のすべてが手を休めることなくそれぞれの仕事をこなしていた。その点が、女性ばかりが働き、男性はのんびりしている蒙古人の家とは大きく違っているところだった。

違っているといえば、一度に腹一杯食べるのが蒙古人だとすると、チベット人は茶を飲みながら何度にも分けて少しずつ食べるのが印象的だった。蒙古人としての習慣が身についていた西川には、しばらくのあいだ、そのチベット人の食習慣が物足りなく思えてならなかった。

だが、そのチベット人の家の食生活の中で、三つ素晴らしいものがあった。

ひとつはバター茶のおいしさである。「ドウモ」と呼ばれる円筒形の桶で丹念に作られるバター茶の味は、一度飲んだら忘れられないほどだった。もうひとつは乳製品の豊かさである。とりわけ蒙古語でタルグ、チベット語でショーと呼ばれるもので、ヤクなどの乳を一度熱で沸騰させてから冷やして一晩置いたものは、いくら食べても飽きなかった。そしてもうひとつは干し肉の充実ぶりである。保存のため、家畜の肉は多くが干されるが、中でもヤクの脚の干し肉は絶品だった。

下男として働いているうちに、西川にもシャンの状況が少しずつわかってきた。

このツァイダム盆地のある青海蒙古地方は、内蒙古、外蒙古、満州蒙古と並んで、蒙古人が多く住む地域だった。満州は満州国となり、外蒙古は蒙古人民共和国となり、内蒙古は独立を目指して日本と連携を持とうとしている。

ただ、この青海蒙古だけが、回族の馬歩芳によって頭を抑えつけられたまま、ただうなだれるようにしてその支配を受け入れている。

だが、このシャンは、青海蒙古の中でも特別な行政区だった。長い歴史の中で、信仰心の厚い青海蒙古人によって、ラマ教の貴人であるパンチェンラマに献上されることになった寺領であり、チベットの飛び地のようになっているところだったのだ。

旅の途中でソナムたちが回教軍に検査されなかったのも、シャンのチベット人が一種の治外法権的な立場にあったかららしい。

　西川が暮らすようになったこの百戸ほどのシャンの街がシャン旗の王府、県庁所在地であり、街の中央にこの旗を支配しているチベットの統治機関の役所がある。しかし、馬歩芳がその軍事力を背景に徐々に支配権を確立しつつあり、街のはずれに彼らの役所を建設中だった。チベット側が死守しようとしていたのは徴税権だけであり、役所や道路を作らせたりする労働力の徴発については、すでに回教軍側が自由にできるようになっていた。回教軍に徴発された蒙古人は、いくら働いても賃金が出るわけでもなく、逆に食糧持参で工事現場に集められ、牛馬のように使役されていた。

　街には娯楽施設はもちろん、飲食店もなく、漢人の経営する商店が数軒あるだけだった。ラマ廟もひとつあることはあったが、他の蒙古の地域とは異なって小さなもので、常在するラマ僧はひとりもいなかった。

　シャンの街は青海蒙古の縮図のような人口構成であり、蒙古人を中心に、タングート人、漢人、回族、チベット人が入り混じって生活していた。

　本来、遊牧の民である蒙古人は街に住まない。にもかかわらず、シャンの街に多くの蒙古人がいるのは、遊牧生活の途を断たれてしまっているからだった。

　中央アジアから新疆への移動を開始したハサクは、南下して西北公路における略奪をほしいままにした。それを受けて、国民政府は討伐を開始した。追われたハサクは、さらに南へ下り、青海蒙古の一帯で略奪をするようになった。青海蒙古人はこの凶猛なハサクに太刀打ちできず、平和な青海蒙古は地獄と化した。

やがてハサクは、青海蒙古を支配する馬一族の回教軍によって追い散らされることになったが、故郷を荒らされた青海蒙古の避難民は、遊牧生活の手段を奪われたままシャンの街に流れ込み、裕福な漢人などによって使役されるようになった。

青海蒙古人は、かつてラマ教という宗教によってチベットに支配され、いま武力によって回族に支配されようとしている。

惨めな蒙古人の姿を見て、西川は「国家なき民族の末路は現世の地獄だな」と思ったりした。だが、いずれにしても、このツァイダム盆地のように、漢人による支配の限界地である西寧よりさらに西へ来ると、日本と戦争をしているということはほとんどわからないくらいになっている。蒙古人にとっての敵はむしろ漢人であり、回族であり、ハサクであり、日本ではなかった。

5

ある日、西川は仕事の合間にひとりの老人のもとを訪ねた。

彼は、シャンの人々から「ハルハ・ウブグン」と呼ばれていた。チベット語で「外蒙古の老人」という意味で、このシャンの街ではたったひとりの外蒙古の出身者だった。

西川が、タール寺からの旅で、ソナムに伴われて初めてシャンの街に入ってくると、その家の前で日向ぼっこをしていた老人にどこの出身だと声を掛けられた。内蒙古だと答えると、老人は喜色を浮かべ、ぜひ訪ねてきてくれと言った。老人にとっては、外蒙古と内蒙古との違いはあれ、自分と同じく遠い故郷を離れて青海蒙古にやって来た蒙古人としての境遇に、親近感を覚えたらしかった。

訪ねていくと、茶とツァンパだけでなくヤクの干し肉まで振る舞ってくれ、外蒙古を飛び出して以降の巡礼の日々と、路銀を使い果たしたためにシャンの街に住みつくことになってしまった経緯を含め、このツァイダム盆地内のさまざまな話をしてくれた。

その中でひとつ、気になる話があった。

昨年、内蒙古出身だという三人のラマ僧がこのツァイダム盆地のグフウト旗にやってきたが、そのうちのひとりが日本の密偵だという疑いが持たれ、捕らえられてしまったというのだ。

それを聞いて、西川は、その三人というのは同じ興亜義塾出身者の木村肥佐生の一行ではないかと思った。しかし、出発前に張家口で木村と会ったときは、同じ内蒙古の出身者でも夫婦者であるこの二人と行くと紹介された覚えがあった。三人のラマ僧ということになると、木村ではないのかもしれない。

その日は、疑われることを恐れ、無闇に深く聞くことなく老人のもとを辞したが、明け方、不思議なことに木村の夢を見た。やはり、その三人とは木村たちのことではないのか？

どうしても気になり、暇になった時間を見つけると、ふたたび手土産の磚茶を持って老人の元を訪ね、それとなく密偵の話を聞き出すことにした。

それはやはり木村だった。

昨年の二月、木村たちはサンジィという男に連れられてタール寺からツァイダム盆地のグフウト旗に現れた。

その道中のあいだに木村を日本人ではないかと見抜いたサンジィは、ひそかにノインというグフウト旗の首長に告げた。木村たちは駱駝を七頭も引き連れ、いかにも豊かそうだったので、ノインが一種の監視役となり、二人で組んで木村たちの財産を巻き上げはじめた。木村たち三人は、新疆へ行くのを諦め、ラサへの巡礼に出るつもりだったが、結局、夏に出発する大きな隊商に加わることができず、グフウト旗にとどまらざるを得なくなった。だが、日本人だという確たる証拠もなく、また、巻き上げるものも乏しくなってきたので、今年の夏のラサ巡礼に出るのは許されるだろう、という。

しかも、昨年の秋頃には、妹のところに行く途中のサンジィに連れられ、老人のこの家に木村が泊まったことすらあるという。

それ以後、その老人以外のところからも木村の話はいくらでも伝わってきた。彼らの話はツァイダム盆地の蒙古人のあいだでは知らぬ者がいないというほどだったのだ。

いずれにしても、木村たち三人は、この夏頃には解放されるだろうという。西川は危険を冒すことまでして日本人と疑われている木村に接触する必要はないと判断した。

だが、そのハルハ老人のもとへは暇な折りを見つけてはよく訪ねた。

話し好きで独り者のその老人の家は、蒙古人ばかりでなく、チベットのラサから派遣されている兵士たちや、漢人の商人などが立ち寄り、さまざまな話が集まるところとなっていたからだ。

頑固で怒りっぽいが、すぐに忘れてしまう。そんな老人と西川は根気よく話をした。

西川は訪ねて話をするだけでなく、やがて老人からいろいろなことを頼まれるようになった。水汲みをしてきてくれないか。ツァンパを作る手助けをしてくれないか。果ては病で臥せっているときの看護まで頼まれることになった。

そのような頼み事を西川はすべて気持よく引き受けてあげた。なにしろ、この広いツァイダム盆地で最初にできた知り合いであり、情報収集にもってこいの家なのだ。

それともうひとつ。ひょっとしたら、この老人が自分のことを蒙古人ではないと見破っているのではないかという懸念が、ほんの少しだがあったからでもある。西川が、木村のことを知りたがることに対して、一度だけこう言ったことがあった。自分ならいいが、誰にも彼にもあの連中のことを訊いたりしない方がいいぞ、と。

老人の機嫌を損ね、あることないことを喋られてしまうことは避けなくてはならない。だから、できることは何でもしてあげた。

その姿は、他人からは、まるで宗教上の師弟のように見えたかもしれない。

そうした機会は、しかしただ面倒なだけでなく、西川にとっても思いがけない経験をさせてもらうことになったりした。

ツァンパ作りを手伝っているときだった。

青稞を釜で炒る。それを石臼に入れては、ぐるぐると回転させて、粉に碾《ひ》いていく。そのとき、石と石が触れ合うゴーゴーという音がする。

それを聞いているうちに、遠い昔、山口の地福の家で、幼い頃、母親の手伝いをしていたときの風景がふと甦った。

故郷では、青稞ではなく大麦を碾いてツァンパに似た「はったい粉」を作る。手伝いを早く終わらせたいために石臼を勢いよく回していると、母親に注意された。そんなに早く回すと、粉が細かくならないよ、と。

老人のツァンパ作りを手伝ったおかげで、母親の遠い昔の声を耳元で聞くことができた。ありがたいことだな、と思った。

そのような西川に老人も好意を寄せ、さまざまな便宜を図ってくれたが、まったくのお節介のようなこともなくはなかった。

ある日、老人に呼ばれて家に行くと、タングート人の若い女性がいる。西川は常々タングート語を習いたいと言っていた。そこで習うにはちょうどいいからと引き合わせてくれたのだが、老人はすぐにどこかへ行ってしまった。

若い女性と二人きりになった西川は慣れない言葉でどんなことを話していいかわからず困り果ててしまった。

それでも、たどたどしいタングート語でいくつかのことを訊ねたりしていたが、やがて彼女は席を立ってしまった。

しばらくして老人は戻ってきたが、どうして向こうはその気だったのに、何もせずに帰してしまったのだと怒っている。老人は、タングート語の教師ではなく性の相手としての女性を紹介してくれたつもりだったのだ。

西川は、慌てて、「俺はラマ僧だよ」と弁明したが、破戒行為が日常となっている普通のラマ僧には、そんなことはほとんど理由にならないことだったのだ。

6

西川がシャンに着いたのは二月だったが、三月も下旬になると、少しずつ暖かくなってきた。それと軌を一にするかのように、チベットのラサから青海方面へ向かう隊商がツァイダム盆地に到着しはじめた。

四月になるとシュキンゴール河の周辺で砂金を採集する漢人が姿を現すようになる。ドニルチェンボー家のドンルブは、その漢人たちに売りつけるために砂金採りの道具や食糧をヤクに積んでシュキンゴール河畔に出発していった。

一方、西川はひとり残ったソナムと共に広い野原に包を立てて、農耕の日々を送ることになった。中華民国政府は青海省の遊牧民を定住させるために農耕を奨励しており、広い土地を自由に選んで耕せることになっていた。

西川は、ソナムや他の使用人たちとひとつの包で共に暮らし、水路を作り、土地を耕し、小麦の種を蒔いた。それは、腰は痛くなったものの楽しい日々だった。

五月初旬にはすべてを終えてシャンの街に引き揚げたが、西川はここでも「ロブサンは黙ってよく働く」と人々の信頼をかち得ることに成功する。

まったく知人のいない異邦の地で、なんとか生きていくことの自信はついてきたが、ひとつだけどうしようもない悩みがあった。

ラマ僧のふりをしていながら、修行ができていないため経が読めない。いろいろな人に、家で経を読んでくれ、占いをしてくれと頼まれるのだが、断らざるを得ない。それが恥ずかしくつらかった。

しかし、いくら自分は経が読めないのだと断っても青海蒙古人は誰も信じてくれない。ドニルチェンボー家のネルバーでさえ、内蒙古のラマ僧は学問があるはず、と信じてくれなかったほどなのだ。

そのような目に遇うたびに、西川は、早くチベットに行き、チベット語を学び、一人前に経を読めるようになりたいという思いを強くしていった。

六、七月になると、シャン旗よりいくらかチベット寄りにあるジュン旗一帯に、西寧方面からチベットに向かう巡礼者たちが続々と集結してくるようになった。
西寧からツァイダム盆地のシャン旗やジュン旗くらいのあいだまでは、まだいくらか人家が点在し、匪賊の襲撃もさほど多くないため、小さな集団で三々五々集まってくる。そして、ジュン旗で、物資を運んで商いをしようとする漢人やタングート人や回族の商人たちと合流し、大隊商を編成して、三カ月余りの旅に出るのだ。

その三カ月の旅とは、草のよくない無人地帯を匪賊の襲撃に脅えながら、自分たちの食糧を運んでくれる家畜を頼りの旅でもある。

大隊商が出発するまでの期間は、ジュン旗内の草のよいところで各自がそれぞれの家畜に栄養をつけさせようとする。逆に言えば、家畜たちに充分栄養をつけられた頃を見計らって出発の大号令が発せられることになる。そのため、春が過ぎても雨が降らないと、草の育ちが悪く家畜に栄養をつけさせられないことになる。

この年は、なかなか雨が降らずに旅に参加するつもりの者をやきもきさせたが、六月に入って雨が降りはじめた。それにつれて、ツァイダム盆地の山野が瞬く間に緑で覆われるようになった。

そのことがあって、シャンの街にいる西川のところにも、西寧方面から巡礼者や商人の集団が続々とジュン旗に集まりはじめているという知らせが届くようになった。

彼らは、出発までの期間、ジュン旗内の野原で、思い思いのやり方で家畜に栄養をつけさせるのだ。

西川も、この大隊商に加わってチベットへ向かいたいという希望を持つようになった。そこに入ることができれば、やはりラサに向かうと伝え聞いている木村たちとも会えるに違いないからだ。

それにはなにより家畜が必要だった。ほぼ三カ月に及ぶ旅のあいだ、ほとんど無人地帯を行くため、食糧の補充ができない。人が三カ月分の食糧を担いで歩くわけにはいかないので、どうしても運搬用の家畜を連れて行くことが必要になる。

そのための家畜としては、馬、ラバ、駱駝、そしてヤクが利用されていた。

なかでも、牛をひとまわり大きくしたようなヤクは、力が強く、水を恐れないところから、河を渡らなくてはならないこのルートには最適とされていた。

もしヤクで行くとすると、ひとりにつき、食糧などを載せるために二頭、乗用に一頭の計三頭が必要とされていた。

どうしたものか考えていると、ドニルチェンボー家のネルバーが、この半年、無報酬で働いてくれた礼として、西川にヤクを一頭プレゼントしてくれることになった。それだけでなく、本当に巡礼に行くのならと、主食であるツァンパにするための青稞三斗と干し肉にするための羊二頭とバターも出してくれることになった。

西川は、乗用のヤクは贅沢だと判断し、自分の足で歩くことに決め、運搬用のヤクをもう一頭だけ買い求めることにした。すると、ネルバーが相場よりだいぶ安く、銀貨二十枚で一頭譲ってくれることになった。

そして、タール寺から一緒に旅をしてきたソナムが、ボルハンブダの山中に暮らすタングート人に預けてあるドニルチェンボー家所有のヤクの中から、若くて生きのよい二頭を選んで連れてきてくれた。

こうして六月の末までには、巡礼に行くための準備がほぼ整うようになっていた。

西川が用意した物のリストは、二頭のヤクを除くと以下の通りになった。

ツァンパ　四斗五升
小麦粉　一斗五升
肉　羊の干し肉　二頭分
　ヤクの後脚　二本分
磚茶
バター
チュラー
ニンニク
唐辛子
塩

食糧としては、これがすべてであり、あとは食器や服などということになる。

鍋　一
シャーホ（湯沸かし）　一
椀　一
杓子　一
火打ち石　一
フイゴ（携帯用）　一
毛皮の蒙古服　二
革のズボン　二
木綿のシャツ　二
ヘムヌグ（雨衣）　一
毛皮の帽子　一
フェルトの帽子　一
毛皮の敷物　一
フェルトの敷物　一
蒙古靴　二
短靴　一

ウールグ（背負子）　一
蒙古刀　一
経典

これらを用意するためにはかなりの量の銀貨が必要だった。しかし、タール寺を出発する前に所持していた法幣を可能な限り替えておいた銀貨と、シャンでソナムから駝夫の労賃として受け取った銀貨とを合わせることで、もともと持っていた銀貨に手をつけることなく購うことができた。

六月末にすべての準備が整ったが、最後に残ったのは旅を一緒にする連れの問題だった。ヤクに荷物を運ばせるにしても、背中から両側にバランスよく振り分けで背負わせるためには、どうしても相棒が必要だった。

シャンに来るまで一緒だったドンルブは、シュキンゴール河から戻り、今度はシガツェのタシルンポ寺にいる師のドニルチェンボーのもとに行くという。それならラサまで一緒に行けると喜んだが、少し急がなくてはならなくなったと、ひとりで先発していってしまった。

――ラサまで誰と行ったらいいのだろう……。

しかし、それも、ドニルチェンボー家のネルバーが、大部隊を引き連れていくことになっているタングート人の大商人に同行させてもらえるように交渉してくれた。

その大商人の名前はラブランアムチト。ラブラン寺出身のアムチトという呼び名が通称のようになった人物だった。ラブランアムチトは、裕福な蒙古人の専属ラマ僧である「アムチト」という役割の僧から商人に転身し、毎年のように青海省とチベットのあいだの交易を続け、大きく財を成すようになったという成功者だった。

ありがたいことに、その一行の中には二名の蒙古人ラマ僧がいて、必要なときは彼らのテントに入れてもらえることになった。西川は、テント代を節約するため、全行程で野宿するつもりだったのだ。

一九四五年、それは昭和二十年、つまり日本が八月十五日に連合国に対して無条件降伏をすることになる年ということだが、その直前の七月、西川はチベットのラサへ出発するため、シャンの人々に別れを告げた。

外蒙古出身のハルハ老人は、おまえがいなくなると自分はまたひとりきりになってしまうと、嘆いた。

それでも、出発するときには、自分が作った包子を餞別に手渡してくれた。

第七章　無人地帯

1

ツァイダム盆地のシャンからチベットのラサまで、最低でも三カ月はかかるという。内蒙古のトクミン廟から寧夏《ねいか》省のバロン廟までが一カ月、バロン廟から青海《せいかい》省のタール寺までが半月、タール寺から青海省のさらに奥にあるツァイダム盆地のシャンの街までがやはり半月だったから、西川にとって三カ月というのは想像を絶する長さの旅だった。

現代の中国では、西寧《せいねい》からラサまで一〇九号線という国道が通っている。『中国司機行車地図冊』というドライブマップによれば、西寧からラサまでは千九百七キロだという。この千九百キロという距離がどのくらいかということをイメージするために日本を例にとると、北海道の稚内市から鹿児島県の指宿市までの直線距離がほぼ千八百キロでそれに近いことになる。

だが、西川はすでに西寧の近くにあるタール寺からツァイダム盆地のシャンにまで来ていたので、実際にはラサまでの距離が千四百キロほどになっていた。ふたたび日本を例にとれば、北海道の札幌から福岡の博多までの直線距離が千四百キロである。つまり、西川は札幌から博多に至るくらいまでの距離を足で歩こうとしていたことになる。

しかも、その一〇九号線の平均高度は四千五百メートルだという。シャンのあるツァイダム盆地が海抜三千メートルだったから、基本的に千五百メートルの高低差のある登りの道を歩くことになっていたのだ。

先に、西川がシャンを出発するまでに、ラサに入った日本人は七人だと述べた。そして、その大半は西のインド側から入った、とも付け加えた。

ここで、インド側から入った日本人の人数を正確に挙げるとすれば、五人である。河口慧海、成田安輝、青木文教、多田等観、野元甚蔵の五人が西からラサに至った。

河口慧海は、黄檗《おうばく》宗の僧侶であり、チベット語による仏典を入手したいと望んでチベット行きを試みた。日本からインドに渡り、ネパールからは漢人の僧に扮して単身チベットに潜入し、一九〇一年（明治三十四年）、ラサに足を踏み入れた最初の日本人となった。

成田安輝は、陸軍士官学校を中退した冒険家で、漢人の商人に扮し、案内人に伴われてインド側のシッキムからチベットに入った。それも、やはり一九〇一年で、河口に遅れることわずかに九カ月だった。

青木文教は浄土真宗本願寺派から派遣された一種の交換留学生であり、同じく浄土真宗本願寺派に属する多田等観もそれに近いかたちで、いずれもダライラマの許可を得てインド側からチベットに向かった。一九一二年（大正元年）、青木はネパールから、多田はブータンからラサに入った。

野元甚蔵は、陸軍の特務機関員であり、上官にチベット行きを勧められ、一九三九年（昭和十四年）、インドのカリンポンから馬に乗ってチベットに向かった。

一方、東の中国側からラサに入ったのは、寺本婉雅と矢島保治郎の二人だけである。

古来、中国からチベットへ向かう道としては、四川ルートと青海ルートの二つがあった。

四川ルートは、茶馬古道とも重なるもので、チベット人が生きるために必須のものである茶などを、中国から輸入するための交易路でもあった。四川省の成都《せいと》から打箭炉《だせんろ》、チャムド、ナクチュなどを経てラサに至る。

この四川ルートによってラサ入りしたのが矢島保治郎である。

矢島は、日露戦争に従軍後、除隊して「日本力行会」に所属し、世界を無銭旅行しようとした冒険家で、その第一歩としてチベット潜入を試みたのだ。一九一一年（明治四十四年）に打箭炉まで行き、そこで茶を運ぶ隊商に潜り込み、ラサ入りに成功する。

これとは別の、青海ルートで中国側からチベット入りに成功したのは、寺本婉雅という浄土真宗東本願寺の僧侶である。

寺本は、西川と同じく、ラサに入るためタール寺に滞在していたが、その期間は西川よりはるかに長く、二年に及んでいる。

その間、ラサ行きの機会を窺っていたが、当てにしていた高僧の援助を得られず、一九〇五年（明治三十八年）、ついに独力でラサに向かうことにする。幸い、別の高僧の手助けによって、若い蒙古人の従僕をつけてもらい、馬に乗っての旅を開始できることになった。もちろん、二人だけではあまりにも危険すぎるので、「駱駝七十余、馬匹四十余」を連れた一行と共に行くことになった。

それでも、前途にはいくつもの難関が待ち受けているとと聞かされており、寺本が残した『蔵蒙旅日記』には次のような決意が記されている。

《死を覚悟して、決然として西蔵の関門を打ち破るべく、塔爾寺を発して探検の途に上ることとしぬ》

これは決して大袈裟な修辞ではなく、旅の途中、空気の薄い峠越えのあと、同行の巡礼者が絶命している。

《馬上進行しつつありしが、空気の希薄は忽《たちま》ち彼の気管を圧して落馬と共に息は絶えたり。同行者驚駭《きょうがい》悲鳴を挙げて絶呼す。死者遂に還らず》

西川はその危険極まりないルートを行くことになったのだ。

ただ西川は、出発に際して、このルート上の大きな危険として聞かされていた峠越えや渡河などについて心配するより、もっと小さなことを思い煩《わずら》っていた。

同じテントに泊まらせてくれることになっている蒙古人のラマ僧たちに、自分が快く受け入れてもらえるものなのかが不安だったのだ。

二頭のヤクに三カ月分の食糧と身の回りのものをのせてドニルチェンボー家を出発した西川は、ラブランアムチトの一行が待機しているというデブスイン峠に向かった。

デブスイン峠は、ツァイダム盆地とチベットに至る無人地帯との境に横たわる長大なボルハンブダ山脈の東の端の近くにある峠だった。

そして、歩きはじめた西川が最初にぶつかった旅の困難は、ラマ僧たちに受け入れてもらえるかどうかという以前に、重要な「同行者」であるヤクたちに自分の意思をどのようにしたらうまく伝えられるかということだった。これまでヤクと共に旅をしたことのなかった西川は、扱い方にまったく慣れていなかったのだ。

ヤクたちを先に歩かせ、後ろから追っていく。最初のうちは、思うような方向に歩いてくれなかったが、先に廻り込んで先頭を行くヤクの鼻先に結びつけている手綱を引いたり、後ろからヤクの尻を木切れで叩いたりしているうちになんとか真っすぐ歩いてくれるようになった。

ところが、デブスイン峠へ向かうボルハンブダの山道に入ってしばらく行ったところで、ヤクたちが、突然、道を逸れて逃げ出そうとしはじめた。

西川は慌てて取り押さえようとしたが、ヤクたちは言うことをきかない。牛よりもはるかに大きな動物である。重い荷物を担いでいるため動きが鈍いとはいえ、人がひとりの力で対抗できるはずもない。山の斜面を歩いて登ろうとしているヤクたちの先廻りをして退路を塞ぎ、木切れで叩いてようやく道まで追い返した。しかし、ヤクたちは、道に戻ったものの動こうとしない。そして、また、隙を見ては山の斜面を登ろうとする。西川はヤクの鼻先に結わえつけられている手綱を取ると、必死に引いた。さすがに鼻が千切れそうになるのか痛そうにしているが、それでも前に進もうとしない。さらに力を込めて引きつづけたが、動かない。

西川とヤクたちとのあいだの綱引きの様相を呈してきた。しかし、ヤクたちの苦しげな表情を見ているうちに、もしかしたらと思った。もしかしたら、このヤクたちはボルハンブダの山に育った野生のヤクで、捕らえられて家畜となったが、故郷に近づいたことで野性が目覚めたのではないだろうかと気がついた。

そうか、そうだとすれば、生まれ育ったところに戻りたいと思うのも無理はないのかもしれない。だからといって、逃がすわけにはいかないが、そう思いついたことで、ふと、やさしい気持が生まれ、綱を引く手が緩んだ。

すると、不思議なことに、ヤクたちが自分たちから前に向かって歩きはじめるではないか。西川は、ヤクたちの後ろに廻って追いながら、ヤクもまた人間の心のうちが読めるのだろうかと思ったりもした。


山道を登り切ると、広い台地状のところに出た。そこが目指すデブスイン峠らしく、大中小の三つの白いテントと黒いバナクがひとつ張られていた。周辺には、ヤクを中心として馬やラバを含めて千頭近くはいそうな家畜が思い思いに豊かな草を食んでいる。

近寄っていくと、大きなテントのそばで車座になっていたタングート人たちが立ち上がり、西川を取り巻いた。

西川が、これはラブランアムチトの一行のテントなのかと訊ねると、そうだ、と答える。そして、逆に、おまえがひとりで加わることになっている蒙古人のラマ僧なのかと訊ねてきた。西川が頷くと、ひとりの男が嘲笑するように言った。

「おまえのヤクはそれだけか」

そうだと西川が答えると、別の男が前の男と同じような調子で訊いてきた。

「乗用のヤクなしで、どうやって河を渡るつもりなんだ」

「歩いて渡る」

西川が答えると、その男が笑って言った。

「歩けないほど深かったらどうする」

「泳ぐ」

うっかり口走ってしまい、内心、しまったと思った。河が少ない高原地帯の蒙古では泳ぐという習慣がない。西川も、これまで泳げる蒙古人というのに会ったことがなかった。蒙古人でないことがわかってしまうのではないかと不安になりかかったが、慌てても仕方がないと腹を括った。

「本当に泳げるのか？」

疑わしそうにもうひとりが言った。

「河など怖くない」

そう言って、話を打ち切ったが、そのひとことはやがて西川の命にかかわる大きな出来事を引き寄せてしまうことになる。

西川は、彼らに、同行させてくれることになっている二人の蒙古人ラマ僧のテントを教えてもらった。そのテントは大中小のうちの最も小さなテントだった。

テントの前で自分の名前を名乗ると、中にいた二人のラマ僧が待っていたというように温かく迎え入れてくれた。

二人のうち、四十代くらいのラマ僧がよくある名前のイシ、三十前後のラマ僧がサンジイジャムツォという名前だった。彼らは、十三頭のヤクを連れているとのことだったが、それはすべてイシのもので、サンジイジャムツォはその使用人として同行しているということのようだった。

西川が内蒙古出身だと告げると、とりわけサンジイジャムツォが同じ内蒙古出身だったということもあり、みんなで助け合いながらチベット巡礼をしようと喜んでくれた。

そして、イシがこの隊商の構成を教えてくれた。

大きなテントにいるラブランアムチトは、十五人のタングートの使用人を連れている。それともうひとつの中くらいの大きさのテントには、やはりタングートの活仏二人と弟子の六人のラマ僧がいて、使用人として三人が同行している。さらに、黒いバナクにはタングートの俗人の老人と若い妻とその使用人の三人がいる、とのことだった。つまり、彼ら蒙古人ラマ僧を除くと、すべてタングート人による隊商だったのだ。

そう教えてくれたあとで、イシは、なにより、まずはラブランアムチトに挨拶してきたほうがいいと勧めてくれた。

そこで西川は、隊商の主であるラブランアムチトの大きなテントに挨拶に行くことにした。テントの中に入ると、二人の男がいたが、四十代半ばと思われる丸坊主の男がラブランアムチトだった。ラブランアムチトはさすがに成功者と思わせる懐の深さを示して西川を気持よく受け入れてくれただけでなく、同行の蒙古人ともうまくやっていけそうかということまで心配してくれた。西川が二人に歓迎してもらえたと告げると喜んでくれ、困ったことがあったら何でも相談してほしいとまで言ってくれた。

イシたちのテントに戻るともう夕暮れになっており、ヤクをテントの近くに張ったロープにつなぎ、イシたちと西川はそれぞれが思い思いに夕食を作って食べた。

夜、イシはテントの中で眠ったが、西川とサンジイジャムツォはヤクが盗まれることを防ぐため、外で眠ることにした。初夏とはいえ海抜三千メートルを超える高原である。いくらか冷えたが、寒いというほどではなかった。

デブスイン峠に来て三日が経った。そのあいだ、西川も自分のヤクに草を食べさせることに専念していたが、ラブランアムチトがなかなか出発しようとしないのが不安だった。

ラブランアムチトの一行も、さらに大きな隊商に合流することになっていた。そして、ツァイダム盆地のジュンの地でさまざまな隊商が合流するのを待っていたその大隊商が、ついに動き出したという報が入ってきた。

しかし、ラブランアムチトはなかなか出発しようとしない。西川が不思議に思ってイシに訊ねると、無人地帯の手前に横たわっているボルハンブダ山脈を越え、チュンジュンリブというところに着くまでは大隊商と別行動をとるからだという。ボルハンブダ山脈越えには、大隊商がとろうとしている草のいい北路と、あまり草のよくない南路がある。ラブランアムチトはあえて草の悪い南路をとるらしいのだ。いくら草がいいと言っても、万にも達する家畜が移動する中に入ってしまうと餌の確保が難しくなる。それより、悪いとは言え、処女地として草が残されている南路の方が家畜のためにはよいだろう。それに、ラサまでの旅に慣れているラブランアムチトには、数日の遅れくらいはすぐに取り戻せるという自信があったのだ。

大きな隊商は動き出したが、ラブランアムチトは動かず、一行は草のいいデブスイン峠で家畜に栄養をつけさせることに専念しつづけた。

そのラブランアムチトの隊商も、西川がデブスイン峠に到着して六日目にいよいよラサに向けて出発することになった。

ところが、その前日、西川に思いがけない事件が起こった。草を食べさせるために放していたヤクたちが、ほんの短いあいだ眼を離した隙に逃げ出してしまったのだ。他のヤクの群れの中にいるのではないかと必死に捜しまわったが、どうしても見つからない。

ヤクがいなければこの旅はできない。ラサへ行くのは諦めろということなのだろうか。西川は絶望的になった。

そのとき、ふと、脳裏をよぎるものがあった。そういえば、あのヤクたちはこのデブスイン峠に来るときも、逃げ出そうとしていた。それを見て、自分は、このヤクたちも故郷の山に帰りたいのではないかと思ったのではなかったか。もしかしたら、あのあたりが彼らの野性を刺激する場所なのかもしれない。

西川は峠を下ってそこに急行してみることにした。走りに走った。しかし、どうしても見つからない。日が暮れかかった中で、諦めかけたそのとき、遠くに二頭のヤクの姿が見えてきた。間違いなく自分のヤクだった。

近づいてそれを確かめると、思わず涙が流れてきた。

日が暮れた暗い中、ヤクを連れ戻ると、心配してくれていた隊商のタングートの使用人たちがよかったなと声を掛けてくれた。

イシたちのテントに戻ると、二人も喜んでくれたが、そこにもうひとりの若いラマ僧がいた。青海蒙古出身の蒙古人でバルタンという名前だという。西川と同じく、テントを持たず、しかし三頭のヤクと旅をするため、この蒙古人ラマ僧たちの仲間に入ることになったらしい。バルタンは西川と同じく二十代の半ばくらいだったが、前に一度ラサまでの巡礼をしたことがあるという。西川がヤクを荷物用の二頭しか持っていないことを知ると、懸念を示すようなことを言った。ラサに行く途中には大きな河があり、そこは乗用のヤクの背に乗らないと渡れないというのだ。

西川はここでも大丈夫と見得を切ったが、内心は不安が大きく広がってきていた。だが、仕方がない。この二頭で行けるところまで行くしかないと覚悟を決めた。

2

次の日の朝、ラブランアムチトの一行はいよいよデブスイン峠を下りはじめた。いったんツァイダム盆地に降り、ボルハンブダ山脈の麓に沿って西に向かい、チャガンゴール河が流れているところから本格的にボルハンブダの山脈越えを開始するとのことだった。

同行のイシとサンジイジャムツォとバルタンはヤクに乗り、西川は自分の二頭のヤクを追いながら歩いた。

デブスイン峠に登ってくるときの東の斜面はなだらかだったが、下りの西斜面は切り立った崖につづら折りのような道が続いている。豊富な草を食べ、ゆっくり休養をとった元気なヤクたちは、最初こそ列を守って下っていたが、しばらくすると列を乱し、灌木の生い茂る急斜面を勝手に下り降りるものが出てきた。それぞれのグループの使用人たちが必死に道に戻そうとするが、なかなか言うことをきかない。そのうち、背中の荷物を灌木の枝に引っかけて落とすもの、いや自分から荷物を振り落とすものまで出てきた。落としてもその荷物が斜面にとどまっていてくれればいいが、谷底に向かって転がり落ちてしまうものもある。

やがて、隊商全体が、そうしたヤクたちや落ちた荷物を追っての大騒ぎになった。そのヤクを抑えてくれ、あの荷物を拾ってくれ、こっちに来てくれ、といったような叫び声があちこちで上がるようになった。

西川は、自分のヤクが道から外れないようにするのに必死だったが、困っている使用人の叫びを無視するわけにはいかず、転がりはじめた荷物を押さえたり、ヤクを道に戻すのを手伝ったりしているうちに、いつの間にか自分のヤクの姿が見えなくなってしまった。

これには慌てざるをえなかった。どこにもいない。先頭に向かってヤクの列を調べに行ったが見当たらない。

万事休すかと絶望しかかったが、そこから隊列を後ろに向かって探していくと、タングートの老人の連れていたヤクたちと一緒に二頭が歩いてくるのが見えた。助かった、と思った次の瞬間、さらに血の気が引くような衝撃に襲われた。一頭のヤクの背中の荷物が消えていたのだ。どこかで振り落としてしまったらしい。それはこれからの旅を支えてくれることになっている食糧が詰め込まれた荷だった。

やはり今年はラサへの旅に出るのはやめろということなのだろうか、と弱気になりかかったが、列から離れたがらないヤクたちを必死に逆方向に向かって歩かせ、荷物を落とした地点を捜し求めた。

ヤクには旅の最初から泣かされつづけている。しかし、誰に泣きごとを言っても助けてはくれない。いまはこの二頭のヤクがすべてなのだ。自分が命を永らえるための食糧をのせ、歩いてもらわなくてはならない。

なかなか見つからなかったが、ようやく斜面の灌木に引っ掛かっている荷物が見つかった。なんとか引き上げ、必死の思いでヤクの背にのせ、先行するヤクの群れを追って道を下り、集結することになっている山麓の平地に向かった。

全員無事に集結したが、ラブランアムチトは、この騒ぎで、交易をするための重要な品である酒と酢の入った樽のいくつかを失ってしまった。


山を下り切ると平野が広がっている。

このあたりにはまだ蒙古人の人家や包が点在していたが、やがてボルハンブダ山脈から流れ下っているヨゴラインゴール河の支流らしい流れにぶつかった。幅は二十メートル近くある。それがこのラサへの旅で最初にぶつかった河だった。

みんなは乗用のヤクや馬やラバの背にまたがり、難なく河を渡っていく。しかし、乗用の家畜のいない西川は、ズボンと靴を脱いでヤクの背にのせ、裾の長い服をたくしあげた姿で、腰まで冷たい水に浸かりながら河を渡らなくてはならなかった。この隊商に合流した最初の日に、乗用の家畜がいないことをラブランアムチトの使用人たちに嗤《わら》われたが、こういうことなのだなと思い知らされた。

河を渡ると、草のあまりよくない荒地が現れる。そこから禿げ山の山地を越えると草がよくなり、清冽な流れのチャガンゴール河に出て、一行はそのほとりで宿営することになった。

夜、西川たち蒙古人の四人は、それぞれ思い思いのものを作って食べた。イシとサンジイジャムツォは二人一緒だったが、バルタンはバルタンだけで、西川も西川だけと三つに分かれての食事だった。その食事の仕方は、共に旅をする全員が常に同じものを食べるという経験しかしてこなかった西川には初めての経験だった。少し物足りないような気もしないではなかったが、それぞれが三カ月の長旅に堪えられるだけの量の食糧しか持ってきていない。もし一緒に調理をしたりすると、のちに誰かが不足してきた場合に問題が起きかねない。だから、ある意味で厳密すぎるくらい厳密に、分かれて食事をした方がいいのだ。

夕食後は、家畜たちを盗まれないように、イシ以外の若い三人はテントの外で眠ることになった。毛皮の敷物を敷き、着ている毛皮の服を掛け布団として眠るのだ。

横になりながら、西川はこんなことを思っていた。

――自分は、このラサへの旅について、少し思い違いをしていたかもしれない。これまでの旅では人数が少ないということもあり、いつ匪賊に襲われるかもしれないという恐怖心や、ルートに間違いはないのだろうかという懸念が常に存在し、それが適度な緊張感をもたらしてくれていた。ところが、この旅は、ラブランアムチトという経験豊かな先達と一緒だということで、どこか油断してしまっていたのかもしれない。旅に同じ旅がないように、旅の一日に同じ一日があるわけではない。次の一日は常に新しい一日なのだ。これからは油断をせず、気を引き締めていこう……。

翌朝、一行はチャガンゴール河をさかのぼり、山峡を通ってボルハンブダ山脈を横断しはじめた。河の向こう岸に一軒の家がぽつんと建っている。そちらに眼をやりながら、ヤクの背に乗ったバルタンが、あれが最後の一軒、これから先は固定家屋がなくなるよ、と西川に教えてくれた。

いよいよ無人地帯に入っていくのだ。このバルタンやイシやサンジイジャムツォのような同行者はいるが、最後は自分ひとりなのだと西川はあらためて気を引き締めた。

やがてナムラの峠にさしかかった。ここを越えれば、ボルハンブダ山脈も下りだけになる。ナムはチベット語で天、ラは峠、ナムラは「天の峠」を意味する。その名にふさわしく標高は四千五百メートル以上あるが、すでに海抜三千メートルはあるツァイダム盆地からの登りのため、西川にはさほど勾配がきついとは感じられなかった。

ところが、中腹から峠の最高地点に近づくにつれて同行の蒙古人たちが次々と苦しみはじめた。イシもサンジイジャムツォもバルタンもヤクの背から降り、道端でうずくまってしまった。日本では古くから「山酔い」と言われている急性の高山病にかかってしまったのだ。しかし、西川は高度に強かったのかほとんど影響を受けなかった。彼らのヤクを引き受け、まとめて追いながら先に歩いていくことができた。

峠の最高地点を越えて少し下ったところになだらかな起伏の山あいがあり、そこでテントを張ることになった。

次の朝、峠を南に下っていくと、やがて東方の山麓にアラガイノール湖が見えてきた。漢語で阿藍湖と記されるそのアラガイノール湖の湖面は、夏の強い太陽に照らされて銀色に輝いていた。

驚いたことに、すでに無人地帯に入っているはずが、湖の東岸に五十余りの黒いバナクや白いテントが見える。草がいいので、ラブランアムチトの一行もその湖畔で宿営することにしていたが、東岸の集団が何者なのかが不安で、どこか気もそぞろのまま西岸に向けて進んでいった。もし匪賊の一団だったら、数で圧倒的に負けているラブランアムチトの一行は簡単に蹂躙されてしまうだろう。しかし、みんなのどこかに、たぶん大丈夫だろうという安心感が漂っていたのは、黒いバナクの数の多さと形状から、それがタングート人の集団だと推測できたからだ。西川たち四人を除けば、ラブランアムチトの一行はすべてタングート人だった。

蒙古人の移動式家屋はゲルという。しかし、西川は、中国における生活中に慣れてしまっていたせいか漢人風に包《パオ》と呼んでいる。ここではそれにならうが、蒙古人の包と異なり、タングート人はバナク、あるいはバツナグと呼ばれる天幕を住まいとする。蒙古包が羊の毛を用いたフェルトを使うため白いのに対し、バナクはヤクの毛で織られた素材を使うため黒いのだ。

ラブランアムチトの一行が落ち着かないまま宿営の準備をしていると、そこに、東岸から馬に乗った数人の男たちがやって来た。彼らも、新たに姿を現した一行がどのような集団か確かめたかったらしい。

話によれば、彼らもまたラサに向かって巡礼の旅を続けているタングート人で、ほとんどがラマ僧ではなく家族連れの俗人だという。五、六十の家族が二千頭ほどの家畜を連れて旅をしているが、草のいいこの地で一カ月ほど滞在して家畜に栄養をつけさせているのだという。

こちらもラサへの巡礼者と商人だということを確認したタングートの男たちは安心して東岸に戻っていった。それを見送ったラブランアムチトの一行もまた安心して西岸で宿営をすることになった。

すると、夕方、東岸からふたたび馬に乗った使者がやってきて、ラブランアムチトにラサまで同行させてもらえないかと願い出た。もちろん、ラブランアムチトは喜んで受け入れた。彼らが加わってくれれば、大隊商に合流するまでのあいだも匪賊に襲われる危険性は少なくなると思えたからだ。

ところが、翌日、いざ出発という段になって、また東岸から使者がやって来た。準備が間に合わないので出発の日を延期してくれないかというのだ。

ラブランアムチトは了解し、アラガイノール湖からの出発は二日ほど延期することになった。

だが、食糧をぎりぎりにしか持っていなかった西川は、このような調子で果たして三カ月ものあいだもつのだろうかと不安になってきた。

3

二日後、ラブランアムチトの一行は、準備が整った東岸の十数家族と出発することになった。それ以外の家族はまだ出発の準備が整わず、もうしばらくこの湖畔に滞在するという。彼らは、前に進むのも、そこにとどまるのも、まったく自由に決めながら旅をしているようだった。

それでも、馬に跨がった男とヤクに乗った女性や子供を含めた五十人余りのタングート人が加わることになり、ラブランアムチトの一行は急に賑やかになった。人だけでなく、彼らが引き連れてきた六百頭余りのヤクと羊が加わり、家畜の総数も千数百に膨れ上がったため、隊列の長さも二百メートルほどに達するようになっていた。

このタングート人の参加は、ラブランアムチトの一行にとって大きな意味を持つことになった。小銃を肩にしたタングートの男たちは精悍で、たとえ匪賊が現れても簡単に駆逐してくれるのではないかと思えるような力強さがあったのだ。

そしてまた、馬に乗った彼らは、一行から自由に離れては野生の獣の狩りをし、新鮮な肉をラブランアムチトの隊の者にも分け与えてくれたりした。

そのタングートの男たちは、西川個人にとっても思いがけない意味を持つことになった。西川は、あたかも、なにものにも縛られていないかのような、その自由な振る舞いに心惹かれるようになっていったのだ。

行く手には何もない草原が広がっており、一行はそこをただ西に向かって黙々と歩いていく。やがて、遥か前方に、ボルハンブダ山脈の次に越えなくてはならないシュキンゴール山脈が姿を現してきた。

名もない曠野で夜を明かした翌日の午後早く、シュキンゴール山脈の麓に到達した。低い台地状のところを越えるとシュキンゴール河がくねくねと流れているのが見えた。近づくと、水は少なく、河床はいたるところが掘り返されている。シュキンゴール河は漢人たちが砂金を採るために入り込んでいることで有名な河だった。

その河畔はまた、草がよいことで知られており、ラサに向かう隊商の宿営地になってもいる。時間は早かったが、一行もそこでテントを張り、家畜たちに豊かな草を与えることになった。

夕食の時間までたっぷり時間があったため、西川たち蒙古人のラマ僧たちは、読経をしたり、シラミ取りをしたりして、のんびり過ごすことにした。

そこに、三人の漢人の砂金採りが通りかかり、さまざまな情報をもたらしてくれた。彼らによれば、合流する予定だった大隊商との間に一週間の差がついているという。それを知って、ラブランアムチトは大隊商に追いつこうとするのを断念した。

大きい隊商と行動を共にする方が安全だが、家畜の餌である草の確保に苦労しなくてはならない。その点、小さな規模の隊商の方が融通をつけやすい。それに、新たにタングート人の巡礼者たちが加わったことで、匪賊に襲われても対抗できるというさらなる自信が生まれたことも大きかった。

そのタングートの男たちは、西川たちがシラミ取りに精を出しているあいだに狩りに出掛け、十頭ほどの野生の山羊やカモシカを仕留めて戻ってきた。

彼らは、西川たちにも新鮮な肉を提供してくれただけでなく、この地の西南に、草がよく、野生の動物が棲息している無人地帯があるという情報ももたらしてくれた。そこを通っていくと通常のルートよりいくらか遠廻りになるが、先行する大隊商の影響を受けなくて済む。

翌日、ラブランアムチトの一行は、西南に向けて出発した。

だが、進むにつれて、平野は、これまでの草原と異なり、湿地帯に変わっていった。土地に凹凸があり、至るところにある小さな窪地には水が溜まっている。ヤクはそうした土地に好んで棲息しているため、平然と歩くことができ、その背に乗っている分にはまったく草原を行くのと変わりはない。しかし、ひとり徒歩の西川は、水溜まりになっている窪地を避けるため、地面に注意を払い、乾いたところを選んでぴょんぴょんと跳ぶように歩かなくてはならなかった。

それでも、なんとか、湿地帯を過ぎ、ゆるやかな起伏の丘陵地帯に辿り着いたときは、助かったと思った。

なるほど、そこは、先行する大隊商の家畜たちに食い荒らされていない、豊かな草が生えているところだった。

宿営することになり、テントを張った。

その日は、また狩りに出たタングートの男たちが、七、八頭の野生のヤクや山羊を仕留めて帰還した。そして、また、西川たちにも肉を届けてくれた。

本来、蒙古人は生肉を食べない。焼いた肉も火の神を汚すとして食べない。すべて煮る。ただタングート人の影響を受けている青海蒙古出身のバルタンだけは生で肉を食べ、イシやサンジイジャムツォに奇異な眼を向けられていた。西川も、生で食べたり、焼いて食べたりしたかったが、内蒙古出身ということになっているため、イシたちと同じ素振りをしなくてはならなかった。

翌朝、いつものようにテントの外で寝ていた西川が眼を覚ますと、布団がわりにくるまっている服が妙に重い。だんだん頭がはっきりしてくるに従って、状況がわかってきた。なんと、夜に降った雪に埋もれていたのだ。真夏の大雪だった。

昼に雪はやんだが、その夜は積もった雪が溶けて土が泥状になり、外で寝ることができなくなってしまった。仕方なく、イシの狭いテントで四人の男たちが身動きもできない状態のまま寝ることになった。

次の日も深い雪の中で暮れていった。

翌日、この地に滞在して四日目に出発することになった。雪のため、家畜によい草を食べさせて栄養をつけようという目的も果たせず、散々な目にあっただけの地を去った。

さらに、そこからの行程がまた西川にとって苦しいものだった。湿地帯が雪野原になっており、どこに水溜まりがあるかわからないため、そこに足を踏み入れては靴が濡れていき、足先は凍るようになってしまった。乗用のヤクのいる同行者たちは、西川の必死の歩行を唖然とした表情で見ていた。よほど自分は凄まじい形相をしているのだろうと気がついたが、そんなことを顧慮している余裕などなかった。

湿地帯を抜けると、雪はしだいに姿を消し、シュキンゴール山脈の麓で宿営することになった。翌朝、ようやくサルタン公路の大道に戻った。大道といっても細い獣道ならぬ、家畜道が複数ついているだけの道である。しかし、そこには家畜の糞が大量に落とされており、大きな隊商が通ったあとだということがわかった。

サルタン公路を西に少し下ると、遠く右手に崑崙《こんろん》山脈の峰が見えてきた。西川はその崑崙山脈の白い峰々の美しさに心を奪われた。夏とは言え、峰には万年雪が残っている。

すると、前を行くタングート人たちの中から自然と歌声が湧き上がり、西川のところまで聞こえてくるようになった。西川は、その歌声の美しさにうっとりした。


それからは本格的な無人地帯の旅が続いた。着いてはテントを張り、ヤクから荷物を下ろし、宿営するという日々だった。

砂漠地帯に足を踏み入れると、その一帯には石や岩というものがないため、砂で小高く盛り上げたところに、ヤクや駱駝の骨などで道標ともなるオボが作られ、異様な雰囲気を醸し出している。

さらに進むと、砂漠地帯から草原地帯に入っていくことになる。山が近づき、谷川の流れのほとりに至る。

そこでも宿営したが、そのときは同行のタングートの男たちが二頭のヤクを拾ってきた。尻尾を切られ、骨が浮いた痛々しい体つきをしている。先行する大隊商が弱って足手まといになったため打ち捨てたものらしい。ヤクの尻尾はチベットで高く売れるとかで、そこだけ切り落とされて持ち去られるのだ。

タングートの男たちは、女や子供にヤクや羊などの家畜を任せ、自分たちは馬で狩りをしながら一行から離れないようにして移動していく。その途中で、このヤクたちを見つけたらしい。

西川は、このタングートの男たちの気ままさ、自由さに心惹かれるようになっている自分を感じはじめていたが、このヤクの一件でさらにその思いは強くなった。

家畜とはいえ、使役されるだけされて、役に立たなくなると、屑のように打ち捨てられる。曠野に打ち捨てられたヤクは、生きているあいだに狼に屠られるか、苦しみの果てに死んで禿鷲に啄《ついば》まれるかするばかりだ。いずれにしても、彼らの無残な運命を思うと胸が痛むが、タングートの男たちは、その廃物同然のヤクを拾って再生するつもりらしいのだ。

もちろん、それによって家畜という財産を殖やすことに繋がるのかもしれない。しかし、西川には、それ以上に、家畜というものに対する深い憐れみの心があるからのような気がした。

実際、それ以後、道中のあいだ、先行する大隊商によって打ち捨てられたヤクを拾っては、ひとりかふたりのタングートの男が交替で付き添い、本隊に遅れながらも、よろよろとしか歩けないヤクたちの体を労るようにして旅を続けさせていた。

しかし、そうするうちに、背に重い荷物をのせられていないということもあいまって、病み衰えたヤクたちが徐々に回復していくようになる。それまではラブランアムチトの本隊が午後早くに宿営地に着き、テントを張りはじめても、病み衰えたヤクたちは夕方遅くにしか到着しなかったものが、少しずつ早く到着するようになっていくのだ。

その様子を見て、ラブランアムチトの使用人や西川と一緒の蒙古人たちも、タングートの男と交替で病み衰えたヤクたちに付き添う役を引き受けてやるようになった。

西川も、自分のヤクを他の者に預けると、何頭もの痩せ衰えたヤクを喜んで率いて歩くようになった。

西から南の方角へ向きを変えると、粘土が砂漠化した黄色の平原になる。そして前方にはククシリの山嶺が見えるようになる。

さらに宿営を重ねながら平原を南下すると、チュマル河に至り、そこを渡らなくてはならなくなった。

雪を頂く崑崙山脈から流れてくる雪解け水は冷たい。ズボンを脱いで下半身を露出しつつ渡る自分の姿の滑稽さと、水の冷たさに思わず身を縮めたくなってしまう。

やがて平原の黄色い海に浮かぶ緑の鯨のようなククシリの山嶺に近づいていく。

道はしばらく麓に沿って続いているが、途中でククシリの山中に入っていき、盆地状のところで宿営することになった。

このあたりは、無人地帯の続くこのルートの中でも、豊かな草に恵まれているところで、砂漠のオアシス、大海の寄港地のような意味を持っているらしい。それもそのはず、ククは蒙古語で緑、シリは丘を意味する言葉なのだ。

ラブランアムチトの一行もそこで四日間の休養を取ることにした。

至るところに小川が流れているため水は問題なかったが、燃料集めには苦労せざるをえなかった。先行する大隊商もここで休養したらしく、乾いたアルガリを拾われ尽くしていたからだ。しかし、ハラモドと呼ばれる灌木の根を掘り出すと、これがなかなかよい燃料になる。携帯しているフイゴで空気を送ると、多少湿気を帯びたアルガリでも火をつけられるし、固いハラモドでも炎を上げさせることができる。ツァンパの捏《こ》ね方と、フイゴの使い方に習熟することが、巡礼の旅をするための必須のものということを、あらためて思い知らされた。

この休養地でも、タングートの男たちの狩りによって新鮮な肉が供給された。

四日間の休養をとったあと出発したが、あまり行かないうちにまた宿営することになって、果たしてラサに着くまで食糧がもつかどうかとまた西川を不安にさせた。

そうした日々を繰り返しているうちにいよいよククシリにおける最高地点の峠を越えることになった。

さほどの急斜面ではなかったが、同行の蒙古人ラマ僧たちは登るにつれてまた山酔いに苦しんだ。ただ西川だけは、ここでもほとんど影響を受けなかった。

峠を越え、長い峡谷を下り、反対側の山麓に出て宿営した。

4

無人地帯を進むにつれて大地はしだいに砂漠化し、砂と粘土の台地になる。よい草がないため、家畜たちにも衰えが目立つようになってきた。

河を渡り、峠を越え、宿営を続けながらさらに進むと、やがてこの旅における最大の難所であるリチュ河が姿を現してきた。谷を深くえぐるように流れているリチュ河は、すでにそこで百メートル近い河幅があったが、やがてこの河が下流に行くに従って「金沙江《きんさこう》」となり、大河の「揚子江」となっていく。

水はどこまでも碧く、流れは急だ。

明治時代にこのルートを辿った寺本婉雅のラサ行においても、渡河は大きな困難のひとつだった。しかし、寺本が旅したのは冬季だった。気温の低さに悩まされはしたものの、渡河には峠越えほどの苦労をしなかった。それは、寺本が馬に乗っていたということもあるが、冬季だったため夏季ほど雪解け水や降雨による水量が多くなく、また、各所で凍結していたからである。

寺本も『蔵蒙旅日記』で書いている。

《水勢激しき為め渡馬容易ならざりしも、気候一変の為め水は氷結し、却《かえっ》て便利を得たり》

西川たち一行は、流れに沿って遡上していったが、しだいに河幅が狭くなり、水の勢いもますます急になる。

やがて、このリチュ河が、そこに流れ込む支流のひとつであるガル河と合流する地点で宿営することになった。

テントを張り、茶の準備をしていると、タングートの男たちの叫び声が聞こえた。

「ヤクが河を渡っていくぞ！」

見ると、百頭くらいのラブランアムチトのヤクが勝手に河を渡ってしまったあとだった。

残りはなんとか渡るのを抑えられたが、ここが渡河地点でない以上、対岸に渡ってしまったヤクを引き戻さなくてはならない。

右往左往しているあいだに日が暮れてしまったため、すべては翌日ということになった。しかし、一夜が明けても、ヤクたちは戻ってくる気配がない。

困ったラブランアムチトが馬に乗り、若い使用人と共に河を渡って連れ戻そうと試みた。しかし、優秀な馬を選んでの渡河だったにもかかわらず、流れの勢いに負けて渡り切ることができない。ラブランアムチトはなんとか途中で引き返すことができたが、使用人は馬ごと急流に流され、ようやく途中で岸に這い上がることができ、命だけは助かるという具合だった。

馬による渡河に失敗し、その日も出発できないことになった。

西川たちがテントで茶を飲んでいると、ラブランアムチトの甥にあたるダンズンという男がやって来た。そして、西川に言った。もし本当に泳げるなら、河を渡ってヤクを追い返してくれないかと。

この一行に合流したデブスイン峠で、ラブランアムチトの使用人たちに取り巻かれたとき、思わず「河など怖くない」と口走ってしまったことを聞きつけたらしい。

西川は、内心、このくらいの急流なら泳げないことはないと思ったが、簡単に引き受けてしまうと同行の蒙古人に怪しまれるのではないかということを恐れた。風呂に入ることはもちろん河で沐浴《もくよく》するという習慣すらない蒙古人にとって、速い水の流れというのは恐怖の対象でしかなく、泳げる蒙古人など存在していないも同然だったからだ。

そこで、自分が泳げるようになった理由をそれとなく話した。自分の住んでいたところでは漢人が河でスッポン取りをしていた。その真似をしているうちに泳ぎを覚えたのだと。

イシたちはそれを信じてくれたが、危険だから絶対に断れと言う。それを聞いて西川は嬉しく思った。自分の身をここまで心配してくれるということと、自分を蒙古人だと信じて疑っていそうもないことに対してである。

——流れの急なのは何とか乗り切れるにしても、流れの冷たさに果たして耐え切れるだろうか……。

しばらく考え、やってみよう、という結論に達した。同行させてもらっている隊商のみんなが困っているのだ。やってやろう。しかし、そのどこかに、日本男子の底力を見せてやろうというヒロイックな気持もないではなかった。もっとも、日本男子であることは死んでも隠さなくてはならないという状況に、我が身のことながら一種の滑稽さを覚えないわけにいかなかったが。

わかった、と答えると、ラブランアムチトの甥のダンズンが喜色を表し、謝礼はいくら払えばいいかと訊ねてきた。みんなのためにやるのだから謝礼などいらない、と西川は答えた。

そこから、ラブランアムチトのテントの中で西川の安全な渡河を祈っての読経が始まり、西川の前に御馳走が並べられるということもあり、まるで祭りのような騒ぎになった。

しかし、西川は、あまり食べ過ぎると泳ぎ切れなくなるかもしれないと思い、食べるのをほどほどにしたあとで、いったん自分のテントに戻った。そして、もし自分の身に何かあったら、二頭のヤクとわずかな所有物は適当に処理してくれとイシに頼み、河に向かった。

本当は日本風に褌を締めたかったのだが、そんなことをしては蒙古人でないことがばれてしまう。わずかに腰に帯状の紐を巻き付けてみたものの、下半身を露出した状態であるのは変わりなかった。

全員が見守る中、西川はどこか頼りない裸姿のまま河に入り、歩けるところまで歩いてから抜き手で泳ぎはじめた。

興奮しているせいか裸で歩いているときは寒さを感じなかったが、雪解け水はさすがに凍るような冷たさだった。

急流を必死に泳ぎ、ようやく向こう岸に近づいたとき、もう立てるのではないかと足を伸ばしたところ、まだ足が届かず、おまけに流れの水が岸にぶつかって生まれる横波のようなものを食らい、一瞬溺れそうになってしまった。

しかし、ようやく浮かび上がり、流れに流されているうちになんとか体勢を整え、最後のひと泳ぎで岸に辿り着くことができた。

その瞬間、向こう岸からすごい歓声が湧き起こるのが聞こえた。

死ななかった、と西川は思った。だが、突然、寒さに体が震えはじめた。同時に、自分がひどく空腹なのに気がついた。

対岸に向かって、服と食糧を送ってくれ、と叫んだ。

すると、タングート人たちが一頭のヤクに西川の服と食糧を背負わせ、河に追い立ててくれた。

ヤクは器用に泳いで、西川のところまで来てくれた。

服を身につけ、温かい茶を飲み、ツァンパと干し肉を食べた。ようやく人心地がついた西川だったが、あらためてヤクの群れを見渡して、とんでもないことに気がついた。

ヤクたちはそこに豊富に生えている草を食べ、満足した様子で休んでいたが、そのうちの数十頭が、そのもう少し下流でリチュ河に流れ込んでいる支流のガル河をも渡ってしまっていたのだ。

ガル河はリチュ河に対して小文字のｙのような位置関係にある。ヤクは、リチュ河を渡ると、ｙの字の短い直線部分のガル河をも渡ってしまっていたのだ。

西川は疲れ切った体に鞭打ち、ふたたび裸になるとガル河を泳いで渡り、数十頭のヤクを追い立てて仲間のところに戻し、百頭のヤクをひとつにした。

やがて日が傾きはじめた。急いでその群れを対岸に渡らせなければならない。

だが、やってみると、たったひとりで百頭からのヤクを動かすなど到底不可能なことだった。必死に河に追い込もうとするが、こちらを追えば反対側のヤクがバラバラになるという具合で、万事休すという状態になった。

途方に暮れていると、ひょっとしたらと思いつくことがあった。

タングート人たちは、遠くにいるヤクにこっちに来いと命令するとき、鼻づらに石を投げ当てて言うことをきかせている。

西川は少し大きめな石を集めると、河の近くにいるヤクに向かって手当たり次第に放り投げた。すると、驚いた一頭が慌てて水の中に飛び込み、対岸のみんながいる方に向かって泳ぎはじめた。

さらに石を投げつづけると、二頭、三頭と続けて河に飛び込んでいき、あとは雪崩れるようにヤクたちが河を渡りはじめた。

そして、最後の一頭に自分の服をくくりつけて追い立てると、すべてのヤクが対岸に泳ぎ着いていた。

対岸から一段と大きな歓声が湧き起こり、早く戻ってこいという叫び声が混じりはじめた。

しかし、西川にはほとんど体力が残っていなかった。

それでも、泳がなくてはならないのだ。西川は、寒さよけに着ていたヘムヌグ、雨衣を脱ぎ捨て、夕方になってさらに冷たくなったように感じられるリチュ河の水の中に裸で入っていった。泳ぎはじめ、抜き手で進んだ。中央の流れの急なところで大きく流され、自由がきかなくなった。駄目かと絶望しかかったが、懸命に泳ぎつづけ、なんとか岸に近づくことに成功した。泳ぎをやめ、立とうとして、またも背が立たず、流れに押し流されてしまった。

浮いたり沈んだりするたびに、対岸にいる人々からの悲鳴に近い叫び声が聞こえてくる。

だが、流されているうちに徐々に岸に近づいていたらしく、ふと足が底についたのがわかった。立ち上がると、急いで走ってきたタングートの男たちが河から西川を岸に引き上げ、服でくるんでラブランアムチトのテントまで運んでくれた。テントの中には火が焚かれており、体を暖めさせてくれた。

その夜は、何頭もの羊がさばかれ、広いラブランアムチトのテントに全員が集まり、夜遅くまで宴会が続いた。

そして、ラブランアムチトからは謝礼に銀貨二十五枚と羊二頭が贈られることになった。西川はいらないと断ったが、どうしてもということで受け取ることにした。

自分たちのテントに戻ると、蒙古人のイシたちはその額の少ないことに憤慨したが、西川はそれ以上のものを手に入れることになる。ひとりの背の高い蒙古人ラマ僧が、リチュ河を泳いで渡って隊商の危機を救ったという噂は千里を越え、その評判はチベットにも及んで、無一文になった西川の身を助けることになったからだ。

5

翌朝、一行は渡河点を求め、リチュ河に沿って上流に向かって進んでいった。そのあいだにも、タングート人の家族たちが西川のもとに近寄ってきては、この馬を乗用に使わないかとか、疲れないかなどと盛んに声を掛けてくれる。もちろん、変わらず歩きつづけたが、彼らがそのような親しみを見せてくれるようになったのが、西川にはなにより嬉しいことだった。

登るにつれて峡谷は深くなり、道はいったん河と離れたが、やがて山中から台地を下り、大草原に足を踏み入れると、ふたたびリチュ河が姿を現した。

そこでラブランアムチトはテントを張る指令を出した。ここに宿営して、渡河点を見つけるためである。

その草原を流れるリチュ河は、二百メートルを超える河幅になっている。といっても、すべてが水の流れというわけではなく、いくつもの中洲を作り、何本もの流れに分かれている。中には、それ自体がすでに大河のような流れがいくつもある。一本、二本はなんとか渡れても、すべてを渡るのは困難なように思える。とりわけ、水を恐れない馬やヤクは渡れても、背の低い羊を渡すことが難しい。

しかも、その日は、恐れていた雨が降り、河は増水し、中洲までもが水に没するようになってしまった。

減水するのをひたすら待っているうちに、四日目に至ってようやく渡れるくらいまでに水が減りはじめ、ついに渡河することになった。

西川は、タングート人が提供してくれたヤクの背に乗り、同行の蒙古人三人と河を渡りはじめた。泳ぐことはおろか、速い水の流れというものに親しんだことのない蒙古人たちは恐怖におののいていたが、西川は自分のものも含めて蒙古人のヤクのすべてを追いながら、最後尾から渡って行った。

水の流れは八つに分かれており、五番目の流れが最も急で深かったが、そこを越えるとあとは楽だった。

西川は、ヤクの背に乗って河を渡りながら、そのヤクの歩き方の巧みさに驚いていた。歩き方というより、泳ぎ方と言った方がいいかもしれない。深いところでは、時に河底を蹴って浮くようにしてバランスを取りながら前に進むことができるのだ。これだったら、河を渡ってしまったヤクを引き戻す際も、無理して泳いだりせず、ヤクを借りて渡ればよかったのかもしれないと思ったりもした。

馬、ラバ、ヤク、そして人はすべて無事に渡ることができたが、羊はそうはいかなかった。羊も本能的に泳ぐことはできるのだが、傷ついたり体力を失っていた羊を中心に、第五の流れで、四十頭あまりが濁流に呑まれ、流されていってしまった。

それでも、このルートの最大の難所であるリチュ河を渡ることに成功した一行は、まずは安堵し、次に喜びを口にするようになった。

だが、そこからは、最後の難所というべきタンラの峠越えに向かわなくてはならない。峠の標高は五千二百メートルを超え、多くの旅人が山酔いによって、頭痛やめまい、息苦しさに悩まされると言われているところだ。

寺本婉雅も書いている。

《山は左程峻《しゅん》ならざるも、人馬共に呼吸逼迫《ひっぱく》す》

リチュ河の渡河から四日目、ゆるやかな勾配の山腹を登りつづけていると、不意に山中から馬に乗った三人の兵士が姿を現した。チベット兵だった。西川は一瞬緊張したが、彼らは今夜の宿営地と他に仲間の隊商がいるのかどうかを確かめると去っていった。まだチベット領内ではないはずだったが、中国の青海省との境界線に差しかかったらしい。西川は、秘密の国であるチベットが近づいてきたのを知り、興奮を抑えられなかった。

その日、ランジュングンニャーと呼ばれる山峡で宿営していると、今度は七、八名のチベット兵がやって来た。彼らは、ここで、ラサに向かう巡礼者などをチェックしているらしい。ラブランアムチトが如才なく接待すると、人数と家畜の頭数を確認しただけで、あとは夜まで飲み食いして引き揚げていった。

西川は、こうして鎖国状態を続けているチベットの第一線をやすやすと突破することができたのだ。

翌日、清流沿いに渓谷を登るにつれて、卵の腐ったような異臭がしはじめ、蒙古人だけでなくタングート人も意識が朦朧となりはじめた。西川も、ここで初めて、頭痛やめまいを経験することになった。

そこを通過すると、両側から圧迫されるようだった渓谷から抜け出て、前方が開けた台地になり、切り立つ岩山の手前でテントを張ることになった。

翌朝、「石の手袋」と呼ばれる隘路《あいろ》を過ぎると、前方に白雪に覆われた美しい山が現れた。ヤクと共にそこを登っていくと白い雪で覆われた石のオボが現れた。石と岩のあいだのような大きさの石を積み上げ、鋭角的な小山のようなものが作られている。それがタンラのオボだった。ついに五千二百メートルを超えると言われるタンラ峠の最高地点に至ったのだ。

リチュ河を渡り、その河畔を発って六日目のことだった。

一行の全員が歓喜に震え、叫び出した。

「ソル・ジェ・ロー！」

西川も同じように叫んだ。

「ソル・ジェ・ロー！」

人も動物も安らかなれ、と。

同時に、そこで西川は、タール寺に到着してから二年目にしてついに広大な中国の青海省に別れを告げることになったのだ。

タンラの峠の南麓にはチベットの領土が広がっていた。

峠を越え、狭い山峡を下って、ペモーガンやチュゼンワというところで宿営を重ね、さらに山あいを行くとゴルク族の黒いバナクがポツポツと姿を現しはじめた。

ゴルク族はチベット人の一部族で、その意味ではタングート族と変わりないが、体格のいいことと、陰気な印象を与えることが異なっている。それと、このあたりのゴルク族は盗みをすることで有名なのだという。

しかし、ゴルク族のバナクが現れたということは、ようやく無人地帯を脱し、人の住むところに至ったということでもあった。

それは、「餓死」の恐怖から解放されたということを意味していた。無人地帯では、道を失い、食糧が尽きれば、餓死せざるをえなかったからだ。

確かに、無人のサルタン公路に埋め込まれた地雷のような危険からは脱することができた。渡河、峠越え、飢え、匪賊の襲撃。

だが、人の住む地帯に入ると、新たな問題に直面することになった。ゴルク族による「盗み」と、チベットの役人たちの「貪欲さ」である。


一行は、ツオムラの盆地で四日間の休養をとったあと、ふたたび南下を開始し、ラサに至る道の途中でも最大と言われるナクチュの街の手前の草原でテントを張った。

すると、待ち構えていたかのようにナクチュからチベット兵が来て、一行の人数と家畜の数を調べ、許可があるまでラサに向かって出発してはならないと言い残して去っていった。

そのため、一行は何日も待たされることになったが、困ったのは燃料だった。先に滞在していた大隊商に拾い尽くされてしまっていたため、乾いたアルガリが徹底的に欠如していたのだ。

だが、それ以上に困ったのはやはりゴルク族による「盗み」だった。

実は、そこで宿営する前も、ゴルク族による盗みの洗礼は受けていた。

ある峠に続く細い道を谷川に沿って登っていると、途中でゴルク族の大きな隊商とぶつかった。

ヤクの背には穀物を入れた袋が積まれ、ゴルク族の男たちが「シイ、シイ」と鋭い口笛を吹きながら追い立てている。そのヤクたちとラブランアムチトの一行の家畜群が交錯し、一時は細い道が大混乱となった。

なんとかすれ違うことができ、小高い台地状の丘陵で宿営することになり、それぞれがヤクを放して餌を食べさせていると、ラブランアムチトの使用人たちが騒ぎはじめた。ヤクが四頭消えているというのだ。いくら探してもいないらしい。すると、誰かが、谷川沿いの細い道でゴルク族の隊商とすれ違ったとき、どさくさに紛れて連れて行かれてしまったのではないかと言い出した。

使用人たちは小銃で武装し、馬に乗ってゴルク族の隊商を追いかけた。

夜中、使用人たちが四頭のヤクを連れて戻ってきた。

ゴルクたちの夜営地まで追跡し、訊ねた。彼らは知らないと言ったが、調べるとすぐにその四頭がいることがわかった。しかし、ヤクが背負っていた荷物がない。どこだと問い詰めたが、知らぬ存ぜぬと言い張る。使用人たちが必死に周囲を探すと、その夜営地から少し離れた窪地に隠してあったという。

こうした出来事があったにもかかわらず、ナクチュの手前のその宿営地でも夜間のうちに三頭の馬を盗まれてしまった。それはまさに神業で、誰も気がつかなかった。

西川たちは、しかし、ゴルク族の「盗み」に関してはどこか他人事だったが、彼らのヤクにも危機が迫ってきた。

ある日、丘の上でヤクを放牧していたサンジイジャムツォの叫び声が聞こえてきた。

「ヤク泥棒だ！」

西川たちが走り出すと、それより先に、ラブランアムチトの使用人たちとタングートの男たちが馬に乗って駆けつけてくれ、そこにいたゴルク族の男たちを銃声で追い払ってくれた。

サンジイジャムツォによると、これは自分たちのヤクだと言い張る彼らに略奪されそうになったのだという。


ラブランアムチトはできるだけ早くラサへの旅行証明書を発行してくれるよう、ナクチュの役所に日参したが、あれこれと理由をつけてなかなか検査にやって来ない。やっと来ると、その隊列の仰々しいこと、まるで江戸時代の大名行列もかくやと思えるほどのものだった。

ラブランアムチトにテントで歓待されたあと、役人たちの検査が始まった。西川は袋に入れた銀貨を発見され慌てたが、「ずいぶん金持だな」と言われただけで済んだ。中国側では銀の持ち出しになるため発見されると没収の対象になるが、チベットにとっては入ってくることなのでお咎めがなかったらしいのだ。

しかし、役人たちは、検査の途中で見つけ、自分がほしくなった物を安く買い叩こうとするため、なかなか旅行証明書を出そうとしない。

イシの大事な懐中時計も、ラブランアムチトの自慢の馬も、旅行証明書を出してもらうため、泣く泣く安く売らざるをえなかった。

そのようにしてようやく全員の旅行証明書を出してもらい、ついにナクチュを通過できることになった。

その旅行証明書を手にしてもなお、西川はあと一数日でラサに入ることができるというのが信じられないことのような気がしてならなかった。

6

ナクチュを出ると、ふたたび人家のない無人地帯の台地を行くことになった。

このサルタン公路の難所をすべて越え、ラサまでの十数日の旅を楽しむことができると思っていた西川に、思いもよらない不安が押し寄せてきた。

ひとつはヤクだった。

実は、西川の二頭のヤクたちは、この隊商の中で流行りはじめていた病気にかかってしまったらしくあまり餌を食べなくなり、元気がなくなっていた。出発時に用意した食糧をほとんど食べ尽くし、背負わせている荷は軽くなっていくばかりのはずだったが、それでも元気が戻らない。三カ月以上も一緒に旅をしているうちに情が移ってきて、元気がないことが心配だった。しかし、ラサに着けば売るなどしなくてはならない。さてどうしたものかと頭を悩ませはじめていた。

もうひとつは、日本と中国とのあいだのこの戦いの行方についてである。信じられないような噂が聞こえてきたのだ。

ナクチュ河を渡り、さらに街道を進んでいくと、反対方向から漢人らしい男が馬に乗ってくるのが見えた。近づくと、どうやらラブランアムチトの知り合いらしく、互いに馬に乗ったまま親しげに話を始めた。

西川が、自分のヤクと共にその脇を通り過ぎるとき、二人の口から「日本」という単語が発せられているのにハッとした。

彼らが滅多に口にすることのない単語なので、西川は心臓が止まるほど驚いた。日本がどうかしたというのだろうか？

しかし、立ち止まって聞いているわけにもいかず、不安な思いを抱いたまま、宿営地のオルトボルクで皆とテントを張った。

すると、一行の中に、日本と中国のあいだに講和が結ばれ、どうやら戦争が終わったらしい、という噂が流れはじめたのだ。

その根拠は綿布だった。

青海方面からラサには回族の商人が何人も入っているが、その彼らのもとに、西寧に駐屯している回教軍の司令部から綿布の類いはラサから持ち帰る必要はないとの無電が届いたという。ラサにはインドから綿布が入り、それを青海方面に持って帰るのが商人の仕事のひとつだった。しかし、青海方面にも北京や天津方面から綿布をはじめとした多くの物資が流れ込みはじめているため、持ち帰る必要がなくなったというのだ。

もしそれが事実だとすれば、確かに戦争の終結を意味しているように思える。そうでなければ、日本が支配している華北から物資が入ってくるはずがない。もし、本当に戦争が終わったとすれば、密偵としての自分の仕事も終わったということになる。

これでもう日本人だと露見しないようにびくびくしていた暮らしともお別れだという清々しい

気持も生まれかかったが、以前、タール寺で三川《さんせん》人ラマ僧のラッシによってもたらされた「すぐに内蒙古に還ってこい」という日本側からの命令が思い出され、単なる講和ではないのかもしれないという不吉な予感も増してきて混乱した。

そういえば、タール寺にいたとき、禿げ頭のラマ僧とは別に、かつて興亜義塾生時代にサッチン廟で蒙古語を教えてもらったラマ僧を見かけたことがある。そのときは、逃げ隠れするのではなく、自分から声を掛けることにした。ラマ僧も最初は驚いたようだったが、状況を察知するとニヤリとしただけで、西川の正体を言い触らすなどということはしなかった。ただ別れ際に、彼が、内蒙古の状況について、気になることを口にしていた。内蒙古にいる日本人が次々と召集され、入隊しているというのだ。それは、日本軍の兵士の数が不足しているためである可能性が高い。もしかしたら、同じ講和と言っても、優位な立場からの講和ではないのかもしれない、と西川の不安はさらに大きなものになっていった。

その不安は間違いではなかった。西川がタール寺でサッチン廟のラマ僧と遭遇したのは、一九四五年（昭和二十年）の一月のことだったが、当時、日本軍は、太平洋におけるアメリカとの戦いで敗勢に陥っていただけでなく、中国大陸における戦いにおいても、制空権をアメリカ軍と中国軍に奪われ、各地で敗北を喫するようになっていたのだ。

実際、一九四五年の一月には、ビルマの日本軍を撃破した連合軍が、北インドから雲南《うんなん》省の昆《こん》明《めい》に至る新たな援蔣ルートの道路を完成しており、援助物資が続々と中国内に運ばれつつあった。

二日後、ラブランアムチトの一行は、ラサへの第二の関門とも言うべきサンシュンの街に到着した。

チベット兵がいたが、何もチェックされず、そのまま通過することができた。これが入国不能な秘密の国かと拍子抜けするほど簡単な通過だった。

そこからさらに進むと、三日後に、ラーニーの二つの峠に続く道に出た。

ラーニーの第一の峠にさしかかると、そこは小高い台地状の丘陵になっており、そこで宿営することになった。峠とはいえ、ほんの少し下ったところには農家が建っているのが見えるほどで、さして高度があるとは感じられない。

だが、その丘から見た前方の光景は美しかった。淡い黒や青や紫に煙る連峰が折り重なるように連なって波打ち、白い雪をかぶった頂は陽光を受けてキラキラと輝いている。

西川が茫然と眺めていると、バルタンが背後から言った。

「向こうに一段と高い山が見えるだろう。あれがゴーラの山で、その向こうがラサだよ」

神秘の国、チベットの都のラサが、もう眼の前にあるのだと思うと、喜びが体の底から湧き上がってきた。

その日から三日ほどは、草のいいラーニーで宿営することになった。

ラーニーでの二日目、いよいよ食糧の乏しくなった西川は、リチュ河を泳いだあとでラブランアムチトから礼として贈られることになっていた羊を一頭貰い受け、屠ってもらうことにした。

それは家畜を捌くのに習熟しているタングートの男たちが喜んでやってくれた。

皮を剝ぎ、臓物を取り出し、水でよく洗うと、まず腸詰め作りが始まる。

ひとつは血の腸詰め、もうひとつは肉の腸詰め。それらを鍋に入れて茹でる。さらに、臓物も、部位ごとに切り分けて鍋に入れられる。

茹で上がり、煮上がったものを、捌いてくれたタングート人を含め、同行の三人の蒙古人らと腹がはちきれそうになるまで食べ尽くした。

それは西川と三人の蒙古人にとっては長い旅の終わりを前にした祭りのような一日になった。


ラーニーでの三日目、大雪が降った。

ツァイダム盆地のシャンを出たのは七月だった。夏のあいだ無人地帯を旅し、そこから人の住む地帯に出てくると、まるで秋を通り越して冬が訪れようとしているかのような気候になっていた。

午後、青海省の出身で、ナクチュで商売しているという漢人の商人がラサに連れていくヤクとやって来て、西川たちの宿営地の近くにテントを張った。

翌日、ラブランアムチトの一行が出発すると、その漢人の商人も出発し、一緒にラサに向かうことになった。

いくつかの集落で宿営を重ね、簡単な渡河や峠越えをしながら移動を続けた。

そうした移動中のある日、漢人の商人が西川のところに近寄ってきて、ラサに着いたらヤクをどうするつもりなのか訊ねてきた。

まだ決めていないと答えると、そのナクチュの商人は一頭につき銀貨十五枚で売ってくれないかという。同行のイシからは、自分のヤクをラブランアムチトに一頭につき銀貨九枚で買ってもらうことになっていると聞かされていた。それに比べると、一頭十五枚は大儲けだ。西川は喜んで承諾した。

直後に、ヤクが高値で売れたことをいくらか誇らしげにイシたちに話すと、こう言われてしまった。

「それはよかった。シャンバーではなく、商人に売ったのなら肉にされなくて済む」

シャンバーとは食肉の処理人を指す言葉だった。イシたち蒙古人は家畜が売られた先のことまで心配しているというのに、自分は少し高く売れたことを喜んでいるだけだったのが恥ずかしかった。

その日は、かなり日が高いあいだに、ペンボーという名の集落から少し離れた平原のど真ん中に宿営することになったが、テントを張り終わると、すぐにナクチュの商人がヤクの代金を支払ってくれた。二頭で銀貨三十枚。だが、銀貨の持ち合わせが十七枚しかないので、残りの十三枚分はチベットの金で払わせてくれという。銀貨一枚がチベットの金で八ウンサンになるという。十三枚で百四ウンサン。百ウンサンは大きな一枚の紙幣、四ウンサン分は四十枚の一ショウガン銅貨でくれた。一ウンサンは十ショウガンであるらしい。百ウンサン紙幣は使い込まれて古く、畳まれたあとが切れそうになっていたが、西川は新しく足を踏み入れた国の高額紙幣を手にしたことで嬉しくなった。

喜んでいると、その取引の様子を少し離れたところで見ていたラブランアムチトが、あとで西川に言った。受け取ったその百ウンサン紙幣はたぶんどこでも使えないだろうと。忠告してあげたかったが、他の商人の商取引に口を挟むことは同じ商人としてできなかったので黙っていたのだという。

西川には信じられなかった。同じ国の中で札が使えたり使えなかったりするなどということがあるはずがないと。

だが、ラサに着いて、ラブランアムチトの言葉の正しさを知ることになる。切れかかった汚れた紙幣など、誰も受け取ってくれなかったのだ。

チベットの金を手にした西川は、他のタングートの男たちと一緒にツァンパの買い出しに行くことにした。

少し離れたところに農家があるのが見えていた。一軒の家に行き、庭にいた老女にツァンパを分けてもらえないかと頼んだ。

すると、簡単に承諾してくれ、家の二階に案内してくれた。

そこは外観の立派さと違って、かなり乱雑な部屋だったが、案内してくれた老女は、ここには人に売るだけのツァンパはないが、隣から持ってくるので少し待っていてくれないか、と言った。

西川はその親切さに感激したが、それは早合点だった。

しばらくすると、老女は袋に一杯のツァンパを持ち帰り、風呂敷のような布の上にあけた。そして、そのツァンパを両手で掬《すく》ってはこぼし、掬ってはこぼすという作業をする。西川は何をしているのかよくわからなかったが、同行のタングート人がいやな顔をして言った。

「ばあさん、そんなにふるい上げて、こぼしてはだめだよ」

あとで聞いたところによれば、老女はそのようにすることで、固まっているツァンパをふわりとさせ、嵩を増そうとしていたのだという。

老女はそう言われて、ようやく弁当箱くらいの桝《ます》に入れて秤り、一桝一ウンサンでわけてくれた。

ところが、テントに戻り、他の家に行ってツァンパを買ってきた者から話を聞くと、このあたりのツァンパの相場は一桝八ショウガンだったという。一ウンサンは十ショウガンだから、老女は二ショウガンも高く売りつけていたことになる。

親切そうな老女に騙されていたのだ。それが、西川にとってはチベット圏に入ってから初めての、地付きのチベット人との接触だった。

この最初の接触の印象がいつまでもあとを引き、西川は最後までチベット人に対しては蒙古人のように親愛の情を抱くことができなかった。

翌日はどこまでも続くかのような平原をひたすら南に向かった。

西川は自分のヤクを売ってしまったので、荷物を自分で運ばなくてはならなくなってしまった。食糧はわずかなツァンパだけだったが、身の回りの品をすべて背負子のウールグに詰め込む必要が生じた。そのため十貫目（約四十キログラム）ほどにもなる重いウールグを背負って歩くことになった。

やがてラサの手前に控えるゴーラの山麓が迫り、その麓を流れるガンデン河のほとりで宿営した。

翌日はいよいよゴーラの峠越えということになった。しかし、皆と同時に出発したものの、重い荷物を背負った西川はしだいに一行に遅れを取るようになり、ついにはひとり取り残されてしまった。

それでもようやく峠の最高地点に辿り着くことができた。

そこには巡礼者によって積み上げられた石のオボがあった。

そして、そこにはまた、ラサへの巡礼を終え、どこかに帰るらしい三人の巡礼者がいた。

三人は、ウールグと杖を地面に置き、ラサの方角に向かって静かに礼拝をしていた。長い旅だったのだろう。毛皮の服が埃にまみれている。

だが、西川には、その姿がかぎりなく美しいものに見えた。

神仏に向かって祈っているのではない。長い労苦の象徴としてのラサに向かって頭を垂れている。そこからラサは見えないが、彼らには見えているのだ。それは美しい自然の中の、もうひとつの自然のように思えた。

西川は、その姿に深く感動していた。それはひとりで旅をしているからこそ味わえる感動だった。蒙古人の仲間と旅していれば、きっとみんなで「ソル・ジェ・ロー！」と叫び合うだけで、このような巡礼者の姿に眼を留めることもなかったことだろう。ひとり旅も悪くないな、と思った。

下りは登り以上にきつかったが、やがて丘陵の陰で宿営していた一行に追いつき、ラサがあるキチュ平原の一角に辿り着くことができた。

明日はいよいよラサだ。

夢のようだと西川は思った。内蒙古を出発して足掛け三年、このラサまで四つの旅を重ねてきた。内蒙古のトクミン廟から寧夏省のバロン廟までの旅、バロン廟から青海省のタール寺までの旅、タール寺からツァイダム盆地のシャンへの旅、そしてそのシャンからラサまでのこの旅。最も短いタール寺からシャンへの旅だけはラバに乗ったが、あとは自分の足で歩き通し、ついに旅を完遂したのだ。

だがそれは、密偵としての「任務」の旅を完遂したというより、単に秘密の国に入る「冒険」の旅を完遂したというにすぎなかったのかもしれなかった。

――日本と中国との戦いの帰趨はどのようなものだったのだろう。日本はどうして和平に応じたりしたのだろう……。

考え出すと、わからないことだらけだったが、ラサに入ればもっとはっきりしたことがわかるに違いない、それまではこの旅の終わりをゆっくり味わうことにしよう、と思った。

翌朝、出発すると、しばらくしてラサの街が遠くに見えてきた。

近づくにつれて黄金に輝く巨大なポタラ宮が見え、白い街の輪郭が浮かび上がり、どこか御伽の国に入っていくような高揚感を覚えてきた。

ラサの街に入ると、突然、兵営らしきところから軍楽隊が現れ、周囲の道を行進しはじめた。西川は、実に長いあいだ、こうした欧風の楽器による演奏を聴かなかったなと思った。

数えてみれば、ラサに着いたのは、ツァイダム盆地のシャンを出てから百八日目のことだった。

経典に一本ずつ短い線を引くことで一日を記録していたが、確かめてみると、その線が煩悩の数と同じ百八本になっていたのだ。

第八章　白い嶺の向こうに

1

ラサに入った西川は、同行の蒙古人三人と共に、ラブランアムチトの紹介で、「ジャミンシャラ」という三階建ての大きな建物の一室を借り受けた。それはラサの三大寺院のひとつであるデプン寺所有の建物で、最も繁華な一帯にあった。

ジャミンシャラは一種のアパートのようなもので、各階の部屋をさまざまな人たちが借りて住んでいたが、西川たちが借りた部屋は、夫と死別した老女が借りている二部屋のうちの、狭い方の部屋を又借りしたものだった。

建物は中庭の周りにイロハのロの形になるように建てられていた。各階には中庭に面して回廊がめぐらされており、その回廊には手摺りもない木製の急な階段が作りつけられている。

借りた部屋は三階にあり、そこへ上がるには、急な階段を這うようにして昇らなければならなかった。

水道などはついていないため、近くの井戸まで水汲みに行く必要があったが、その水を瓶《かめ》に入れ、階段を使って運ぶのはなかなか大変な作業だった。

部屋が三階で便利だったのはただひとつ、便所が近いことだった。チベットの建物には便所があったが、最も高い階に一カ所だけついている。それは便所というより、ただの穴で、用を足すと、糞尿が一階に落ちていくだけなのだ。それはまた用便だけでなくゴミの類いを落下させるところであり、一階にはそのすべてが溜まる。

しかし、肥溜めはすぐに綺麗になる。というのも、近郊の農民が格好の肥料として争うように持っていってくれるからだ。


キチュ平原の中央に位置するラサの街は、釈迦牟尼仏を祀ったツオグラカン仏殿を中心に広がっている。

チベット文化圏に属するラマ教の信徒たちは、ツオグラカン仏殿の釈迦牟尼仏を礼拝するためにあらゆるところからやってくる。

西川もバルタンらと共に、ラサに着いた翌日に訪れたのがツオグラカン仏殿だった。

ツオグラカン仏殿は、六世紀にチベットを統一したソンツェン・ガムポの死後、王妃のティツンがその霊を祀《まつ》るために建立したもので、別名ジョカンと呼ばれている。

しかし、西川は、皆と一緒にジョカンの堂から堂へと経巡りながら、確かに豪華だとは思ったが、皆と同じように素直に感動することはできなかった。

ラサの第一印象は白い街というものだった。それは、通りに建ち並ぶ石や泥で作られた建物の壁を、一年ごとに白い石灰で塗り直すためだと知った。

ツオグラカン仏殿の外側には、バルコルと呼ばれる長さ一マイル（約一・六キロ）の環状道路があり、その通り沿いにぎっしり並んだ建物の一階は商店になっている。日用品から土産物まで、手に入らないものはないというくらい雑多なものが売られており、そこを巡礼者を中心とした旅人がごった返すように歩いている。

街の北には不動金剛像を祀っているラモーチェ仏殿がある。巡礼者たちはツオグラカン仏殿の釈迦牟尼仏とこのラモーチェ仏殿の不動金剛像の二つを拝むためにラサに来るのだ。

ラサの街は、各地から集まってくるこの膨大な巡礼者を相手とすることで成り立っている。家のすべてが商店であり、人のすべてが商人のようだと西川には思えた。

ツオグラカン仏殿の西の丘にダライラマが住む荘厳華麗なポタラ宮がある。

ポタラ宮は、群雄が割拠する戦国時代を経て、ふたたびチベットを統一したダライラマ五世が十七世紀に造営したものだった。完成後、ダライラマ五世は、それまでの居寺だったデプン寺から移り住み、ポタラ宮が政治と宗教における中心としての役割を果たすようになった。

そして、そのツオグラカン仏殿とポタラ宮の二つの地点を取り囲むようにバルコルよりひとまわりもふたまわりも大きな環状路がある。それはリンゴルと呼ばれ、全長六マイル（約九・六キロ）に及ぶ。そこを、巡礼者が、ある者はマニ車を回しながら、ある者は尺取り虫のように全身を投げ出しては起き上がって前に進む五体投地をしながら廻っている。しかも、全員が揃いも揃って時計の針と同じ右廻りをしている。それをコルラ、右繞礼拝《うにょうらいはい》と呼んでいるが、貴人に対しては自分の右肩を見せて廻るべしというインドの礼法を受け継いだものと言われている。

そのリンゴルの路傍の岩の上には、巡礼者が周回の数を忘れないために置く小石が載っていたりする。一周するたびに、ひとつずつ小石を増やしていくのだ。

道には車が存在しない。自転車すら走っていない。

そこをさまざまな顔つきの人々が行き交う。まさに人種の陳列室のようだと西川には思えた。

外国人を排する鎖国状態を続けているといっても、ラマ教圏の国の人々や、近隣の国の人々の居住や往来は認められているらしい。

蒙古人や漢人、あるいは回族などのなじみのある顔以外に、ラダック地方出身の回教徒であるカチや、ベーブと呼ばれるネパール人などの新しい顔が見られるようになる。

ラサの夜は早い。薄暗闇に閉ざされはじめると、家々の門も閉ざされる。すると、犬の天下となり、犬の鳴き声が響き渡る中、夜が更ける。

ようやく辿り着いたそのラサに、しかし西川は一週間足らずしかいなかった。

ラサを出ざるを得なくなってしまったのだ。

第一にラサから出たいという思いが強くなったことがあり、第二にラサにはいられないという状況が生じてしまったことがある。

最初の数日は、バルタンたちと共に、ラサ市街の名所を巡り歩いていたが、何を見ても、何を食べても上の空だった。心がそこになかったのだ。旅の途中で聞いた「日中講和条約成立」の噂をそれとなく確かめると、「和平」ではなく「日本敗戦」の話になっていたからだ。

ラサで行き交う蒙古人たちによれば、日本は「アトムボムボ」という物凄い爆弾によって破壊されてしまったという。そして、それを祝ってラサに住む漢人が提灯行列をしたところ、周囲で見ていたチベット人に石を投げられたという。同じアジアの小さな国が負けたというのに、それを喜ぶのは許せないというのだ。

七世紀から九世紀にかけてはチベットの黄金時代だった。ラサからの軍勢が、長駆、唐の長安に攻め入ったほどである。漢人の帝国からは吐蕃《とばん》と呼ばれ、恐れられた。しかしインドから伝来した仏教によって教化されるうちに戦闘力が衰え、さらには内部抗争の結果、中国に乗ぜられるようなかたちで独立性を失っていった。そしてついには、清の時代に至り、康熙帝《こうきてい》のチベット遠征によって属領化されることになった。そのような歴史を持つチベット人にとっては、中国に対して積年の恨みを晴らしてくれているかのような日本に好意的たらざるをえなかったのだ。

しかし、その日本が敗れてしまった。かわいそうに、ということのようだった。

そうした話のひとつひとつが日本の敗戦を確かなことと証明するもののように思われる。しかし、日本を破壊したアトムボムボというのがいったいどんなものなのか、西川には想像がつかなかった。ボムボが英語のボム〈ＢＯＭＢ〉、爆弾を指す言葉だということはわかった。だが、アトムがわからない。そのときの西川にとって、「原子爆弾」などという概念は想像のはるか遠くにあるものだった。

いったい日本はどうなってしまったのか。ラサではアトムボムボで破壊されて敗れたということ以上には何もわからなかった。

そのとき、タール寺から青海《せいかい》蒙古のシャンに向かう旅の途中で、ドニルチェンボー家のソナムがインドについて言っていたことを思い出した。ラサからは歩いて二十日ほどでインドに出ることができるという。もしインドまで行くことができれば、日本人に会えるかもしれない。かつてカルカッタやボンベイ（現・ムンバイ）には多くの商社員が駐在していたはずだった。かりに日本人に会えないまでも、もう少し正確な情報を手に入れられるかもしれない。

西川はインドに行こう、インドに行きたいと思うようになった。

だが、ラサに着いたばかりで、チベットの言葉を話すことができず、地理にも暗い。どのようにしたらチベットを抜けてインドまで行けるのかよくわからない。

思い迷いながらバルタンたちと行動を共にしていると、西川に、できるだけ早くラサを離れることを促すような出来事が起きた。

ラサの周辺には、デプン寺とセラ寺とガンデン寺という三つの巨大寺院がある。僧徒の数も、デプン寺は七千七百、セラ寺は五千五百、ガンデン寺は三千三百と言われている。

ある日、そのうちのデプン寺からひとりの役僧が西川たちの部屋にやって来た。彼もまた蒙古の出身者で、デプン寺で修行することを勧めるためにやって来たのだ。そのようにして、ひとりでも多く蒙古人を自分たちの僧舎に集めようとしているらしい。

その理由は、のちに知ることになるが、彼らにとっては、同郷の新しい修行僧を確保することは死活問題だったのだ。

勧誘を受け、イシとサンジイジャムツォはデプン寺に行くことを決め、かつてデプン寺にいたことのあるバルタンは、今回はチベット国内を巡礼したいと思っているが、そのあとでラサに長期間いることになったらお世話になるつもりだと告げた。

最後に西川が勧誘される番になった。

出身地を訊ねられ、トムト旗と答えると、どちらのトムト旗かと重ねて訊ねられた。トムト旗にも満州蒙古のトムト旗と内蒙古のトムト旗の二つがある。内蒙古の帰化城《きかじょう》付近だと答えると、役僧は顔をほころばせ、それならぜひデプン寺で修行するといいという。デプン寺にも内蒙古トムト旗の帰化城出身のラマ僧がひとりいるからというのだ。

それを聞いて、西川はまずいと思った。デプン寺に入れば、そのラマ僧にどこのラマ廟で学んだかを話さなくてはならず、蒙古人でないことが露見してしまうかもしれない。

そこで、咄嗟に嘘をついた。実はツァイダム盆地のシャンを出るとき、チベット人のラマ僧に少額だが金を預けた。そのラマ僧はシガツェのタシルンポ寺にいるはずだ。それを受け取るためシガツェに行かなくてはならない。そこから帰ってきたらお世話になるかもしれない。

すると、役僧は了解してくれ、チベット人に金を預けたりすると返してくれないこともあるから気をつけるようにと心配までしてくれた。

そのときはそれで収まったが、デプン寺だけでなく、セラ寺やガンデン寺からも蒙古人の役僧がやってきて、熱心に勧誘をする。そのたびに、西川はデプン寺と約束してしまったからと言い逃れをしなくてはならなかった。

このこともあって、できるだけ早くラサから離れようという思いが強くなった。これ以上、嘘に嘘を重ねるのはいやだったからだ。

もちろん、日本人の自分が蒙古人だという大きな嘘はついている。それは仕方のないことだったが、小さな嘘を重ねていくたびに自分が汚れていくような気がしてならなかった。

それに、時折り、蒙古人のあいだから噂として聞こえてくる、木村肥佐生と思われる若い僧のことも気になった。それによれば、三人づれでラサに姿を現したが、一週間ほどでいなくなったという。

どこに行ってしまったのか。ツァイダム盆地で会えるチャンスはあったのに、それを逃してしまったことが悔やまれた。

実は、この頃、木村はすでにラサを離れていただけでなく、チベットを抜け、インドに足を踏み入れていた。

木村たち三人は、ツァイダム盆地から、西川たちラブランアムチトの一行が加わることのできなかった大隊商と共にラサに向かった。だが、ナクチュに至って、その大隊商から離れることになった。

西川たちがナクチュの役人によって足止めされたように、大隊商も同じように長期の足止めを食らいそうになった。

そこで木村は、自分たち三人は交易品をまったく持っていないということを示し、一足先に出発させてもらうことに成功したのだ。

しかし、ラサに着いた木村にも日本敗戦のニュースが耳に入ってきた。最初は中国との講和ということだったが、すぐに敗戦に間違いないということになった。

西川と同じようにどうしても日本の敗戦を信じられなかった木村は、西川と同じような思考経路を辿って、インドに出て、もう少し正確なニュースを手に入れようと思うようになる。

だが、軍資金が尽き果てていた木村は、同郷人を捜すことにした。もちろん、日本人ではなく、木村が扮していた内蒙古の東スニット旗出身の蒙古人を頼ろうとしたのだ。見つけ、訪ね、インドまでの旅費を貸してほしいと頼むと、快く貸してくれた。しかし、それは、同郷の蒙古人としてではなく、木村を日本人と見破った相手が、日本人を助けるために貸してくれたのだと、のちに知ることになる。

いずれにしても、木村はその金で、従者のダンザン夫妻と共に、ヒマラヤ山脈を越えてインドに抜けていくことになったのだ。

一方、そうとは知らなかった西川も、木村に会えないのなら、ラサにいる必要はない。早くインドに行こうと思うようになる。それには、やはり、自分より先にシャンのドニルチェンボー家を出発し、今頃はシガツェのタシルンポ寺に着いているはずのドンルブに会い、インドに行く手助けをしてもらうのが一番だと思えた。ドンルブは、もしシガツェに来るようなことがあったら必ず訪ねてこいと言ってくれていた。

——それにしても、どのようにしてシガツェまで行ったらいいのだろう……。

すると、ひとりで思い悩んでいた西川に絶好の機会が訪れた。

バルタンが、名所巡りのさなかに、ラサまで一緒に旅を続けてきたタングートの老人たちと出会い、シガツェのタシルンポ寺へ巡礼に行く相談を始めたのだ。

ラサからインドへの道は蔵印《ぞういん》公路と呼ばれており、ラサを出るとチュシュ、ギャンツェ、パリ、ヤートンを経て、国境のヒマラヤ山脈の峠を越えてインド側のカリンポンかガントクに出る、というものらしい。シガツェは、そのルートからすると少しはずれている。

だが、西川はチベット語も話せなければ、チベットの国情にも疎かった。彼らと一緒なら、とりあえずシガツェまでは行くことができそうだと思えた。

そこで、西川が、自分も巡礼に同行したいと伝えると、バルタンはもちろんのこと、タングート人の皆も喜んでくれた。

2

十月初旬のある日、背負子のウールグを背負って巡礼者の姿になった五人の一行は、ツオグラカン仏殿の前で旅の平安を祈ってから、チベットとインドを結ぶ蔵印公路を西に向かった。

ラサからシガツェまで、チベット人は八日で歩くと言われている。しかし、西川たちは最終的に十二日間かかることになる。

普通より四日も余計にかかってしまった最大の理由は、各自がウールグに詰め込んで担ぐことになった荷物の重さにあった。ラサに来るまで無人地帯を旅してきたときの記憶を濃厚に持っていた一行は、シガツェまでの旅に必要と思われる食糧を可能な限りウールグに詰め込んでいたため、その重さで歩くスピードが極端に遅くなってしまったのだ。実際に旅に出てみれば、無人地帯と異なり、街道筋のどこでも食糧の調達は可能だったことを知ることになる。しかも値段はラサよりはるかに安いことも知る。全員の頭に無人地帯を旅していたときのことが染みついていたための失敗だった。だからといって路銀にさして余裕のあるわけではない巡礼者の彼らに、持ってきた食糧を捨てることなどできなかった。

途中、パーチェという集落で一泊したが、ラサからそこまで一行が要した日数は七日に達する。

その四十年前の明治時代、日本人として初めて鎖国中のチベットに潜入した河口慧海が、漢人という触れ込みの化けの皮がはがれそうになり、慌ててラサからインド方面に脱出したのが、西川たちが歩んでいるのと同じ蔵印公路だった。

このとき、慧海は、途中やはりパーチェに宿泊しているが、ラサからわずか三日で到達している。慧海は馬に乗っていたが、荷物持ちに雇ったチベット人の従者は徒歩だったから、さほど条件は変わらないはずである。チベットの旅に慣れていない西川たちの歩みがいかに遅かったかがわかる。

ラサを出て十二日後、北の方角の岩山に無数の僧舎がへばりついたように立ち並んでいるラマ廟が見えてきた。

それがシガツェのタシルンポ寺だった。

タシルンポ寺の境内に入ると、西川とバルタンは、蒙古人のラマ僧が多く居住しているハンドンカムツェンという堂を訪ねた。タングートの老人夫婦とその使用人はタングート人ラマ僧の多くいる堂のサンドンカムツェンに向かった。

西川とバルタンは、ハンドンカムツェンの主ともいうべきハンドンゲゲンというラマ僧に目通りし、一部屋を与えてもらった。

部屋で休んでいると、蒙古人のラマ僧たちが入れかわり立ちかわり、故郷の様子を訊くため入ってきて、質問攻めにあった。それと言うのも、この年の蒙古方面からの巡礼者たちの中で、西川とバルタンの二人が最も早い来訪者であったからなのだ。

次の日は、バルタンやタングートの老人たちと霊廟巡りをした。

タシルンポ寺には歴代のパンチェンラマを祀るため、いくつもの霊堂が建てられている。それは、ひとつひとつが異なる造りだったが、どれも外観だけでなく内部も眼を奪われる美しさだった。遺体を安置する柩をはじめとして仏像や仏具を含めたすべてのものに金や銀で細工が施されており、珊瑚やトルコ石などの宝石で飾られている。西川も思わずみんなと同じように「ラマー！」と驚きの声を発してしまった。おお、仏よ、と。

西川にはタシルンポ寺に着いたら、まずしなくてはならないことがあった。そのため、皆と霊廟巡りをする前に、朝、ひとりで部屋を出た。

すでにこのタシルンポ寺に着いているはずのドンルブに会うためだった。

広い境内に白い僧舎が林立していたが、立派な三階建てのドニルチェンボーの僧舎は簡単に訪ね当てられた。

だが、残念なことに、そこにドンルブはいなかった。タシルンポ寺に着くと同時に、パンチェンラマの生まれ変わりの新たな候補者がナクチュ付近に現れたということで、その真贋を確かめるために向かった師のドニルチェンボーについて行ってしまったらしい。

ということは、ナクチュを経てラサに入った西川と、どこかですれ違ったことになる。

このチベットで唯一の知り合いであり、頼りにしていた存在に会えなくなってしまった。落胆したが、やはり最後は自分しかないのだなとあらためて覚悟を決めた。

タシルンポ寺に滞在中、西川は他の仲間と一緒に、堂巡りや巡回路のコルラ、右繞礼拝などをして日を過ごしていた。

ところがある日、バルタンがせっかくだから二人で法会《ほうえ》を催し、自分たちが世話になっているハンドンカムツェンにいる蒙古人のラマ僧全員に喜捨しようと提案してきた。

それをするには中国の銀貨で五十枚が必要らしい。バルタンによれば、ひとりで五十枚は出せないが、二十五枚くらいならなんとかなる、半分を負担してくれないか、というのだ。

西川はとんでもないと断った。無為に過ごしている坊主たちのために大事な金を渡すなどということはできない。この銀貨で、これから先もずっと、頼る人もいないチベットで生きていかなくてはならないのだ。

しかし、そのあとで考えた。持てる者は与えなくてはならないという仏陀の教えもある。自分以上に金のないはずのバルタンが、持たざる者であるラマ僧たちに与えようとしている。そのバルタンの清らかな心根のためにも、協力してあげるべきなのではないか。その二十五枚の銀貨がのちのち生存に関わるほど重要なものになるかもしれないが、それはそのときのことだ。

思い返した西川は、がっかりしているバルタンに、一緒にやろうと言い直した。

バルタンと西川はその法会で主役になった。

ハンドンカムツェンの大きな教堂にすべての蒙古人ラマ僧が集まり、その上座にラサまでの旅で汚くなった毛皮の服を着た二人が座らされ、ラマ僧全員による読経を聞き、眼の前に出されたおいしいバター茶とカブセーを食べることになった。カブセーとは蒙古のボボのことで、小麦粉をこねて油で揚げた饅頭菓子である。

法会が終わると、別に用意されてあった桶一杯のバター茶と大量のカブセーが二人の部屋に運び込まれた。それは二人の二日間の食糧になったが、それだけだった。

西川は、大事な銀貨を無駄にしたかなと思ったが、実はそんなことはなかった。法会は二人にもっと大きなものをもたらしてくれることになったのだ。

西川には、シガツェに滞在中に、やらなくてはならないことがもうひとつあった。ラサに着く直前、漢人の商人に二頭のヤクを売った際、その対価として古く汚く破れかかった百ウンサン紙幣を手渡された。だが、その札は、二人のやり取りを見ていたラブランアムチトが言っていた通り、ラサでは誰も受け取ってくれようとしない代物だった。シガツェに行けば、もしかしたら見慣れない高額紙幣をありがたがって受け取ってくれるかもしれないと聞き、使おうとしたが、やはりシガツェでもだめだった。さりげなく出しても、どこでも突っ返されてしまう。

困っていると、同じ僧舎にいる蒙古人のラマ僧が六十ウンサンとしてなら受け取るという商人を見つけてきてくれた。その百ウンサン札で六十ウンサン分の磚茶《たんちゃ》をくれるというのだ。チベットでは、磚茶は、ある意味で、金と同じような意味を持つ。三分の二以下の価値になってしまうが、ゴミ屑になるよりはましだと判断し、その取引に応じた。

ところが、その取引を知ったもうひとりの蒙古人ラマ僧が、何も知らない西川はだまされていると騒ぎ立て、仲介人のラマ僧と乱闘騒ぎを起こすことになってしまった。皆でなんとか二人を引き離すことができたが、しばらくして、ハンドンゲゲンによる裁定があり、先に手を出したひとりが謹慎を命ぜられることになった。そして、その謹慎の中身というのは、半年間、聖地を巡礼してこい、というものだった。

チベット暦の十月二十五日、ラマ教の中興の祖と言うべきツォンカパの入滅の日になり、盛大なジョエ、供養会《くようえ》が催された。タングートの老人たちも、実はその日に合わせてタシルンポ寺に巡礼に来ていたのだ。

廟の背後にそびえている岩山の中腹からは、廟の全景とその一帯の美しい風景を見ることができる。ジョエの当日は、その岩山にタンカと呼ばれる巨大な布に描かれた曼陀羅《まんだら》風の聖画が垂れ下げられる。

そして、本堂では、読経のあと、ラマ僧たちによるいくらか芝居がかった問答合戦が繰り広げられる。

そのあと、一般の参詣人は、境内で歴代のパンチェンラマの六つの霊堂を巡ったり、シガツェの街に並ぶ露店巡りをしたりして、お祭り気分に浸るのだ。

夕方、ブレーとビシグール、ラッパと笙の音が流れると、各僧舎の屋上で万灯の火がつけられ、その明かりが天をも焦がすほどになる。

そのジョエが終わると、タングートの老人夫妻とその使用人の三人はラサに戻ることになり、別れを告げて立ち去った。


残されたバルタンは、シガツェの南西の位置にあるサキャ寺へ巡礼するという。サキャ寺は旧教の大本山のひとつだった。

西川はそろそろインドへ行くつもりだったが、「ここまで来て、サキャ寺に行かない手はないだろう」とバルタンに引き留められ、サキャ寺への巡礼に同行することになった。

この旅で、西川はチベットにおける巡礼の旅の在り方が少しわかってきた。ラサからの旅では、総勢五人と多かったため、宿に泊まるか野宿をするかだったが、バルタンとの二人旅では、それに普通の民家に泊めてもらうということが加わった。

行きあたった集落で一夜の宿を求めると、断られる場合も少なくなかったが、快く中に入れてくれる家もある。

ただ、その場合でも雨露をしのがせてくれるだけで、食事は自分たちで作って食べなくてはならない。そして、翌朝、出ていくときにほんのわずかの心付けを置いていくのだ。

サキャ巡礼からシガツェに戻ると、二人はふたたびタシルンポ寺のハンドンカムツェンの僧舎に厄介になった。

わずか半月あまりだったがサキャに行っているあいだに季節は一気に進み、シガツェの街頭には冬の果物であるミカンが現れるようになっていた。

ミカンを知らなかったバルタンは、はじめのうち、これを皮ごと食べ、苦くてまずいと嫌っていた。西川が皮をむいて食べるのだと教えてやると、逆に大好きになった。

シガツェの人口は約二万。ラサに次ぐチベット第二の都市である。街に多くある商店の店先には、インドから流れ込んでくる雑貨が溢れているだけでなく、後背の沃地からの農産物が豊富に並べられている。おかげで主食のツァンパをはじめとする食糧が安く、金のない西川たちでも楽に暮らせた。とりわけ、ショーと呼ばれるバターミルクを、わずかな金でたっぷりと口にできることが西川たちを喜ばせた。

タシルンポ寺にいる期間というのは西川にとって休養の時期だったかもしれない。百日を超えるラサまでの苛酷な長旅を終えたものの、ほとんどすぐにシガツェへの旅に出てしまったため、疲れをいやす時間がなかった。そして、そのタシルンポ寺での生活は快適だった。

二人は、僧舎の一室を無料で借りていたが、法会を催し、他のラマ僧たちに顔を売ることができたことで、心地よく滞在することが可能になった。二十五枚の銀貨は無駄ではなかったのだ。

そして、西川はその滞在期間のうちにチベット語のカタコトを話せるようになっていた。タシルンポ寺のラマ僧たちも、西川に対して親しみを覚えてくれ、ここで弟子になれと勧めてくれるほどだったが、十二月に入ると、いよいよインドに向かうことにした。本当の目的はカルカッタに行って日本敗戦の真偽を確かめることだったが、巡礼僧のロブサン・サンボーとしては、仏陀が悟りを開いたというブッダガヤに参詣するためということにしていた。

それを知ると、バルタンも急に羨ましくなったのか、同行を望むようになった。ブッダガヤへの参詣は、蒙古人のラマ僧にとって、ラサの次に望む、究極の巡礼地だったからだ。

「金がないのに本当に行けるのか」

「いざとなれば托鉢《たくはつ》をして行けばいい」

こうしたやりとりのあとで、バルタンが同行を求めてきたのだ。それは西川にとってもありがたい申し出だった。旅は二人が組になると便利だし、なによりバルタンとは半年近く常に起居を共にしてきたことで気心も知れている。

二人でインドに向かうことになった。

3

十二月のある日、ウールグを背負った二人はシガツェを出発した。

ニャン河に架かっている橋を渡って街を出ると、バルタンはすぐここから托鉢を始めようと言い出した。話の勢いで「托鉢をしてでも」と口走ってしまったが、西川には物乞いのようなことまでして旅をするつもりはなかった。懐にある金だけでなんとかインドまで出るつもりだったのだ。

しかし、自分より金のないバルタンが托鉢をしようと言っているのを断るわけにはいかなかった。なかば不承不承、托鉢をすることを受け入れた。

すると、バルタンは前回のチベット巡礼の際に托鉢をした経験があるとかで、先輩風を吹かしていろいろ教えてくれた。

まず、喜捨を受けようとする家の前で何と言うか。次に、差し出された物を何で受け、何にしまうか。

日本では米ということになるが、チベットでは主食のツァンパを喜捨してもらうことになる。バルタンは、出された物がツァンパだけでなく、粉に碾《ひ》かれる前の状態の青稞《せいか》や乳製品のチュラーなどでもいいように、小さな仕分け袋のようなものをいくつか持っていた。西川がそうした袋状のものをひとつも持っていないことを知ると、小さな袋を二つ貸してくれた。

家の前に立ち、中に居る人に呼びかけるのは、チベット語で「アマラー・トクジチェ・トーツ・セーロ・ナンロナン」という言葉だという。意味は「奥さん、お恵みを」だった。恥ずかしかったが、とにかく覚えることにした。

しばらく歩くと集落が見えてきた。一軒の農家の前に二人並んで立った。バルタンはさっそく「奥さん、お恵みを！」と大きな声を出しはじめたが、西川はなかなかそれに和することができなかった。

バルタンに促されてようやく口にすることができるようになったが、それがまったく心のこもっていない呼びかけだろうということは自分でもわかっていた。

何度呼びかけても、誰も姿を現さない。もう止めようとバルタンに言いかけたとき、中年の主婦らしい女性がようやく出てきた。手にはツァンパの盛られたスプーンがある。そして、立っているのが二人だと見てとると、バルタンの袋と西川の椀に半分ずつ入れて引っ込んだ。

西川は、内心、そのあまりの少なさに呆然とした。

――これでは何十軒もの家を廻らなければ一食分のツァンパ、椀に一杯のツァンパすら集まらないだろう……。

しかし、バルタンは不満の様子もなく、そこからずいぶんと離れたもう一軒の家に向かって歩き出した。

こうして二人の托鉢をしながらの旅が始まった。

西川は、少しずつ慣れていくにしたがって、実にさまざまな家があることを知るようになった。すぐに出てきて気持よく喜捨してくれる家。いくら呼んでもなかなか出てきてくれない家。中には、巡礼者が強盗に居直るのを恐れてなのか、二階の窓からいやいやのように恵んでくれる家もあった。スプーン一杯のツァンパを二階から渡そうとすれば、粉状のツァンパは風に吹かれて散ってしまう。それくらいなら、くれなくてもいいと思うのだが、チベット人はその信仰心のために喜捨を断れないようなのだ。

それでも、昼までには椀に一杯のツァンパが集まり、茶を沸かして一食の食事とすることができきた。さらに、夕方までにはもう一杯分のツァンパが得られ、夕食とすることができた。

夜になり、農家に宿を求めたがどこも断られ、一軒の農家の、庭の垣根の外で野宿することになった。

しかし、西川の心はむしろ奮い立っていた。托鉢をして、一日に得られる二椀分のツァンパとお茶だけで命をつなぎ、野宿しながらインドに向かうというこの新しい旅の在り方が、自分を鍛えてくれるように思えたからだ。


翌朝、早く起きて前に進もうとすると、バルタンにまだ早いと止められた。托鉢は家々から朝食を用意する炊事の煙が立ちのぼったあとからでないとうまくいかないというのだ。なるほど、朝の忙しい時間帯に巡礼者に対応している余裕はないのかもしれない。

二日目になって、西川もようやく哀れをもよおすような、催促するような托鉢の声が出るようになった。

そしてまた、集落から集落に移動して托鉢するうちにさまざまなことを学ぶことにもなった。

たとえば、集落によっては、ニャン河の水を利用しての水車がある。もし、それが見つかれば、何軒もの農家を廻らなくても、水車小屋に直行すればいい。そこで製粉の作業をしている人に喜捨を求めれば、眼の前に大量の粉があるせいで気が大きくなっているのだろう、スプーンに一杯などというみみっちいことはなく、すぐに椀に一杯のツァンパを与えてくれることになった。

さらに、すれ違う巡礼者と挨拶することの重要性も思い知ることになった。

街道で出会うと、まず互いにご機嫌を伺い、出身地を訊き、出発地と経由地と目的地を訊く。

そこで互いに必要な旅先の情報を得るのだ。地図も磁石も持たない巡礼者にとって、すれ違う巡礼者が地図であり案内書でもあるのだった。

西川の心に、このようにして行けばなんとかインドまで行けるのではないか、という希望が生まれた。

しかし、托鉢の旅には問題もあった。そうやって托鉢をしながら進んでいくうちに、シガツェからギャンツェまで、普通の足で一日半のところを三日もかかることになってしまったのだ。

そこで二人は、とりあえず椀に一杯分のツァンパを得られたら先を急ぐようにしよう、という取り決めをすることにした。


辿り着いたギャンツェでは最も大きな廟であるパンコル・チューデ寺に宿を得た。

二日ほどそこにいて、いよいよパリに向かうことになった。

ギャンツェから蔵印公路上の要地であるパリまでは徐々に高度が上がっていくため、歩を進めるにつれ寒さが増していく。パリは寒冷なチベットの中でも最も寒い地帯のひとつと言われているのだ。

しかも、季節は真冬に向かっている。

ギャンツェを出てから四日目、喘ぎながら勾配のある上りの道を歩いていると、あまりの寒さに体が凍りつくようになる。ようやく得ることのできた宿の、アルガリ、乾いた獣糞の火のありがたさが身に滲みた。

翌朝、宿を出ると、一面が雪景色になっていた。そして、しばらく歩いていくと、鋭角的な山頂を持つ名峰、標高七千メートルをはるかに超えるチョモラリ峰がそびえているのが見えてくる。

西川たちのあとから歩いてきた三人の巡礼者は、山の姿がよく見えるところでひざまずくと、チョモラリ峰に向かって礼拝をした。その様子はとても敬虔なものだった。

タンラという名の台地状の峠を越え、なだらかな下りを歩いていくと、パリ盆地が眼前に広がってきた。

パリの街に入り、行きずりのタングートの巡礼者が紹介してくれた宿に向かった。チベットでは東チベットを特にカムと言い、その出身者をカムパと呼ぶが、その宿の女主人がカムパだった。二人は、そこで、持っているチベット貨をインドの金に替えてもらうことにした。この先は、チベット領内でもインドの金が通用するということだったからだ。

初めてのインドのコインにはヴィクトリア女王の肖像が刻印されていた。それを手にしたとき、いよいよ見知らぬ国に入るのだなと思い、胸が躍った。

それは、青海蒙古からチベットに入ったときとは異なる感慨だった。単に「異なる国」に行くというのではない、まったく「異なる世界」に入るという気がしたのだ。

ここでは、どういうわけか、日本敗戦の噂をまったく耳にしなかった。そのため、西川は、もしかしたら日本は負けていないのではないかという希望を持つことができた。

4

小雪まじりの烈風が吹きしきり、パリには三日ほど滞在せざるを得なくなった。

四日目の早朝、ようやく風が収まり、インドのカリンポンに向けて出発することになった。

カリンポンへ続く道は渓谷を下るようになっており、崖には大小さまざまな奇岩が転がり、渓流には美しい水が流れている。草原と砂漠しか知らない蒙古人のバルタンは、ところどころに現れる滝に驚いていたが、西川は家々の屋根が平らではなく日本風の山形であるのに新鮮さを覚えていた。

夕方になり、宿屋に泊めてもらうと、夜には大部屋にランプが灯された。内蒙古を出てからは、灯りといえば、バターなどで作られたローソクだけだった。数年ぶりに見るランプの灯りが眩しく、そして暖かく感じられた。その暖かさは、ランプによる印象だけでなく、四千五百メートルの高地から千五百メートルの低地に下ったことによる実際的な温度変化の結果でもあった。

翌朝、宿に泊まっていた客たちの出発する音で跳び起き、西川とバルタンも慌てて出発した。

午後、シャースマの街に到着した。

この先にはチベットの関所があると聞かされていた。本来、蒙古人の巡礼者は、問題なく通行できるはずだった。しかし、西川とバルタンは、少額とはいえ銀貨という銀製品を持っている。チベットでは、銀製品の国外持ち出しは禁じられていた。調べられ、見つかれば、没収されてしまうだろう。

二人は、相談して、街のはずれで野宿をしてから次の日の早朝に関所を突破することにした。

ところが、寝過ぎてしまったため、早朝の突破ができなくなってしまった。

仕方なく、昼間に通ることにした。

最初の関所は問題なかったが、二つ目の関所には兵士がたくさんいて厳重そうだった。

そこで、西川は咄嗟に、バルタンに教わった托鉢をするときの台詞を思い出し、ツァンパのおめぐみを、と兵士たちに向かって声を出した。バルタンもそれに和すと、兵士たちは物乞いを相手にするのは面倒と思ったらしく、早く行け、と追い立ててくれた。

二人は、そこを突破してから、ようやく安心して朝食の茶を沸かすことができた。


山麓をさらに南に向かうと、辿ってきた渓谷がチュンビという深く大きな渓谷とひとつになり、やがてヤートンという街に至った。

ヤートンはチベットとインドをつなぐ商業上の要地であるため、宿場町としても、運搬業の中心地としても繁栄している。

インドのカリンポンへは、ヤートンから西にヒマラヤ山脈の尾根にあるザリーラの峠を越えていくことになるが、ヤートンから南に行くとブータン領になる。

ブータンとインドにはさまれたクサビのような地形をしているこのあたりは、チベットでも温暖な地として知られ、一帯を特にトモと呼んでいる。それもあって、このヤートンでは、宿屋でなく、街のはずれの洞窟の中で夜を過ごした。

翌朝、いよいよヒマラヤ越えが始まった。

チュンビ渓谷の山の斜面を西に登り、五、六マイル（約八、九キロ）ほど行くと、鬱蒼とした森林地帯に入った。巨木が切り倒されたまま放置されているのを見て、チベットに来るまで燃料で苦労する旅を続けてきた西川やバルタンは、なんともったいないことだろうと口に出して言い合った。

登りの道の七合目くらいのところに何軒かの山小屋があり、そのうちの一軒で泊めてもらうことにした。しばらくすると、山小屋はその街道を往来する客であふれるほどになってきた。

次の日の早朝、山小屋を出発してさらに登っていくと、道の両側に生えている植物は、背の高い木立から背の低い灌木へと変わっていき、さらには岩だらけになった。

山道を、一歩一歩、一息一息、喘ぎながら登っていった。すると、ついにザリーラ峠の最高地点へ辿り着くことができた。

その瞬間、汗にまみれた体にさっと涼しい風が通り過ぎた。

前方には折り重なるように連なる山々、振り返ると眼下に鬱蒼たる森林に囲まれたチュンビ渓谷が見え、さらにその向こうにはチョモラリの白い峰がそびえている。

そこは東の端に近いとは言え、ヒマラヤ山脈の一部であり、チベットとインドとの国境でもあった。

——いま、自分はヒマラヤの峰に立っている！

その感動が西川とバルタンに歓喜の「ソル・ジェ・ロー！」を叫ばせた。もし日本人同士だったら「万歳！」となったかもしれない。

西川は、ふと、すべての旅は、この地に立つためであったのかもしれないという気がした。

その三十年前の大正時代、ラサに滞在した浄土真宗本願寺派の青木文教も、三年ほどの学びのあとでチベットからインドへ戻るに際して、このザリーラ峠を通っている。徒歩の西川とは異なり、馬に乗っての峠越えだったが、やはりそのとき深い感動を覚えたらしく次のように述べている。

《予はしばらく馬を停めて北東拉薩《ラッサ》の空を顧み三年間遊学の蹟を想うて無限の感慨に打たれいかにしてもこの峠を去るは名残惜しくてたまらなかった。しかし高嶺に勁吹《けいすい》する寒冽《かんれつ》の風が氷雪を捲いて襲い来り、この上永く佇立《ちょりつ》するを許さなかったから馬に任せて一気に峠を滑り下った》
(『西蔵遊記』)

ところで、青木文教から三十年経ったあとの、この西川のヒマラヤ越えに関しては奇妙なことがひとつある。

西川はこのとき初めてヒマラヤ越えをするが、それ以後、何度となくヒマラヤ越えを繰り返すことになる。『秘境西域八年の潜行』にも、《霊峰ヒマラヤを越えること七度》とあるし、実際に私も、西川が「ヒマラヤを七度越えた」と口にするのを耳にしたことがある。

しかし、西川がヒマラヤ山脈を越えた回数は七度ではないのだ。

不意に出現した生原稿と、中公文庫版の『秘境西域八年の潜行』を突き合わせるという作業をしている中で、あらためて西川のヒマラヤ越えの回数をかぞえてみた。

すると、何回かぞえても七度にはならない。少なかったのではない。もっと多かったのだ。実に九度もヒマラヤを越えている。

どうしてそのような間違いが起きてしまったのか。

チベット側のチュンビ渓谷からのヒマラヤ越えには、ザリーラ峠からとナツーラ峠からの二つの越え方があったらしい。その二つを比べると、いくらか険しさは増すものの、景色もよく、インド側の交易地としても大きな街であるカリンポンへ通じるザリーラ峠越えが本道だったらしいが、西川もナツーラ峠によるヒマラヤ越えを経験していないわけではない。

そこで七度という回数は、ザリーラ峠からのヒマラヤ越えだけを指してのことだったのかとも思ったが、西川がナツーラ峠からヒマラヤを越えているのは一度だけである。もしザリーラ峠越えだけをヒマラヤ越えとするなら、《霊峰ヒマラヤを越えること八度》とならなくてはならない。それに、そのナツーラ峠を越えたときも、ようやくヒマラヤを越えることができたとの感慨を記しているので、ナツーラ峠越えを除外しているわけではないはずなのだ。

何かの理由によって勘違いをし、そのまま記憶してしまったらしい。

理由はどうあれ、この勘違いはあまりにも大きすぎるように思われる。西川は「ヒマラヤを七度も越えた男」として紹介、記述されることが少なくないが、実は「ヒマラヤを九度も越えた男」であったのだ。


バルタンと共にザリーラ峠を越えた西川は、峠の反対側の急斜面を下っていった。

大きな岩の鼻を廻り込むと、斜め前方に白いカーテンのようにヒマラヤの峰々が波打つようにそびえているのが見えた。

そこに巨大なコウモリのような姿でそびえているのは、八千メートルをはるかに超えるカンチェンジュンガ峰だとあとで知った。

上空は濃い藍色のような青空だが、ヒマラヤの高峰を右に見ながらインド方面に降りていく斜面の下は、厚く白い雲に覆われている。バルタンは、自分たちが雲の上にいるということがどうしても信じられず、その白いふわふわとしたものを雲とは認めようとしなかった。

斜面を下り、また登り、さらに下って台地に出ると、日が暮れはじめた。それと共に、寒気が増してきた。あたりには、まだ雪が積もっていた。

ようやくナサンという集落に出て、一軒の家に泊めてもらうことができた。

その家には、チベット系の老夫婦がいて、寒かっただろうと言いながら、囲炉裏に薪を継ぎ足してくれた。

西川とバルタンが茶をいれさせてもらっていると、老夫婦は、自分たちが食べていたツァンパ汁をふるまってくれた。肉を煮た残りの汁にツァンパを入れてどろどろにしたものだ。肉はないが、表面に脂が浮いて、温かい。二人はありがたく食べさせてもらった。

翌朝、出発しようとすると、老人がこう言った。

「ここからは下りだから楽だよ」

しかし、それに続けて、二人の服を見ながらこうも言った。

「その毛皮の服では暑すぎるよ」

西川とバルタンは、何を言われているのかよくわからなかった。

このあたりまでは雪が積もり、家に入れてもらうまで凍えるような寒さだったのだ。

どうしてと訊ねると、ここから先は暑くなるのだという。

二人は言われていることの意味がわからないまま、宿代にわずかなインドの金を置いて、家を出た。

ナサンを出ると、なるほど下りが続く。

歩きつづけていくと、やがてあたりに雪がなくなり、岩と灌木だけだった山肌には松や杉が生えているようになり、鬱蒼とした森林地帯に入っていった。

途中、一休みしているチベット系の農夫から、彼が運んでいたミカンを安く売ってもらって食べた。

すると、その農夫も泊まった家の老人と同じようなことを言った。

「その服で歩いていると病気になるぞ」

さすがに西川とバルタンも不安になった。だが、そんなことを言われても、着るものといえば、その毛皮の服しかなく、着替えなどというものを持っていなかった。

しばらく行くと、ザリーラの峠を越えてチベットに向かうらしい隊商とすれ違ったが、その荷を背負った馬やラバたちが全身にびっしょり汗をかいているのに驚かされた。

やがて急勾配の山の尾根の下りがはじまり、ひたすら下っていくと、山頂からは雲と見えていた霧の中に入り、そこを抜け出るとヒマラヤ南麓の雄大なインドの風景が広がるようになった。

それと共に、空気は湿気を帯びて重くなり、暑さが増してきた。

汗をかくようになり、それが垢にまみれた毛皮の服を内側から蒸らし、異様な臭気を発するようになってきた。

夕方、リンタムという集落に辿り着き、宿を見つけた。

ナサンからリンタムは、かなりの高度差がある。そこを一気に下ってきたのだ、足はガクガクになっていた。歩くことに絶対的な自信を持っていた西川も、足に痛みを覚えて意外な気がした。

翌朝、痛む足を引きずるように歩きながらリンタムから深い谷を下っていった。

五マイル（約八キロ）ほど下ると、五、六十戸の集落に出た。そこにはいくつかの商店があったが、店先にいるのはインド人だった。インドに入ったのだからインド人がいることに不思議はなかったが、それまでは出会う人のすべてがチベット系の人々だったので、あらためて自分たちはインドに入ったのだなと思えてきた。

そこからはゾンタバーの峠に向かって登りになり、暑さと登りのつらさに喘ぎ喘ぎ歩くことになった。少し歩いては腰を下ろして休むことを繰り返し、ようやくゾンタバーの峠に辿り着いた。峠を越えると、南の斜面はなだらかな丘陵地帯になっており、そこを下るとロングリという集落に着いた。

泊まった宿は、山の斜面に建てられているため、見晴らしがよかった。

そこでカリンポンまではあと二十マイル（約三十二キロ）ほどと知った。峠をひとつ越えた向こうにカリンポンがあるのだという。

夜、インド領に入っての最初の大きな街に近づいたという安心感もあり、竹筒に仕込まれた酒を買って飲んだ。

虫の声が聞こえ、蛍も飛び交っている。西川は、肩に留まった蛍の独特の匂いに故郷を思い出したりもした。

翌朝、宿を出て、カリンポンを目指して歩き出したが、いくらも行かないうちに暑さに参りはじめた。

二人は、ついに革のズボンを脱ぎ、靴を脱いで素足になり、上着一枚の姿になった。

ペドンという村に着くと、そこで休んでいたタングートのラマ僧にいろいろ忠告された。

そんな服を着ていては病気になるということやインドでは甘い茶や甘い菓子に気をつけろ、チベット人や蒙古人はそれにやられるというようなことを忠告してくれたあとで、インド内を巡礼するつもりならなるべく早く済ませた方がいいと言った。これからの季節は気温がますます高くなるからというのだ。そして、最後に、カリンポンには金持の蒙古人がひとりいるからそこを訪ねろと勧められた。蒙古人の巡礼者には親切にしてくれるはずだから、と。

その金持の話は、チベットのタシルンポ寺で聞いていたのと同じものだった。どうやら本当らしい。二人はカリンポンに着いたらその家を探してみることにした。

下りだった道が少し登りになり、その先の峠に出ると、西方の丘の上に街が見えた。どうやら、それがカリンポンのようだった。

カリンポンへ続く山腹を進むと、石畳の道は立派な自動車路に変わっていく。道には行き交う人が多くなる。

途中の家の窓から音楽が聞こえてきた。蓄音機からのものらしい。何年振りだろう。西川はそのアコーディオンの調べにうっとりした。

カリンポンに着いたときには夕方になっていた。街には至るところに電灯がついていて、その明るさがバルタンを感激させた。

ようやくチベット人の経営する食堂兼宿屋を見つけたが、宿は満員だった。

主人に、背中のウールグは家の中に置いてやるから、家の前で寝たらどうかと勧められた。西川は人通りのある明るい街の中で寝ることを逡巡したが、バルタンはむしろこんなに明るいところだからと喜んで寝る支度を始めた。

その姿を見て、西川は「自分はまだまだだ」と思った。本物の蒙古人の旅人にはなれていないと。

第九章　ヒマラヤの怒り

1

カリンポンは、西川とバルタンにとってまったく未知の国であるインドの最初の都市だった。一夜を食堂の軒下で眠ったが、夜が明けたからといって、別に行くべきところなどなかった。唯一、チベットのタシルンポ寺で、このカリンポンには金持の蒙古人がひとり住んでいるので、まずはそこに行くがいいという話を聞かされていた。蒙古人ならだれでも世話をしてくれるというのだ。しかも、カリンポンに着く前に遭遇したタングートのラマ僧も、同じことを言っていた。

街が目覚めると同時に、二人はその「金持の蒙古人」を捜すことにした。わかっているのは「金持」と「蒙古人」ということだけである。そんなわずかな情報だけで人口数万と言われるこの街で見つけることは難しいのではないか。普通なら心配するところだが、二人は楽観的だった。寒冷な乾燥地帯に住みなれた蒙古人にとって、高温多湿のインドは暮らしにくいところであり、比較的高地にあるカリンポンですら数えるほどの蒙古人しか住んでいないと聞いていたからだ。

あてもなくただぶらぶら歩いている途中、チベット人が経営する店を見かけた。インドの言葉は話せなかったが、チベット語なら意思の疎通がはかれるくらいには理解できる。そこで、店先にいたチベット人のおかみさんに、蒙古人が住んでいる家を知らないか、と訊ねてみた。すると、そのおかみさんが、蒙古人なら向かいの家にひとりいるよ、と教えてくれた。あまりにも簡単に見つかってしまったが、それを不思議とは感じなかった。

向かいのその家は、赤い屋根を持ち、窓もガラスの入っている欧風の建物で、いかにも「金持の蒙古人」の住まいにふさわしいと思えた。

二人は玄関の前に立ったが、欧風建築に怖気《おじけ》づいたバルタンが、西川に先に入ってくれと頼んだ。

「蒙古人はいませんか」

西川が呼びかけながらドアの取っ手に手をかけると、中からタングート人の若者が顔を出した。ここに蒙古人がいないかとタングートの言葉で訊ねたが、こちらの言うことがうまく理解できないらしい。若者が引っ込み、代わりに、奥からチベット服を着た小柄な男が姿を現した。

それを見て、西川は驚愕した。もしかしたら木村肥佐生《ひさお》ではないか。まさか、こんなところにいるとは思えない。しかし、やはり、木村のようだ。相手の顔にも、西川を見て、驚きの表情が走った。それによって西川は相手が木村だということを確信した。

「こんにちは」

「こんにちは」

二人は蒙古語で蒙古人がかわす初対面の挨拶をしたが、咄嗟に西川は、背後にいるバルタンにわからないようにそっと木村に合図を送った。同行者の前で滅多なことは口にしてくれるなと、唇に指を当てたのだ。

すると、それを理解してくれたらしい木村は、少しここで待ってくれないかと言い残し、奥に引っ込んだ。

背後のバルタンは、木村の西川に対する話し方に、どことなく親しげなところがあるのを感じたらしく、あれは誰だと訊ねてきた。

西川は、内蒙古のどこかの廟で会ったラマ僧のような気がするがはっきりとは覚えていないと答えた。まさか、二人が同じ日本人だなどと思いもしないバルタンは、もし以前からの知り合いなら好都合ではないかと喜んだ。

しばらくして戻ってきた木村が蒙古語で言った。

「俺の家に行こう」

木村はそこから少し歩いたところにある自分の下宿の部屋に二人を案内してくれた。

そこでの時間は、バルタンがあれこれと木村にカリンポンのことを訊ねるだけで過ぎてしまった。西川は、木村に肝心なことが訊ねられず、内心イライラした。肝心なこと、それはこの戦争の行方がどうなったのか、日本は戦争に負けたのか、ということだった。

ようやくバルタンが小便をするため部屋を出た隙に訊ねることができた。

「日本が負けたというのは本当か」

「本当だ」

だが、そのやりとり以外に、バルタンが戻ってくる前に話せたのは、あとでバルタンを撒《ま》いたらひとりでまた来る、ということだけだった。

西川は、何も話せなかったというもどかしさを抱いたまま、木村の部屋を立ち去らなくてはならなかった。

夕方、バルタンが食堂で主人と話し込んでいる隙に、そっと離れ、ひとりで木村の部屋を訪ねた。

二人だけになっても蒙古語で話しつづけた。二人とも日本語が思うように出てこなかったのだ。

木村によれば、だいぶ前にラサからカリンポンに着いたが、従者のようにこの旅に同行してくれているダンザン夫妻の望みで、インドの仏跡めぐりをするためすぐに離れたという。しかし、仏陀が悟りを開いたというブッダガヤまで行くと、敬虔なラマ教徒である二人は満足してくれたので、ふたたびカリンポンに戻ってきた。そこでは、ラサで紹介された象牙細工をする蒙古人を頼ったが、さらにその人物に連れられ、カリンポンでチベット人のための新聞を発行しているタルチン・バーブーという人に会った。すると、木村のどこを見込んだのか印刷の仕事の手伝いに雇ってくれた。賃金は安いが、なんとかそれで暮らしている。従者の二人にもちょっとした仕事を与えてもらい、三人で同じこの下宿に暮らしているのだという。

その下宿の部屋には、木村が密かに集めていた英語や中国語による新聞や雑誌の記事があった。米軍の沖縄上陸。広島と長崎への原爆投下。無条件降伏。連合国軍の進駐。消えたはずのマッカーサーの得意然とした姿と、自殺に失敗した東条英機の無残な姿……。ラサで耳にした「アトムボムボ」の意味がぼんやりとだがわかり、日本の敗戦を信じざるを得なくなった。

――負けたのか……。

西川には天皇が無事だということが唯一の慰めだった。

茫然としたまま、バルタンが待っている食堂の軒先に戻った。バルタンは不意に姿を消してしまった西川のことを心配していた。西川は、そのバルタンに対して、嘘を嘘で塗り固めるような弁解をしなくてはならない自分を恥じた。

カリンポンは、海抜二千メートルを超える山岳地帯に開けている街だったが、インドの対チベット貿易における最大の基地となって栄えていた。もちろんインド領だが、居住者はネパール人が大半で、チベット人も少なくない。

西川たちが最初に訪ねた家は、目指していた「金持の蒙古人」の家ではなく、チベット新聞社の社屋だった。もし、西川たちが別の店で訊ね、すぐに「金持の蒙古人」の家が見つかっていたら、木村と会うことはなかったかもしれない。そのまますれ違い、永遠に会うこともなく、西川たちはカルカッタに抜けていったかもしれないのだ。そう思うと、細い糸でつながった偶然に、西川は不思議さを覚えないわけにはいかなかった。

次の日から、西川たちは、その木村の世話で、新聞社の倉庫に寝泊まりさせてもらうことになった。

ねぐらを得た二人が、まず最初にしたことは、手持ちの銀貨を売ってインドルピーを手に入れることだった。この暑さの中で毛皮の服を着つづけていることはできなかったため、その金で木綿のチベット服を買うことにしたのだ。

バルタンはカリンポンで二日、三日と日を送るうちにブッダガヤへの巡礼を諦めるようになった。インドの暑さがバルタンの度肝を抜いたこともあったが、街で出会った巡礼者たちから、ブッダガヤに行くには少なくとも百ルピーは必要だと聞かされたことも大きかった。西川以上に懐の寂しかったバルタンにとっては、ブッダガヤに行くだけで有り金を使い果たしてしまうことになる。

一方、日本の敗戦についてのより詳しい状況を知りたいと思っていた西川は、カルカッタまで行こうという意志は変わらなかった。もともとブッダガヤ巡礼は名分にすぎなかった。あくまでも、目的はカルカッタだった。カルカッタに出さえすれば、日本人に会えるかもしれない。西川は、敵方の手になる英文や漢文のニュースなどではない、日本人の口からの生の情報が欲しかったのだ。

西川がひとりでカルカッタに行くことを告げると、バルタンもカルカッタまでならと同行を望んできた。ブッダガヤまでは行けないとしても、カルカッタに行ったとなれば、故郷に帰っても鼻が高いし、土産物もいろいろと安く買えるだろうからという。

2

カリンポン到着から五日後、二人はカルカッタに向かった。

ラサからカリンポンまでと、カリンポンからカルカッタまでは、距離にすればほぼ同じくらいである。しかし、馬に乗るか歩くしかないラサからは二十日近くかかるが、乗合自動車と汽車を乗り継げばいいだけのカルカッタへは丸一日かからないで着くことができる。カリンポンからシリグリというところまで乗合自動車で出て、そこからは汽車に乗ればいい。しかし、所持金の乏しい二人は、自動車代を倹約するため、シリグリまでの四十マイル（約六十四キロ）を二日がかりで歩いていくことにした。

シリグリまでの道は楽だった。下りであるだけでなく、アスファルトに舗装されている。岩だらけの登りの道に苦しめられてきた身には、雲の上を歩くようなものだった。

しかし、下るにつれて、気温が恐ろしく上昇してきた。二千メートルの高地から、一気に平地の近くまで下りていくことになったからだ。

最初の日の夜は、道から少しはずれた岩陰で野宿した。

次の日、ふたたび果てしなく続くアスファルトの道を歩いていると、後ろから来た自動車が停まり、乗っていた二人の若者が声を掛けてくれた。

「どこに行くんだ?」

言葉はタングート語だった。そして、幸運なことに、シリグリに行くなら同じことだからと空いている席に乗ることを勧めてくれた。

それは、バルタンにとって、人生において初めて自動車に乗るという経験だった。動く車に初めて乗ったバルタンの興奮は凄まじかった。「なんて速いんだ!」と叫びつづけていた。

若いタングート人の二人もまたラマ僧だったが、カリンポンとカルカッタのあいだを往復して商売をしているのだという。西川たちがカルカッタへ行くつもりであることを知ると、自分たちもシリグリから汽車に乗るので、一緒に連れていってあげようと言ってくれた。インドの鉄道にはどう乗ればいいのか不安に思っていた西川にはありがたい申し出だった。

シリグリで車を降り、そこからカルカッタ行きの夜行列車に乗ると、バルタンの歓喜はさらに大きく爆発することになった。

生まれて初めて汽車というものに乗ったバルタンは、窓ガラスに額をつけて外の風景を熱心に見つづけている。そして、街の灯に、鉄橋に、家々に、ひとつひとつ感動して声を上げるのだ。西川が疲れからついうつらうつらしかかると、「寝るな」と揺り起こされてしまう。それは蒙古に帰ってからの土産話になるよう、できるだけ多くのものを見させようとする親切心からなのだった。

バルタンのこの幼児のような振る舞いに、西川も心を動かされないわけにはいかなかった。自分はついに本来は敵地であるインド亜大陸に足を踏み入れたという抽象的なことに感動しているが、バルタンは見るものすべてに感動している。それは旅をするということの最も根源にある喜びを体現しているようでもあった。

やがて、夜明け近くに、汽車は巨大なカルカッタの東の玄関口であるシアルダー駅に着いた。

シアルダー駅でタングートの若者たちとは別れることになったが、その際、ダルマサールに行けば泊めてくれるからと教えられた。インドにおけるダルマサールとは、すべての人に開かれた無料宿泊所のことである。

駅を出たとたん、初めての大都会にバルタンは足をすくませてしまったが、それも無理はなかった。行き交う人の数が経験したこともないほどのものだったからだ。

まずは、路端で茶を沸かし、腹ごしらえをしてから、ダルマサールを探すことにした。

歩き、疲れて、また路上で茶を沸かしはじめると、通行人のインド人に物珍しそうに見物される。

親切な靴屋に背中のウールグを預けてまた探すと、ようやくビルマ寺、ビルマ人の手で建てられた仏教寺院の一角にあるダルマサールを見つけることができた。

預けてあったウールグを取りに行き、ふたたびダルマサールに戻ると、その軒下で自炊し、食事をした。

翌日、カルカッタ最大の駅であるハウラー駅に行き、さらに繁華街でバルタンに映画を見せてやることにした。やっていたのはジョニー・ワイズミュラー主演のターザン物だった。

映画が始まると、あれは何だこれは何だとうるさかったが、西川はこの素朴な友達が喜んでくれたことに満足した。

その次の日は、バルタンの眼をかすめてひとりになり、日の丸と日本人を捜すことに専念した。官庁街に足を踏み入れたが、他国の国旗は見つかっても、どこにも日の丸は見出せなかった。落胆してダルマサールに戻った。

一方、バルタンは上機嫌で待っていてくれた。外を歩きまわり、いざ自分が泊まっているダルマサールに戻ろうとして、どこにあったかわからなくなってしまった。あちこちでいろいろな人に訊いて廻っているうちに、いつしか物乞いと間違われるようになり、いろいろなものを恵んでもらうことになったのだという。インドはさすが仏の国だとバルタンはさかんに感動しているのがおかしかった。

四日目になる翌日も、意気揚々と物乞いに出ていったバルタンとは別に、西川はただひたすら日の丸を求めて街をさまよい歩いた。一軒、日の丸に似たものを垂らしているところがあって喜びかかったが、それは単なるインドの商事会社の旗にすぎなかった。

くたびれ果てて公園の木陰に腰を下ろしていると、中年の男性にインドの言葉で声を掛けられた。私はインドの言葉が話せません、とブロークンな英語で応じた。すると、その男性は英語で話しかけてきた。はじめはほんの少ししかわからなかったが、徐々に意思の疎通がはかれるようになった。

その人から、大戦の勃発時には日本の領事館員や居留民は一時抑留されていたが、間もなく全員故国に引き揚げ、カルカッタにはひとりの日本人もいなくなってしまったということを教えてもらった。そして、最終的に日本は戦争に敗れたということも。

その男性の話には、新聞や雑誌の記事にはないリアリティーがあった。日本の敗北は間違いないようだった。

ひとりになった西川は、全身から力が抜けたようになってしまった。

ツァイダム盆地のシャンにいるとき、回教軍に支配されている青海《せいかい》蒙古人たちを見て、「国家なき民族の末路は現世の地獄だな」などという感想を抱いたことがあったのを思い出した。

しかし、いま、自分がその国家を失おうとしている。戦争に敗れ、連合国軍の占領下にあるという日本は国家としての存続が危うくなっている。

もはや日本という国家の庇護を受けることはできない。密偵は廃業するにしても、インドの官憲に捕まり質されれば、パスポートもビザもない自分は不法入国者として処罰の対象になりうるだろう。

どうしたらいいか、と西川は考えた。

確かに密偵の西川一三は死んだ。だが、蒙古人ラマ僧のロブサン・サンボーは生きている。いつか日本人であることを明らかにすることのできる日が来るかもしれないが、それまではこの姿を借りて生きていこう。

再出発だ、と西川は自分に言い聞かせた。どうやら、天皇は無事らしい。天皇がいるかぎり日本という国が消滅することはないはずだ。

西川は、おもむろに手を合わせると、日本があるはずの東と思われる方角に向かって遥拝《ようはい》をした。

これが日本の密偵から、無国籍の旅人としての西川の再生の儀式だった。

遅くにダルマサールに戻ると、なかなか戻ってこない西川をバルタンが心配して待っていてくれた。このときもまた真実を話せない苦しさと、兄弟のような友情を惜しみなく与えてくれるバルタンへの感謝の念で胸が熱くなった。


カルカッタに六日滞在したあとで、ふたたび木村のいるヒマラヤ山麓のカリンポンへ戻ることにした。

バルタンは、もうブッダガヤに行かなくとも、カルカッタまで来ることができたのだから、行ったと自慢できると喜んでいる。西川も目的は果たしたので、ブッダガヤまで行く必要がない。

シアルダー駅から夜汽車に揺られてカリンポンへ向かった。西川は再出発の決意という土産、バルタンは故郷の人々への細々とした土産を手に。

夜明けとともにヒマラヤの山々が西川たち二人を迎えてくれた。カリンポンには数日滞在しただけだったが、どこか懐かしい場所に戻っていくような親しさを覚えていた。

だが、そのとき、西川の懐には残金が八十ルピーしかなくなっていた。

3

日本は負け、自分の使命は無になった。いまはただ生きて行くことだけを考えればいいようになった。

しかし、カリンポンに戻っても、生きて行く方法、生活の資を得る道を見つけることはできそうになかった。どのように生き抜いていったらいいのか。いっそ内蒙古に戻ろうかとも思った。だが、蒙古全体がどのような状況になっているかわからないだけでなく、ここに至るまでの困難だった行程を思い出すと、ふたたびあの果てしない距離を歩かなくてはならないのかと絶望的になってしまう。

考えに考えた末、最後に残った八十ルピーを元手に担《かつ》ぎ屋《や》の行商をすることを思いついた。インドとチベットという二つの国を隔てる衝立のようなヒマラヤ山脈の峠を越える体力があれば、こちらのものをあちらに運んで売りさばき、あちらのものをこちらに運んで売りさばく。そうすれば、なにがしかの利益は出るにちがいない。そのもっとも手っ取り早い商品は煙草だった。なにより軽いのがありがたい。

数カ月前、ラサからシガツェのタシルンポ寺へ向かう旅の途中、紙巻き煙草のばら売りをしている男に出会ったことがある。

バルタンたちと一緒に一本買って吸ったが、それは久しぶりの紙巻き煙草だった。ラサではダライラマの住む地の空気を汚してはいけないということで、嗅ぎ煙草以外の煙草は禁じられていたからだ。

久しぶりの紙巻き煙草のおいしさは格別だった。そして、そのとき、煙草売りの男が煙草はインドで仕入れたと言っていたのが強く印象に残った。

そこで西川は、まずカリンポンで煙草を七十ルピーで仕入れ、残りの十ルピーでヒマラヤを越え、チベットまでの旅をすることにした。最初は、紙巻き煙草ではなく、売りさばきやすいと思われる葉煙草だけを扱うことにした。

もちろんそれは一種の密輸なので、摘発される危険があった。とりわけチベットでは、インド側から売るための物品を持って入ることは禁じられている。税関に当たる関所が各所にあり、見つかると没収されてしまう。

煙草を仕入れ、準備が整った西川は、木村に「行商がうまくいけばまた戻ってくるが、うまくいかなければラサに住むか蒙古に引き揚げるかのどちらかにする」と伝えた。

一月、ひとまずラサに戻ることにしたという西川は、バルタンと二人でカリンポンを出発した。西川は、当座の食糧と所帯道具と七十ルピー分の葉煙草の箱という大荷物を背中のウールグに積み込んだ。

四日目にしてリンタムに辿り着き、ヒマラヤ越えを開始した。

ラサからカリンポンへ出てくる時の旅では下りだったところが登りになる。熱帯から寒帯へという旅であるだけでなく、重い荷物を背負っているため、喘ぎながら歩を進めざるをえない。

野宿をしつつ登りつづけること三日で雲の中に入り、さらに一日歩くと雲から突き出てナサンに着く。すると、そこは一面の銀世界だった。登りつづけ、ザリーラの峠への九合目にある山小屋に泊まり、翌朝、峠の頂上に向かった。

なんとか峠を越え、チベット側の北斜面を下り、七合目の山小屋のうちの一軒で一泊した。

問題は斜面を下ったあとの、ヤートンからシャースマに至る途中にある二つの関所だった。もし煙草が見つかれば、当然、没収されてしまう。没収されてしまえば、その時点で無一文になってしまう。

だが、二つのうち、第一の関所は役人が朝食の用意をしているところを擦り抜け、第二の関所は、その手前でいかにも無垢な旅人を装ってゆっくり休憩するふりをするなどして、無事突破することができた。

標高が高く寒冷な土地であるパリへの登りの道も苦しかった。

ようやく辿り着いたパリは小雪まじりで、熱帯慣れした体にはひどく応えた。

以前泊まったことのある、カムパ、東チベット出身の女性がやっている宿に行くと、かつてタシルンポ寺で「高額紙幣事件」の大騒動を引き起こした片割れのヨンドンというラマ僧に出会った。先に手を出し、謹慎を命じられ、半年間の巡礼を課せられていたのだ。

ヨンドンによれば、ギャンツェやラサまで行かなくとも、この近くに国境があるブータンに入れば、インドの品なら飛ぶように売れるはずだという。彼は、巡礼者に温かいブータンの人々の喜捨を当てにして、これから行くつもりなのだという。

そこで、二人も煙草の売り先をチベットではなく、ブータンに方向転換することにして、ヨンドンと行動を共にすることにした。

翌日、三人でブータン側のヒマラヤの峠であるテモラ峠を越えてブータン領内に入った。

初めての集落で足を留めると品物は本当に飛ぶように売れ、夕方どこかに宿を取ろうというときには持参した煙草はすべて売り切れていた。

西川は、ブータンでしばらく托鉢をするというバルタンとヨンドンの二人と別れ、ふたたび煙草を仕入れてくるためカリンポンに戻ることにした。

またすぐブータンに戻ってくればバルタンには会えると思っていた。だから、別れの挨拶も簡単なものだったが、実はそれが半年以上も一緒に行動しつづけていた相棒と言葉をかわす最後の機会だった。

ふたたびテモラ峠を越えて、ブータンからチベット側に戻った。

このテモラ峠も、間違いなくヒマラヤ山塊の一部である。だが、ここは高度もザリーラ峠と比べるといくらか低く、また難しさもさほどなかったため、西川の頭からヒマラヤを越えたという意識が抜け落ちてしまったらしい。もし、このテモラ峠をヒマラヤ越えの回数に入れていたら、西川は実に十一度のヒマラヤ越えをすることになるのだ。

パリに立ち寄り、煙草を売って得た金でバターや皮革などを仕入れた。カリンポンで売るつもりだったが、カリンポンに着く前に、途中の街や集落で品物はすべて売り切れてしまった。そして、ヒマラヤを越え、カリンポンに帰って確かめると、出発前の八十ルピーが百ルピーに増えていた。

増えた額はわずかだったが、その旅のあいだに一カ月近い期間が過ぎていた。それだけの日々を生き延びさせてくれた上でのことなのだ。

これなら、なんとかやっていくことができるかもしれない、と西川は自信を深めた。

4

カリンポンに戻った西川は、ほとんど休む間もなく、再度、煙草を仕入れてヒマラヤ越えをすることにした。

そのとき、担ぎ屋商売の成果を報告した際の木村の入れ知恵もあり、ウエストミンスターの空き缶に安煙草を詰めることにした。ウエストミンスターはイギリスの紙巻き煙草で、密輸によって流入しているチベットでは高級品とされていた。その空き缶に安い紙巻き煙草を詰め、ウエストミンスターとして売りさばいたらどうかというのだ。偽物を売ることに良心の呵責がないこともなかったが、生きるためだと自分に言い聞かせ、葉煙草の箱と一緒に持っていくことにした。

カリンポンを出発してパリへ向かったが、途中、金を倹約するため、前回よりもさらに野宿の回数を増やした。自炊をし、口笛のように強く息を吐きながら、ヒマラヤの峠を登り下りする日々に耐えた。

パリに着くと、いつものようにカムパの女性の宿に泊まることにした。

そこで、西川のウエストミンスターの缶入りの紙巻き煙草を見た巡礼者のひとりが、すべて買い取ってくれた。西川がウエストミンスターの本当の価値を知らないと看て取り、通常のウエストミンスターの値段よりはるかに安く、しかし実際は安物の紙巻き煙草よりはるかに高い値段で買い占めたのだ。すると、その取引を知った別の巡礼者が、買い占めた巡礼者は無知な西川をだましていると怒り出した。挙句の果てには刀を抜いての大喧嘩になってしまった。西川は、まさか、偽物だから損などしてはいないので放っておいてくれとも言えず、困惑するばかりだったが、宿の女主人や周囲の旅人と一緒になんとかなだめることができた。

とにもかくにもパリですべての煙草が売れてしまったので、ブータンにもラサにも行く必要がなく、バターとツァンパを仕入れてとんぼ返りでカリンポンに戻った。

カリンポンに着くと、休む間もなく三度《みたび》、葉煙草を背負ってパリに向かった。紙巻き煙草は前回の騒動に懲りて持っていかなかった。

だが、この旅はひとりではなく、二人の蒙古人が一緒だった。木村の従者として同行していた蒙古人のダンザン夫妻である。日本の敗戦で内蒙古に戻ったら牧場を持たせてくれるという木村との約束にも望みがなくなってしまっていた。しかも、寒冷で乾燥した蒙古で生まれ育った二人は、高温多湿のインドで体調を崩し、蒙古と似たような気候のチベットに戻りたいと思うようになっていた。そこで、担ぎ屋をしながらヒマラヤ越えを繰り返している西川を旅の道連れに選んだのだ。

同胞の木村のためにはるばるここまで付き従ってくれた蒙古人である。西川もできるだけのことをしてあげたいという気持があり、快くヒマラヤ越えの手助けをするつもりになった。

木村と別れて出発した夫妻は、インドで集めたガラクタをたくさん背負っているため歩みがのろい。途中、その重さに耐え兼ねて、少しずつ捨てていく。西川にはその姿が哀れだった。

二人を助けながらヒマラヤを越え、十六日目にようやくパリに到着した。どこといって特別に行くあてのない夫妻は、そのまま蔵印《ぞういん》公路をラサに向かって歩み去っていった。

彼らを見送った西川は、パリ近郊からブータン国境にかけての集落で煙草を処分し、カリンポンに取って返すことにした。

その日、パリ一帯はとても寒く、やがて激しい吹雪になった。

三日目にして雪の止んでいるヤートンに入ったが、ザリーラ峠は雪で交通が止まり、峠の手前の山小屋は旅人たちで混雑しているという情報を耳にした。

いったんは好天になるまでヤートンで待とうかとも思ったが、限られた食糧と旅費を倹約するため、西川はそのままヒマラヤの峠越えに入ってしまった。

それが七度目のヒマラヤ越えだった。西川に、自分の体力を恃《たの》む思いが強くあり、またほんの少しだが油断に近い気持があったかもしれない。

チュンビ渓谷の斜面を登っていき、四合目あたりの森林地帯で野宿をした。森林地帯は葉が屋根になり、落葉が絨毯のようになっていてテントなしで野宿ができるのだ。

しかし、夜が明けるとすでに雪が降っていた。登りつづけ、七合目で山小屋に泊まろうとしたが、満員だからとどこでも断られてしまった。一軒で、裏の丘に崩れた家があるからと教えられた。

そこに行き、手持ちの燃料でわずかに暖を取り、眠ろうとするが隙間から寒気が入り込み、なかなか眠れない。うとうとしただけで夜明けが来てしまった。しかし、いくらかは眠ることができたらしく、気がつくと体は吹き込む雪でなかば埋まっていた。

山小屋に戻り、茶を沸かしてもらった。

空を見ると、雪が止み、青空が少しのぞいていた。今日は登れるかなと思っていると、百数十頭の馬を連ねた隊商が出発していった。西川は十数人の巡礼者や他の担ぎ屋と共にその後に従った。

だが、出発するとすぐに雪になってしまった。八合目からは雪を踏み締めることになり、九合目からは切れ落ちるような絶壁の脇の道を進んでいくことになる。

天気はさらに荒れ、猛吹雪になった。

風雪によって人も馬もなぎ倒される。倒れた人は、雪に顔を伏せたまま、背中の荷物の重さで吹き飛ばされないようにうずくまることしかできない。隊商の荷は転がり、谷底に落ちていく。このままでは死んでしまうと西川は思った。隊商や巡礼者たちは峠越えを諦め、続々と七合目の山小屋に戻っていく。

しかし、西川は、進むことを決断した。

頂上までは三百メートルくらいだった。二、三歩も進むとなぎ倒され、吹きおろしてくる向かい風がいくらか向きを変えるとまた立ち上がって二、三歩進む。頂上直下、二百メートルくらいまでのところに来ると、もはや歩いては進めなくなった。路面が凍りついて鏡のようになっていたからだ。そのため匍匐《ほふく》前進のように四つん這いになりながらいざって進むしかなくなった。

いざってはうつ伏せになり、いざってはうつ伏せになる。気がつくと、周囲には誰ひとりいなくなっていた。果たして自分は頂上に辿り着くことができるのだろうかとなかば絶望的になりかかったとき、ついに平らな最高地点に到達した。

峠の向こう側は、雪は深かったものの風が弱く、なんとか歩ける状態だった。しかし、雪に覆われているため道がわからなくなっている。勘に任せて歩いていくと、深い雪に埋まったり、転がったりしてしまう。しかしようやく馴染みの九合目の山小屋の前に出てくることができた。

――助かったのだ……。

中に入ると、西川の姿に驚き、インド側からのザリーラ峠越えを諦めて宿に待機していた四、五十人ほどの旅人が走り寄ってきた。そして、西川がこの天候の中、チベット側からザリーラ峠を越えてきたと知ると皆が驚きの声を上げた。

西川が囲炉裏に近づこうとすると、ひとりに制止された。凍った体をすぐに火に近づけると凍傷になってしまうからだという。しかし、すでにそのときには足がむず痒くなっていて、凍傷にかかっていた。

その日は、食欲もなく、ただひたすら眠りつづけた。そして、眠りの中でも絶望的な雪上の匍匐前進を続けていた。

翌日は前日の天候が嘘のように陽光が輝く快晴になっていた。チベット側からザリーラ峠を越えてきた宿の使用人が、峠の向こう側で旅人がひとり凍え死んでいたと言う。

周囲から「オムマニペメフム」の声が上がった。西川は、もしかしたら自分がその念仏風の真言を唱えられる側になっていたかもしれないと背筋が冷たくなった。

朝食を済ますと、この宿に泊まっていた旅人はザリーラの峠越えに向かい、西川はチベット側から峠を越えてやって来た旅人の到着を待って、一緒に山を下った。

二日かけてリンタムに着く頃には右足が水ぶくれになり、破れて膿《うみ》が出はじめた。しかし、足を引きずりながら旅を続け、ようやくカリンポンに辿り着いた。

足をやられたため、行商はできなくなった。

本当は、峠越えを一日延ばせば何の問題もなかったのだ。一日の宿代を惜しんだために、足という大切なものを、一時的にではあるが失ってしまった。あの悪天候は、密輸などという不法行為のためにヒマラヤ越えを何度も繰り返した自分への、ヒマラヤの怒りだったのかもしれないと西川は思った。自分の力を過信し、自然の力を甘く見てしまった。

しかし、凍傷になってしまった自分の懐にはわずかの金しかない。八十ルピーの軍資金は、三度の担ぎ屋としての往復によって百二、三十ルピーになっていたが、それはせいぜい二、三カ月分の生活費であるにすぎない。明日からどうやって生きていったらいいのだろうかと西川は途方に暮れた。

5

歩けなくては何もすることができない。まずは傷の癒えるのを待つことにした。

木村に助けを求めようにも、新聞社から受け取るわずかな金でギリギリの生活をしている彼に頼るわけにはいかなかった。

部屋を借りる金銭的な余裕のなかった西川は、最後の手段として、物乞いの群れに身を投じるしかないと思うようになった。

カリンポンの物乞いの巣窟は、大きなもので二カ所あった。

ひとつはダルマサール、無料宿泊所であり、もうひとつは定期的に市が開かれるバザールだった。西川は、ウールグを背負い、足を引きずりながら、まずダルマサールに向かった。

インドのダルマサールは、金のない旅人のための無料宿泊所で、別に管理人のような者がいるわけでもなく、誰でも利用できることになっていた。そのため、数日利用するだけで他の場所に移動する旅人ばかりでなく、そこに居着くように暮らしている物乞いたちも少なくなかった。

カリンポンのダルマサールの建物は、壁こそコンクリートでできていたが、屋根はトタン葺きの粗末なものだった。

中に入ると、だだっ広い土間は縦横に張り巡らされた縄や針金によって区分されていた。それは、長期滞在者の物乞いたちによる空間占有の意思表示らしく、新参者が入り込める余地はまったくなさそうだった。

全員、物乞いなどのために外に出ているようだったが、ひとりだけ経典に眼を落としているチベット人のラマ僧がいた。どこかに荷物を置く場所はないだろうかと訊ねると、そのラマ僧が仲間と一緒に寝起きしているらしい場所を少し空け、ここを使ったらいいと言ってくれた。

夕方になると外に出ていた物乞いたちが次々と戻ってきた。そして、新参者の西川が凍傷で歩けないと知ると、自分たちこそ極限の貧しさの中にいるはずなのに、街で得ることのできた食糧の一部を分けてくれた。

翌日も、翌々日も、朝、茶を飲んだり、ツァンパを食べたりすると、しばらくしてみな物乞いに出かけて行き、夕方、帰ってくると、誰かしら、歩けない西川のために食べ物を分けてくれた。

そのようにして一週間ほど過ごしたが、西川の足の凍傷は悪化するばかりで一向によくならなかった。それはこのダルマサールの室内がじめじめしているためかもしれない。そう思った西川は、ダルマサールからバザールにある物乞いの巣窟に移動した。

そこでは週に三日、市が開かれる。

そのときは、朝早くから荷物を持って移動しなくてはならない。それをまとめて一カ所に置いて、市内のあちこちに物乞いに出るのだ。

西川は、その荷物の番をしてあげることになった。

ここでも、物乞いたちは、歩くことができず、物乞いに行くこともできない西川に親切だった。インド人というのはチベット人と比べてもなおいっそう「喜捨」の精神に富んでいるらしく、物乞いが一日街を歩くと、二日分は生きられるというくらいの食糧を恵んでもらうことができた。それもあって、必要以上の物を手に入れることのできた物乞いたちが西川に恵んでくれたのだ。

西川はそれをありがたく受け取りながら、物乞いに恵んでもらっている自分の立場を苦笑するような思いで眺めていた。

バザールにはその日暮らしの愉快な連中が多かった。

ある日、チベットのギャンツェ出身のため、みんなからギャンツェ、ギャンツェと呼ばれている剽軽《ひょうきん》な男が西川に言った。凍傷は放っておくだけではなかなか治らないから病院に一緒に行こう、と。西川が、金がないので行けないと断ると、院長を知っているから心配するなという。半信半疑でついていくと、それはバザールの近くにあるキリスト教の伝道所で、一部が無料の診療所になっていた。

そこにいた若いネパール人が西川の患部を診て、薬を塗ってくれた。そして、これを毎日つけなさいと塗り薬の瓶までくれた。

その薬が効いたのか、あるいはそろそろ治る時期に来ていたのか、しだいによくなりだし、西川も物乞いの仲間に入っての生活に慣れはじめた。

ところが、さすがに食糧品を扱う市の立つバザールに、物乞いが暮らしているというのは不衛生すぎるし、美観も損なうということが当局者のあいだで問題になったらしく、警察署長が先頭に立っての掃討作戦によって、物乞いの全員が追い出されてしまった。

西川は、ギャンツェらと共に、一時、丘にある洞窟へと避難したが、そこの先住民たるシラミの大軍に苦しめられた。

そのうち、いったんバザールを追い出された物乞いたちが、またバザールに戻りはじめているという噂が流れてきた。

戻ってみると、ねぐらは、今度はバザール内ではなく、その近くのキリスト教の伝道所に変わっていた。伝道所の一隅に物乞いたちが寝泊まりするようになっていたのだ。そこは、周囲の囲いこそなかったが、床は板張りで、屋根もついていた。

物乞いたちにはもってこいで、そこに住み着くことには誰からも文句を言われなかった。ただ、空間的には極端に狭く、四十人あまりの物乞いが互いに背中をくっつけるようにして眠る日々を送ることになった。しかし、そのことがひとつの家族のような親密さを生む要因ともなった。

やがて、西川の足もほぼ全快した。ただし甲の部分に引き攣《つ》れたような傷痕は残った。

西川は歩けるようになったが、物乞いのために街を歩くというのはためらわれた。

チベットからインドに入るときは托鉢をしてきた。同じことではないかと思うのだが、旅をする巡礼の僧として托鉢をするのと、宿無しの巣窟にいて物乞いをするというのとは、やはり何かが違うように思える。托鉢ですらどことなく罪悪感を覚えていた西川にはやはり物乞いはできなかった。

しばらくは、手持ちの金の中からわずかな金を払って物乞いたちから食糧を譲ってもらっていたが、こんなことをしていてはいけないと思うようになった。

どうしたらいいかわからないまま無為に日を送っていると、剽軽者のギャンツェに真面目な口調でこう言われてしまった。

もう足も治ったし、立派な体を持っているのだから、ロブサンはここを出た方がいい。まがりなりにもラマ僧なのだから、寺に入って修行をしたらどうか、と。

西川も、実は、ぼんやりとそれを考えていた。

ラマ教が蒙古人を駄目にしているような気もするし、ラマ教の僧院にいるラマ僧たちには生活するためだけにいるような者も少なくない。だが、懸命に修行をしているラマ僧には何かがある。それに、自分にも修行をするという行為に対する憧れのようなものがなくもない。修行のために厳しい日々を送るというのは、目的地に到達するために困難を乗り越えて進む旅に似ているように思える。

——チベットのラサに戻って修行をしようか……。

しかし、デプン寺にしろ、どこにしろ、行けば自分の正体がばれてしまいかねない。

思い迷いながら日を送っていると、ある日、西川を激しく突き動かす出来事が起きた。

ひとりの若いチベット人のラマ僧が、疲れ果て、よろめくようにこの巣窟へやって来た。

ブッダガヤまで巡礼したが、インドの暑さにやられ、所持金も使い果たしてしまったのだという。帰りの道中は食うや食わずだったらしく、ほとんど倒れる寸前の様子だった。

迎え入れてあげた西川の隣に横になると、苦しそうに呻きはじめた。物乞いたちも心配し、飲み物や食べ物を与えようとしたが、それを受けつけられないくらい体が衰弱していた。ただ牛乳だけは飲むことができた。

一夜明けると、少し元気になり、みんなが提供してくれた茶とツァンパを食べられるようになった。

その様子を見て、西川たちも安心したが、それは早合点だった。

その夜、西川が眠っていると、若いラマ僧に起こされた。大便がしたくなったが、ひとりでは歩けない。手を貸してくれないかと言うのだ。西川が肩を抱くようにして外に連れ出し、用便の手助けをした。便を出し切ると、すっきりしたらしく、中に戻って横にさせると、すっと眠りについた。

だが、翌朝、眼を覚まして、西川は驚いた。隣で寝ているはずの若いラマ僧が、こと切れていたのだ。暑かったのか、服をすべて脱ぎ捨て、真っ裸になり、大の字になっていた。

死骸は街のはずれの火葬場に運ばれた。インドではチベットと違い、火葬が当たり前なのだ。名も知らないため、彼の死は、故郷の父母に知らせることができない。その悲しい運命は、実は自分の運命でもある。もし旅の途中で死んだら、日本にいる父母に、自分の死を伝えることはできないのだ。

西川は、早く、できるだけ早く、ここから抜け出そうと思った。

第十章　聖と卑と

1

一九四六年（昭和二十一年）春、西川はインドのカリンポンからチベットのラサに向かって出発した。

同行したのはラサに煙草を密輸しようとしている二人のタングートのラマ僧だった。

火葬場から戻り、物乞い一同が打ち沈んでいるところに二人が現れ、二日後にラサに行くが、一緒に来るつもりのある者はいないかと訊ねた。

旅のあいだの宿代と食糧は面倒をみてくれるという。だが、その代わりに禁制の煙草を担いでくれというのだ。金のほとんどなかった西川には渡りに船の申し出だった。西川以外にも手を挙げた物乞いが二人ほどいたが、雇い主となるタングートのラマ僧は、体格のいい西川を選んだ。

西川は、わずかに残っていた有り金のすべてをつぎ込んで煙草を買い入れ、ラマ僧に担ぐことを頼まれた煙草とは別にラサに運び入れることにした。


その旅は順調だった。

カリンポンから二十一日間の旅だったが、パリから先のルートもほとんどが二度目だったということもあったのか、あまり長く感じなかった。それと、自分が買って持っていた煙草はごく少量だったため、万一、見つかって没収されても痛手は少ないという気楽さも、旅を短く感じさせた理由だったかもしれない。

ラサに入り、運んできた煙草を二人のラマ僧に渡して別れた。

そのとき、彼らは、西川が自分の金で買ってきていた煙草もかなりいい値段で買い取ってくれた。それが彼らなりの謝意の表し方だったのだろうと思えた。おかげで、なんとか一カ月はラサで暮らすことができそうな金を手にすることができた。


ラサに着いたといっても、知っているところといえば、最初に宿としたツオグラカン仏殿近くのアパート風の建物「ジャミンシャラ」に住む老女のところしかなかった。

宿を乞うため訪ねると、どこに行ってたんだい、心配していたよ、と言ってやさしく迎え入れてくれた。

だが、そこに滞在しはじめたものの、具体的にどうするかということになると、途方に暮れた。どこかの寺に入ってラマ僧としての修行をしたい。それにはやはりデプン寺に入らざるをえないだろう。最初に勧誘しにきたデプン寺の役僧に、苦し紛れとはいえタシルンポ寺から帰ってきたら入ると口約束をしてしまった。しかし、そこには、自分が出身地だということにしているトムト旗生まれのラマ僧がいるらしい。デプン寺に行き、そのラマ僧と対面すれば、自分の化けの皮がはがれてしまうかもしれない。

日本人と露見した場合、チベットという国によってどのような扱いをされるのかがわからなかった。スパイとして死刑などということがあるのだろうか。死刑にまでは至らないにしても、長期の刑に服さなくてはならないかもしれない。

その恐怖が、デプン寺に行くのを逡巡させていたのだ。しかし、いつまでもぐずぐずしてはいられない。ラサに着いて四日目、意を決してデプン寺に向かった。

以前、ジャミンシャラに訪ねてきてくれた役僧は、ジュチュという名の僧舎に属すると聞いていた。西川は、デプン寺の境内に入ると、歩いているラマ僧にジュチュ僧舎のあるところを訊ね、その門をくぐった。

まず、役僧の部屋に通された。そこで会うことになった役僧は新しく任命された別のラマ僧だったが、西川がトムト旗出身だと知ると、イシという名のラマ僧を呼び出した。イシという名のラマ僧は至るところにいるのだ。

そのデプン寺のイシは、小柄だが、眼に力のある、しかしおだやかそうな印象のラマ僧だった。これはのちに知ることになるが、三十代半ばの彼はデプン寺で学ぶ蒙古出身のラマ僧の中でも俊才として知られ、将来を嘱望されている人物だった。

西川は、イシがトムト旗出身だと聞いたとき、これで自分の嘘が露見してしまうと絶望した。ところが、役僧のところにやって来たイシが、自分の部屋まで連れていってくれるあいだに、トムト旗の出身といっても、満州蒙古のトムト旗の出身だと話してくれ、いくぶん安心した。西川は、内蒙古のトムト旗出身ということにしていたからだ。

イシの部屋は二階にあり、そう広くはないがきちんと整理された清潔な部屋だった。

そこで向かい合うと、イシが言った。

「私たちはあなたが来るのを待っていた」

イシによれば、前の役僧からもう少ししたらトムト旗出身の新入りの僧が来るからという報告を受け、満州蒙古のトムト旗出身の自分の先生はとても楽しみにしていた。ところが、老齢のため、去年の暮れに亡くなってしまった。先生は、わずかな財産をイシともうひとりの弟子に残したが、今度来る新入りの僧のためにと、一着の僧服とデプン寺で暮らすための最低限の所帯道具を遺言で残しておいてくれたという。

それを知って西川は言い知れない感動を覚えた。

だが、イシに、ここで修行するのだな、と問われたとき、我に返って、そうはしたいが、自分には学問がないだけでなく、修行を続けるのに必要な金もない、と正直に答えた。すると、イシは言った。学問がないから、金がないからといって、仏道の修行ができないなどということはない。自分も満州蒙古からここに辿り着いたときは裸も同然だった。学問は、学ぶためにある。誰だって最初は無学というところから始めるのだ。一生懸命、勉強すればきっと立派なラマ僧になれる。

その励ましの言葉を聞いて、西川はさらに深く感動した。そして、もし許されるなら、このイシという僧の下で修行したいという強い思いが生まれてきた。

ところが、次の瞬間、イシの口から西川の体が凍りつくような言葉が吐かれた。この僧舎には、自分と先生以外にもうひとりトムト旗出身のラマ僧がいて、彼はおまえと同じ内蒙古のトムト旗から来ているが、呼びにやったのでもうすぐここに来るはずだ、というのだ。もし、日本人としてラマ廟で厄介になっていたときに顔でも合わしていたら万事休すである。彼が来るまで生きた心地がしなかったが、ゴンチョクという三十代の僧がやって来ると、見たことのない顔である。

そして、用心深く話すうちに、出身地も彼と微妙に違う地域と思わせることに成功し、イシにもゴンチョクにも疑われないで済んでほっとした。

しかし、一難去ってまた一難、さっそく入門しなさいということになって西川は慌ててしまった。イシの先生が残しておいてくれた僧服を着て、学堂長に挨拶してこいというのだ。

慌てたのは、これまで上下が分かれた正式な僧服を着たことがなく、とりわけ袴のような複雑な紐のついた下衣は着られそうもなかったからだ。しかし、着ることができないなどとわかったら、どんな疑いをかけられるかわからない。咄嗟に、荷物をラサ市内に残してあるので、入門はそれを取ってきてからにしたい、と言うと、イシに一蹴されてしまった。そんなものは後日取ってくればいい、入門を最初にしなさいと言う。

覚悟をして僧服を着はじめたが、勝手がわからず、もたもたしていると、イシが部屋にいた弟子のひとりに言った。内蒙古の服の着方と少し違うから手伝ってあげなさいと。

なんとか僧服を着付けてもらい、イシの弟子のひとりに案内されて学堂長の前にまかり出た。よく勉強するんだぞと言われただけで退出し、さらに司法僧のもとに行き、名簿に載せてもらって入門の手続きが完了した。

ふたたびイシの部屋に戻ると、正式にイシを師とする儀式を行った。本来は弟子になる者が心を込めて作った食事でもてなすのが決まりになっているが、おまえにはそんなことはできないだろうから、とりあえず五ウンサンくらいの金を包んで差し出すことで代わりとさせてもらうがいい、と先輩のラマ僧に言われ、その通りにした。

だが、西川がハタクと共に金を差し出すと、イシは、その金は自分のためにとっておきなさいと言い、ハタクだけしか受け取らなかった。そして、その夜は、イシとゴンチョクの二人でささやかな祝宴を張ってくれた。

実は、イシがこのように入門を急がせたのには理由があった。翌日に釈迦の生誕を祝う大きなジョエ、供養会があり、そこではいつもと違う多額の布施金が受け取れることになっていた。それを受け取らせてあげたいという親心からだったのだと、西川はあとで知ることになる。

2

デプン寺における最初の夜は、師となったイシの部屋で眠らせてもらうことになった。

朝、イシ師の起きる前に目覚めた西川は、そっと起きて法衣を着ようとした。しかし、袴のような下衣をどうしてもうまく着ることができず悪戦苦闘していると、イシ師が起きてきた。慌てて適当に着ると、着方が違うよと注意されてしまった。そして、着付けを手伝ってくれ、こう言った。失敗するのはかまわない。でも、一度注意されたことを二度も注意されてはいけないと。

朝食後、イシ師の弟子のひとりに連れられ、デプン寺の頂点に立つ大学堂で催された法会《ほうえ》に出席した。

デプン寺で修行する一万人近いラマ僧は、チベット内だけでなく、内蒙古、外蒙古、満州蒙古、青海《せいかい》蒙古、新疆《しんきょう》、甘粛《かんしゅく》、寧夏《ねいか》、さらにはインド方面のラダックなどの、全ラマ教圏から集まっており、すべては大学堂に属するが、その出身地域によって四つの学堂に分かれて所属することになっていた。そして、各学堂は、もう少し細かい出身地の違いによっていくつかの地方班堂に分かれている。さらにその地方班堂は、地縁によるつながりが重視された多くの郷土班堂によって成り立っている。

各郷土班堂の僧舎は一種の自治組織になっており、運営資金の多くを所属するラマ僧たちによって賄《まかな》わなくてはならなかった。毎年、輪番によって、二人のラマ僧がその資金の調達をすることになっている。よほど裕福な家の出でないかぎり、遥か遠い故郷の蒙古まで旅をして、寄付金を集めに行かなくてはならない。大きな郷土班堂ではなかなかその順番が回ってこないが、小さな郷土班堂のラマ僧は在籍中に何度も担当しなくてはならなくなる。西川がラサに姿を現したとき、デプン寺の役僧が素早くやってきて勧誘を始めたのは、ひとりでも多く自分たちの郷土班堂に所属させようとする、切実な必要性があったからなのだ。

西川の属することになったのは、タングート人や蒙古人が多い「ゴマン」という学堂で、さらに地方班堂は「ハンドンカムツェン」というところであり、「ジュチュ」という郷土班堂だった。

この朝、行われたのはデプン寺に属する全ラマ僧が参加しての法会で釈迦の生誕を祝うためのものだった。

読経をし、配られた茶を飲み、布施金を貰うことになっているという。

西川も、ツァンパの入った袋と椀を手に、ごった返しの大騒ぎの渦中に飛び込んだ。

なるほど読経のあと、椀にバター茶が配られ、持参のツァンパをこねて食べることができた。

だが、退出時に人垣に揉まれているうちに先輩弟子を見失い、迷子になってしまった。それでも、出口のところで多くの布施金を渡された。

ようやく自分の僧舎に戻ると、今度は自分の属するゴマン学堂の涅槃会《ねはんえ》に出席することになり、それが終わると、地方班堂の涅槃会に出ることになった。

その日は、一日中、法会に出ては茶を飲み、布施金を貰いつづけた。のちに、このような日は一年のうちでも特別であり、だからイシ師が入門を急いでくれたのだとわかるようになるが、その日、西川は、ラマ僧とは物乞いなどよりはるかに楽に金が得られるものなのだと驚いていた。

翌日、ラサ市街のアパートに行き、部屋に置いてあったウールグを取りに戻った。老女に、デプン寺に入門することになったと告げると、我がことのように喜んでくれた。

それから数日間はイシ師の部屋で眠らせてもらっていたが、やがて僧舎の一階に部屋を得ることになった。

僧舎は三階建てのアパート式の建物で、与えられた部屋はむじなの穴倉のように狭く、監獄の独房のようなものだった。しかも、二階に上る階段の下でほとんど明かりも入らないため暗かった。

それでも物乞い同然の生活をしていた西川には独立した安住の部屋であり、ありがたいことだった。

本来は、借りた部屋の持ち主になにがしかの謝礼をすることになっている。しかし、イシ師が金のない西川のために、そのような金をいっさい払わなくてもよいように取り計らってくれた。

そのかわりに水汲みを引き受けることになった。もちろん、この時代のラサに水道設備などはなかったから、水は近くを流れる清水を汲むか水売りから買うかのどちらかだった。西川は、ただで部屋を使わせてもらう代わりに、部屋の持ち主が一日使うだけの水を清水から汲むことを引き受けたのだ。

水汲みはツァイダム盆地のシャンで慣れていたし、汲んで運ぶ容器もシャンの時より小さかった。だが、丘の斜面に建つ僧舎から半マイル（約八百メートル）ほど離れた水の流れまで坂を上り下りし、また僧舎に戻ると階段を上り下りしなくてはならないのがきつかった。その上、回数も多かった。

部屋の持ち主だけでなく、イシ師とトムト旗の先輩のゴンチョクの分も引き受けることになったのだ。そして、最後は自分のためにも水汲みが必要だった。

西川の部屋がある一階にはラマ僧の中でも飛び切り貧しいラマ僧たちが暮らしていた。サンジイは、金がないため肉も買えず、ただ死の訪れを待っているかのような老ラマ僧だった。禿のサンドンと呼ばれている青年ラマ僧は、無類のお人よしだった。トムト旗出身のゴンチョクとは同名異人の、もうひとりのゴンチョクという老ラマ僧は偏屈者だったが、なぜか西川にはやさしかった。満州蒙古出身のあまり豊かではない活仏《かつぶつ》や、ツァイダム盆地のシャンからの長い旅で道連れとなったイシとサンジイジャムツォの二人も、この僧舎の一階で暮らしていた。それに、タール寺で顔見知りになっていたラブチュルというラマ僧もいたが、この中では日本人ということがばれることを心配しなくていいのがありがたかった。

3

こうしてデプン寺の新米ラマ僧としての修行の日々が始まった。

修行は、全山共通ではなく、学堂ごとであり、午前、午後、夜の三回の「勤行《ごんぎょう》」を通して行われる。

場所は、各学堂の前の広い庭、法苑である。いわば青空教室であり、それは雨が降ろうが雪が降ろうが変わらない。ただし、雨が激しいときは、学堂の中に移動することが許される。

学年は十三に分かれていた。つまり、修行を終えるのに十三年以上かかるということだ。

一学年は十一月に始まり、翌年の十月まで続く。西川が入門したのは四月だったため、まったくどうしていいかわからないまま一年生の途中のクラスに入ったことになる。

イシ師には、とにかく周囲のラマ僧と同じことをしていればいいと言われ、西川もそのように振る舞った。

朝の勤行のために法苑に行くと、各学年ごとの十三のグループができる。そして、そのグループごとに、争論が始まる。決められたひとりに向かって、次々とラマ僧が立ち上がり、問いを投げかけ、答えを求めるのだ。そのやりとりは激しく、まるで喧嘩でもしているかのように見える。

その問答を聞いているうちに、西川はかつて修猷館中学で学んだ国文の授業を思い出した。吉田兼好の『徒然草』の最後の段に、幼い兼好が父親と問答をしたという話が出てくる。

八歳の兼好が、仏とはどのようなものか、と父に訊ねる。仏は人がなる、と父が答える。人はどのようにして仏になるのか、とさらに兼好が訊ねる。仏の教えによってなる、と父が答える。その教えをもたらした仏はどのようにして仏になったのか、と兼好が訊ねる。その仏もまた前の仏の教えによって仏になったのだ、と父が答える。では、その最初の仏はどんな仏だったのか、と兼好が訊ねると、さてさて、空から降ってきたのか、地から湧き出てきたのだろうか、と言って父は笑ったというのだ。

デプン寺で行われている争論も、これと似たようなものだった。

「仏は人か？」

「人ではない」

「では、釈迦は人ではないのか？」

「人だ」

「ならば、釈迦は仏ではないのか？」

「仏である」

「人であって仏であるとはいかなることか？」

このような問答が激しい身振りをまじえて果てしなく繰り返されるのだ。

そして、この争論が三、四十分ほど行われると、号令がかかり、全学年のラマ僧が法苑の中にある小さな堂の前に集まる。そして、「経頭《きょうとう》」と呼ばれる、ひとりの声のいいラマ僧に先導され、全員による読経が始まる。

これがやはり三、四十分ほど続き、終わると、ふたたびもとの場所に戻って、争論を続ける。二度目の争論には、途中で姿を現す学堂長から各学年にそれぞれ論題が与えられ、それに沿って問答が行われる。

こうしてすべてが終わると二時間ほど経っている。だが、この二時間は、学びの時間であると共に、読経が重要なものとして組み込まれているため、「授業」ではなく「勤行」という位置づけになっている。

勤行は、午前と午後と夜の三回待っている。

だが、西川が学ばなくてはならなかったのは、この勤行の時間だけでなく、わずかな自由時間にもイシ師からチベット語の個人レッスンを受けることになっていた。

チベット語については、デプン寺に入る前から、カタコトで話すことはなんとかできていたが、読み書きはいくつかの経文を読むことができただけで、ほとんどできないといってよかった。

そこで、日本風に言えばイロハからチベット語を学ぶことになった。

イシ師も、いくら学問がないといっても、ここまで無学なラマ僧は、このゴマン学堂でも初めてかもしれないと笑いながら、熱心に教えてくれた。

しかし、習ってみれば、チベット語の構造は日本語に近い部分もあり、難しい発音と複雑な書き文字をマスターしていくにつれ、イシ師が驚くほど急速に上達していった。

初歩の次のステップは、経典の暗記をすることだった。最初は一日に四句ほど暗記して、イシ師の前で朗唱する。それが八句、十二句と増えていき、ひとつの経のすべてを暗記する。次にまた別の経典に移っていき、数種の重要な経典を暗記、朗唱できるようになると、どんな経典でも読めるようになっていた。

それをわずか二カ月ほどで身につけると、周囲からロブサンはすごい奴だという評判を得るようになった。

新米のラマ僧の一日は実にめまぐるしいものだった。

朝の祈りの声で、全山のラマ僧が参加する「マンジ」の法会が始まることが知らされる。「マンジ」の法会ではデプン寺に属する全ラマ僧が集まって読経をすることになっており、参加するラマ僧たちは堂の前で経文を唱えながら法会の開始を待つ。

建前上は全山のラマ僧と言いながら、人数が少なく、まばらなのは、貧しいラマ僧しか出席しないからである。豊かなラマ僧は自分の居室でおいしいバター茶をいれ、朝食をとる。しかし、貧しいラマ僧は法会で出してくれるあまりおいしくない茶でも必要で、その茶と、持参したツァンパとで朝食を済ませるのだ。

朝の法会が終わると、自分の僧舎に戻ってイシ師のところに挨拶に行く。するとイシ師は自分の朝食用に作っておいたおいしいバター茶を飲ませてくれるのが常だった。

飲み終わると、イシ師の部屋の炊事場の掃除をし、さらに頼まれたものの買い物をする。肉や野菜などの食材を寺の前に立つ市場で買うのだ。

買い物を終えて帰ると、ラマ僧としての修行であるゴマン学堂の法苑で午前の勤行の時間が始まる。そこで初年坊主の同輩と一緒に争論、読経、争論を行う。

午前の勤行が終わると、今度はゴマン学堂の法会があり、そこでやはりあまりおいしくない茶を受け、自分が持っていったツァンパとで昼食を済ます。

終わると午後の勤行があり、争論、読経、争論を繰り返すが、午後二時頃終わると五時まで自由時間になる。

しかし、何も学んでいない西川は、この時間に、二カ月ほどイシ師からチベット語を教わらなくてはならなかった。そして、それを身につけると、今度は外蒙古出身の先生のもとに赴き、経典について教わることになった。イシ師に教わらないのは、蒙古人ラマ僧の中でも希望の星であるイシ師に学問研鑽の時間を確保するためで、西川のような新米ラマ僧の教育のための時間は他の学問僧が引き受けてくれているのだ。

経典の勉強が終わると、その礼として、外蒙古出身の先生のために水汲みをする。すると、その先生は、逆に一椀分のツァンパをくれることが続いた。

本来は、それからわずかな時間ながら自由時間になるのだが、西川にはさらなる水汲みの仕事が待っていた。部屋の持ち主と、イシ師と、先輩弟子のゴンチョクと、最後に自分のための水汲みをしなくてはならなかったのだ。

それが終わると夜の勤行に出るため、急いで夕食の準備をすることになる。ここで初めて自分の部屋で火を焚くことになるが、そのとき二階のイシ師の部屋から声が聞こえるのが常だった。

「炊事場に夕食が残っているから食べなさい」

これには、一階で暮らす他の貧乏ラマ僧たちからどれほど羨ましがられたことか。そのたびに、西川はこの恩情に報いなくてはならないと固く心に誓ったものだった。

夜の勤行が終わるのは午後九時頃であり、僧舎に戻って眠りにつき、一日が終わる。

西川は、この一日が永遠に続くのがラマ僧の一生だと知っていくことになった。

4

西川より四十年前にラサに滞在した河口慧海によれば、ラサには夏と冬しかなかったという。

しかし、日本ほどはっきりしたものではなかったが、ラサにも間違いなく四季はあった。冬から夏のあいだには春のようなものがあり、夏から冬のあいだには秋があった。

西川がデプン寺で暮らすようになったのは春だった。

暮らしはじめて一カ月もしない頃、いきなり知り合いに会って驚かされた。

ある日、豪華な不定期供養会が催されたが、その供養主がラブランアムチトの甥のダンズンだったのだ。ラブランアムチトは、青海蒙古のツァイダム盆地からチベットのラサまで同行させてもらった隊商の主宰者だった。

聞けば、ラブランアムチトが死んだという。それも、ダンズンの男色の相手に殺されたというではないか。金品が目当ての殺人だったという。そのことに良心の呵責を覚えたダンズンが、財産を整理し、叔父のために大供養会を催したのだ。

春の終わりには、学堂から全ラマ僧に対して年に一度支給されることになっている青稞《せいか》三斗を受けることができた。その日その日のツァンパにさえ苦労していた西川も、それによって一息つくことができた。

だが、青稞の配給があると、にわかに忙しくなるものだということも知らなくてはならなかった。麦のままの状態の青稞を、自分の手でツァンパに製粉しなくてはならなかったからだ。とりわけ西川は、自分のものだけでなく、イシ師のものも、先輩のゴンチョクのものも製粉しなくてはならないため大忙しだった。

それには、まず青稞を渓谷の清流で洗い、干す。次に近くの集落に行き、金を払って炒《い》ってもらう。さらに水車小屋に行き、臼で摺らせてもらうのだ。その代金は一斗の青稞に対して十分の一である一升のツァンパを渡すということになっていた。

海抜三千六百メートルの高地にあるラサも、やはり夏は暑い。

ラサでとりわけ暑いのは八月で、キチュ河畔にラサの住人によるテントがいくつも張られるようになる。そこでの宴はラサに住むチベット人最大の楽しみのひとつとなっていると言われていた。

ラマ僧たちも八月一日から一週間だけは僧衣を脱いでも違法ではなくなる。

チベット人によれば、チベット人は猿の後裔《こうえい》だから林や河畔で過ごすのが好きなのだという。

ある日、西川も同じ僧舎のラマ僧たちとキチュ河畔に行き、泳ぎを見せてくれと乞われ、つい得意になって泳いでしまった。西川が無人地帯のリチュ河でヤクを連れ戻すため泳いだという話は、ラブランアムチトの甥のダンズンの口から伝わり、蒙古人ラマ僧のあいだでは有名になっていたのだ。しかし、あとになって、そんなことをするのではなかったと後悔した。やはり泳ぎの上手な蒙古人というのは疑わしい存在だったからだ。

九月に入ると、キチュ河一帯の盆地は実りの秋を迎える。畑の青稞や小麦やトウモロコシが黄金色に輝くようになる。

デプン寺の建物も人々の手による化粧直しがなって、豪華さを増す。ダライラマがデプン、セラ、ガンデンの三寺に参詣するのを迎えるため、外壁は石灰で真っ白に塗られるのだ。

九月上旬、ラサとデプン寺を結ぶ五マイル（約八キロ）の大道にはダライラマの行列が続いた。

翌日、デプン寺の大学堂ではダライラマを玉座に迎えての大供養会が行われた。万余の僧が列をなし、三跪《さんき》の礼をしてハタクを献じる。ダライラマはアデスをし、赤い紐と白い丸薬のようなウリルを授ける。多くのラマ僧が涙にむせんでいたが、西川は話の種になるというくらいの感想しか抱かなかった。ただ、ダライラマは美少年で気品があった。

やがて、秋日和の好天の日にも、午後は突風が吹くようになる。

九月十七日から十月十六日までは一年生も最終学期の進級試験を受けることになる。しかし、それは経典の暗唱であり、西川には苦もないものだった。

十月二十五日、ツォンカパ入滅の日の灯明会《とうみょうえ》が終わると、十一月の新学期が訪れる。西川も二年生に進級した。この頃にはデプン寺で暮らすラマ僧としての生活に慣れ、周囲の蒙古人のラマ僧たちからも信頼されるようになっていた。

服はイシ師の先生がくれたものを着つづけていたが、靴は西川の大きな足に合わなかったため素足のままだった。

当初は春から夏だったため我慢できたが、秋から冬にかけてが厳しかった。冬は零下二十度にも下がる。夜の勤行を終えて凍るような石畳を素足で歩いて部屋に帰るのはつらかった。だが、それも修行だと思って、耐えた。

貧乏な新参ラマの西川は不当なほど廟の徴用に駆り出された。かわいそうだと先輩のラマ僧たちは憤慨してくれたが、ひとりイシ師だけは「人のいやがる労役に出ることはとてもよいことだ」と言って取り合わなかった。

日本人には慣れ親しんだ考えだが、遊牧民的な蒙古人にはない考えで、西川は逆に感激した。

そのイシ師も、西川の裸足には心を痛め、何度か門前の市の古い靴を商う店に行き、靴を買ってくれようとしたが、大足の西川の足に合う靴がなく、諦めざるをえなかった。しかし、西川には、そうしたイシ師の思いやりが嬉しかった。

一日のすべてが終わる午後の九時頃からが本当の自分の時間だった。菜種油の灯火の下で経典に向かう。これがあまりよくなかった視力をさらに悪くする原因でもあったが、西川はこの静けさの中に在る時間が好きだった。誰もが寝静まったあとも階上のイシ師の部屋からは勉強している気配が伝わってくる。この僧舎で起きているのは二人だけ、しかもレベルは違うものの仏教の学びをしている。それが心を暖かくしてくれたのだ。

聖なる場所における聖なる時間。

しかし、そこに身を浸しながら、西川はこんなことを思ったりしていた。

確かに自分はデプン寺という聖なる場所にいる。そしてイシ師という存在と共にあることで聖なる時間を味わうことができている。

だが、聖なる時間、聖なる刻というのは、聖なる場所でしか味わえないというものでもないのではないか。

たとえば、カリンポンの物乞いの巣窟。あそこにも、間違いなく聖なる刻があった。

カリンポンの物乞いの巣窟というのは、この聖なる場所とは対極にある場所だったかもしれない。貧しく、不潔な場所の中でもとりわけ卑なる場所であるだろう。

それでも、自分は、その卑なる場所で、何度となく聖なる刻を味わうことがあった。

驚くべきことに、カリンポンの物乞いには、単に街頭や家々を訪ねて喜捨を受けるだけでなく、実際の労働によって臨時の収入を得る機会があった。

というのは、カリンポンの街の住人たちは、家に死人が出ると、焼き場まで死体を運んでもらうために、物乞いたちを雇うことが多かったのだ。

また、それとは別に、物乞いたちは結婚式でも臨時収入を得ることができた。カリンポンに住むネパール人は、結婚式の前に、花婿は花嫁の住む地域に、花嫁は花婿の住む地域に赴き、それぞれ輿《こし》のようなものに乗って顔見せのために練り歩くという風習があった。その担ぎ手として、巣窟に屯《たむろ》する物乞いが選ばれることが少なくなかったのだ。ネパール人を雇うより安くすむということもあったが、物乞いに多いチベット人の方が屈強で、担ぎ手として長い時間耐えられると思われていたからだった。

つまり、冠婚葬祭のうちの「婚」と「葬」において、物乞いたちは臨時の収入の機会があったのだ。

自分は、足の凍傷のために担ぎ役にはなれなかったが、皆と一緒に火葬場に行き、喪主が用意した食べ物を貰ったり、時には布施金のようなものを受け取ったりすることがあった。

そんなとき、焼き場に薪が積まれ、そこに死体が置かれると、運んできた物乞いたちの口から小さく「オムマニペメフム」の真言が唱えられはじめる。それが日本における「南無阿弥陀仏」の念仏のようにしばらく続けられているうちに、ばらばらだった声がいつのまにかひとつになっている。

自分には、そのひとつになった「オムマニペメフム」は、見知らぬ死者を浄土に送るための、美しい葬送の歌のように聞こえることがあった。そして、自分の心まで浄化されるような気持になったものだった。

聖と言い、卑と言う。だが、聖の中にも卑はあり、卑の中にも聖は存在する。

たぶん、どこにいても、そして誰であっても、心を鎮《しず》めて、耳を澄ませば、聖なる刻を見出すことができるのだろう……。

5

やがて、内蒙古を出発して以来、潜入先で迎える四度目の正月がやってくることになった。

ところが、その直前の大晦日、ひとりの蒙古人が手紙を携えて姿を現した。それは「至急会いたし」という木村肥佐生の日本文の手紙だった。カリンポンにいるはずの木村がラサに出てきているらしい。すぐに行きたいと思ったが、なにしろ大晦日である。新年を迎えてからしか動けない。

木村の身に何か問題が起きたのだろうかと不安になりつつ、新年を迎えることになった。

大晦日の午前零時、ブレーに続くビシグールの調べによって新年が知らされる。デプン寺でも、大晦日と元日と二日の三日間は無礼講が許されていた。

大晦日の夜から新年にかけて、タール寺で経験したような、イシ師や先輩のゴンチョクや周りの部屋の住人への挨拶まわりをし、共に食事をしたりして、一応の元旦のセレモニーを済ますと、西川は誰にも告げずラサの街に出た。

ラサの街は正月らしくどこか浮かれているようだったが、西川は不安な気持を抱いたまま、木村がいるというジャムツォのアパートの階段を昇っていった。

ジャムツォは内蒙古のデロワ活仏の弟子で、活仏と一緒にラサに来ていたが、いまはラマ僧を廃業し、細工師として生きており、蒙古人のための手助けをしていた。

部屋には黒いチベット服を着た木村がいた。

どうしたのだと訊ねると、東チベットの中国側の状況を探索する仕事を引き受けてきたと言う。それも英国諜報部の仕事だという。

西川には信じられない言葉だった。いかに敗れたとはいえ、かつての敵のために働くとはどういうつもりだろうと思ったのだ。

木村によれば、その依頼はチベット新聞社の社長のタルチンを経由して来たものだという。国共内戦で蔣介石の国民党政権を打ちまかしつつある中国共産党は、ついにチベットを完全に支配するための侵攻を計画しているらしい。イギリスは、インドと中国との間の緩衝地帯としてチベットに独立を保ってもらいたいと願っているが、もし中国共産党がチベット侵略を実行するとすれば、東チベットからということになるだろう。

東チベットは、チベットではカムと呼ばれている。漢語ではそのカムを「康」と書く。チベットにおいてカムは東に位置しているが、中国にとっての康は西になるため、西の康、つまり「西《せい》康《こう》」を自国の領土と主張するようになっている。カムの住人の多くがチベット系であるにもかかわらず、中国はその支配権を確立すべく、過去においてもさまざまな手を打ってきていた。

清の時代には四川総督の手によって一時は「西康省」が置かれたが長続きせず、蔣介石政権下でふたたび「西康省」が設けられたが実効支配するまでには至らなかった。

しかし、共産党が中国の支配を確立すれば、チベットに対しても中途半端なままでいることはないだろう。

いま東チベットでは、中国側がどのような動きをしているか。本当に侵略の準備に入っているのか。それらを調査すべく、イギリスの密命を帯びた諜報員がすでに二人潜入しているが、ひとりは病死したらしく、もうひとりは行方不明になっている。

そういう状況下ではあるが、もしよかったら、三人目の諜報員になってもらえないかと言われたというのだ。

それは、木村を日本の密偵と見破った上で、このカリンポンまでやって来ることができたという能力を見込んでのことのようだった。木村が世話になっているチベット新聞社の社長のタルチンは、イギリスの諜報機関と深いつながりがあるらしいのだ。

その要請を受けた木村は、習得しつつあるチベット語がどれくらい通用するか試すいい機会でもあり、チベットが独立を維持するための役にも立つかもしれないと引き受けることにした。軍資金はたっぷりとくれ、成功した暁には礼金も出してくれるという。

しかし、ラサに出て来るまでの道中で、いろいろな話を聞いているうちに、カムへの潜入が生易しいことではないとわかってきたらしい。

チベットにおけるカムの中心都市はチャムド、漢名で昌都《しょうと》だったが、中国側の西康省の省都はその先にある打箭炉《だせんろ》（現・康定《こうてい》）だった。イギリス側の要望では、打箭炉まで行ってきてほしいということだった。

だが、ラサからチャムドまででさえ、山また山、河また河の連続で、二十余りの峠を越え、十数本の河を渡らなくてはならないという。ラサから打箭炉に至る地域は、地層の褶曲《しゅうきょく》によってできた褶曲山脈が延々と続く、世界最大の褶曲帯の一部だったのだ。

西川が、木村からさらに事情を聞いていくと、ここに来るまでに前金の多くを使ってしまったという。約束を果たさなければふたたびインドに出ていくことはできないし、途轍もなく困難な旅が予想されるカム地方に行けば生きて帰れるかどうかもわからない。

「どうしようか迷っている……」

そう悩む木村を見ては、その仕事を俺も手伝うからやり遂げたらどうかと励ますしかなかった。

ただ、そうは励ましたものの、自分はデプン寺で修行中のラマ僧の身であり、イシ師という大切な人に仕えている身でもある。すぐにでもカムに向かおうと言うわけにはいかなかった。

西川は、その日のうちに寺に戻らなければならず、すべてはモンラムの大法会が終わってから相談しようということで別れた。

急いでデプン寺に戻ると、デプン寺では全山でモンラムの準備が始まっていた。

モンラムとは、デプン寺、ガンデン寺、セラ寺のラサの三大寺院の全ラマ僧がツオグラカン仏殿の前の広場に集まり、チベットの安穏を祈願するという、国家的な大行事だった。

正月の三日になると、デプン寺では、全僧徒が神託堂に集まり、二十一日間のモンラムの大法会の無事終了を祈念する。

それが終わると、全僧徒はラサの街に下っていくのだ。西川もイシ師たちと一緒に山を下った。

西川はイシ師の夜具を担ぐ役だった。

ラサの街はデプン、セラ、ガンデンの三大寺からの万余の僧であふれ返っていた。僧徒はあらかじめ取り決めをしていた町家に宿を借りる。

モンラムの開始前日に当たる一月三日は、大法会が行われるツオグラカン仏殿における席決めで終わる。

そして四日からいよいよ大法会が始まるのだ。

大法会は連日、朝から夜まで六回行われる。その間、茶とツァンパ粥と布施金の供養がある。そのためラマ僧たちは法会のあいだ自分で食糧を用意する必要がなくなる。

最終日の一月二十四日、悪魔退治の儀式ですべてが終わる。

美しい山車《だし》に二千の騎馬隊、司法僧と壮士坊主の掲げる巨大な幟《のぼり》に続き、悪魔払いのためのバリンと呼ばれる供養物が十数名のラマ僧に担がれて現れ……。

隊列はキチュ河の河畔の広場に向かい、そこでガンデン寺の法主がバリンに向かって呪文を唱える。バリンはあらかじめ用意された草葺きの小屋に運ばれ、火が放たれる。そこに銃を持った兵士が現れ、小屋に向かって発砲する。さらに無数の騎兵が現れ、燃えている小屋に殺到し、蹴散らかす。これで悪魔を退治したことになり、チベットの一年の安寧が約束されることになったのだ。

こうして長かったモンラムは終わる。

ラマ僧たちはそれぞれの山に戻り、ラサの住人はまた元の生活に戻れると、喜びの宴会をする。山に戻ったラマ僧たちも、これで来世も人間に生まれ変われると喜ぶ。モンラムに参加すると、来世も人間に生まれ変われると信じられているのだ。

モンラムが終わり、その余韻も引いていった一月末、西川はあらためてラサにいる木村に会いに行き、カム地方への旅に同行する決意を固めた。

西川がそう思い決めた理由を挙げれば、いくつかあった。

第一に、木村はこの異国の空の下にたったひとりしかいない同国人である。第二に、日本人にとってはほとんど人跡未踏のカム地方を踏破しておくことはいつか日本のためになるかもしれない。第三に、そうした困難な旅をするということに対する熱い血潮のたぎりのようなものが自分にはある。

だが、そこで生じた最大の問題は、慈愛深いイシ師に嘘をつかなければならないということだった。

考えた末、西川は、由緒あるサムヤ寺への巡礼をしたいと申し出ることにした。イシ師は、当然、もう少し学業を続けてからでも遅くないではないかと引き留めた。しかし、西川は、心を鬼にして嘘をつきとおした。

ラマ僧にとって巡礼も重要な修行のひとつである。イシ師としても弟子の望みを無下に退けることはできなかった。

早く帰ってこいよと親身に心配してくれるイシ師に対して、別れを告げるとき、西川は心の中で泣いている自分に気がついた。

第十一章　死の旅

1

チベットのラサから、西康省《せいこう》の省都である打箭炉《だせんろ》までは往復二千二百五十マイル（約三千六百キロ）にもなる行程だった。しかし、西川には、さほど大したことはないはずだという思いがあった。内蒙古から青海省《せいかい》を経由してチベットに入り、さらにインドまで足を延ばした道程に比べればさほどのことはないと。だが、打箭炉のはるか手前のチャムドと青海省の玉樹《ぎょくじゅ》に行くだけで、かつて経験したことのない七カ月という長さの旅になってしまった。しかも、それは生きているのが不思議というほど困難な旅でもあった。

西川は、デプン寺を下りてラサの市街に入ると、木村が借りるようになっていた饂飩《うどん》屋の二階の部屋で落ち合い、そこでカム地方を旅するにふさわしい巡礼姿に扮した。

チベット服を短く着て帽子をかぶり、カムで作られた軽くて丈夫なカム靴を履く。腰には三尺（約九十センチ）くらいのチベット刀を差し、手には槍を持つという勇ましい姿だった。

背中にかつぐウールグ、背負子には、個人用の着替え一式と、食糧や交易品など共用の物を分担して詰めた。

二人は、当時、チベットにいる二人だけの日本人だった。しかし、西川と木村は、日本人だという以外、およそ似ているところの少ない二人でもあった。

木村はどちらかといえば外交的で直情型の性格だった。短気なところがあるため喧嘩早いところがあった。一方、西川は口数が少なく慎重だった。

また、西川は六尺（約百八十センチ）を超える大男だったが、木村は五尺（約百五十センチ）ほどの、日本人としても小柄な方だった。

顔立ちは、西川がどちらかと言えば面長で男性的なのに対し、木村は目鼻立ちの整った美しい丸顔だった。チベット人は知るよしもなかっただろうが、もし日本人が二人の姿を眼にしたとしたら、歌舞伎の『勧進帳』に出てくる、奥州に落ちる山伏姿の弁慶と義経のような組み合わせに見えたかもしれない。

そのとき、西川は満年齢で二十八歳、木村は二十五歳。西川は年上だったが、興亜義塾生としては木村が一期先輩になるという微妙な関係だった。

このカム行も、西川は同胞を助けるためと思っていたが、木村は西川も行きたいのだろうから連れていってやるというところがなくもなかった。少なくとも助けを求めたという認識はなかった。

のちに木村が記している。

《私は彼に、今度の用件をはなした。彼は寺院生活にも多分に心残りがあるようだったが、やはり未知の国への魅力は強く、寺の先生の信頼を裏切るのが心苦しいがぜひ行きたいといった》

（『チベット潜行十年』）

この二人の認識、意識の差が、カムへの旅における二人の関係に微妙な齟齬《そご》を生み出したのかもしれない。

しかし、客観的に見れば、明らかに木村が西川に助けを求めたかたちだった。西川の同行なしには出発すらできなかったかもしれない。旅の経験の多寡や体力にも格段の相違があった。

ただし、語学力に関しては、木村が上だった。二人の蒙古人と常に旅をしていたため、癖のない自然な蒙古語を話すようになっていたし、カリンポンのチベット新聞社にいた期間も長いことから、チベット語の会話力も木村の方がはるかに上だった。一方、西川は、疑われないために他人とあまり余計なことを話さない習慣が身についていた。


二人はまず、東チベットにおける最大の街であるチャムドに向かうことにしていた。

そこで、ラサの市街を出ると、ジャサク公路を東に歩きはじめた。

このジャサク公路とは、古来、中国の王朝政権がチベットのラサに向かうために拓いた唯一の公路で、チャムドからさらに中国四川省の成都《せいと》へと続いている。

しかし、ジャサク公路を歩きはじめたものの、いくらも行かないうちに、西川は木村の体力のなさに驚かされることになった。少し歩くと、すぐに休憩を求めるのだ。

それもある意味で無理のないことだった。西川は、旅のほとんどの区間を自らの足で歩き通し、ラサからインド方面への旅ではウールグに重い荷物を入れて背負っていた。しかし、木村は、常に駱駝か馬に荷物をのせていただけでなく、自らもその背に乗って移動することが多かったからだ。

しかし、そのため遅々として進まない。

最初の日は、キチュ盆地を過ぎ、キチュ河を皮舟で渡り、夕方、農家の軒下を借りて眠った。

二日目の夜は最初のダカンに泊まった。

チベットでは、主要な街道沿いに、乗り継ぎ用の馬を用意したり、宿を提供したりする駅亭が設けられている。それをダカンと呼び、ラサと打箭炉を結ぶジャサク公路では、二十マイル（約三十二キロ）ごとに駅亭が設けられていた。つまり、二人は、二日で二十マイル、一日で十マイル（約十六キロ）しか進まなかったことになる。

三日目は狭い谷あいを進んだ。やがて振り返ってもポタラ宮が見えなくなり、文明の世界から離れていくという感が強くなった。

その日も、木村があまりにも疲れ果てていたため、わずかに進んだだけで山麓に野宿することにした。

見ると、右手の頭上の山の峰にはガンデン寺のラマ塔が美しくそびえていた。

四日目も農家の庭で夜を明かし、五日目にようやくメトグンカという集落に到着し、農家に泊めてもらうことができた。

メトグンカはラサからの第二の駅亭があるところだった。

駅亭としては二番目だが、ここでチャムド方面に向かう道と青海省の玉樹方面に向かう道とに分岐するため、ラサからの旅の出発点と見なされていた。

この方面に向からチベットの旅人は、一日で駅亭から駅亭までの区間を歩く。つまり、二人は、普通の旅人が二日で歩くところを五日もかかったことになる。

西川はそのことに少し苛立ったが、同時にこの五日間で木村の旅する力を見極めることができるようになった。

泊めてもらった農家の若者は親切で、翌朝出発するときは、ここから先はくれぐれも盗賊に気をつけろと忠告してくれた。カム地方に盗賊が多いことは覚悟していたが、ラサを離れてまだ四十マイルにしかならないところで、もう匪賊の心配をしなくてはならないのかと思うと暗い気持になった。

チベット人はカムの住人をカムパと呼ぶが、そのカムパは体格もよく、中央政府に柔順でもない。どちらかといえば、荒々しいところがあり、巡礼をするカムパのあいだにはこんな諺《ことわざ》さえあるという。

「人殺さずんば、食を得られず。寺、遍歴せずんば罪業消滅せず。人殺しつつ、寺巡りつつ、行け行け、オムマニペメフム」

チベットの他の地方の住人たちには、カムパに金目のものを見せてはならないという言い伝えがある。寝ているうちに石を頭に落とされてしまうからというのだ。

実際、西川は、以前ラサからシガツェに向かう旅の途中で、若いカムパの巡礼者たちと遭遇したことがあった。彼らもまた、噂に違わず傍若無人で、通りすがりの農民から食糧を奪ったり、ダカンから燃料を掠め取ったりしていた。


メトグンカの集落を離れてしばらくすると、ラサでモンラムの祭典を見物してきたという子連れのカムパの若夫婦と道連れになった。その若い二人はカムパにもかかわらずとても気持のやさしい夫婦で、道案内にもなってくれ、道中が明るいものになった。

木村も、食糧が消化されてきたことで背中の荷がいくらか軽くなり、歩くのにも慣れてきて、順調に歩を進められるようになった。

その夜はリンチェンリンという小さな集落の外れで野宿をした。

翌日、ラサを出て初めての峠であるヌマリー山の峠に差しかかった。

ヌマリーの集落を出ると、鬱蒼とした山中に入った。

そこで西川たちと同じように槍と刀で武装したカムパの野武士のような巡礼者たちと出会ってしまった。彼らは、形ばかりの西川たちと違って、本物の荒くれ者風であり、いかにも威圧的にお前たちの腰につけている刀を売れと迫ってきたが、なんとか笑ってかわすことができた。

やがてそそりたつ岸壁と渓流を縫う険しい坂を登り下りすることになり、その難所を越えるとジャムダという集落に出た。

西川たちと若い夫婦は、そこにあった関帝廟の前で一夜を過ごすことにした。関帝廟とは三国志に出てくる関羽を祀った廟のことである。それは、この土地が漢人の進出を受けているということを示すものでもあった。

翌日、丸太でできた橋を渡り、ジャムダ河を越えた。それには渡り賃が必要で、ひとり三ショウガンを支払わなくてはならなかった。

その橋のたもとで、連れとなってくれたカムパの若い夫婦とは別れることになった。

彼らによれば、帰る故郷に自分たちの土地はないという。これからどのように生きていくのか、他人のこととは言え、暗然としないわけにはいかなかったが、貧しくても質実さと清廉さを失わない彼らの姿には頭が下がる思いだった。

彼らは故郷に向かって南下し、西川と木村の二人はジャサク公路に従って北上した。

2

実は、ここからがカムの旅の本当の始まりと言ってよかった。

次々と立ちはだかる屛風を連ねたかのような褶曲山脈の山塊を越えるため、ヒマラヤのザリーラ峠に匹敵する四千五百メートル級の峠をいくつも登ったり下ったりするのは、想像していた以上に苦しいものだった。

体を吹き飛ばされそうな強風、眼を開けていられないほど激しく吹きつける雪、凍りつき滑りやすくなった急斜面、目眩《めまい》がするほど薄くなっていく酸素……。

とりわけ「西の雪山」の名があるヌブカンの峠を越えるのはつらかった。

それでも、ようやく峠の最高地点を越え、灌木の生い茂る渓谷に入ったときには、危地を脱することができた、と息をついた。

渓谷の流れに沿って歩き、野宿をする。朝起きて、すぐに歩きはじめ、途中で朝食にし、また歩きつづけ、野宿できるところを見つけて夕食を取り、そこで眠る。

そうした日々を続けているうちに、石だらけだったところから草木の生えている地帯に足を踏み入れることができた。

そこに、石造りの小さな家が四、五軒並んでいる集落があった。

一軒の家に宿を求めると、老夫婦が快く受け入れてくれただけでなく、ヤクを殺したばかりだからと臓物をふんだんに御馳走してくれた。

翌朝、その家を出てからしばらくは、苔の生えたつるつるの岩の上を歩いたり、絶壁にかけられた吊り橋を渡ったりと、危険なところを抜けていかなくてはならなかった。それでも、山腹に出ると、西川の故郷である日本の中国地方の山のような穏やかな印象を受ける地帯に入ることができた。

丘陵を下るにつれて、道はふたたび渓谷に入っていくようになったが、そこに二、三十軒ほどの集落が姿を現した。

豊かそうな一軒の農家でツァンパを譲ってもらい、ついでに宿を求めたところ快く受け入れてくれた。

ところが、その家の主人は、部屋で四方山話《よもやまばなし》をしているうちに、突然、顔色を変え、おまえたちを泊めるわけにはいかないから出ていってくれと言い出した。

それは、木村が「よけいなこと」を話したためだった。

木村は、前夜に泊まった宿のことを訊ねられ、親切な老夫婦が臓物の御馳走をしてくれたという話をした。

それを聞いていて、西川はあまりよけいなことを話さない方がいいのではないかなと思った。前に泊まった家で歓待されたということを聞けば、同じようなことをしてくれと遠回しにねだっているように思われないかと危ぶんだのだ。

すると、危惧したとおり、主人は顔色を変え、出ていってくれと言い出した。しかし、理由は西川の思いもよらないものだった。あのあたりではヤクの疫病が流行《はや》っている。おまえたちが口にしたのは疫病で死んだヤクの屍肉に違いなく、そんなものを食べた者を泊めることはできない、どんなことで疫病が伝染《うつ》ってしまうかわからないというのだ。追い出され、他の家に宿を求めたが、最初の家の主人の話が瞬く間に集落中に伝わっており、どこでも同じ理由で宿泊を断られてしまった。

一軒の家で、近くの渓谷に洞窟があると教えられ、仕方なくそこに泊まることにした。

洞窟での一夜が明け、渓流に沿って続いている道の登り下りをしているうちに、別の方角から流れてきた渓流との合流地点に白砂の三角州が現れ、森林の緑を背景に青と白を加えた三色による一幅の絵のような絶景を眼にすることができた。しかし、そこで一休みしてからまた歩き出すと、今度は血の色をした片岩が敷き詰められ、まるで賽の河原のような不気味なところを歩かなければならなくなった。

その夜も野宿をし、朝、出発すると、ふたたび森林地帯に出た。

そこを歩いているときのことだった。木村がパセリに似た草を見つけ、これは食べられるはずだと口にした。西川も勧められて口にしたが、あまりにも苦いのですぐ吐き出した。これはパセリではないと言ったが、木村はパセリだと言い張り、口にしつづけた。

ところが、森林地帯を抜け出る頃から木村の顔面が蒼白になりはじめた。昼過ぎにようやくひとつの集落に着いたので、早すぎるが木村のために宿を求めることにした。泊めてくれることになった家の主人にその草のことを話すと、それは毒草だと教えられた。

もし木村が死んでしまったら、日本に帰って親族にどう説明すればいいのだろうと思うと生きた心地がしなかった。だが、夕方になる頃には回復しはじめ、西川を安心させた。

木村の黒星が二つ続いた。どれも「口」が災いの元だった。

集落を後にすると、美しい清流に出会う。

渓谷に沿って山を登り、下りしながら、山腹の畑で野宿したり、水車小屋の側で一夜を明かしたりということを続けているうちに、ナムチンゴンという名の二十戸ほどの集落に着いた。

比較的豊かな集落らしく大きな家が並んでおり、そのうちの一軒では、ツァンパやヤクの乳で作られたチュラーなどを安く補給させてもらえただけでなく、泊めてもらうこともできた。

ナムチンゴンを出ると、ふたたび深い渓谷を歩くことになった。

二日ほど野宿を続け、渓谷を登りつめると、眼の前にニェンチェンタンラ、漢名で念青唐古拉と呼ばれる山嶺が立ち塞がっていた。ジャサク公路はそこにある峠を越えていかなくてはならない。峠のある山はシャルカン、「東の雪山」という名で、すでに越えてきたヌブカン、「西の雪山」と対をなす難所であるらしい。

道には雪が積もり、猛烈な風が雪を吹き飛ばしている。腰まである雪を腕で掻き分けるようにして歩かなくてはならない。二人はほとんど四つん這いになりながら第一の峠をよじ登った。

ようやく峠の頂上に辿り着いたが、谷を隔てた前方にはノコギリの歯のような山々がまだそびえている。

峠を下るには垂直に切られた絶壁の横についている細い道しかない。しかもその道は凍りついている。一歩間違えば千尋の谷に落ちてしまう。

そこを下り、なんとか第二の峠の最高地点に辿り着いたときには感極まった。

生死は紙一重だった。その峠には無数の旅人が祀ったオボがあり、西川と木村もそこに小石を積んで生きて越えられたことに感謝した。


やがて雪が消えている地帯に入っていった。

そこからは小さな集落で宿を求めたり、河畔の岩陰や落葉樹の林の中で野宿をしたりする日々が続いた。

ある日、七、八十戸の家が建つ集落に辿り着いた。すると、そこには小さいながらラマ廟があり、宿を求めることにした。

受け入れてもらった二人が、まずはともあれ、と蒙古人やチベット人の旅人なら誰でもそうするように茶を沸かしていると、廟のラマ僧のひとりが何か交易品は持っていないかと訊ねてきた。縫い物をするための針ならある。そう答えると、顔色を変え、針を見せてくれという。見せると、それを譲ってくれという。

対価は大きな椀に盛ったツァンパ一杯ということだった。ラサで交易用に針を大量に仕入れたときは、ツァンパにして小さな椀に一杯にもならないくらいの安い値段だった。西川と木村は大いに喜び、物々交換の交易が成立した。

ところが、二人が針を持っているということが廟内に知れ渡ると、我も我もと交易に押しかける騒ぎになり、瞬く間にツァンパ大尽になってしまった。針一本ツァンパ一椀だったのが、いつの間にか三椀になってもまだ欲しがる人が続いたのだ。

針を欲しがったのはラマ僧ばかりでなく、噂を聞いた集落の人々も駆けつけ、ツァンパだけでなくチュラーや肉までもつけてくるようになった。

奥地においては、いかに針が交易品として有効か、まざまざと思い知らされることになった。食糧が豊かになった二人は急に怠惰になり、そのラマ廟から動かず、二日ほどのんびりと過ごすことになった。それは移動に移動を重ねていた二人にとって久しぶりの休息になった。

ラサとチャムド間の最大の街であるショウバンドウを過ぎ、谷川のほとりで野宿をしていた夜のことだった。

眠っていると、不意に激しい雨が降りはじめた。それは、ラサを出て以来、初めての雨だった。雨で水浸しになり、まるで水の中に横になっているような状態になってしまった。だが、その雨の中でも西川は眠りつづけた。明け方、一睡もしなかったらしい木村が、起きてきた西川に言った。

「君は長生きするよ。こんな豪雨の中でも眠れるんだから」

どんなところでも、どんな状態でも眠れるというのは西川の特技のひとつだった。しかし、かつて雪の降りしきる中で眠っていたときはさして驚かなかったが、さすがに雨が降りしきる中でも眠っていた自分にはいくらか驚かされた。

この日以後、カム地方の民謡に「頭を割るような雨」と歌われる激しい雨に悩まされることになる。ラサを出て一カ月、チベット暦の三月になり、カム地方は雨の季節になろうとしていたのだ。

ただ、カム地方の雨は夜に多く降り、昼間は晴れるため、強い日差しと乾いた空気が、濡れた服などすべてを歩いているうちに乾かしてくれた。

ワコウという小さな集落に到着した。

そこに至るまでの途中、どこで訊いても、この先のイチューラ峠という難所はまだ雪が深く、一カ月くらい待たなければ越えることができないだろうと言われていた。雪が少なくなるのがその頃だというのだ。しかし、そのように長い期間、無為に過ごしているわけにはいかない。どうしたものか解決策を見いだせないまま、とりあえずその手前のワコウまで行ってみることにしたのだ。

着いてみると、村人から、付近に滞在している隊商が間もなく出発するようだという話を聞かされ、二人は、その後について峠越えを決行することにした。

早朝、隊商が出発し、二人もそれについて歩きはじめた。

その日の夜は、灌木の生い茂る中で野宿することになった。

夜半、ヤクの鈴の音で飛び起きると、すでに隊商は出発したあとだった。

すぐに追いかけなければならないが、それはできなかった。この先は雪が深くなり、湯を沸かせるようなところがないとワコウの村人から聞かされていたため、どうしてもここで朝食を取っておく必要があったのだ。それに、この雪の中なので、足跡を追えばいいという思いもあった。

だが、茶を沸かし、ツァンパを食べ、隊商の足跡を追い、ようやく峠に着いて、愕然とした。

その向こうはまるで白い海原とでもいうべきところで、あたり一面に雪の波打つ峰々が広がっている。

イチューラ峠とは「四つの峠」という意味で、そこは第二の峠だったが、まだ第三、第四の峠を越さなくてはならなかったのだ。

二人は、とりあえず隊商の足跡を辿って急斜面を下った。

しだいに太陽が昇りはじめ、好天気に気持が明るくなったが、しかし、その好天が仇になった。雪に強烈な日差しが反射して眼を射るようになったのだ。

ようやく第二の峠を下り切ると、雪の下は水というようなところが増え、足が濡れるようになった。立ち止まれば、靴の中まで滲みてきた水の冷たさに針で刺されるような痛みを覚える。それに、休もうにも、一面の雪のため、腰を下ろす場所がない。眼はますます痛み、ウールグの重さが肩に食い込んでくる。

やがて第三の峠への急な登りが始まった。反対の方向から歩いてきたひとりのカムパは、ヤクの尻尾の毛の束で眼を覆っていた。それを即席のサングラスとして用いていたのだ。

西川は懸命に歩きつづけた。木村が徐々に遅れるようになっているのはわかっていたが、引き返すこともできなければ、その場で待つこともできない。ただただ前に進みつづけた。

途中で振り返ると、木村は山麓に黒い点となって見えるほど離れていた。しばらく待ったが、足が痛みはじめ、待つことはできなくなり、槍で雪の上に大きく「木村兄、頑張れ」と書いて、先を急いだ。

第三の峠の台地状のところに出ると、少しずつ土が顔をのぞかせるようになった。白い魔の雪からようやく逃れることができたのだ。

夕方の光を浴びながら木村の到着を待った。長い時間が経ち、ようやく木村が辿り着いた。

そこで野営することにしたが、木村は雪で眼をやられたため苦痛を訴えた。雪盲になってしまったらしい。

翌朝、西川も起きると眼が痛くなっていた。聞けば、木村はあまりの苦痛のため一睡もできなかったという。

しかし、茶を沸かすための燃料のない台地にとどまることは不可能で、とにかく隊商の足跡を追って歩き出すことになった。

第三の峠を下っている途中、ようやく小川が流れているところにぶつかった。二人は、ひどく空腹だったが、なによりも先にまずしたのは、その小川の水で眼を冷やすことだった。顔を突っ込み、冷やす。すると、ピリピリとした眼の痛みが少し和らぐ。しかし、顔を出すとまた痛くなる。そこでまた顔を小川に突っ込む。そうして長い時間が過ぎた。

気を取り直し、燃料を集めて茶を沸かし、ツァンパを食べたが、またすぐに小川に顔を突っ込みに走った。

それからの三日間、二人はそこに留まり、眼の痛さに呻きつづけ、小川で冷やしつづけた。ようやくいくらか痛みが薄らいだので出発することにした。

イチューラ峠の最後の峠、第四の峠に登り、ほとんど絶壁のような坂道をまっすぐに下った。やがてネンダーという集落に出ることができ、そこにあった宿屋に二日ほど滞在し、針の交易で食糧を調達してから渓流に沿って下っていくことになった。

渓流に沿って進んでいくと、ラゴンという小さな集落に至り、そのはずれで野宿をすることになった。翌朝、ラゴンを出て、渓流に架かっていた木橋を渡り、いよいよタンラ、唐古拉の山嶺越えに向かうことになった。峠の名はナムツオラ、「天の峠」と呼ばれているらしい。

ようやく登り、ナムツオラ峠の最高地点に立つと、四方八方、見渡す限り、白雪の山が何重にも連なっていた。

峠の反対側の斜面は急傾斜となっていたが、夕方から霙《みぞれ》になり、体を濡らしたまま、野宿しなくてはならなかった。翌日も深い渓谷を下りつづけ、ようやくラムダという集落で宿を得た。

その宿では二人のカムパの巡礼娘と同宿になった。ラサに行くのだという。そして、西川たちもラサに行くなら一緒に行こうと求められた。もちろん方向は逆だが、若い娘の、体を投げ出すことを厭わないような「攻勢」を拒絶するのに、若い二人は悩ましい一夜を過ごさなくてはならなかった。

翌日、河を渡って美しい渓谷を進むと、カムの都とも言うべきチャムドの街が眼前に開けてきた。

ラサを出てから二カ月、およそ七百マイル（約千百二十キロ）の旅だった。

3

チャムドは、四百戸あまりの家とチャムドゴンパというラマ廟から成る街だった。

中国の成都とチベットを結ぶ、いわゆる茶馬古道《ちゃばこどう》の要衝にあたるためか茶舗が多い。

二人が宿を求めた家は、部屋を貸してくれるわけではなく、家族と同じところに寝起きさせてくれるだけだった。しかし、それでも、やはり屋根のあるところで、しかも決まったところで眠れるのは安楽で、一週間ほど滞在することになった。

その街では、かつて西川が、ラサに入る直前に病気になった二頭のヤクを売り渡し、逆に汚れ破れて使うことのできない紙幣をつかまされた漢人の商人と出くわすという一幕もあった。

聞けば、売ったヤクはすぐに死んでしまったという。西川は、ヤクが病気にかかっていることを話していなかった。

共にすねに傷をもつ二人は、どちらも相手の行為を責めることができず、気まずく別れることになった。

チャムドには、ラサから派遣されているチベットの中央政府の役人がいたが、上から下までカムから搾取することしか考えておらず、カムの人々の中央政府への恨みには根深いものがあるようだった。

本来であれば、このチャムドから打箭炉に向かうはずだった。ところが、チャムドまでの二カ月に及ぶ苛酷な旅で心身ともに疲れ果てた木村が、もうここで旅を終えてラサに引き返そうと言い出した。チャムドまで来たことで依頼主への申し訳は十分に立つからというのだ。

だが、西川には、いちど約束したからには、最後まで全うしなくてはならないのではないかという思いがあった。依頼主は、木村が日本人の密偵だということを知って、送り出している。それを、道半ばで放棄してしまうのは、日本人として恥ずかしくないか。いやその前に、男としての意地はないのか。ここで引き返すのは反対だと述べた。

よくよく考えてみれば、木村の頼まれた仕事に、自分がそこまでこだわるのは滑稽すぎることだった。これまでも十分に困難な旅だった。ここからはさらに困難な旅になるだろう。木村の言うとおりにした方がいいのかもしれない。

しかし、西川は旅を全うすべきだと思った。それは、自分でも気がついていなかったが、この旅が木村のためでなく、自分のための旅になっていたからだったのだ。西川は、困難にぶつかるたびに奮い立つ自分がいるのを感じていたが、このカムへの旅はこれまでに遭遇したことがないほどの困難がいくつも立ち塞がっていた。そして、それをひとつひとつ乗り越えていくのには喜びに似たものがあった。

とはいえ、打箭炉に向かう道には、チャムドを出た最初の峠に徒党を組んだ匪賊が巣くっていて、最近も命を奪われる者が出ていると聞かされた。大きな隊商に同行すれば安全だが、ラサからの隊商はもちろんのこと、打箭炉方面からの隊商の姿も見えなかった。カム地方はまだ冬籠もりを終えていなかったのだ。

そこで、せめて玉樹まで行ってみようということになった。玉樹は中国領である青海省の街であり、もし中国がチベットに侵攻するなら打箭炉と並ぶ拠点となりうるところだった。

ただ、玉樹行きについてはひとつ心配なことがあった。故郷に帰る途中の蒙古人巡礼者という触れ込みの二人にとって、チャムドから玉樹というルートは、逆方向になるため、本来、取るはずのないものだった。蒙古人がなぜこんなところをうろついているのかと疑われないかと思ったのだ。しかし、結果的には、そんなことをいちいち不思議がるチベット人はいなかった。彼らが通ることになったのは、蒙古人を初めて見る、と驚かれたりするようなところばかりだったからだ。

二人はチャムドを出発し、ザチュ河の北上を開始した。それはこれまでの旅とは比較にならないほど苛酷な旅になった。

数日後、ダランドゥーという集落に辿り着いた。

一軒の農家の庭先で一夜を明かさせてもらったが、針でツァンパを求めて出発しようとすると、その家の主人にこの先には匪賊がいるから行くのはやめなさいと諭《さと》された。こっちに来ても同じだったのかと、チャムドから折り返しでラサに戻らなかったことを後悔しかかったが、ここまで来てはもう引き返すわけにはいかなかった。

そこからギョウ峠への道は長かった。道に迷い、野宿をし、雪に降られ、寒気に震えながら、折り重なるように連なる山々を越えていった。

ようやく遊牧民の黒いバナクに出会い、針で食糧を求めた。

すると、わずかな針で、新鮮な乳製品とヤクの肉を手に入れることができただけでなく、彼らが家畜小屋として使っている広い洞窟を使わせてもらうことができた。そこは暖かいだけでなく、当然のことながらアルガリ、乾いた家畜の糞も豊富だった。食糧に燃料が豊富で暖かいとなれば、まさに豪華なホテルに泊まっているも同然だった。二人は、その洞窟で三日も過ごしてしまった。

そこを出発し、山あいの道を進んでいくと、激しい流れの河にぶつかった。チョルケイ・スムドゥというチベットと中国との国境の地に至ったのだ。

急流に架かっている木の橋を渡ると、対岸に国境の管理をするチベットの官吏と兵士がいた。そこは二つの河の合流地点で、その先のもう一本の河を渡れば中国の青海省に入るらしい。

通り過ぎようとすると呼び止められた。

「待て！」

しかし、木村はその横柄な態度が気に障ったのか、立ち止まらないで歩いていこうとした。西川が、人が呼んでいるのだから待ったらどうか、と止めようとしたが、遅かった。あまりにも反抗的な木村の態度に腹を立てた隊長風の男に、調べるから役所まで来いと命じられてしまった。

西川は、威張りたい奴に対してはハイハイと頭を下げていればいいのにと思ったが、木村の向こうっ気の強さが災いを生むことになってしまった。

国境警備の役所に連行され、隊長みずからの尋問を受けることになった。

そこで、その隊長が、西川と同じデプン寺出身のラマ僧だったことがわかり、蒙古人の巡礼者が帰国するだけのところだということで話は丸く収まりかかった。

ところが、木村がよけいなことを口走ったために話がこじれてしまった。木村は、ついお前たちのような下っ端の官吏や兵士に威張られる筋合いの巡礼者ではないということをひけらかすために、チャムドではラサの中央政府から派遣されている総督に会ってきたと言ってしまったのだ。

それは事実だった。

チベット新聞社の社長であるタルチンの紹介状を持って、カムにおける最高権力者である総督に会いにいった。ただ、ハタクを献上して、引き下がってきただけだが、総督と面会したのは嘘ではなかった。

しかし、実は、ラサで、西川と木村が出発した直後に大事件が起きていた。

ラサの中央政府の摂政となったひとりの活仏《かつぶつ》が、かつて羽振りのよかったもうひとりの活仏を迫害したため、その弟子の僧徒たちが反乱決起した。だが、決起は失敗し、敗れて四散した。このチョルケイ・スムドゥの隊長は、西川と木村の二人をその残党ではないかと疑い、チャムドの総督に正体を確かめると言い出した。ただの貧乏ラマ僧ならば気にもせず通しただろうが、総督と会ったなどと言って自分の優位性をひけらかすようなことをするラマ僧には、何かやましいことがあるのではないかと逆に疑われてしまったのだ。

二人は旅を続けることを禁止され、近くの農家に預けられた。極めて緩やかなものではあったが、軟禁されてしまったのだ。

橋のたもとで頭を下げていれば、そしてチャムドで総督に会ったなどと言わなければ、すんなり通過できたのに、と西川は思ったが仕方のないことだった。

一週間が経過したある日、兵士たちがやって来て、「持ち物を預かるから出せ」と言う。

西川は、大した物があるわけではないので、ウールグごとそっくり渡そうとしたが、木村が拒否した。こんな奴らに勝手なことをされてたまるか、というのだ。

そこで、兵士たちと木村とが、渡せ、いやだと争い、取っ組み合いをするという騒ぎになった。多勢に無勢、木村は縛り上げられて連行されてしまった。

事情は、隊長が少し離れたところで部下たちと宴席を張っていると、そこに顔を出した地元の男のひとりが二人のラマ僧が逃げるのを見たというデマを口にした。慌てた隊長は、部下に確かめに走らせ、もしまだいたら逃げられないように持ち物を取り上げておけと命じたのだ。おとなしく持ち物を渡していれば兵士たちも手荒なことをするつもりはなかったのに、木村の反抗的な態度に腹を立て、役所に引っ立てていったが、もちろん、すぐに帰すつもりだったらしい。ところが、役所に着いても、また木村が暴れはじめたため、そのまま留め置かれることになってしまった。

翌日、兵士が西川のところにやって来て、事情を説明してくれた上で、あまり心配するなと告げた。そして、さらにその翌日、木村は戻ってきた。

チャムドに確かめに行った使いの馬が戻ってきて、本当に紹介状を携えて総督のところに行ったということが証明され、一件落着した。だが、つまらない騒動で足止めされてしまった期間は二週間に及んだ。

二人がチョルケイ・スムドゥから玉樹に向かって出発するときは、軟禁されていた農家の主人がとんだ災難だったなと途中の河まで馬で送ってくれた。


幾夜か野宿を重ねていくうちに、カーラという峠の麓に至った。

いつの間にか雨になり、やがて降りは激しくなった。岩陰に雨宿りしたが、斜面を流れる雨水が岩を伝ってくるため、すぐにそこも水浸しになってしまった。だからといって、どこにも雨を避けられるようなところはなく、吹き込む雨と流れる雨水でぐっしょりになりながらも、じっと耐えつづけなくてはならなかった。乾いたアルガリも手に入らず、火を焚くこともできない。温かい茶の一杯も飲めない状態で、寒さと冷たさの中、ろくに眠れないままそこで夜明けを待たなくてはならなかった。

朝になると雨が止み、遠くで羊が鳴く声が聞こえてきた。遊牧民がいるらしい。

西川は、疲労のあまりぐったりしている木村を残し、羊の声のする方に向かった。一マイル（約一・六キロ）ほど行くと、三つの黒いバナクが見えてきた。と、同時に、数頭の大型犬が激しく吠え立てながら疾走してきた。西川が、手にした槍でなんとかあしらっていると、遊牧民が現れ、犬を遠ざけてくれた。西川は、持ってきた針を見せ、燃料を分けてくれないかと頼んだ。遊牧民は、喜んで大量のアルガリを譲ってくれた。

岩陰に戻り、そのアルガリで二日ぶりの茶を沸かし、ようやく人心地がついた。

だが、その日は移動する気力が湧かず、その岩陰にうずくまるようにして一日を過ごすことになった。

次の日、カーラ峠の頂に向かって登っていくことにした。急ではなかったが悪路であり、峠の最高地点は雪で覆われていた。

峠を下り、その日は絶壁の下にあった不気味な洞窟で一夜を明かした。

翌日、渓流沿いにさらに峠を下っていくと、道はその渓流を渡らなくてはならなくなっている。冷たい水の河を渡るのはいつでも苦しいものだったが、早朝、起きぬけの冷たい空気の中での渡河はことさらつらかった。

靴を脱ぎ、ズボンを脱ぎ、服をたくしあげ、透き通って凍るように冷たい水に足をつけるときの、カミソリで切られるような鋭い痛さ。しかし、そこを歩いているうちに、ほとんど感覚は失われていき、痛さも冷たさもまったく感じなくなる。だが、対岸に上がると同時に、腰を下ろして必死に足を揉むと、やがて感覚が少しずつ戻ってきて、痺れが痛みに変わっていく……。

渓流は一本だけでなく、何本もあり、そのたびにつらい渡河を繰り返さなくてはならなかった。

さらに進んでいくと、峡谷が開け、灌木の密生する丘陵地帯に出た。

そこにはまた一本の河が流れており、その向こうの北方の山の麓に、旅の途中で聞いた、パンチェン廟と思われる白亜の殿堂が蜃気楼のようにゆらめいていた。

それは目的の玉樹まであと一日の距離まできたということを意味していた。旅人たちから、パンチェン廟まで来たら玉樹に着いたも同然だよ、と聞かされつづけていたのだ。

そのパンチェン廟では、やはり針が威力を発揮し、宿だけでなく、背負い切れないほどのツァンパを手に入れることができた。

4

パンチェン廟を出て二日目、河を下り、絶壁の岩山の鼻を廻ると対岸に玉樹の街が見えてきた。河は別の渓流と合流してさらに深い山峡に消えて行く。この合流点に数百の家がある。それが玉樹だった。

玉樹は中国の青海省の端にあるひとつの街にすぎなかったが、チベットのカム地方の都であるチャムドよりひとまわりも大きな街であることが西川には意外だった。

街に入ると、二人は一軒のラマ僧の家を訪ねた。かつてそのラマ僧がインドの仏跡を巡礼した際、カリンポンのチベット新聞社に長期滞在したことがあり、木村が社長のタルチンから念のためにと紹介状を渡されてきていたのだ。

故郷に帰る途中の蒙古人の巡礼者がなぜ玉樹に来たのかという理由としては、あらかじめ打ち合わせていたことを木村が述べた。

バル・ラムを通って故郷に帰ろうと思いチャムドに着いたところ、玉樹からタール寺に向かう隊商がまだ出発していないという話を耳にし、急遽玉樹経由で帰ることにしてやって来た。ところが、パンチェン廟でそれはまったくの誤報だということがわかった。仕方がないのでもういちどラサに戻り、故郷に帰る方法を考え直したいと思っている。ついては何日か滞在させてもらえないだろうか……。

その話を疑おうともせず、ラマ僧は快く受け入れてくれ、二人のために小さな物置小屋を片付けて提供してくれた。

二人はそこを根城に玉樹についての偵察活動を始めた。

玉樹は、中国側のチベットに対する前線基地のひとつであり、なるほどチベット人より漢人と回族の方が多く住んでいる。

住民は農耕者と商人が多い。商店に品物は一通りそろっているが、数は少なく品質もさほどよくない。山あいの僻地であるため、農産物も周辺の需要を満たすくらいしか収穫されず、遊牧民が産み出す皮革製品や乳製品も特産品となるほどは集積されていない。

玉樹から打箭炉や西寧《せいねい》に向けていちおう自動車路が走っていることになっている。しかし、いたるところで山崩れなどが起き、ここ二、三年不通になっているとのことだった。

いろいろ歩きまわったが、侵攻の準備はおろか、気配すらも窺えなかった。玉樹はとりわけ調査をする必要のないところだということがわかり、一週間足らずで調査を打ち切ると、出発点のラサに戻ることにした。

玉樹からラサに向かうには、サルタン公路上のナクチュを経由するルートと、セルツェカルナタンという集落を経由するルートの二つがある。聞けば、ナクチュを経由するルートの方が早いらしい。玉樹からナクチュまで二十日ほどかかるが、ナクチュからラサまではすでに二人とも青海蒙古から来るときに通って知っている。それもあって、ナクチュ経由のルートを選ぶことにした。

ただし、そのルートの一帯はほとんどが遊牧地帯で、玉樹からナクチュまでは食糧、とりわけ農耕地帯にしかないツァンパの補給ができないため、可能な限りのツァンパを背負わなくてはならないという。

六月初旬、玉樹を出発した。

玉樹から四日ほどが過ぎ、山峡を谷川に沿って歩いていると、馬に乗り、肩に小銃を掛けた遊牧民と出会った。すると、その男が、挨拶抜きに、しかも威嚇的な口調で、今日はどこに泊まるつもりだと訊ねてきた。わからないと答えると、そうかと言い残して去っていった。

二人は、急に不安になった。もしかしたら、あれは匪賊の偵察者ではないのか。夜になったら、仲間と襲ってくるつもりではないのか。

話しながら歩いていると、道の向こうから四、五人の男たちが歩いてくる。

二人は緊張したが、それは、疲弊した蒙古人の巡礼者たちだった。彼らは、これから西川たち二人が向かおうとしているナクチュ回りのコースで歩いてきていたのだ。

彼らによれば、このコースは人家がないだけでなく、遊牧民も公路から離れたところにしかいないことが多く、食糧がまったく手に入らない。手に入らないどころか、彼らは、ナクチュを出たとたん匪賊に襲われ、食糧をすべて奪われてしまったのだという。そのため、ここまで、一カ月以上もツァンパを口にしていない、ツァンパを少し恵んでほしいという。

かわいそうに思い、彼らのそれぞれに椀に一杯ずつのツァンパを与えると、茶を沸かすこともせず、そのままむさぼり食うように口に入れた。

その姿を見て、西川たちは急遽コースを変えることにした。

巡礼者たちによれば、とにかくセルツェカルナタンまで出れば、あとは農耕地帯になり、ツァンパも手に入りやすくなると聞いている、という。

そこで、二人はナクチュ経由ではなく、セルツェカルナタンを経由してラサに向かうルートを取ることにした。

巡礼者たちと別れたその夜は、用心のため、道から脇の斜面を下り、上からは簡単に見えないような窪地で野宿した。

翌朝、西川が起きると、木村は一睡もしなかったらしく、夜遅く四、五騎の馬に乗った男たちが上の道を通り過ぎたという。

やはり匪賊に狙われていたらしい。ぐっすり眠っていたため何もわからなかった西川は、「君は長生きするよ」と木村にいつもの台詞を言われてしまった。

その日から、ナクチュではなく、セルツェカルナタンという集落を目指しての旅が始まった。

山を越え、野宿を重ねているうちに、道を見失ってしまった。出会った巡礼者たちが教えてくれたセルツェカルナタンへの行き方は曖昧で役に立たなかったのだ。

途中、たまたま出会った老牧夫や、遠くに見えたバナクに立ち寄ったりして道を教えてもらうことが続いた。

地図も磁石も持たない旅では、人に訊くより仕方がない。そして、それを信じるしかない。

ある日、美しい景色の中、河畔で茶を沸かしていると、不意に三人のカムパが飛び出してきた。小銃をちらつかせながら、針を売れと言う。

木村が、ないと断ると、一昨日立ち寄った集落で売っていたではないかと言う。どこで見ていたのかわからないが、その台詞で、何日も自分たちを狙っていたらしいことがわかった。

三人は、西川たち二人を取り囲むように座り込み、まず西川の刀を見せろと言う。

もちろん西川は断ったが、木村が見せるくらいはいいだろうと言う。なぜそんなことを言うのか理解できなかったが、あまりにも熱心に見せてやったらと言うので、何か心積もりがあるのだろうと思い、仕方なく手渡した。

すると、それを手にしたひとりが、ぱっと逃げ出した。

怒った西川は、咄嗟に親分格の男に飛びかかり、首を絞めながら叫んだ。

「刀を返せ。返さなければ、お前はあの世行きだ」

親分格の男は、そこに残っていたひとりに、苦しげに言った。

「あいつに刀を持って来させろ」

言われた男は走り去ったが、いくら待っても二人は戻ってこない。

ひとりは逃げ出す前に親分格の男から小銃を手渡され、受け取っている。このままでは戻ってきた二人に銃で襲われるかもしれない。それを恐れた西川と木村は、その親分格の男を縄で縛り、通過してきた集落に引き立てて行くことにした。

ところが、どうしてもその集落には行きたくないらしく、途中で「さあ、殺せ」と開き直って動かなくなった。

木村が槍で強く背中を叩くと、驚いてまた歩きはじめたが、今度は縄の端を持っている西川に、「縄を少しゆるめてくれ」と懇願しはじめた。見ると、木村に槍で叩かれたときについた傷らしく、手から血が流れている。西川が、つい哀れに思ってゆるめてやると、隙を見て縄をほどき抜け、走り出した。そして、遠くの仲間に向かって「鉄砲を持って来い」と叫び出した。

その声を聞いて、仲間が接近してきた。

今度は西川たち二人が慌てて逃げ出す番だった。木村は素早く逃げ出したが、荷物を多く背負っていた西川はウールグが重くてスピードがつかない。

仕方がない、応戦しようと、峠まで登り切ると、荷物を放り出し、槍を握り締めて戦う準備をして待ち受けた。

ところが、それを見ると、男たちは逆に逃げ去ってしまった。

ようやく近くの集落に辿り着いたときは、命があったことを感謝したくなった。刀は盗み取られてしまったが、それが自分の身代わりになってくれ、縄をゆるめてやるという慈悲心がこの身を助けてくれたのだと思うことにした。

事情を説明すると、その夜は集落の中でも比較的大きな家の物置小屋に泊めてもらえることになった。

翌日、険しい山腹から灌木の密生する峡谷へ入っていくと、出会った遊牧民がこの先に河を渡る渡し場があると教えてくれた。

ところが、その渡し場が大変な代物だった。両岸の絶壁のあいだに急流が音を立てながら流れている。もちろん船で渡るわけではなく、二、三十メートルは離れている両岸に、それぞれ太い棒が立てられており、そのあいだには、ヤクの細革を何本も編み込んで五寸（約十五センチ）ほどの太さにしたロープが張り渡されている。

それだけなので、どう渡るかわからない。誰かが来たら、その真似をして渡ろうとしたが、なかなか人が来ない。

ようやく数名の巡礼者が対岸に来た。すると、彼らは、どこからかひとりの遊牧民を連れてきた。

その遊牧民は滑車の役目を果たす木の根を手にしていた。湾曲した丈夫そうな木の根をS字に曲げたものを用い、それに結びつけられた三本のロープによって荷物や人を移動させるらしいのだ。一本を荷物か人に結び、他の一本ずつを両岸の誰かが持って引っ張り合う。

あとで知ったところによるとその遊牧民は、近くのラマ廟に仕えている「渡し守」で、ここを渡る者があると、滑車を持ってやって来る。そして、その渡し賃としてなにがしかを受け取ると、それがラマ廟の収入になるのだという。

最初だけは、その渡し守の遊牧民が、滑車の下の部分に結ばれたロープの一本に自分を結びつけ、滑車の上の部分に結ばれたロープの一方の端を巡礼者たちに持たせると、森にいるナマケモノのような姿勢になって太いロープに手と足を搦めてぶら下がり、スルスルと腕の力だけで太いロープを手繰《たぐ》ってこちら側に渡ってきた。

そして、一本のロープの端を西川たちに渡し、しっかり持っているように命じると、また太いロープにぶら下がり、いともやすやすと対岸に戻っていった。

次に、渡し守は巡礼者たちのウールグを滑車の下のロープに結びつけ、西川たちに「引いてくれ」と命じた。二人がロープを引くと、滑車に結びつけられたウールグが簡単にこちらに運ばれ、それを降ろして、自分たちのウールグを結びつけると、対岸の巡礼者が引いてくれた。

ウールグの次は人間だった。だが、人間はウールグほど簡単ではなかった。とりわけ西川は体が大きく体重も重かったので、なかなか滑車用の木の根が太いロープの上を滑るようには動かず、自分の手でも手繰らなければ動かなかった。途中で、手繰る腕の力がなくなったときは、このまま急流の上で宙づりになってしまうのではないかと絶望的になった。

それでもなんとか渡り切り、対岸で崩れ落ちるほどへたりこんでしまった。

その日は、この渡し守の好意で、彼の家に泊めてもらうことができた。

翌日、出発するときに渡し守に忠告された。この先には追剝ぎの巣窟のような集落があって、二人だと持ち物のすべてを略奪されてしまうだろう。誰かが来るまで待った方がいいのではないか、というのだ。

しかし、これまでもなんとか切り抜けてこられたし、のんびりしている余裕がないと言って前進した。

すぐに渡し守が仕えるラマ廟に辿り着き、そこで二泊させてもらったが、ここでも同じことを言われてしまった。二人では危険すぎるというのだ。

それでは夜、闇に紛れて突破しようと決めて出発した。

途中、遊牧民の固定家屋が空き家になっていたので、そこで夜になるのを待った。

しかし、暗闇の中では道を間違える危険があり、犬が放たれている可能性もある。とりわけ、人をも食い殺すような獰猛な犬たちに襲われるのは、銃を持った追剝ぎより恐ろしいと言えなくもない。

そこで、まだ日のある夕暮れどきにその集落を突破することにした。見つからないように通り過ぎようとしたが、やはり見つかってしまい、引っ張り込まれるように宿を借りなくてはならなくなってしまった。

その夜、二人は、集落の男たちに囲まれ、いろいろな品を強引に交換させられてしまった。履きやすいカム靴は古靴に、銀のガオーは革のガオーに、木村の刀はなまくら刀にと物々交換を強いられ、結果として身ぐるみはがされてしまった。

翌朝、出発するときは、男たちに、気をつけて行けと明るい笑顔で送り出されたが、そこまで徹底的にむしり取られると諦めもつこうというものだと、妙な納得をしてしまうほどだった。

5

歩いては野宿をし、また歩いては野宿をする。夏に差しかかっているというのに冷たく寒い。

西川の靴は、追剝ぎの集落で無理やり交換させられたボロ靴だった。底が抜けかけていて、氷の上を裸足で歩いているのも同然だった。

そのつらさを耐えるために、歩いていると、つい呻き声が出そうになってしまう。

だが、それでも、追剝ぎの集落を出てから十日目には、ゴーラ山脈のセルツェポーラ峠の頂上に辿り着くことができた。

そこは、初夏であるにもかかわらず、一帯に万年雪が残っているほどの高度だった。

峠の最高地点に着いたときは、二人して喜びに浸った。その喜びは、高い山を征服したという満足感と、危険地帯はここまでだと聞かされていたことによる安心感が重なったものだった。

セルツェポーラ峠まではメコン河の上流域の小さな河をいくつも渡ってきたが、そこを下ると今度はサルウィン河の上流域の小さな流れをいくつも渡ることになった。

渓流を上ったり下ったりして四日間が過ぎると、山あいに立っていたバナクで食糧の調達ができた。

針は尽きていたので、替えのシャツやズボンや綿の袋などの品を差し出すことになった。ついでに、そのバナクで二日ほど休養をとらせてもらった。

出発し、また渓流を渡ると、山峡が開けた。

夕方、ちょうど遊牧民が移動するところに出会い、片付けをしている出発前の女性に多量のミルクを恵んでもらった。

それを用いてミルク入りのおいしい茶を沸かして飲んでいると、不意の土砂降りに遭い、夕食もそこそこに、濡れたまま眠り込んでしまった。

翌日、眼が覚めると、大変なことが起きていた。飲みかけの茶を残しておいた鍋が盗まれていたのだ。いつもなら、鍋だけは大事なため、きれいにしてウールグの中にしまっておくのだが、つい油断をして、飲みかけの茶を翌朝に飲もうと頭の付近に置いておいた。その道の近くを朝早い時間に通り過ぎた誰かが盗んだのだ。

その鍋は長いあいだ常に西川と共にあったものだった。何を失うよりつらかった。そしてまた、それを失ったことは、単なる感傷だけでない大痛手をもたらすものだった。

鍋がなければ、茶を沸かすことはおろか、肉を煮ることもできなくなる。つまり、温かいものを口にすることができなくなってしまったのだ。金属製の鍋は貴重品で、大きな街でなければ決して手に入れられないものだった。

西川は、絶望のあまり頭がくらくらしそうになった。

それでもなんとかしなくてはならない。山麓の集落で、着ているシャツと土鍋を交換してもらうことができた。だが、それは割れやすく重いうえに沸騰するのに恐ろしいほどの時間がかかるという代物だった。おかげで生ぬるいものしか口にすることができなくなってしまった。それ以降は、なんとか熱いものが飲みたい、食べたいというのが西川と木村の唯一の望みになっていった。

しかし、そんな鍋でも、ないよりはましで、盗まれてしまった責任のある西川が、割れないように気をつけて運びつづけた。

ようやくセルツェカルナタンの平野に到達した。

ここまで来れば、道に迷うこともなく、匪賊に遭うこともなくなるということだった。

平野らしい平野を半日歩くと、河の対岸に百戸ほどの集落のセルツェカルナタンが見えた。

もうすぐラサだと息をついた。だが、本当の苦しい旅はそれからだった。日数がそれから一カ月以上もかかったというだけでなく、飢えとの戦いが始まったからだ。

　セルツェカルナタンを出ると、ふたたび山峡に入り、腰までつかって渓流を渡った。岩山を登り、絶壁の細い道を歩く。台地に出て、小さな集落の近くで野宿をした。

　翌日はまた河を渡らなくてはならなかったが、半日歩くと、橋がようやく見つかった。しかし、それは一本の丸太のままの巨木が渡してあるだけの橋だった。曲芸師でもなければ、この急流の上に架かっている丸太の上を、荷物を担いで渡ることなどできはしないだろう。二人は呆然と腰を下ろしてしまった。

　すると、午後になって、対岸に七、八十頭のヤクを連れた男たちが渡し守と共に現れた。渡し守は四本の棒と二本の縄を持っている。どうするのかと見ていると、対岸にもともと空いていた穴に二本の棒を突き刺し、そこにそれぞれ縄の端を結びつけた。そして、その一本の縄の反対の端を持つと、残りの棒のうちの一本を空いている手で摑み、それを河に突き刺しながらバランスを取り、器用に丸太を渡ってきた。

　こちら側に辿り着くと、その棒を、やはり空いている穴に突き刺し、縄の端を結びつけた。すると、丸太の橋の片側に、縄による手摺りができていた。

　渡し守は、その縄をつたって対岸に戻り、同じことを繰り返して、丸太の反対側にもうひとつの手摺りを作り出した。

　なるほど、これで、誰でも丸太の橋を渡ることができるようになったのだ。

　男たちは急流にヤクを追い込み、西川たちがいる対岸に渡し切ると、その縄による手摺りを伝って丸太の橋を渡り、こちらに来た。

西川と木村も、河の上に張られた手摺りの縄を両手に持ち、丸太の上をそろりそろりと対岸に渡った。

以前のヤクの細革で編まれたロープの橋といい、この丸太の橋といい、どちらも命懸けの渡りだった。

その橋を前にしただけではどのように渡ったらいいのかまったくわからず、ただ呆然とするばかりだったが、渡し守に教えられれば、なるほど合理的な渡り方が存在するというのがわかる。人生で二度と同じような渡りを経験することはないだろう橋だ。しかし、知っているということは、何かの力になるはずだ。西川は、このカム地方の旅で、少しずつ人間としての力が増してきているような気がした。

この橋では渡し賃が取られなかった。だが、そんなことをしているうちにも日が暮れ、そこで野宿することになった。

翌日からは西に向かい、駅亭のある集落の廃屋で寝たり、河畔で野宿したりしながら進んだ。

やがて道は二つに分かれた。さらに西に行けばナクチュに向かうという道と、南に行けばソクジャンダンゴンというラマ廟を経由してメトグンカへと出る道の二つだった。

二人は、もちろん南への道を選んだ。

ソクジャンダンゴン廟に寄り、その門前の集落で食糧の補給をし、二日間の休息を取った。

さあもう一息だと動き出したが、それから二日後に辿り着いた峠からの光景を見て愕然としてしまった。

進むべき方向には、依然として褶曲山脈のいくつもの尾根が折り重なるように続いており、ひとつの尾根を越えると、また次の尾根を越えなくてはならないことが看て取れたからだ。

しかも、峠を下り、第一の尾根を越えようと登りはじめると、雹《ひょう》が降りはじめ、やがてそれが雪になった。苦しい登りと下りに耐え、どうにか第一の尾根は越えたが、それ以上は無理だった。遮ってくれるものは何もなく、夏の雪に降られるままに、野宿するしかなくなった。

周囲にはまったく燃料になるものがない。だから、ツァンパを嘗め、チュラーを食べ、雪で喉を潤した。そして、羊の毛皮を敷き、服を脱ぎ、それを掛け布団として被って横になった。いつも以上に膝を顎の下まで引き上げ、いつも以上に獣のように丸くなって。

夜中になってようやく雪がやみ、服の布団から首を出すと美しい月が出ていた。こんな状況でも、月が美しく見えるということが西川には新鮮だった。

その翌日からの行程でも、さらに山また山の連続で苦しめられ、谷川を渡るたびに危ない目に遭った。

ようやくビルゾンというところに辿り着き、そこにある廟に二晩ほど泊めてもらった。

ビルゾンを出るとメトグンカまでは食糧が調達できないというので、売ることが可能なものを売り払ってツァンパを手に入れることにした。

草原を行くと、ナクチュ河に出てきた。

河幅がとてつもなく広いうえに激流だった。ゴワと呼ばれる皮舟で渡ったが、それでも生きた心地のしないくらいの恐ろしさだった。わずかに残っていた小銭で渡し賃を払ったが、それで現金は無一文になってしまった。

そこを渡ると、無人境のような地帯になった。確かにここでは食糧を調達することはできないだろうと思えるところだった。

峠を越え、河をさかのぼり、野宿することを続けていくと、ようやく出た台地の向こうに四、五個のバナクが集まっているのが見えた。

二人のウールグの中にはまだいくらか食糧が残っていたが、ここで少しだけでも余分に調達しておきたいと思った。しかし、こちらには交易する品物がない。

そこで、その集落で托鉢することにしてバナクに近づいていくと、十数頭のチベット犬が襲いかかってきた。

二人は持っている槍で必死に応戦した。このような犬に嚙みつかれたら命を失いかねない。普通は、犬たちが騒ぎだすと、外来の誰かが近づいてきたということなので、包《パオ》やバナクから誰かが出てきて、犬を取り押さえてくれることになっている。

ところが、このバナクからは、なかなか人が出てこないだけでなく、ようやく出てきても、二人の必死さがおかしいと笑い合っているだけで、取り押さえてくれない。

飛びかかられ、危うく嚙みつかれそうになって、ようやく追い払ってくれた。

そこで、西川がデプン寺で学んだ経のひとつを読ませてもらい、食べ物を恵んでもらいたいと頼んだが、ひとつのバナクの女が一匙のチュラーを恵んでくれただけだった。

それですっかり懲りた二人は、半日を無駄にして、これくらいなのだったら、一日でも早くラサに着くようにした方がいいと、托鉢は諦めることにした。

さほど急ではない峠をひとつ越え、二つ目の峠の頂から進むべき方角を眺めたときの光景には心を揺さぶられた。坂の下は、平野に網の目のように小川が走り、草の豊かなシルグ地帯、湿地帯になっている。点々と黒いバナクが見え、ヤクや羊の群れが遊び、まるで極楽浄土のように見えたからだ。

どうやらそこはラサを流れているキチュ河の最上流域のようだった。この河を下ればラサに行き着くことになる。

河に沿って下っていくと、途中の河畔に、ラサからカム地方に赴任して行く兵士たちを出迎え、送り出すためにテントを張って待っている近在の農民たちが大勢いた。

食糧が尽き果てていた二人は、そこでさらに持ち物をたたき売ってツァンパなどを手に入れた。これまでは、手放してもなんとか旅を続けられると思えるものだけだったが、このときは生きるために最低限必要なものを除いて、すべてを手放さなくてはならなかった。生きるためのもの、すなわち、着ている服、それぞれひとつずつの椀、ひとつの杓子、土鍋、そして杖ともなり武器ともなる槍。それ以外の、すべてを売った。

数日分の食糧を手に入れられた二人は、峡谷に入り、そこで野宿をするときも明るい気分で過ごせた。だが、そこからさらに岩山を登り下りしていくと、途中で、行き倒れらしい男の死体にぶつかった。他人ごとではなかった。それは明日の自分たちの姿だった。

ラサに急ごうと、足を速めた。黄土の山の連なりを越え、苦しみながらようやく高い峠の頂上に着いた。

西川は、そこからの眺めのすばらしさに息を呑んだ。三方は山に囲まれ、眼下の谷底には紺碧に輝く湖が見えている。その峠こそが、ラサに至る「最後の峠」だった。以後、ラサまでは基本的には下るだけになる。といっても、十日は充分にかかるらしい。

その夜は、湖畔に野宿した。


キチュ河の源流の一本となる谷川を下りつづけていくうちに、鬱蒼とした林に差しかかった。清流とその水面に映る濃い緑が美しい。

幾夜か野宿を重ねていくと、レコンゾンという集落に出た。そこにはラマ廟があり、その学堂の前には、大地にひとりの病人が臥せっていた。ラサからの巡礼の帰りに病を得てしまい、仲間に見捨てられ、置き去りにされたまま一カ月が経っているという。

息はあるが異臭を放ちはじめている。野犬たちがまるで死ぬのを待つかのようにうろついている。自分たちもひとつ間違えば同じ運命だったかもしれないのだ。病を得なかったのは、そして死ななかったのは、ほんの一歩の違いだったのかもしれなかった。

いや、これからでも、わずかなツァンパとチュラーしかない自分たちにも襲いかかる運命かもしれない、と西川は思った。

二人は追われるようにそこを離れ、前に前にと歩きつづけた。ただ惰性のように槍をつき、足を運んだ。

やがて、キチュ河の本流が現れて、道が二つに分かれた。

ひとつは、ここでキチュ河を橋で渡り、ラサに向かう道。もうひとつは、キチュ河に沿ってメトグンカまで行き、そこを過ぎてからキチュ河を皮舟で渡ってラサに向かう道。

二人は、皮舟に乗る金がなかったため、橋を渡ることにした。しかし、その橋というのも、革を編んでハンモックにしたようなもので、足を踏み出すごとに大きく揺れる。足下は激流だ。渡り終わったときは全身冷や汗でぐっしょり濡れていた。農耕地に入っているため、畑の近くで野宿するようになった。その頃、いよいよ食糧が尽き果ててきた。飢えた二人は、ついに最後の手段を取りはじめた。いろいろな畑があったが、エンドウ豆の畑があると、そこに入って蹲《うずくま》る。そして、莢《さや》から豆を取り出して、生で食べるのだ。飢えた者の口に、それはとてつもなく甘く感じられた。

西川によれば、飢えた二人の話すことは食べ物のことばかりになったという。だが、それも、出てくるのは、懐かしい日本食というようなものではなく、蒙古やチベットの当たり前の食べ物ばかりだった。最後には、熱いものなら何でもよいというまでになったらしい。土鍋ではいくら頑張っても生ぬるいものにしかならなかったからだ。

一方、木村によれば、二人は喧嘩ばかりしていたという。

《ある日私は、天皇がいようといまいと、日本も日本人も生き残るに違いないと口をすべらした。すると西川氏（本来ならば反逆精神にみちた人物である）は天皇を戴かない日本を想像するなど、大逆罪もいいところだと反論してきた。私たちはモンゴル語で一日中、口角あわをとばして議論した。（中略）。西川氏はよほど腹を立てたのか数日間口をきこうとしなかった》（『チベット 偽装の十年』）

仲良く食べ物の話をしているという二人と、喧嘩ばかりしているという二人。どちらが本当の二人の姿なのか。

たぶん、どちらも、そのときの二人だったのだろう。食べ物の話をしては、つまらないことで喧嘩になり、口をきかなくなっては、またいつしか食べ物の話をしている……。


雨に降られ、水の中で眠るようなつらい夜もあった。

だが、やがて、河の対岸にメトグンカの集落が見えはじめた。そこは、チャムドに向かう旅の実質的な出発点とも言えるところだった。

そこで野宿をし、朝になって歩き出すと、左手の丘の上にガンデン寺の白亜の殿堂が見えてきた。ついにラサの手前まで戻ってくることができたのだ。

夕方、ツエタンという集落に着き、一軒の農家に泊めてもらった。礼として渡すべき現金も品物もまったく何もなかったが、これだけはと売らずに首から下げていた守り箱のガオーを差し出すつもりだった。しかし、家の主はどうしても受け取ろうとしなかった。

それがこの旅の最後の夜だった。

翌朝、砂丘の河畔を進み、岩山の山鼻を廻ると、前方に黄金のポタラ宮が見えてきた。

そのとき西川の胸に熱いものが込み上げてきた。

麦畑に秋風が渡る中を歩いていると、太陽がゆっくりと西に傾きはじめた。

一歩一歩、ラサに近づいていった。出発したときとは異なり、毛皮の服はボロボロになり、靴は底の抜けかかったものに代わり、毛皮の帽子は色あせ、槍の塗りははげ落ち、ウールグの中はほとんど空っぽだ。カリンポンの物乞い仲間の方がまだましというような姿だった。しかし、この冬から秋までの七カ月のあいだ、病気ひとつせず、なんとか無事に戻ることができた。

ポタラ宮殿の黄金の屋根がはっきり見えてきたとき、西川は心の中で熱くつぶやいていた。

まだ生きている、と。

第十二章　ここではなく

1

ラサに辿りついた二人は、木村がカムに出発する前に世話になったジャムツォの家に向かった。ジャムツォは、誰だかわからないくらいに痩せ細り、汚れ切った木村と西川の姿に驚いたようだったが、すぐに熱い茶とツァンパを用意してくれ、さらに新しい服に着替えさせてくれた。

ラサで数日過ごして飢えから解放されると、木村はカリンポンで知り合ったラサの住人のところに行き、カリンポンまでの旅費を調達しようとした。幸いなことに、そのひとりであるワンギェルという人物が気前よく貸してくれた。

西川には、そのままラサにとどまり、デプン寺に戻ってラマ僧としての修行に復帰するという道も残されていた。だが、それには、巡礼をしてきたはずのサムヤ寺に実際はまったく行っていないことの説明をどうするかという問題があった。西川は、これ以上、イシ師に嘘をつくことは耐えられないと思った。

しかし、西川が最終的に木村と共にカリンポンに向かうことにしたのは、それだけが理由ではなかった。カムへの旅を終えて、生きることの確かな手応えを得るようになっていた。自分は、どんなところでも、そしてどのようにしても生きることができるのではないか。その自信が、さらに新しい土地を旅してみたいという思いを強くさせていたのだ。

西川は木村と共にヒマラヤを越えた。このとき、初めてザリーラ峠ではなく、ナツーラ峠の登り下りを経験した。そして、この九度目のチベットとインドとの国境越えが、西川にとって最後のヒマラヤ越えになった。

カリンポンに着くと、以前、木村が世話になっていたチベット新聞社の社長であるタルチンの家に寝泊まりさせてもらえることになった。

木村は、西川について、カム潜入の手助けをしてくれた蒙古人でデプン寺のラマ僧だと紹介し、一緒に泊めてくれるよう頼んでくれた。その紹介は、西川が蒙古人だという以外、すべて本当のことだった。

タルチンは、カムにおける旅の思い出の中で、西川がちょっとした慈悲心から縄をゆるめたため盗賊を逃がしてしまったという話に心を動かされたようだった。「どんな人間に対しても、やさしい心で接することは大切なことだ」というのである。西川は、これがクリスチャンの考え方なのかと納得した。それはまた、どこかデプン寺のイシ師の考え方と似ているようにも思えた。

そのタルチンの家で、木村はカムに関する報告書を書き、西川はカムの地図を描くという仕事を始めた。

半月余りで、西川が一メートルほどの大きさの地図を完成させると、木村はすでに書き上げていた報告書を携え、タルチンの依頼元であるイギリスの諜報機関に持参した。

しかし、彼らがカムへの旅をしているあいだの七月にインドとパキスタンが独立し、インド亜大陸からイギリスが手を引くことになったため、その部署にイギリス人の担当者がいなくなっていた。

仕事を引き継いでいたインド人に渡すと、しばらくしてタルチンを経由して木村に報酬が支払われた。

木村は、それを受け取るとチベット新聞社を辞め、ラサとカリンポンのあいだの行商をすることになった。西川が行商した煙草と異なり、扱うのは石油で、チベットに持ち込むと高値になることを知り、貰った報酬を一気に何倍かにすることをもくろんだのだ。

西川は、木村がそんなことを考えたのも、カムにおける苛酷な旅をすることで自信がついたからだろうと思った。なにしろ、死と隣り合わせだった七カ月ものあいだ、病気もせず、何千マイルも歩きつづけることができたのだ。西川にも、この旅が、さらに自分を鍛えてくれたという実感があった。

だが木村と違い、西川の眼はチベットではなくインドに向いていた。西川は、頃合いを見計らって、インド放浪の旅に出るつもりになっていたのだ。

ところが、カムの地図を描き終えると、今度はタルチンから「チベット全図」を描くことを求められた。

インドに、詳細なチベットの地図などというものは存在せず、そのようなものを描ける者は、チベット人の中にもいなかった。

タルチンは、カムの地図を見て、西川を普通の蒙古人とは違うと思ったようだった。もしかしたら、木村と同じ日本人と見破っていたかもしれない。だが、そのようなことはひとことも漏らさず、ただ「チベット全図」を描くことを求めてきたのだ。それは、どのような者でも使える者は使おうというタルチンの方針であるようだった。

西川は、世話になっていることに対する礼の気持もあり、チベットの地図を描くことを引き受けた。

家の中に、別に用意された一室で、カムの地図の二倍ほどもある大きな紙を広げ、そこにチベットの地図を描く仕事に取り掛かった。

自分が歩いた土地の記憶を軸に、あとは、旅の途中で聞いたことから類推したりして、道と、街と、集落と、山と、峠と、河と、湖と、関所などを書き入れていった。

その間も、タルチンの家で寝起きさせてもらうだけでなく、一緒に食事もさせてもらった。タルチンの家族も西川を大切に扱ってくれた。西川は、久しぶりに過ごす家庭というものの温かさ、普通の生活のありがたさを痛感した。

一カ月後に地図が完成すると、タルチンは大いに喜び、今度は新聞社の仕事を手伝ってくれないかということになった。

迷ったが、最終的に応じることにした。給料はいくらほしいと訊ねられたが、食べさせてくれるだけで給料はいらないと断った。しかし、ただひとつ条件をつけた。退社したいときに自由に辞めさせてくれるのなら、と。それは、いつかインドの巡礼に出る準備が整ったら、喜んで送り出してもらいたかったからだ。タルチンは、それでいいと言った。

社員として働くことに応じたのは、ひとつには世話になっていることの礼をしたいということもあったが、それだけでなく、タルチン宅にある各国語の辞書類と書籍を利用できることへの期待があったからだった。

豊富な辞書を使わせてもらえれば、さらなるチベット語の勉強だけでなく、インド放浪に欠かせないヒンドゥー語やウルドゥー語などの勉強までもができそうだった。放浪に必要なものは金より言葉と思い知らされていたからだ。

タルチンはラダック人だった。

ラダック人はインドでもチベット系の民族で、宗教もラマ教だったが、タルチンは英語を学んだあとキリスト教に改宗し、宣教師になった。カリンポンでチベット人への布教につとめるようになり、結婚した相手もラサ出身のチベット人だった。

やがて、イギリス政府の援助によって、チベット人向けの新聞を発行するようになる。チベットには新聞などというものはなかったから、それがチベット語で記された、チベット人のために発行される世界で唯一の新聞だった。ただし、発行所はインドのカリンポンだった。

タルチンは、チベット人全体の知識を増し、民度を高めたいという強い信念のもと、多くの困難に耐え、新聞の発行を続けていた。

とはいえ、社員は六、七名しかおらず、紙面は六ページで、週に一回の発行、部数は三千足らずだった。内容は、インドにやって来る、チベットの役人や商人や巡礼者たちからもたらされるチベット関係の話をまとめたものが中心で、それにインドの新聞やインドで発行されている外国語新聞に載っている、世界や、チベットの周辺国に関する記事を要約したものが紙面を飾っていた。

新聞社の社屋は、ちょっとした印刷所というくらいの規模で、タルチンは家からそこまで馬に乗って通っていた。馬のたづなはネパール人の若者が曳き、そのあとを西川がボディーガードのように従った。

タルチンは朝から夜までさまざまな仕事に忙殺されており、帰りになると五十を過ぎた顔に疲労の色を濃くにじませているのが常だった。

その姿を見つづけているうちに、西川はこう思うようになる。

――チベット人のために、これほど尽くしている人もいないだろう。自分も、このタルチンのために本気で働いてやろう……。

もしかしたら、このように思うのは西川の心性の特徴的なところかもしれなかった。好意を寄せてくれた人に深く感謝し、全力で応じようとする。それも、言葉ではなく、身を粉にして極限まで働こうとする。

そして、実際、西川は印刷所の下働きの職工として骨身を惜しまず働くようになった。

いつも家に帰り着くのは午後八時を過ぎていたが、それから皆で食事をし、さらに次は自分の部屋でひとり語学の勉強をした。まず、インドの言葉をマスターしたかった。

懸命に働き、懸命に勉強する日々が続いた。西川には、それはとても幸せな日々のように思えた。

カリンポンは世界の縮図のような街だった。それが象徴的に現れているのが正月の祝い方である。さまざまな民族が住んでいるため、年中、どこかの国の正月が祝われているような具合になる。

十一月の下旬はネパール人の正月。十二月はキリスト教徒のクリスマス。一月中、下旬は中国人の春節。二月はチベット人の正月。夏から秋にかけてのどこかの月は回教徒のラマダン、断食月とそれが明けたあとの祝宴。旧暦の十月から十一月のどこかがインド人の正月であるディワリ、という具合だ。

西川は、タルチンがクリスチャンだったので、一九四七年（昭和二十二年）はクリスマスで年が暮れることになった。

新年になると、チベット新聞社は石版刷りから活版印刷に切り替わった。チベット語の活字拾いはとてつもなく難しかったが、春になるころには西川は一人前の職工になっており、タルチンに「ロブサンは我が社の評判男だ」と言われるまでになった。

タルチンは、西川の仕事ぶりを見るにつれて、いよいよ蒙古人ではないのではないかという思いを強くしたらしいが、決してそのようなそぶりを見せなかった。

ただ一度、こんなことを言った。

「チベットの眠りを覚ますには、役立たずの貴族の数人の首を取るようなことをしないとだめだ。ロブサン、君がその先頭に立ったらどうだろう……」

タルチンはよほどチベットの政治状況に危機感を抱いていたらしい。西川にテロを勧めていたのだ。しかし、もちろん、西川は言っていることの意味がわからないふりをして、やりすごした。そして、タルチンもそれ以上、深追いはしなかった。

やがて、春が過ぎ、雨季に入った。

そして夏になると、中国本土における内戦の激化の様子が連日報じられるようになった。第二次大戦終結後、アメリカの支援を受けた蔣介石の国民党軍は毛沢東率いる共産党軍を圧倒していたが、法幣の乱発などによって国民の支持を徐々に失い、一九四七年から四八年に至る頃には形勢が逆転しつつあった。

チベットにもその影響が及びそうになり、ラサの貴族たちがカリンポンやダージリンに財産を移すようになりはじめた。

その頃、不意に、木村肥佐生が長期滞在していたラサからカリンポンに出てきた。二人は街で酒を飲んだが、なんとその夜に、インドのデリーでマハトマ・ガンジーが暗殺されたという報が流れてきた。二人はその死を悼み、カリンポンのインド人と共に涙を流した。

一方、カリンポンを通過する巡礼者によって、西川がチベット新聞社にいるという知らせがデプン寺のイシ師にも伝わったらしく、帰ってきなさいという伝言や手紙が届くようになった。

イシ師のいつまでも変わらない深い愛情には胸を熱くさせられたが、やはり放浪をしたいという思いの方が勝った。

2

夏が終わり、カリンポンに来て一年になろうとした頃、西川はチベット新聞社を辞めることにした。

社長のタルチンは、西川を気に入り、嫁を世話するからカリンポンに落ち着いたらどうかと勧めるようになっていた。西川も、普通の人の、普通の生活というものに慣れ、その提案に心が動かされそうになることもあった。

——しかし、自分は、ここで新聞社の職工になるためにいるわけではない。密偵としての役割を果たさなくてもよくなったいま、自分の知らない土地を巡る自由を得た。かつて、ラサに向かう途中でタングートの俗人の巡礼者たちと一緒になったが、狩りをしたり獲物を屠《ほふ》ったりしながら旅を続けていたあの男たちのように、自分も自由に旅をすることができるのだ。まず、ラマ教徒にとっての、というより全仏教徒にとっての聖地である、ブッダガヤ、クシナガラ、ルンビニの三大聖地への巡礼をしよう。ここにいるあいだに、チベット語だけでなく、ヒンドゥー語やウルドゥー語の読み書きもかなりできるようになった。そろそろ出発の時期が来ているのだ……。

ある日、そう心を奮い立たせ、タルチンに辞めることを告げた。

タルチンはどうにか引き留めようとした。考えてみれば、無給で骨惜しみせず働く職人をひとり失うことになるのだ。必死になるのは無理もなかった。しかし、西川が強い決意を示すと、タルチンもようやく諦めてくれ、餞別にほんの少しの金と一冊の辞書をくれた。

金をくれるとは思っていなかったので驚いたが、次にその金額が一年も無給で働いてくれた職人への餞別としてはあまりにも少ないことにさらに驚かされた。金などくれなくてもよかったが、くれるのならもう少しくれてもいいのではないかと思わないでもなかった。しかし、西川には、貴重な辞書をくれただけで充分だった。それは、西川が一年のあいだ使わせてもらっていたチベット語の辞書、英語から引く英蔵辞典だった。

タルチンの家族に別れを告げた西川は、一年前に背負っていたのと同じウールグを背に、タルチン家の門を出た。

とはいえ、西川は、そこからすぐにインド巡礼の旅に出たわけではなかった。

まず向かったのはカリンポンの丘の上にある火葬場だった。

その横に小さなラマ教の寺があった。そして、そこには、尻まで達するような長い髪をクルクルと丸めて頭の上にのせた、仙人のような雰囲気の老修道僧が住んでいた。

カリンポンはインドの領内だったが、チベット人も少なくなかった。それもあって、各所にラマ教の寺院があった。西川は、チベット新聞社で働いているときも、時折り、そうした寺を訪ねてみることがあった。寺には、さまざまなラマ僧がいたが、西川には、この火葬場の横にある寺にいる老修道僧が、最も気になる人物だった。

老修道僧は、カム出身のチベット人で、深山の洞窟で二十年修行したあとインドに出て放浪し、カリンポンに流れついた。

そこで、火葬場の横に小屋を建て、火葬される死者の霊を弔いながら修行を重ねていった。その姿を見たカリンポンの人々から、徐々に尊崇《そんすう》の念が寄せられるようになり、信者となった彼らの寄進によって寺の堂や塔が建てられていったのだという。

だが、老修道僧は、寄進を受けた金を自分のために使うことなく、たとえばふだん自分が着る服も、火葬場に持ち込まれる死者を覆うために使われ、焼却後は不要になる白布を利用したりしていた。

この老修道僧は、御詠歌《ごえいか》がうまかった。金のない西川は、インドの聖地を托鉢しながら廻ろうと思っていた。かつてバルタンとチベット国内で托鉢したときは「お恵みを」と言いながら家々の前に立った。だが、ただ恵んでもらうだけの存在にはなりたくなかった。できれば、こちらからも、何かを返したい。そのとき頭に浮かんだのが御詠歌だった。せめて御詠歌くらいはうたえるようになり、金や食べ物を恵んでくれる人たちにその調べを聞いてもらえるようになりたい。

西川は、火葬場の老修道僧について、御詠歌がうたえるようになるまで修行したいと思ったのだ。

ウールグを背負い、丘に登り、振り返ると、カリンポンの街並みがよく見えた。

そして、火葬場がある丘の上に着くと、反対側は切れ落ちた断崖になっており、その向こうにはヒマラヤの高峰、八千メートル級のカンチェンジュンガ峰がそびえているのが見える。

寺に行き、老修道僧にハタクを差し出し、弟子にしてほしいと頼むと、すでに何度か会っていたことで西川の人となりを理解していてくれたらしく、簡単に受け入れてくれた。

起居をするのは、寺の堂と塔のあいだにある、茅葺き屋根の小屋だった。

そこには満州蒙古人で、西川と同じ「ロブサン」という名前の中年のラマ僧が先に住んでいた。ロブサンは、かつて西川がラサのデプン寺で学んでいたときにも同じ地方班堂のハンドンカムツェンに属しており、一年先輩の僧として顔見知りの存在だった。西川が御詠歌を習得するのにここを選んだのは、老修道僧が「本物」と思えたというだけでなく、このロブサンがいるということも大きかった。

聞いたところによるとロブサンは、故郷である満州の寺を出たあと、中国国内を放浪し、西寧《せいねい》のタール寺からチベットのデプン寺で修行し、さらにインドのカリンポンに出てきて、この修道僧のもとで半年ほど前から修行を続けているということだった。

また、ロブサンには土をこねて仏像を作るという特技があり、それによって細々と生活する資を得ていた。実際、その腕前は、仏師と呼んでも差し支えないほど見事なものだった。

西川が、老修道僧に連れられ、その小屋で挨拶をすると、仏師のロブサンは快く迎え入れてくれた。

狭い小屋には、木箱の上に板を張っただけの小さな寝台が二つあり、そのひとつで寝起きすることになった。

土間の端には無造作に石を並べただけのかまどがあり、そこが炊事場となっている。そして、中央には、ロブサンの簡易な工房があった。

食事は、茶とツァンパが中心の簡単なものを、それぞれが作って食べた。食材は、入門する前に買い込んでおいたものでかなりの日数を過ごすことができたが、煮炊きをする薪は、樹木が少ないため、少し離れた雑木林にとりに行かなくてはならなかった。

ある日、西川がロブサンと連れ立って雑木林に行こうとしていると、ばったり出くわした老修道僧に言われてしまった。

「薪ならいくらでもあるだろう」

火葬場で死体を焼くときに用いた薪が燃え残っており、それがいくらでもあるだろうと言うのだ。さすがに、その薪を使って煮炊きをすることなど思いつかなかったが、妻帯している老修道僧は一家でそれを用いていた。しかし、実際使ってみると、それは人間の脂を吸っているためか、かえって燃えが悪く、おまけに悪臭がした。

入門と同時に用意するように命じられたのは、ダンバルと呼ばれるでんでん太鼓、ホンコという鈴、人の大腿骨で作られたガンドンという骨笛、毛皮の敷物、水ごりをとるときに使う短いスカートのようなはきもの、それに人の頭蓋骨で作られた骨椀、だった。

修行の第一の課題は座禅だった。

火葬場のすぐ下の崖に白骨の散らばる洞窟があり、そこに入って座禅をすることになった。眼の前は切れ落ちた谷であり、その向こうに圧倒的な高さのカンチェンジュンガ峰がそびえている。早朝、水で体を清め、毛皮の敷物を持って洞窟に入り、座禅を組む。そこでは、心を無にすることを命じられた。

座禅を組み、カンチェンジュンガの峰を見つめながら無念無想になろうとするが、気がつくと雑念に心が領されている。

何日も何日も同じことの繰り返しで、どうしても無の境地に達することができない。

ある日、小屋に戻って、ロブサンに悩みを打ち明けた。

すると、ロブサンは、仏像を作るときに用いる竹のヘラを西川の眼の前に突きつけて、言った。

「これを見てみろ」

突きつけられたヘラの先をじっと見ているうちに、ふっと何も考えていない自分に気がついた。

「ああ！」

西川が声を出すと、ロブサンは少し離れて、また言った。

「これを見てみろ」

だが、今度は、さっきのような無念無想にはなれなかった。

「駄目だ」

西川が落胆して言うと、ロブサンが言った。

「わかっただろう」

そう言われて、そこに、無念無想になるためのヒントが隠されていることに気がついた。

翌日から、西川は、洞窟に入るとき、石ころをひとつ持っていくことにした。それを座禅を組む足元に置くようにしたのだ。

それを見つめていると、心の中が空っぽになる。次に、その石をもう少し離れたところに置いてみる。すると、なかなか雑念を振り払えなくなる。しかし、それでもなお見つめていると、ふっと心が空っぽになっていく瞬間が訪れる。それが持続するようになって、さらに石を離す。そのようにして徐々に石を置く距離を延ばしていくと、やがてそれは洞窟の入り口付近まで延び、さらには洞窟の向こうの山の峰が目標になり、最後はカンチェンジュンガ峰の頂になり、ついにはそこを離れて、空の任意の一点を見つめることで無心に近づくことができるようになった。

次に老修道僧は、自分の属するシーチェバ派の「チョエユルダンバー」という聖典について説いてくれた。シーチェバとは鎮め静かにすること、あるいは鎮め静かにする者という意味で、信仰を持続すれば貧困や病苦といった世間苦を鎮め静かにすることができるという教えだった。西川はその聖典を暗記するよう命じられた。

だが、このシーチェバ派がチベット仏教においてどのような位置を占める宗派なのかはよくわからない。老修道僧は妻帯していたというのだから、西川の言う旧教であるのは間違いないが、新教のゲルク派を除いた旧教三派のどの系譜のものなのか、あるいはまったく独立した小宗派なのか。

宗教学者の立川武蔵によれば、十一世紀に開かれたカギュ派やサキャ派の少しあとで、十一世紀末から十二世紀初頭にかけて、南インド出身の「パタムパサンギェー」がシャーマニズムの要素を含んだヨーガをチベットに持ち込み教えたという。

これをどうやら「シチェー派」というらしい。

老修道僧が属していた「シーチェバ派」の始祖は、「パーダンバー・サンジェ」だったと西川は記している。

シチェーとシーチェバ、パタムパサンギェーとパーダンバー・サンジェという類似の仕方から判断すると、西川の言うシーチェバ派は立川の述べているシチェー派なのかもしれない。

いずれにしても西川は、その「チョエユルダンバー」以外にも、「空行心滴」、「与体」などというシーチェバ派の聖典を次々と暗記していくことになった。

さらに次の段階に進むと、ようやく御詠歌の手ほどきを受けることができるようになった。右手にでんでん太鼓の柄を持って振り、左手で鈴を鳴らし、口で御詠歌をうたう。最初のうちはこの三つの動作が同時にできず、どれかがおろそかになってしまうが、修練を積むうちに、徐々に身についていく。

ガンドンと呼ばれる骨笛を吹くと、その不気味な音に引き寄せられて天地の悪霊たちが寄ってくる。そこで、仏陀のありがたい物語を含んだ御詠歌をうたうと、悪霊たちは恐れをなして退散し、その周辺は仏と菩薩の光に照らされることになるのであるらしい。

御詠歌がうたえるようになると、老修道僧から苦行僧としての「ルン」を授かる。免許だ。西川がそこに至るまでに要したのは二カ月ほどだったが、さらに「ワン」、すなわち皆伝を得るための準備に入った。

昼は洞窟に籠もり、夜は白骨の山積する火葬場で修行をする。

座禅を組み、御詠歌をうたう。すると、無我の境に入って、そこがある種の極楽と感じられるようになっていく……。


西川と仏師のロブサンの暮らす茅葺き小屋には、カリンポンに住む蒙古人のラマ僧が立ち寄り、雑談に花が咲くことがあった。

ある日、ヨンドンというラマ僧が、宿とした家の堂守りをしているとき、その家の主の娘だけでなく妻とも関係を持ってしまったため叩き出されたという懺悔《ざんげ》話を始めた。するとロブサンも、一軒の家で依頼された仏像を制作中、娘である姉と妹の二人といい仲になってしまい、いたたまれなくなって逃げ出してきたという告白をした。さらには、それを受けて、ラマ医をしているサンジエという僧がラサのセラ寺にいるとき美しい少年僧にのぼせ上がり、借金をするほどの金を使ってしまい、ラサにいられなくなってカリンポンに来たのだと話し出した。

みんなの話が終わり、西川が話すべき番になった。しかし、嘘ではなく、話すべきことが何もなかった。

内蒙古を出発して以来、女性に接したことがなかった。

ラマ僧の不犯《ふぼん》の誓いを守るためというより、女性に接することで性病に罹ることを恐れたからである。

時には、そんな制約を破ってしまおうかと思わないでもなかった。しかし、とりわけ西川が旅してきた地域には性病が蔓延しており、もし性病に罹ってしまえば治療することができない。それは旅の終わりを意味するように思えた。

若い元気な肉体を持っているかぎり性欲を抑えるのは難しかった。それでも抑えるために、西川はひとつの方針を定めた。確かに、若い肉体に性欲は湧いてくる。しかし、疲労困憊した肉体に性欲は湧いてくるだろうか。労働でも勉強でも修行でも、疲労困憊するまで肉体を酷使すれば性欲は抑え込めるはずだ。西川が、どんな場所でも骨惜しみせず体を動かしたのは、それが理由ということもあったのだ。

男たちの懺悔話に加われず、西川が、自分がラマ僧の誓いを破っているのは酒がやめられないことだけだと言うと、みんなもあえて女について話すことを求めなかった。真面目なロブサンなら、そうだろうと。

3

三カ月の修行によって、自在に御詠歌をうたうことができるようになり、どうにかインド放浪の旅に出る態勢が整った。

老修道僧は、三ルピーの現金と『霊魂正鏡書』という経典を餞別にくれた。

この『霊魂正鏡書』は、老修道僧の手になる一種の免許皆伝書のようなものだった。ラマ教でも新教派ではありえないことだが、旧教派では自らが到達した境地とそこに至る道筋を記した手書きのものが弟子に渡されることがあるのだ。

西川は、当初ひとりで旅に出ようと考えていた。だが、最終的に三人の同行者と共に出発することになった。

ひとりは茅葺き小屋で寝起きを共にしていた仏師のロブサン。ひとりは寺の法会に顔を出し、茅葺き小屋にも立ち寄ることが多かった満州蒙古人のラマ僧のヨンドン。もうひとりは、やはり法会によく来ていたカム出身の青年ラマ僧であるケサン。

彼らは、西川がインド放浪の手初めに、仏教の聖地であるブッダガヤとクシナガラとルンビニを巡礼するつもりだと知ると、ぜひ同行させてくれと頼んできたのだ。

蒙古人であれ、チベット人であれ、ラマ教徒にとっては、何よりまずラサへの巡礼が最も重要なものであるのは確かだったが、究極の念願は、仏陀生誕の地であるルンビニと悟りを開いた地であるブッダガヤと入滅の地であるクシナガラの三大聖地を巡礼することにあった。

しかし、ロブサンとヨンドンとケサンの三人は、インドのカリンポンまでは来たものの、聖地を巡礼するだけの資金もなく、インドの言葉も話せないため、一歩を踏み出すことができないでいた。

そこに、自分たちと同じような懐具合にもかかわらず、聖地巡礼の旅に出る者がいる。その人物によれば、汽車は無賃で乗り、食べ物は托鉢で手に入れ、ダルマサールという無料宿泊所で夜を過ごし、どうしても必要なときにわずかな金を使えば、インドの旅はできるという。しかも、インドの言葉がなんとか話せるらしい。それなら自分たちも一緒に連れていってもらいたい、ということになったのだ。

西川にも、ひとりより何人かの方が心強いという思いがあった。

そこで、秋の終わりのある日、四人でカリンポンを出発することになった。

目指すはカルカッタである。カルカッタに出れば、そこからブッダガヤに行くことはさほど難しくはないはずだ。

カリンポンからカルカッタへは、乗合自動車でシリグリまで出るか、カリジョーラまで歩き、そこから客車と貨車の混合列車に乗ってシリグリまで行くかする。どちらにしても、シリグリから本格的に人を運ぶ列車に乗り込んでしまえば、あとはカルカッタまで一直線だ。

二年前、ツァイダム盆地から一緒だったバルタンと共に行った経験によって、カルカッタまでは無賃乗車ができると踏んでいた。

ところが、自動車代を倹約するためカリジョーラの駅まで歩き、そこで一両だけついている客車に乗り込んだまではよかったが、出発間際に駅員が乗り込み、検札を始めるではないか。そして、当然のように切符を持たない四人は降ろされてしまった。

無賃乗車ができるはずではないかという三人の非難の視線を受けながら、西川はシリグリまでは歩こうと提案した。シリグリからはなんとか無賃で乗れるだろうという思いがあったからだ。

三人も仕方なく同意してくれ、坂を歩いて下りはじめた。

途中で夜になってしまったため野宿し、朝、集落のあるところで托鉢をしながらさらに坂を下っていくと、一台のトラックに追い越された。

そのトラックは急停車し、インド人の運転手がどこまで行くのか訊いてきた。そして、シリグリまでと聞くと、トラックの荷台にひとり八アナーで乗せていってやると言い出した。一アナーは一ルピーの十六分の一にすぎない。半ルピーで乗せてくれるというのだ。三人に通訳してどうするか訊ねると、ロブサンとケサンは喜んだが、いちばん懐中が乏しいヨンドンが反対した。そんな金は払えないというのだ。西川は乗った方がいいのではないかと思ったので、ヨンドンに訊ねた。さっきの托鉢で手に入れた二アナーで乗せてくれるなら乗るかと。それなら乗るというのを聞いて、交渉すると、運転手は苦笑しながら、最後はひとり二アナーで乗せてくれることになった。

坂を一気に下るトラックのスピードに、初めて車に乗る三人は驚いたり、喜んだりした。

シリグリに着き、夜、ふたたび汽車の無賃乗車に挑戦した。

三等車に乗り込んだまま、西川たちは検札が来ないことを祈りながら、体を小さくして出発を待った。

四人が乗り込んだときは、さほど乗客の数は多くなかったが、出発時間が迫るにつれ、すさまじい数の客が乗り込みはじめた。席が一杯になるどころか、通路に乗客が座り込み、扉から入れない客は窓から乗り込んできて、頭上の荷台に上がって横になったりしている。席に座っていても身動きができず苦しいほどだったが、西川は一方で、これなら検札のしようがないのではないかと喜んでいた。

やがて、列車は駅から離れた。西川はほっとした。これで、とりあえずカルカッタまでは行けるはずだった。

ロブサンやヨンドン、それにケサンの三人は、列車が走り出しても、かつてのバルタンのように大騒ぎすることはなかった。二人の蒙古人は内蒙古で汽車に乗った経験があったし、ケサンは一度だけだったがカルカッタまでこの列車に乗って往復したことがあったからだ。

鮨詰めの夜行列車の中は、話し声や怒鳴り声や笑い声で喧噪の渦のようだったが、夜が深まっていくにつれて、静かになってきた。乗客が眠りはじめたのだ。

西川も、昼間の疲れから眠り込んでいたが、突然、ロブサンに揺り起こされた。列車は駅に停車しており、そこから兵士らしい制服姿の男たちが乗り込んで、乗客の荷物の検査を始めたのだ。

そんなことは二年前の乗車の際にはないことだったので、西川も動揺した。それは、あとでわかったことだが、その間に起きていたインドの独立が原因だった。インドが独立すると同時に、イスラム圏の東パキスタン（現・バングラデシュ）と西パキスタン（現・パキスタン）が分離独立してしまった。それまではすべてイギリス領インドとしてひとつだったものが、カリンポンとカルカッタの間に東パキスタン領ができてしまったため、そこを突っ切っているこの路線は、途中で東パキスタンの税官吏の検査を受けることになっていたのだ。インド領から東パキスタン領に持ち込まれた商品に課税するためだ。

眠っているあいだにいくらか空いていたが、それでも満員の車内を、かき分けるように移動して係官が乗客の荷物を調べている。貧しい西川たちには課税されるような物の持ち込みはなかったが、なんであれ、検査をされるというのはいやなものだ。何か不都合な点を見つけられ、乗車券を見せろなどと言われないともかぎらない。

やがて、西川たちのところに来て、荷物を見せろと命じた。

四人は、座席の下に置いていたそれぞれのウールグを取り出した。すると、そのあまりの汚さに、係官は顔をしかめ、もういいと、何も調べないで次の席に移っていった。

一通り検査が終わり、係官が次の車両に移っていくと、どっと大きな荷物を持った客が乗り込んできた。これもあとからわかったことだったが、それは物価の安い東パキスタンからカルカッタに米や野菜を運ぼうという担ぎ屋や一般庶民の群れだった。

ふたたび超満員になった列車はようやく動き出し、うつらうつらしているうちに夜が明けてきた。そして、大きな河、ガンジス河を渡る鉄橋の大きな音で眼を覚まされた。

そこはもう巨大な都市であるカルカッタだった。

もうすぐカルカッタのシアルダー駅に着く。シアルダー駅には改札口があったはずだ。そこをどう突破するか。西川が考えていると、線路の途中で列車が停止した。どうやら、駅の構内に入るための信号待ちをしているらしい。

すると、荷物を抱えた多くの乗客がばらばらと列車を降り、どこかに走り去っていった。

無賃乗車をしている彼らは、そのようにして改札を回避していたのだ。自分たちもそうすればよかったのだと気がついたが、そのときはふたたび列車が動き出しており、間に合わなかった。

4

列車は、駅の構内に入っていき、乗客たちはプラットホームに降りて、改札口に向かいはじめた。

西川は、連れの三人に、この乗客たちに紛れて改札口を突破するのだと言ったが、何度か試みたあげく失敗し、無賃乗車で警察官に捕まってしまった。

そこで四人は、西川が指示した通り、背中からウールグを降ろし、隊長風の人物に向かってラマ教における叩頭《こうとう》をした。つまり、ひざまずき、身を投げ出すように礼をしたのだ。そして、同時に、口々にこう叫んだ。

「バボー！　ブダガヤ！」

それはインドの言葉で、旦那さん、私たちはブッダガヤに行くんです、と言っているつもりだった。しかし、発音が悪いため、相手は、何と言っているかわからないらしい。

そこで、西川が、仏師のロブサンが大事に持ってきていた小さな仏画の写真を借り、うやうやしく隊長風の男に差し出し、手を合わせた。

その一連の動作を見て、隊長風の男はようやくわかったらしく、表情を柔らかくして言った。

「そうか、ブッダガヤにお参りに行くつもりなんだな」

西川は、ここぞと判断し、三人に命じ、でんでん太鼓と鈴を取り出させ、全員で御詠歌をうたいはじめた。

四人の男による御詠歌の合唱は、シアルダー駅の広い構内に強く弱く、高く低く、ものがなしく流れていった。

隊長風の男は眼を閉じて聞き入っていたが、一節が終わると、四人に向かって合掌し、部下の警察官に向かって言った。

「裏口から出してやれ」

こうして西川はカルカッタの地に二年ぶりに足を踏み入れることになったのだ。

しかし、当てにしていたビルマ寺のダルマサールでは宿泊を断られてしまった。それは、旅のラマ教徒が空腹のあまり近所のインド人の子供をさらってその肉を食べた、と言われる事件があったからだった。

仕方なく、多くの宿無しと一緒にカルカッタ随一の巨大駅であるハウラー駅の構内で寝ることになった。

ただ、幸運だったのは、空腹に耐え兼ねて入った近くの安食堂で、店の壁に掲げられていた、インドの英雄のひとりチャンドラ・ボースの肖像画に、西川がちょっとした敬意を表すると、店主が感激して、大サービスをしてくれるようになったことだ。

以後、四人は、重くて動きにくい背中のウールグをその店に預け、身軽にカルカッタの市内を歩けるようになった。

朝はその安食堂で食事をし、昼間はその店にウールグを預けて市内を歩きまわり、夜もそこで食事をしてウールグを受け取り、ハウラー駅に行って眠る、という日々を送るようになったのだ。

カルカッタ見物をして四日目、いよいよ、そのハウラー駅からデリー行きの長距離列車に乗ってガヤに向かうことになった。

もちろん、無賃乗車をするつもりだったが、ハウラー駅は出るときばかりでなく、入るときにも改札があって、どうしてもプラットホームに行くことができない。

仕方なく、一駅だけの安価なチケットを買い、それでガヤまで乗ることにした。

夜を徹して走る列車の中では、心配していたような問題が何も起きず、夜明け前にガヤに到着した。

ここでは、乗客に紛れて一駅だけのチケットを渡し、駅員に声を掛けられても知らないふりをして改札口を強引に突破することにしていた。

西川とロブサンとケサンはなんとか突破することができたが、ヨンドンだけがもたもたしているうちに捕まってしまった。西川は引き返し、大声のチベット語でヨンドンに怒るふりをして腕を取り、駅員が何がなんだかわからないうちに、引きずり出して群衆に紛れて逃げ出すことに成功した。

だが、ガヤの駅前で確かめると、ガヤとブッダガヤとはかなり離れているという。

駅前でひと休みして夜明けを待つことにした。

ハウラーの駅前広場は火を使うことが許されなかったが、ガヤの駅前広場では多くの人が煮炊きをしていた。西川たちも茶を沸かし、ツァンパで腹を満たしてから、ブッダガヤに向かって歩きはじめた。

ネーランジャラー河（現・ファルグ河）に沿って歩いていくと、午後、ようやくブッダガヤに到着した。

森の向こうに、ピラミッドを鋭角的にしたような仏塔が見えてきたとき、全員が感動に打ち震えて叫んでいた。

「ラマー！」

ブッダガヤは数十戸の農家がぽつんぽつんとある貧しい集落だったが、仏塔を中心にインド、ビルマ、中国、チベットの仏教徒の手で建てられた寺院が散在していた。

西川たちは、チベットのラマ僧が堂守りをしているチベット寺に泊めてもらうことにした。そこには、チベットの各地から、多くの巡礼者たちが聖地における宿を求めてやって来ていた。

四人はブッダガヤに五日ほど滞在したが、西川が最も強い印象を受けたのは、その地が恐ろしく荒れ果てているということだった。かつて唐の時代の玄奘《げんじょう》が訪れたときは、仏教を奉じる諸王の手によって、さまざまな塔や堂が建てられていたというが、いまはひとつの塔を除いてまったく跡形がなくなっている。言われなければ、ここが仏陀の悟りを開いた土地だということが信じられないくらいだった。

ただ、その根元で仏陀が悟りを開いたという菩提樹の大木だけは健在だった。

いや、その菩提樹が二千年以上前の存在である仏陀の時代からのものとは思えなかったが、そう言われても信じてしまいそうなくらい重厚な巨木だった。

チベット寺の堂守りのラマ僧によれば、その菩提樹も、一度は火事に遭って焼失し、一度は回教徒によって切り倒されたが、そのたびにまた芽を出し、大きく育ってきたのだという。

ロブサンとヨンドンとケサンの三人は、菩提樹の葉や幹の皮や根元の土を手に入れて喜んでいた。故郷に帰れば、それが最大の土産物になるばかりか、場合によっては現金や羊に化ける可能性を秘めたものであったからだ。

西川は三人と共に、仏陀が修行した洞窟にお参りしたり、仏陀が乗ったという象を拝みにいったりした。仏陀が乗った象が二千年以上も生きているはずはなかったが、西川以外の三人にとっては疑いもなくありがたい存在だった。

そして、三人と共にネーランジャラー河のほとりに密生している菩提樹の林を歩き、落ちている菩提樹の実を拾い集めるのに付き合ったりした。ブッダガヤの菩提樹の実で作った数珠は、ラマ教徒にとっては何にも替えがたい貴重なものだったのだ。

西川が落ちている菩提樹の実を拾わず、ただ一緒に歩いているだけなのを見て、三人が口々に言った。

「どうして拾わないんだ」

彼らにとっては、金が落ちているのに素通りしているに等しい行為だと思えたのだろう。

しかし、西川にとっては、誰かへの土産物としても自分のための記念品としても、拾い集める必要のないものだった。

故郷にはいつ帰れるかわからなかったし、帰れたとしても家族がこの菩提樹の実をありがたがるとは思えない。そして、なにより、西川には、記念品を手に入れるという発想がなかった。知らない土地に行きたいとは強く思う。だが、それは自分の眼で確かめ、体で感じられればいいので、その記念の物など必要ないのだ。

だから、西川にとっては、ネーランジャラー河のほとりで、月光を浴びながら、四人で御詠歌をうたいつづけた夜の喜び以上のものはなかった。

六日目に、また歩いてブッダガヤからガヤに戻った。

そこで、カム出身のチベット人であるケサンは帰郷することになった。ケサンにとってはブッダガヤを参詣し、菩提樹の葉や実を持ち帰ることができるだけで充分だったのだ。彼は、故郷の村で、誰もなしえなかったことをなしえた者として、死ぬまで尊敬されるにちがいなかった。

ケサンは、ガヤからカルカッタまでやはり無賃乗車をするという。ケサンは同行のロブサンやヨンドンと比べて最もおどおどしていたが、ブッダガヤに来るまでの経験で自信がついたらしく、ひとりきりでガヤ駅の改札を突破していった。

5

残った三人は、ガヤの街で托鉢をし、夜になると駅前の広場で野宿した。

翌日も一日かけて托鉢をして廻った。

西川が作った仏跡巡礼のための地図では、三大聖地を巡る順番は、悟りを開いたブッダガヤの次は入滅の地であるクシナガラだった。

しかし、西川は、そこに行く途中にある、ラージギルとナーランダとサルナートにも立ち寄りたいと思っていた。

ラージギルとサルナートは、仏陀が悟りを開いたあと、自らの教えを伝えるため暮らした土地であり、ナーランダは、後世、唐の玄奘が学んだことでも有名な仏教の教育機関があった場所だった。

ロブサンとヨンドンは、できるだけ早く三大聖地を巡りたいという思いを抱いていたが、先達を引き受けてくれている西川の希望を尊重して、立ち寄ることに同意してくれていた。

ガヤからラージギルに行くためには、ビハール・シャリーフまで乗合自動車で行き、そこから汽車に乗り換えるのが早いということになっていた。

汽車は無賃で乗車できても、さすがに乗合自動車にただで乗るのは難しそうだった。

そこで、ガヤで托鉢し、なんとか自動車賃を稼ごうとしたのだ。

しかし、米や茶などの食糧は恵んでもらえても、現金はなかなか喜捨してもらうことができず、二日かけて托鉢した結果、手に入ったのは自動車賃の半分ほどだった。

あとはわずかな手持ちの金の中から出すことにして、ビハール・シャリーフ行きの乗合自動車に乗り込んだ。

ビハール・シャリーフの手前が終点で、そこで一晩野宿した。翌朝、船で河を渡ってビハール・シャリーフの鉄道駅に行き、切符を買わないで列車に乗り込んだ。

途中で、車掌が検札に来たが、三人で「ラージギル、ラージギル」と叫びながら必死に拝むと、「そうか、ラージギルに行くのか」と苦笑しながら見逃してくれた。金のないチベットからの巡礼者を捕らえたところでどうしようもないという諦めもあったのかもしれない。

ラージギルは漢語で王舎城《おうしゃじょう》といい、かつての仏教国マガダ国の首都があったところだ。仏陀はこの地に滞在し、洞窟で起居し、多くの人に説法をしたと伝えられている。また、マガダ国の国王は祇園精舎《ぎおんしょうじゃ》と並んで最も早い時期の仏教寺院とされる竹林精舎《ちくりんしょうじゃ》を仏陀に献納したとも言われている。

三人は、インドの仏跡地には多く存在するビルマ寺に泊めてもらい、仏陀にまつわる聖跡を訪れた。

だが、期待に反し、ここもブッダガヤ以上に荒れ果てていた。

三人の行動は常に一緒だったが、ここで西川はロブサンとヨンドンの眼を盗んで、ほんの少しだけ別行動を取った。

このラージギルには、ビルマ寺や中国寺ばかりでなく、日本人によって建てられた寺があると聞いていた。

もしかしたら、そこには日本の僧侶がいるかもしれない。日本人の口から、直接、日本の様子を聞いてみたい。西川がどうしてもラージギルに来たかった理由もそこにあったのだ。

だが、ひとりで日本寺を訪れると、そこにはインド人の僧侶がいるだけだった。

僧侶の話によれば、かつては日本人の僧侶もいたのだが、戦争が始まると日本に引き揚げてしまったのだという。

ここにさえいないとすれば、この広いインドにはどこにも日本人はいないのかもしれないと思わざるをえなくなった。

ただ、そのインド人僧侶が案内してくれた仏間は、ラマ教の寺院とは違い、いかにもかつて西川が故郷の地福《じふく》で出入りしていた寺にあったのと同じ日本製のもので満たされていた。香炉、ハスの花の造花、木魚、陶製の花瓶……。

それを見られただけで満足しよう、と西川は思った。

ラージギルの巡礼を終えた三人は、汽車でナーランダへ向かった。もちろん、それも無賃乗車だった。

途中で車掌が検札に廻ってきた。今度もまた、ナーランダに参詣するのだということを必死に告げ、大目に見てもらわなくてはならない。

そう身構えて待っていると、その車掌の顔に見覚えがある。なんと、ラージギルに来る汽車でも出会った車掌だったのだ。車掌の方も覚えていたらしく、三人が「ナーランダ、ナーランダ」と口にすると、苦笑を浮かべ、切符のチェックをしないで許してくれた。

しかし、そのときにこう言われてしまった。

「ナーランダなら、もう通りすぎてしまったよ」

慌てた西川は、次の駅で降りて戻ろうとしたが、ロブサンとヨンドンが反対した。せっかく、人の善いあの車掌に巡り合ったのだから、それを利用しない手はない。この列車で行けるところまで行こうというのだ。

西川も、それももっともだと思い、ナーランダに行くのを諦めることにした。

その汽車でバグティヤプールまで行き、乗り換えた汽車でバラナシのひとつ手前の駅で降り、あとは歩いてバラナシの市街に入っていった。

バラナシではダルマサールに泊めてもらい、御詠歌をうたいながら托鉢をして街を見てまわった。

6

三人はバラナシの見物を終えるとサルナートへ向かった。

サルナートはバラナシからわずか二つ目の駅だったため、切符を買って乗った。

駅で降り、しばらく歩いていくと、漢語で鹿野苑《ろくやおん》と呼ばれる聖地に到着する。そこには、ビルマ寺と中国寺があり、三人はここでは中国寺に厄介になることにした。

その鹿野苑には、中央に近代的な建物が建立されていた。

中に入ると、四方の壁に仏陀の一生を描いた壁画があり、それは思いがけないことに日本の画家が描いたものだった。

野生司《のうす》香雪《こうせつ》、という名の画家だった。西川は知らなかったが、一九三二年（昭和七年）から三六年（昭和十一年）まで、足掛け五年の歳月をかけて描いたらしい。

その絵もすばらしかったが、心を動かされたのは、その経緯が記された文章だった。それが英語とヒンドゥー語と日本語で記されていたのだ。日本語の文章を眼にするのは実に五年ぶりのことだった。

密偵としての最初の旅で、途中、漢字や仮名で書かれたすべての紙を捨てて以来の日本語だった。日本語が記されたこんな短い文章にこれほど心を動かされるとは思いもよらないことだった。

しかし、だからといって、それによって望郷の念に駆られたわけではなかった。少なくとも、日本に帰りたいとは思わなかった。眼の前に、未知の土地が無限に開かれていた。西川のすべての関心はそこに向かっていた。

サルナートの巡礼を終えると、早朝、汽車でクシナガラへ向かった。クシナガラは仏陀入滅の地、亡くなった場所だった。

タシルデオリアという小さな駅で降り、その駅前で野宿した次の朝、近くの集落まで歩いていくと、そこからクシナガラ行きの乗合自動車が出ていることを知った。運賃は三ルピーだという。

三人は、その運賃を手に入れるべく、集落を托鉢して廻った。だが、運賃の半分にも達しない額しか得られなかったため、その額で行けるところまで乗って行き、あとは歩くことにした。

乗合自動車が来て、車掌に事情を説明し、得られただけの金を渡して乗り込んだ。

乗客は近在のインド人ばかりであったため、三人の異様な姿は目立ち、質問攻めにあった。そして、三人がクシナガラに巡礼に向かうのだと知ると、視線が好意的なものに変わった。遠くチベット、蒙古から、わざわざここまで巡礼に来るということが、仏教徒とヒンドゥー教徒との違いを超えて、ある種の敬意のようなものを覚えさせるらしかった。

途中、最初の約束どおり、支払った額に相当する距離の停留所に来ると、車掌が自動車を停め、三人を降ろそうとした。すると、乗客たちが声を上げた。ここで降ろしたら、かわいそうだ。クシナガラまで乗せていってやれ、と。

すると、運転手は黙って自動車を走らせはじめた。西川は、このインド人たちのやさしさに胸が熱くなった。

クシナガラで泊まったのはビルマ寺だった。ここには仏陀が入滅した沙羅《さら》双樹《そうじゅ》の森があったが、中に五、六メートルはあろうかという仏陀が横たわった像、いわゆる涅槃像の祀られている堂が建っていた。

三人は、その像に触れ、またその周囲を右に廻りながら真言を唱えつづけた。

三日間の滞在ののち、いよいよ仏陀生誕の地であるルンビニに向かうことになった。ついに三大聖地の最後の一カ所の手前まで辿り着いたのだ。

まず服に縫い込んであるルピーでゴーラクプルまで乗合自動車に乗った。ゴーラクプルからは汽車に乗って北上し、終点のナウタンワという駅まで行った。インドからネパールに近づいているらしいことは、インド人と比べるといくらか小柄なネパール人の姿が多く見られることと、それまで平原地帯を移動していたため、まったく見ることのできなかったヒマラヤの峰々が北に姿を現してきたことによってわかった。ルンビニはインドとネパールの国境地帯の、ネパール側にあった。

このときも無賃乗車だったが、車内での検札もなく、駅の改札も緩やかだった。三人の服装を見ると、駅員は黙って通してくれた。

ナウタンワは小さな駅だった。しかし、外に出てみると、活気のある集落で人が忙しげに商いをしていた。店先には米が山のように盛り上げられており、それを売り買いしている。ナウタンワは米の集散地だったのだ。おかげで、街を托鉢すると簡単に大量の米が得られ、久しぶりに腹一杯食べることができた。

そのありがたさに、ついそこから離れられなくなってしまった。

移動、移動の繰り返しだったが、ナウタンワでは托鉢して得た米を腹一杯食べ、村のはずれの大きな木の根元でぐっすり眠ることができた。

ようやくナウタンワを離れ、ルンビニに向かって歩きはじめたのは三日目だった。

一日歩くと、ルンビニに着いた。

だが、そこは、ここが本当に仏陀生誕の地なのだろうかと疑うほどの寂れようだった。小さな堂に故事を記した石柱が建っているだけなのだ。

付近には、誰もいない巡礼者のためのダルマサール、無料宿泊所があり、三人はそこに泊まることにした。

ロブサンとヨンドンは、それでも仏陀の母がその木の葉を握って我が子を産んだというイチジクの木の皮を削ってガオーに収めた。西川もそれにならった。二人は故郷に持ち帰る記念品としてだったが、西川はこれから先の旅のお守りにしようと思ったのだ。

これで仏陀の三大聖地にラージギルとサルナートまで巡ることができたことになる。

ロブサンとヨンドンは「これで思い残すことはない。死んでもよい」というほど感動している。二人は、ここを最後に、カリンポンに戻ることにしていた。まだ旅を続けるつもりの西川とは、そのルンビニが別れの地だった。

無人の宿泊所で一夜を明かした三人は、次の日の朝、別離の宴を張った。

といっても、食糧も飲み物もなかった。

この巡礼の旅のあいだ、食事は、托鉢して得ることができた米と豆によって、米飯と豆のスープのダールを作って食べていた。時には貰った野菜を油で炒めたり煮たりすることもあったが、基本は米飯とダールと茶だけだった。

だが、ナウタンワであまりにも簡単に米が手に入ったため、熱心に托鉢をするのを怠り、豆や野菜を手に入れることを忘れていた。その結果、三人のウールグにある食糧は米だけになってしまっていた。悪いことに磚茶《たんちゃ》も切らしてしまい、残るは塩だけになってしまった。

そこで、三人は、塩で味をつけた米飯と水で別れの宴を催さねばならなかったのだ。

食べ終わり、互いに別れを告げるときになると、仏師のロブサンが西川に向かって未練を含んだ口調で言った。

「ロブサンが一緒にカリンポンまで帰ってくれたら心強いのに」

その気持は痛いほどよく伝わってきた。西川にとっても、兄弟を失うような寂しさを覚える別れだったからだ。

出会って、別れる。確かに、それを寂しいこととは思うが、西川には新しい土地へ向かおうという意欲の方が勝っていた。

西川は、未練に負けて、さらに西に向かうことを断念する気にはなれなかった。

「二人で大丈夫だよ。また会おう」

そう言って、左右に別れた。

第十三章　仏に会う

1

西川の次の目的地は祇園精舎《ぎおんしょうじゃ》だった。

二人と別れて西に歩きはじめた西川は、言い知れない寂しさと同時に、解き放たれたような自由さも感じていた。

これまでは、仲間である仏師のロブサンたちのためになんとか金を使わず聖地巡礼を完遂させてやりたいという義務感のようなものがあり、また、行く場所や乗り物の選択なども四人、あるいは三人で意見を調整しながら進まなくてはならなかった。

しかし、ひとりになった以上、どこをどう歩こうと、あるいはどこに何日とどまろうと自由なのだ。

ただ、この日は、まずどこかの集落で托鉢しなくてはならなかった。ウールグの中にはまったく食糧がなくなっていたからだ。

しばらく無人の道が続いたが、ようやく茅葺きの農家が固まって何十戸か建っている集落にぶつかった。

その一軒の家の庭先に立ち、でんでん太鼓を叩き、鈴を鳴らしながら御詠歌をうたいはじめると、出てきた老女が盆のようなものを差し出した。

それを見て、西川は驚いた。そこには、米と大豆と塩と漬物がのせられていたからだ。これを煮炊きすれば、そのまま一回分の食事になる。

——なんという慈悲深い喜捨だろう……。

だが、驚くのはまだ早かった。

そうした喜捨をしてくれるのは、その老女だけではなかった。数軒廻ると、二、三日分の食糧が集まってしまうほどだったのだ。

托鉢では、そう多くの物を喜捨してもらう必要はない。基本的には、その日一日食べる物があればいい。多くの物を貰いすぎ、背中のウールグに溜め込みすぎるということは、荷を重くすることであり、前に進む歩みをつらくすることでもある。もしかしたらそれは、托鉢においてのことだけでなく、生きていく上での大事なことなのかもしれないと西川は思うようになっていた。

もう充分にいただいた。西川は適当なところで托鉢をやめようとしたが、逆に許してもらえなかった。この集落には、でんでん太鼓に鈴を鳴らし、御詠歌をうたいながら托鉢するという異国の巡礼僧は珍しかったらしく、子供たちがぞろぞろとついて廻っていたが、その子供たちが、一軒の托鉢が終わると、次はうちに来てくれ、どうしてうちには来てくれないのだと大騒ぎになり、なかなかやめられなくなってしまったのだ。

ついにウールグに入り切らないほどになり、また明日来るからと言って許してもらうと、大人たちが村のはずれの大きな木の下に案内してくれた。

そこは村の脱穀場らしく、藁が多く残っており、それを敷いて眠ればいいと勧めてくれた。そればかりか、近くに転がっているバスケットボールほどの大きさの石を集めてカマドを作り、薪まで集めてきてくれる親切さだった。

だが、それで終わりではなかった。大人も子供も西川の周りを取り囲むと、座り込んで、御詠歌をうたってくれという。

ひとつ歌うと大喜びし、次も、次も、と果てしなくリクエストが続いた。ついに覚えている御詠歌では足りなくなってしまい、知っているチベットや蒙古や中国や朝鮮の歌をうたい、しまいには日本の唱歌までうたわなくてはならないほどだったが、それでもみんなは楽しそうに聞いてくれる。

さすがに疲れて、それではみなさんにインドの歌をうたってほしいと頼むと、大人も喜んで子供たちと一緒に歌ってくれた。

そこで、アジア圏の大歌合戦の様相を呈してきたが、日が暮れそうになって、ようやくひとりにしてくれることになった。

托鉢で貰ったインドの茶葉で茶を沸かし、米を炊き、豆でダールを作り、マンゴーの漬物で、豪勢な夕食をとることができた。

幸せな気持でふかふかの藁の上に横たわったが、眠ってしばらくすると、今度は、さっきはいなかった大勢の若者たちに取り巻かれ「坊さん、俺たちにも歌ってくれ」と起こされた。昼間働いていて、帰ってくると、西川のことが噂になっており、自分たちも聞いてみたくなったということらしい。しかし、さすがに、夜もあの歌合戦を続ける気力はなく、依然として狸寝入りをしていると、しばらくしてパチパチという音が聞こえ、何かが燃える気配がして跳び起きた。その様子を見て、若者たちが大笑いをしている。若者のひとりが藁に火をつけたのだ。

西川が起きたのを見て、若者たちは藁の火を消し、あらためて歌をうたってくれと所望した。そこで西川は仕方なく、また御詠歌をうたいはじめたが、適当なところで、また明日にしようと提案し、ようやく帰ってもらうことができた。

翌朝、夜が明け切る前に起きると、西川は誰にも気づかれないようにそっとその集落から離れた。まるで夜逃げのようだと西川はおかしくなった。

数時間歩くと、マンゴーの樹が生い茂る河のほとりに出た。

その木陰で、背中のウールグを降ろし、一休みすることにした。

眼前にヒマラヤの峰々がそびえ立ち、また一方に豊かな里村の風景が広がっている。さすが仏陀の生まれた天地にふさわしい、と西川はしみじみと思った。

茶を沸かし、その日初めての食事をとり、片付けて、さあ出発しようと思って、いや、と気がついた。

なんでそんなに急がなくてはならないのか。食糧は何日分もウールグの中に入っている。しかも、ここは河のほとりの気持のよいところではないか。気候も野宿をするのにちょうどいい暖かさだ。ここでしばらく気ままに過ごしてみよう、と思った。

経典を開き、ヒンドゥー語とウルドゥー語の勉強をし、茶を沸かして飲み、疲れるとうたた寝をし、起きるとひとりで御詠歌をうたう。なんと自由で心地よいのだろう。

そうした一日を三日ほど続けて、ようやく腰を上げ、前に進むことにした。ちょうど、ウールグの中の食糧がなくなりはじめていたからだ。

ふたたび歩き、集落があると托鉢をし、河畔で野宿し、歩くこと四日でナウガルという鉄道駅に出た。

そこからゴンダ行きの列車に無賃乗車をし、途中、バルランプルという駅で降りた。

西川が聖地巡礼をするために作った手製の地図では、そこが祇園精舎のある駅となっていた。バルランプルは駅と街とが離れており、駅から歩いて街に入り、そこにあると聞いていたビルマ寺に一夜の宿を得たときには夕方になっていた。

次の日の朝、西川は祇園精舎に歩いて向かった。

街を出ると、マンゴーの並木道が真っすぐ続いている。しだいにインドの太陽が焼けつくように照らしてきた。そこを、乗合自動車や馬車が砂塵を巻き上げて走っていく。あるいは、頭に荷物をのせて歩いていく男や女の姿もある。

ところどころに、木陰を利用して、物売りをしている商売人もいる。米や豆やトウモロコシを炒《い》って売っている者もいる。

ビルマ寺を出たのは朝早くだったが、舎衛城《しゃえいじょう》に着いたときは昼を過ぎていた。

舎衛城は仏陀が悟りを開いて入滅するまでの四十五年のうち、説法のために最も長く滞在した僧舎である祇園精舎があるところだった。

しかし、いまや、樹木が鬱蒼と生い茂り、ほとんど廃墟と化していた。

付近にはバルランプルのラージャ、王の支援を受けたビルマ寺と中国寺があった。

西川が、ここでは中国寺を訪れることにすると、堂守りをしている漢人の仏教僧が歓待してくれた。普通、このような寺では、宿泊することは可能だが、食事はそれぞれ自分で用意することになっている。しかし、その漢人の僧は、西川に中国風の粥と酢の物と漬物をふるまってくれた。あとで知ったところによれば、この漢人の僧は、村人からとても尊敬されている存在だということだった。それは、宗教を問わず、一般の商業僧とは異なり、自らも地に降りて何事においても村人と一緒に体を動かす誠実な僧だったからだ。

中国寺に二泊した西川は、最後の日は森の中でひとりカリンポンの老修道僧に手ほどきを受けたチェバの修法を試み、そのあとでふたたび歩いてバルランプルの街に戻った。

またビルマ寺に厄介になり、部屋で休んでいると、ひとりのネパール人の若者が訪ねてきた。炎天下を歩いて参詣する西川の姿に感動したという。普通は、自動車や馬車に乗って舎衛城に行こうとする。そこを、あなたは炎天下にもかかわらず、歩いてお参りしていた。その姿に心を動かされたというのだ。そして、バルランプルのラージャ、王様のもとを訪れて喜捨を求めてはいかがかと勧めてくれた。

ネパール人のその若者は、ラージャと結婚するためにネパールから輿入れをした王女の付き人として、このバルランプルに来て暮らしているという。

西川は、門づけをして托鉢はするが、何もせずに喜捨を求めることはしていないので、と断った。しかし、あまりにも若者が強く勧めるので、翌日、王宮を訪ねることにした。

約束の時間に着くと、王宮の門の前で待っていた若者が中に案内してくれた。

そこは、まるで御伽噺の世界の庭園のようだった。広い芝生には花壇と噴水があり、その周囲には孔雀が歩きまわっている。さまざまな色で彩色された大理石の建物群の奥には、小さな森がある。そして、そこには象がいて、木々の枝には猿が群れているといった具合だった。

ラージャは、面会すると、二十ルピーもの大金を喜捨してくれただけでなく、バルランプルの市街にあるダルマサールへ移るように勧めてくれた。

そこに行ってみると、特別に寝台つきの個室と毎日の食事が用意されるという、まったく極楽のような生活が続いた。

しかし、いつまでもそこにいる気にはならず、また移動を再開したくなってきた。まだ見ぬ、デリーやカシミールへ行きたいという気持が逸《はや》ってきたのだ。

2

十日後、ふたたび托鉢をしながら旅をするため、ダルマサールを出て、バルランプルの駅に向かって歩きはじめた。

すると、ひとりの男から親しげに話しかけられた。その男もネパール人のようだった。そして、驚いたことに、自分の家に来て読経してくれないかと言う。

ネパール人もヒンドゥー教徒のはずである。どうしてラマ教の経を読んでもらいたいのか。疑問に思って訊ねると、彼はネパールからの出稼ぎ人で、出身地がチベット国境の近くであるため、ヒンドゥー教だけでなく、ラマ教にも強い親近感を抱いているのだという。家族の健康と先祖の弔いを併せて祈ってほしいとのことだった。

インドでは、精悍なグルカ兵のイメージが強く影響しているため、ネパール人は勇敢ということで通っている。そのおかげで、ネパール人は、守衛や警備員の仕事をするためインドに出稼ぎに来ている人が多いらしいのだ。

その男は、何人かのネパール人と共に発電所の警備員宿舎に住んでいるとのことだった。

彼の家に行くと、母親と妻と二人の子供が出てきて、西川の読経と御詠歌に熱心に耳を傾けてくれた。

しばらくすると、近くの家から同じネパール人が集まってきて、狭い家はぎっしり人で埋まるほどになった。

そして、そうした家々から持ち込まれた御馳走を食べながら、笑い声が絶えない、楽しい一夜を過ごすことになった。

翌朝、別れを告げて駅に向かおうとすると、その発電所のインド人の宿舎から使者がやって来て、こちらに来てくれないかという。

案内されたのは、発電所の技師長の立派な家だった。そこに数人の知的な風貌のインド人が待っていた。

彼らが言うには、西川がチベットから来た蒙古人のラマ僧だと聞いて、チベットや蒙古の話を聞きたいと呼んだのだという。

西川が求められるままに、気候や風土、遊牧民の生活やラマ廟での修行などについて話し、御詠歌をうたうことになる頃には、子供たちも集まり、一緒に楽しみ出した。やがて美しいサリー姿の女性たちが御馳走を捧げ持って入ってきて、ここでも温かく家庭的な歓待を受けることになった。

その翌日、今日こそはラクナウに向かおうとバルランプルの駅に行くと、そこでもまた青年に話しかけられ、言葉をかわすことになった。

すると、その青年もまた、ぜひ自分の家に来て、一晩泊まっていってくれと言うではないか。同じことが三回も繰り返されることに内心笑い出したくなるほどだったが、別に急ぐ旅でもなかった。喜んで青年の家に向かうことにした。

青年はゴパールという名前で、駅と街の中間くらいのところにある農村の、豊かな中農といったような家に住んでいた。

ここでも、西川がいることを知ると、集落の人たちが集まって、チベットや蒙古の話を聞きたがり、御詠歌を聞きたがった。そればかりか、今日の昼はうちに来て食べろ、夜はうちに来いと引っ張りだこになり、ゴパール青年の家に泊まりながら、あちこちで歓待を受けているうちに、瞬く間に三日が過ぎてしまった。

さすがに、そろそろ西に出発することを告げると、ゴパール青年はこう言った。

「西からの帰りには必ずこのバルランプルに立ち寄って、またうちに来てほしい」

それはおざなりではなく心からの言葉だということが伝わってきて、西川は感激した。

駅に向かって歩きながら、西川はどうしてこんなことが続くのか不思議に思えてならなかった。単なる巡礼姿ではなく、でんでん太鼓に鈴を持って御詠歌をうたうというこの姿が珍しいのかもしれない。だが、それだけではないだろう。もしかしたら、異国人でありながらインドの言葉を使えるということが大きいのかもしれない。それによって意思の疎通がはかれる。しかし、インドの言葉が使える旅人の誰もがこのような歓待を常に受けられるわけではないはずだ。

──いまの自分は、綺麗に欲がなくなっている。何をしたいとか、何を得たいとか、何を食べたいとかいったような欲望から解放されている。一日分の食糧があれば、どこで寝ようがかまわないと思っている。水の流れに漂っている一枚の葉と同じように、ただ眼の前の道を歩いている。その欲のなさが、人の好意を誘うのかもしれない……。

バルランプルからラクナウまで無賃乗車をし、なんとか駅を出ると、駅前は公園になっていた。木陰では、昼時とあって、宿無しらしい大勢の人々が煮炊きをしている。中に、チベットや蒙古からと思われる巡礼者が十人余りいて、固まって茶を飲んでいた。

西川が話しかけると、喜んで仲間に受け入れてくれ、茶を勧められた。彼らは、ここで野宿しながら、ラクナウ見物をしているのだという。西川もまた、彼らと共に、この公園を根城にして、見物することにした。

ラクナウは確かに美しい街だったが、一日も廻れば充分だと思った。しかし、チベット人の巡礼者たちが、口を揃えて、ラクナウに来て動物園を見ないのはもったいない、と言う。

そこで、西川も一日滞在を延ばし、彼らにその動物園を案内してもらうことにした。

しかし、そこは珍しい鳥獣のまったくいない、何の変哲もない小動物園だった。西川は拍子抜けしてしまったが、それを態度に表さないようにした。このような施設を見たこともないチベットや蒙古の巡礼者にとっては、ライオンが一頭いるだけで大変なことなのだ。あらためて、日本で近代の洗礼を受けている自分と、ほとんど日本の江戸時代の人と同じような感覚のままの彼らとの違いを認識せざるをえなかった。そして、彼らのその素朴さがとても貴重なものに思えてきた。

ラクナウからは、やはり仏教の聖地のひとつであるサンカシャへ行くことにしていた。

動物園を見物した翌日、ラクナウ駅の改札口からプラットホームに入ると、ひとりのインド人の紳士に声を掛けられた。ヒンドゥー語で、言葉がわかるか、と訊く。西川が、わかると答えると、どこから来たのかというところから、いろいろ訊ねはじめた。紳士はビハール州のムザファルプールというところの大学教授だった。

そして、しばらくすると、話をしてくれた礼だと言って、プラットホームにいる物売りから買ってきた果物や甘い菓子類をプレゼントしてくれた。

それがひとりでは食べ切れないほどの量だったので、少し離れたところで座って汽車を待っていたチベット人と蒙古人の巡礼者たちにも食べてもらうことにした。

皆で車座になって食べていると、教授がやって来て、同じように座り込んだ。そして、西川を通訳として、その巡礼者たちに、チベットのことや蒙古のことを訊ねてきた。

そこに、周りを取り囲んで眺めていたインド人も話に加わってきて、車座になっての大座談会の様相を呈してきた。

それは汽車が来るまでの一時間ほど続いたが、西川にとって心温まる経験だった。そして、自分たちのような汗と垢にまみれた汚い巡礼者たちと共に、同じく車座になって座り、わけへだてなく話してくれたその教授に、深い尊敬の念を抱いた。

やがて、教授と巡礼者たちは東に向かうバルランプル方面行きの列車に乗った。別れの間際、教授は、西川のノートに名前と住所を書き記し、近くに来たら寄ってくれと言った。

彼らを見送ると、デリー方面行きの列車に乗る西川は、線路を跨いで隣のプラットホームに渡った。

すると、そこには二十名ほどの将校服姿の軍人たちがいて、その中のひとりから声が掛かった。

「コンニチハ」

それは日本語だった。

西川は、血の気が引くような思いに襲われた。

なぜ自分に日本語で話しかけるのか。日本人だと見破られたのか。いや、そんなはずはない。蒙古人にもチベット人にも自分が日本人だと見破られたことはないのだ。それがインド人に見破られるはずがない。

無視していると、手招きをして、また言った。

「コンニチハ」

西川は腹を据え、近づいていった。

「ナマステ」

こんにちはと言って、インド式に手を合わせた。

「タバコ、スウカ?」

また、日本語だった。明らかに自分を日本人と認識しての言葉であるらしく思える。

しばらくは日本語がわからないふりをしていたが、隠し切れないと判断し、言った。

――自分は蒙古人だが、日本語が少しはしゃべれる。それは蒙古には独立を支援するため日本軍が来ていたからだ……。

それを聞くと将校は、蒙古人と言うならそれでもよい、とあまりこだわろうとはせず、しかし、日本について話すことを続けた。

彼らによれば、自分たちはチャンドラ・ボースの軍隊の将校だったという。かつてボースの軍隊は、インド独立のため日本軍と行動を共にしたことがあり、日本人の容貌の特徴や雰囲気がよくわかっていた。そのため、たとえ西川がチベットの巡礼服を着ていても、細やかな動作の中に日本人らしさを見つけることができたらしい。

その彼らは、ボースの軍隊の運命について熱く語り、日本軍はどうして海上からインドを攻めなかったのだろうといった疑問を述べた。日本軍はタイからビルマに攻め入り、陸上からインドに向かおうとして撃退されてしまったのだ。

しかし、彼らは懐かしい日本語を使うことの方に興味があり、カタコトの日本語で話したり、日本語の歌をうたったりしはじめた。

西川も、求められるままに、蒙古の歌だけでなく、日本の歌もうたわなくてはならなかった。

やがて列車が来ると、将校のひとりが西川に言った。よかったら、我々と一緒にアグラまで行かないか、と。彼らは、このラクナウからアグラへ転任するところだったのだ。

西川が同意すると、その列車の中でも、そこに乗り合わせたインドの乗客たちを巻き込んでの大宴会が一晩中続くことになった。

その日は、一九四八年の十二月三十一日、昭和二十三年の大晦日だった。

3

アグラには昼前に着いた。

将校たちには、兵営前の食堂で昼食を御馳走になり、別れを告げた。

ひとりになった西川は、優美なタージマハル宮殿を見物し、サンカシャに向かうことにした。

無賃で汽車に乗ってはヒンドゥー教やバラモン教の寺から寺を巡り、夜は寺の軒下や河畔の樹下で眠るという日々を送って数日すると、パクナーという小さな駅に辿り着いた。サンカシャはこのパクナーから一日ほど歩いたところにあるらしい。

列車から降りて改札口に向かった。駅員は西川がサンカシャに詣でるつもりだと知ると、遠くからわざわざよく来てくれたと喜び、チケットの有無など問題にしなかった。

その夜は駅員の好意で駅舎の中で過ごし、翌朝、サンカシャを目指して歩きはじめた。

そこは西部劇の映画にでも出てきそうな曠野《こうや》だった。焼けつくような太陽の下、憩う樹木もない。ただ乾燥しきった赤い土が続くばかりだ。

ようやく小さな集落に辿り着いた。

歩いていくと、村人が何人かで作業をしていた。サトウキビが山のように積まれ、その横の台で茎を絞っている。絞られた青い液は、大きな釜に入れ、煮立てられる。彼らはサトウキビから砂糖を作っていたのだ。

西川が近づいていくと、村人は青い液を掬《すく》って、西川の椀に分けてくれた。暑い中を太陽に照らされて歩いてきた西川には、まさに甘露だった。冷たくて甘い。彼らは、もうたくさんというほど、たっぷりと飲ませてくれた。

そして、これをかじりながら歩けば喉の渇きもだいぶおさまるだろうよ、と手頃な長さに切ったサトウキビの茎を数本持たせてくれた。

サトウキビをかじりながらさらに歩きつづけ、夕方、ようやくサンカシャの仏跡に着いた。

しかし、そこは仏陀がふたたび下界に降りたという小さな山があるだけの土地だった。

その頂にある小さな堂の前に立ち、血潮のように赤く大きな太陽がインドの曠野に沈むのを眺め、麓に降りて夕食をとり、木の下で野宿をした。


サンカシャからパクナーに引き返し、パクナーからマトラーに行き、さらにブリンダーバンにも足を延ばした。

マトラーもブリンダーバンもヒンドゥー教の聖地だったが、そこを巡礼すると、ヤムナー河に出て、河畔に腰を下ろした。

周辺では野生の孔雀が遊び、羽を広げたり閉じたりしている姿も美しく、しばらくこのあたりで野宿することにしようと思った。

翌朝、乳白色にかすむ中から出てくる朝日は神々しく、その光のもとでの沐浴《もくよく》は実にさわやかだった。

沐浴後、茶を飲み、経典を開いていると、近くで沐浴していたインド人の僧が話しかけてきた。

西川が、問われるままに、蒙古から来たこと、ここに来るまで六年もかかったことを話すと、こう言った。

「それだけ歩かれたのなら、仏を見ることができたでしょう」

いいえ、まったくと西川が答え、仏はどこにおられるのだろうと逆に訊ねると、インド僧は、私にもわかりませんと言い、何か食べるものをいただけないかと頼んできた。

ウールグの中にあった小麦粉を渡そうとすると、いや、あなたが作ったものを食べたいと言う。

そこでインド風のルティ、薄く焼いたパンのようなものを作ってその僧に渡した。

インド僧はおいしそうにすべて平らげると、こう言い残して立ち去ろうとした。

「あなたには、きっといいことが舞い込みますよ」

そこに商人風の男が足を止め、西川とそのインド僧の二人に一ルピーずつ喜捨してくれた。

まったくインド僧の言うとおりだった。さっそく「いいこと」が舞い込んだ。

インド僧は、そのまま飄然《ひょうぜん》と立ち去った。


そこにはさらに四日いたあとで、マトラーの駅に戻り、デリー行きの列車にいつものように無賃で乗った。

列車は、日が傾く頃、デリーの街に入りかけ、信号機の手前で停まった。一時停車の信号が出たのだ。

その途端、多くの乗客が競って列車から飛び降りはじめた。彼らは無賃乗車の、客ならざる客たちだった。

すでに同じことをカルカッタで学習していた西川も、彼らと共に飛び降り、あとは線路際を歩いて駅に向かった。

その日は、デリー駅の構内で一晩過ごし、翌朝、マハトマ・ガンジーが荼毘《だび》に付された地であるラージ・ガートに行って墓参りをした。

それからビルラ寺に向かった。

ビルマ寺ではなく、ビルラ寺である。インド人実業家のバルデーオ・ダース・ビルラが建てたヒンドゥー教の寺院だが、その傍らに仏教寺院もあると聞き、できるものなら参詣しようと思っていたのだ。

二階建の美麗なビルラ寺はすぐに訪ね当てられた。どこに仏教寺院があるのだろうと、門の前に立ってぼんやりしていると、巡回してきた守衛風の男に声を掛けられた。どこから来たと問われ、蒙古からと答えると、ひどく驚かれた。そして、遠来の客だからと、宮殿のように美しい内部に案内された。それればかりか、ベッドつきの部屋を与えられ、心ゆくまで滞在してくれてかまわないと言われた。しかも、午前十時と午後五時には食事も得られることになった。どうやら、その守衛は、守衛長という高い地位についている人であるらしかった。

ヒンドゥー教の殿堂としてのビルラ寺も美しかったが、その庭園の奥に建立されていた小さな仏教寺院も見事なものだった。

聞けば、富豪のビルラ自身の希望で、日本の建築技師の手によって建てられたものだという。

ある朝、仏教寺院に参り、戻ろうとすると、庭園にいる守衛長に声を掛けられた。

見ると、近くのベンチに人品卑しからぬ紳士が座っている。その人こそ、インドで一、二を争うと言われる大富豪のバルデーオ・ダース・ビルラだった。

西川は、ビルラからラマ教について問われ、答えた。そして、ビルラの望みによって御詠歌もうたったりした。

気がつくと、ビルラ寺で十数日も過ごしていた。しかし、この極楽のような場所も、自分の場所ではないという気がし、そろそろ移動したいと思うようになった。そして、やはり出発することにしたと守衛長に告げると、出発の日の朝にふたたびビルラに会わせてくれた。

庭園のベンチに行くと、ビルラがいて、傍らにひとりの老婦人がいた。

その女性について、西川は、ガンジーの未亡人だったと記している。だが、それは、何かの聞き間違いだったと思われる。なぜなら、ガンジーの生涯の妻カストゥルバは、すでにその五年前に獄中で死んでいたからだ。ガンジーが暗殺されたのがビルラの自宅にいるときであり、ビルラ一族がガンジーの熱烈な後援者だったというところからきた誤認だったのだろう。

老婦人が誰だったのか定かではないが、そのとき、ベンチにいたビルラは、何かの足しにしていただければと、百ルピーもの大金の入った紙包みを西川に渡してくれた。

ヤムナー河の河畔で会った不思議なインド僧の言ったことは本当だったのだ。もしかしたら、あの僧は仏の使いだったのかもしれないとも思った。

4

デリーからアムリトサルに向けて北上した。

西川には、アムリトサルからカシミールに行き、さらにパキスタンを抜け、日本人にとって未知の国も同然であるアフガニスタンに潜入したいという願望が生まれてきていたのだ。

だが、途中駅で前線へ向かうらしい将兵の姿を見かけて、不吉な予感が兆してきた。何かきな臭いことが起きているのかもしれない。

少しずつ北に向かっているらしいことは、車窓に久しぶりにヒマラヤの山々の姿が見えはじめたのでもわかった。

二日後に着いたアムリトサルは大きな街だった。シク族の故郷であり、シク教の中心都市だった。

西川は、ラマ教徒ということになってはいたが、シク教の大本山であるグルナーナク寺に宿泊させてもらうことにした。チベットからの巡礼者は、例外なくその寺に泊まらせてもらっていると聞いていたからだ。

そこでは、シク教徒を中心に、ラマ教徒も含めて、千人ほどを無料で泊めてくれていた。庭が美しく、僧侶による魅惑的な聖歌が常に聞こえている。

食堂に並ぶと、一日二回、食事も供される。といっても、二枚のルティと一すくいのダールが配られるだけだが、それだけでもなんとか命をつなぐことができる量だった。ただし、それを食堂から持ち出してはいけないことになっている。貯めたりせず、食べ切れるだけのものを食べろということのようだった。

アムリトサルは寝る場所と食事の心配のない楽土のようなところだったが、日が経つにつれて気持が暗くなってきた。

カシミールでインドとパキスタンのあいだに激しい戦闘が起き、アムリトサルから西へは移動ができなくなってしまっていたのだ。パキスタンからアフガニスタンに抜けようという夢は破られることになった。

そこで、もうしばらく状況を見極めるため、ひとまずカシミールにあるラマ教の聖地であるレワルサールに行くことにした。

西川は、北東ヒマラヤ山麓下のジョジンダーナガールへ向かった。

いつものように無賃乗車をした列車は、アムリトサルを出てしばらくすると、軍都でもあるパタンコートに停車した。その駅の構内は、カシミールの前線へ向かうらしい大勢の将兵と、トラックや装甲車を載せた軍用列車で埋まっていた。

パタンコートを出ると、カリンポンからカルカッタに出てきて以来初めて、鉄路は平地から傾斜のある丘陵地帯に入っていくことになった。それに従って車内の温度も徐々に下がっていき、だいぶしのぎやすくなってきた。

窓の外の風景にも、森の木々や濁っていない河の流れが現れ、そこに農家が点在し、一帯は戦争とは無縁ののどかさに包まれていた。

車掌が検札に一度来たが、西川の服装を見ると、無賃乗車を黙って許してくれた。

ジョジンダーナガールは周囲を山に包まれた山峡の街だった。街のはずれにダルマサールがあり、そこに泊めてもらうことにした。

ひと休みをしたあとで、西川が夕食の用意をしていると、不意に数人の警察官が現れ、警察への同行を求められた。理由がわからないのが不安だったが、行けばわかるだろうとおとなしく連行されることにした。

警察署に着くと、すぐに身体検査をされ、尋問が始まった。それによって、ようやく、自分にパキスタンのスパイの嫌疑がかけられているらしいということがわかった。街を歩いているところを見て、パキスタン人らしい怪しい男がいるという通報があったのだという。容貌のせいもあったが、何年も前から伸ばしていた口髭がわざわいして回教徒と間違われたのだ。ウールグの中にあった各国語による本や辞書も、スパイの証拠とされてしまった。チベット語、蒙古語、ウルドゥー語、ヒンドゥー語、中国語、英語。こんなに多くの言葉を操れるのはスパイしかいないということになった。

自分はパキスタン人でもなければ回教徒でもない。ラマ教徒の蒙古人だ。チベットからカリンポンに出て、聖地を巡礼しているだけだ。そう説明し、歩いてきたルートと、そこで知り合った人の名前を提示した。西川は、途中で、寄進をしてくれたり、長く話すことになったような人については、一冊のノートを作り、そこに住所と名前を記してもらうことにしていたのだ。

しかし、取り調べの警察官たちは、そんなものはいくらでも勝手に書き込めると、見向きもせず、ついに留置場に入れられてしまった。

アフガニスタン行きを断念せざるをえなかったことといい、このスパイ容疑での逮捕といい、インドとパキスタンとの紛争にたたられつづけだ。参ったなと思ったが、一方で、食事つきの別荘に入っただけだと思うことにした。一日二回の食事はきちんと出してくれたからだ。ルティとダールだけだったが、それはアムリトサルのグルナーナク寺で出されていたものとほとんど変わらなかった。

しかし、三日が過ぎる頃、自分はいったいどうなるのだろうという不安が兆してきた。まさか死刑などということはないだろうが、裁判くらいはかけられるのかもしれない。そうしたら、ラクナウ駅のプラットホームで会った大学教授の男性か、デリーで遭遇した富豪のビルラ氏に証言してもらえるよう頼むしかない……。

ところが、ある日、それまで顔を出していなかった上司風の署員が鉄格子の前に現れた。頭にターバンのような布を巻いているところを見ると、シク人のようだった。

そのシク人は署長で、これまで出張中だったため、取り調べに加わっていなかったらしいことがあとでわかった。

署長は、西川に向かって、いきなり中国語で話しかけてきた。

「蒙古人と言い張っているパキスタンのスパイというのはおまえか」

それを聞いて、西川は気持が明るくなった。この人にならわかってもらえるかもしれない。そこで、懸命に説明した。自分が蒙古人であること。内蒙古からここまでやって来たこと。回教徒ではなくラマ教徒であること。いろいろな国の言葉が理解できるのは、通過した国の言葉を一生懸命学び取ろうとしたからだということ……。

すると、署長が懐かしそうに言った。

「私も、以前、香港で暮らしたことがある」

そこから、誤解が解けはじめた。

署長が、背後の署員に、どうやらこいつは学のある蒙古のラマ僧らしい、と言っているのを耳にして、ほっとした。

それにしても蒙古人のラマ僧がどうしてカシミールくんだりまで来たのか、と署長が訊ねてきた。それに対しては、正直に、パキスタンを抜けてアフガニスタンへ行こうと思っていたからだと答えた。

「仏教徒がなぜ回教国のアフガニスタンへ？」

当然の疑問だった。そこで、西川はこう答えた。

「ラマ僧にとってのなによりの修行は、旅をしつつさまざまな土地を遍歴することにあります」

だから自分は、中国からチベットへ、そしてブータンからインドへと巡礼してきたのだ。パキスタンからアフガニスタンに出て、イラン、イラクを廻って新疆《しんきょう》経由で蒙古に帰るつもりなのだと付け加えた。

署長はその話を正面から受け止めてくれ、逆に忠告してくれた。それは遠大な計画だが、時期が悪い。ここ一、二年は、パキスタンを抜けてアフガニスタンへ行くことは不可能だ。東へ引き返して蒙古に戻ることを考えなさい。

西川には、逮捕されて三日間留置されてしまったことより、ここからさらに西には行くことができないという最後通牒を突き付けられたことの方が衝撃だった。

署長が釈放の手続きを取ってくれているあいだ、西川は留置場で考えつづけた。

——やはり、アフガニスタン行きは諦めなくてはならないらしい。それなら、チベットと同じく鎖国を続け、日本人にとっては秘密の国のひとつであるネパールへ行くことにしようか。チベットから直接インドに出てきてしまったため、その間にあるネパールをよく知らないままにしてあった。よし、次はネパールだ……。

5

留置場から出て、カシミールを歩きはじめた。

マンディという美しい古都から丘陵地帯を登っていくと、出会ったチベット人に、あの山を越せばチベットだよと教えられた。懐かしかったが、戻りたいという未練はなかった。

やがてカシミールに来た当初の目的地だったレワルサールに近づいた。

山を登って、そこから見下ろすと、盆地に深い藍色の湖が見える。湖畔にはラマ廟が建ち、水鳥が群れている。まるで神秘境のような雰囲気だったが、それがレワルサールだった。

その湖の周辺では多くのラマ僧たちが修行していた。西川もカリンポンの老修道僧から伝授されたチェバの修法を試みた。

宗派名のシーチェバとは寂静に行動する者を意味し、正しい信を保てば、すべての世間苦を鎮《しず》めることができるというものだった。そして、チェバの修法とは、仏道修行の障害をもたらすすべてのものを断じて、解脱《げだつ》の障害となる境界を超え、涅槃《ねはん》に至る道を歩もうと努力すること、だという。

西川は、座禅を組み、食を断ち、無の状態に入るという、チェバの修法を三日三晩つづけた。

それでカシミールを切り上げる決心がついた。そして、これからの方針が決まった。

ひとまずバルランプルに戻り、そこでヒンドゥー語とウルドゥー語について、もう少し勉強し、ネパールの言葉についても学び、それからネパールに向かう。バルランプルで出会ったゴパール青年の言葉を信じれば、長期の滞在も可能かもしれなかったからだ。ネパールを歩いてからは、署長の忠告を受け入れ、西ではなく東を目指す。それも、蒙古ではなく、インドシナのビルマ、シャム（現・タイ）、仏印という、自分にとっての未知の国への旅をするのだ。

レワルサールからは托鉢しながら歩き、半月後にようやくバルランプルに辿り着いた。

バルランプルでは、旧知のゴパール青年が約束を違えることなく、親身に世話してくれた。一部屋与えてくれ、二カ月近くにわたって、インドにおける農村生活を味わうことのできる日々を用意してくれたのだ。

そして五月、語学の勉強をいったん打ち切り、いよいよネパール潜入の旅に出ることにした。ゴパール青年とその家族に別れを告げ、例によって鉄道での無賃乗車を続け、途中、ムザファルプールで降りた。かつてラクナウ駅のプラットホームで出会った大学教授が勤めている大学に行くためだった。しかし、残念ながら不在のため会うことができなかった。

ムザファルプールからも無賃乗車を繰り返し、ようやくラクソールに出てくることができた。ラクソールはインドからネパールのカトマンズに向かうための表玄関である。

そのラクソールからは、ネパール領のビルガンジを経由してヒチャゴリーまで軽便鉄道が通っているということだったが、いかにも無賃乗車が難しそうだったので、歩いてカトマンズに行くことにした。距離にして八十マイル（約百二十八キロ）内外だというので、大したことはないと判断したのだ。

それと、西川がこのルートを歩こうとしたもうひとつの理由に、かつて河口慧海もまたこの道を歩いたということがあったかもしれない。慧海は、ビルガンジからカトマンズに向かい、その後チベットに潜入していったのだ。

インド領のラクソールから小さな河を渡ってネパール領のビルガンジに入ると、駅の構内に国境管理事務所がある。ネパールの役人に入国許可証を発行してもらおうとすると、一ルピーの支払いを求められた。チベット人がネパールに入国するときは誰でも払うのだという。西川をチベット人と見なしたのだ。

それを聞いて、西川は習い覚えたネパール語でこう反論した。

インドではチベット人が国境を越えても金を取ったりしないし、チベットでもネパール人がチベットに入るときに一銭も金を要求したりしない。それに自分は巡礼の貧乏ラマである……。

滔々《とうとう》と払えない理由を述べると、事務所の役人は「なかなかネパール語がうまいな」と苦笑しながら無料で入国許可証を発行してくれた。

また、ここでは、両替が必要だった。なけなしのインド貨の半分をネパールの通貨に替えた。食糧品店などで値段を聞くと、物価はインドよりかなり安いことを知って、いくらか安心した。

その日の夜は、街の近くで野宿をし、翌日からは鉄路に沿って歩きはじめた。

夕暮れどき、数戸の家と小さな駅のあるところまで出てきた。

樹下で夕食の用意をしていると、一天にわかにかき曇り、風が吹きはじめ、雷の音が近づき、閃光が走り、やがて激しい降りになった。慌てて荷物を片付け、近くにある小屋に飛び込もうとした。戸は開いたが、そこは鉄道の保線区の倉庫らしく、中にはぎっしりと用具が詰め込まれていて、腰を下ろす場所もない。戸口の少し空いたスペースに立っているしかなかった。雨は明け方まで降り止まず、ネパールでの第二夜は立ったまま嵐をやりすごさなくてはならなかった。

ところが翌日は見事な快晴で、歩く道には、昨夜の風で落ちたらしい青い大きな果物の実が点々と転がっている。歩いている子供たちも、その実を拾って食べており、西川にも勧めてくれた。

それはマンゴーだった。まだ熟していないので、ダールを煮るときに一緒に入れるとおいしくなるんだよと子供たちが教えてくれた。しかし、その実を生で食べても充分においしかった。

やがて、シマーラという駅を過ぎると、鬱蒼とした密林のような樹木帯に入っていった。あとでそこは「タライ・ジャングル」と呼ばれる無人地帯だと知ったが、確かにジャングルに棲む猛獣でも出そうな不気味さだった。

道沿いに溜め池を見つけたので、茶を沸かして飲んだあと、通行人がひとりもいないのをいいことに、素裸になって水を浴びた。

なんと気持がいいのだろう。これだから旅はやめられない。ひとりで悦に入っていると、不意に線路工夫たちが現れた。そして、あまり遅くなると虎に食われるぞと脅かされた。慌てて服を着て歩きはじめると、大きな物音が聞こえて跳び上がりそうになった。だが、それは猿の群れだった。

ようやくヒチャゴリーの集落が見えて、密林を抜けることができた。八マイル（約十二・八キロ）も続くジャングルだった。

ヒチャゴリーは軽便鉄道の終着駅であり、その夜は駅が宿となった。

ここからは、普通、トラックを利用するらしかったが、もちろん西川はなおも歩くことにした。集落を出ると狭い山峡に入る。両側の山の斜面には、日本の山村のように、丹念に段々畑が耕され、人の背より高いトウモロコシの茎が盛んに伸びていた。

その山の斜面を、重そうな荷物を背負って、若者たちが高いところにある家の方に向かって歩いていたりする。土地の風景から人々の姿形まで、日本と日本人によく似ていることに驚かされた。

これまでも、国を越え、新しい国に入るたびに、そこに生きている人たちの容姿が日本人に似ていることに驚かされつづけていたが、ネパール人ほど日本人に似ている民族はないように思えた。

山にトンネルが掘られており、そこを抜けると、二、三十戸の集落がある。夜は、そのうちの一軒の家の納屋で一晩を過ごさせてもらった。

翌日、さらに山を下ると、渓流の対岸に木の橋が架かっており、渡るとネパール兵が検問をしている。しかし、西川は呼び止められもせず、難なく通過できた。

さらに歩き、ビンビラーという集落のはずれで野宿することにした。食事の用意をし、米がようやく煮上がったところで驟雨《しゅうう》が降ってきた。

慌てて片付け、集落の方に戻り、どうしようとウロウロしていると、ひとりのネパール人が手招きをし、貧しそうな小さな家に招き入れてくれた。

狭い家だが、今夜はここで休みなさいと言ってくれる。

感謝し、部屋の片隅で、おかずもなく冷たくなった飯を食べようとすると、主人が、羊の臓物を煮たものを丼のようなものに盛ってきてくれた。赤いトウガラシとギラッとした脂が浮いている。

「少ないけれど」

それは、カマドにかけられた鍋に入っていたものだ。カマドの周りでは、妻と三人の子供たちが取り囲み、臓物が煮え上がるのをじっと待っていた。それをまず西川のために盛ってきてくれたのだ。

西川の眼から涙が流れてきた。そして、ああ、仏だ、初めて本当の仏の姿を見た、と思った。あのインドの河畔で遭遇した不思議な僧は仏の使いのようだったが、この人は仏そのもののように思える。仏はこのような普通の姿をして現れるのかもしれない……。

翌朝、西川はわずかな金を置こうとしたが主人は受け取らなかった。

6

渓流に沿って北上するとアミルガンジという百戸ほどの大きな集落に入った。

ビルガンジからヒチャゴリーまでは軽便鉄道、ヒチャゴリーからこのアミルガンジまではトラックの荷台という交通手段があるが、アミルガンジからカトマンズまではまったく交通手段がない。とは言え、途中、険しい峠を二つ越さなくてはならないらしい。そのため日本の昔の街道のような駕籠かきがいる。

多くは徒歩を選ぶが、婦女子や位の高そうな役人たちは駕籠を使う。西川はもちろん歩いて険しい巌山を登っていった。

山頂の手前の山腹に十数戸の集落があり、そこに商店や茶店が並び、さらに関所風の検問所があった。

いかにも貧しい巡礼者にしか見えない西川は、ほとんど調べられることもなく関所を通り抜けた。

そこから、第一の峠であるチサパニギリ峠の最高地点に出ると、眼を奪われた。眼前に白雪をいただいたヒマラヤの大雪嶺が波打つように広がっていたからだ。

河口慧海も述べている。

《ここから始めて白雪の妙光皚々《がいがい》たるヒマラヤの大山脈が見えます。これはダージリンあるいはタイガヒルなどで見た類でありませぬ。非常に壮観なものであります》(『チベット旅行記』)

峠の反対側の北の斜面を下って盆地に降り、さらに二日ほど北に向かうと、しだいに坂になり、第二の峠のチャンドラギリ峠に差しかかった。

さほど険しくなく、だらだらとした長い道を頂上に向けて歩いていくと、カトマンズからの旅人とすれ違うようになった。

頂からはヒマラヤの大雪嶺がやはり見えたが、峠の向こうは急な下りになっている。

巨岩奇岩のあいだを縫うようにして細い道を下り、ようやく八合目くらいのところまで来ると、茶屋のあるところに出た。

そこからは眼下にカトマンズの大盆地が広がっていた。

茫然と眺めていると、やはり近くでカトマンズを見下ろしていた旅人が教えてくれた。

「ほら、あそこに金色に輝く塔が二つ見えるだろう。ひとつがパシュパティナートの舎利塔で、もうひとつがスワヤンブナートの大塔だよ」

そうか、ついにカトマンズに入れるのか、と感慨にふけっていると、道の反対側から、美しいサリーをなびかせた姉妹らしい二人の女性が登ってきた。

そして、背後を振り向き、口々に言った。

「早く、早く」

そこには両親らしい年配の男女と弟らしい小さい男の子がいた。幸せそうな家族が、これからインドにでも旅行をするのかもしれない、と思えた。

彼らは茶屋の店先に腰を下ろすと、茶を注文した。

西川は、その姉妹の、姉らしい方の女性の顔をあらためて見たとき、胸の鼓動が激しくなった。

十年前、福岡の修猷館《しゅうゆうかん》中学を卒業し、満鉄に入社するため大陸に渡る直前、しばらく山口の地《じ》福《ふく》の両親のもとにいた。そのとき、村にひとりの女性がいて、淡い思いを抱いた。しかし、何ひとつ思いを伝えることなく村を出てきてしまった。その女性と、姉らしい女性の面差しが、あまりにも似ていたのだ。

茶屋からは急な坂道が続き、いくつもの山の尾根の出っ張りを、廻り込むようにしながら下りに下った。

麓に着くと、あたりは一面の田畑で、そこに北へ向かう街道が一本通っている。道の両側には桜や柳の木が植えられていた。

五マイル（約八キロ）ほど進んで、ひとつの丘陵を越えると、やがて多くの人が通りを歩いているカトマンズの街中に入ることになった。

だが、西川は、そこを素通りして、ジョランカショールの大塔があるボダナート、日本人には大塔《だいとう》村という名で知られているところに向かった。それはかつて河口慧海が滞在し、そう呼びならわしたことによる。そこにはまた、ラマ教徒の「定宿」とでも言うべきラマ廟があった。

夕方、カトマンズの街を離れること二マイル（約三・二キロ）ほどのところにある大塔村に到着した。

この村には、半円球の白亜の巨塔がある。その塔を祀《まつ》っているのはジャーラマと呼ばれている長老で、漢人のラマ僧だった。かつて清朝が力を持っていた時代に祖父が廟に住み着き、ネパールの王に塔を与えられて以来、世襲でこの村の長ともなっているのだ。

ジャーラマは、西川が自分と同じくどの国の言葉でも喋れることに感激し、いつまでもこの廟にいてくれと言った。

廟の隣の建物に巡礼者用の宿泊所があり、そこに案内された。

広い土間にはひとりの老ラマ僧が臥せっていた。

驚いたことに、それはデプン寺にいた満州蒙古出身の先輩ラマ僧で、そのラマ僧のために一週間に一度くらいの割合で水運びをしてあげていたことがあった。

話を聞くと、ブッダガヤへ参詣しようとここまで来て、病を得てしまったのだという。仲間と一緒だったが、ここで熱病に罹り、置き去りにされてしまったらしい。

その老ラマ僧は旧知の西川の顔を見て、急に元気が出たらしく、ここでは死にたくないのでカリンポンまで連れていってくれと頼んできた。カリンポンまで行けば、ラサへは自力で行ける。故郷に帰ることはできないが、せめて第二の故郷のラサで死にたいというのだ。

それを聞いて、哀れに思った西川は了解し、まず元気になってくれと励ました。

また、この村にはもうひとりの蒙古人ラマ僧が住んでいるということを聞き、ネパール人の一般家庭に世話になっているというそのラマ僧をさっそく訪ねてみることにした。

会ってまた驚かされた。そのラマ僧とはシガツェのタシルンポ寺で会ったことのある活仏だったからだ。

タシルンポ寺では、深く学問を修め頭脳明晰な活仏として知られていたが、あまりにも気性が激しいところがあるため、周囲から疎んじられていた。

ところが、あるとき円満な仏者になろうと発心し、チベットからこの村に修行に出てきたのだという。そして、西川が会ったときは、ここでひとり苦行を積んだ成果なのか、別人のように穏やかで円くなっていた。

ジャーラマによれば、いまではこの村のヒンドゥー教徒のネパール人にも尊崇されるようになっているという。西川は、人間の意志というものの強さに打たれた。変わろうと意志すれば変わることができるものなのだなと。

ある日、自分の服の繕い物をしていると、それを見たジャーラマの妻から絨毯の座布団の縁を縫う仕事を頼まれることになった。一枚仕上げるともう一枚という具合で、いいように使われることになってしまったが、仕方がないと受け入れた。

また、息も絶え絶えだった先輩のラマ僧は、後輩ラマ僧である西川の出現に生気が甦り、あれをしてくれ、これを食べさせてくれと我がままを押しつけているうちに、少しずつ元気になっていった。

おかげで、その先輩のラマ僧から離れ、大塔村をベースにカトマンズ盆地の仏跡地をめぐる旅に出られるようになった。

最初はカトマンズを巡った。

カトマンズは寺町で、日本の京都や奈良と同じような匂いがする街だった。寺の多いことは京都以上で、二千七百以上あるという。

とりわけ、バグマティ河に近い小山にそびえるパシュパティナート寺は壮麗だった。黄金色に輝く舎利塔や本堂の周辺には猿たちが遊び、白い牛が徘徊している。

仏陀もこの地の近くで雪山における六年の修行を積んだと言われているのだ。

次は、大塔村を離れ、仏教の聖地のひとつであるナモブッダに行った。ナモブッダは、仏陀が前世で我が身を投げ出すことで飢えた虎の母子を救ったという「捨身飼虎《しゃしんしこ》」の行いで有名なところだった。

まさに虎でも出そうな山で行ったチェバの修法の二晩は、西川にとって忘れがたいものになった。

だが、それ以上に、このナモブッダが忘れがたい地になったのは、木村肥佐生の同行者だった二人の蒙古人従者についてのその後の運命を聞くことになったからだった。

二人は、パリで西川と別れた後、ラサには向かわず、ネパールに行って住み着いたという噂を聞いていた。そこで、カトマンズで蒙古人たちに訊ねてみると、ナモブッダ付近で暮らしているということだった。

ナモブッダに来たついでに会うつもりで探したが、二人に会えなかっただけでなく、思いもよらない話を聞かされることになった。

二人は確かにこの山麓の集落に住んでいたが、女は病気で死に、その後、男はどこかに立ち去って行方がわからなくなっているというのだ。

同じ日本人の、同じ密偵という役割を担っていた木村のために、故郷の内蒙古を離れ、ここにまで流れてきて、辛い後半生を生きることになってしまった。

西川は、自分もまた何もしてあげることができなかったという自責の念を覚えた。

第十四章　波濤の彼方

1

ネパールの大塔《だいとう》村での生活も二カ月を過ぎ、七月の声を聞くようになって、先輩の老ラマ僧の体もかなり回復してきた。そこで、望みどおり、チベットに近い、インドのカリンポンに連れていくことにした。

村の長であるジャーラマは、領外旅行証明書を無料で出してくれただけでなく、餞別の金まで与えてくれた。

また、村でひとり苦行を続けている活仏《かつぶつ》は、旅先で食べるようにと少ない中からツァンパをわけてくれた。

だが、大塔村からカリンポンまでの道中は楽なものではなかった。西川は、病み上がりの老ラマ僧の荷物まで背負うことになり、カトマンズからの、徒歩による、チャンドラギリとチサパニギリの二つの峠越えに苦しんだ。

しかし、ようやく車で移動のできるアミルガンジまで出られて、ほっと息をつくことができた。アミルガンジからヒチャゴリーまではトラックの荷台に乗り、ヒチャゴリーからは軽便列車でラクソールへ向かった。

そのどちらも金を払わなくてはならなかったが、インド領内に入ってからの汽車は無賃乗車に成功し、シリグリまで金を使わずに行くことができた。

しかし、それもまた難行苦行の果ての無賃乗車だった。

ラクソールからはなんとか客車内に入り込めたが、ムザファルプールで乗り換えをしなくてはならず、そこからの列車がすさまじい混みようだったのだ。仕方なく、客車内に入ることを諦め、大勢の無賃乗車の仲間と共に屋根に乗った。夜のあいだはよかったが、太陽の照りつける昼間は屋根のトタンが焼けるように熱くなり、灼熱の地獄となった。

苦心惨憺の末、ようやくシリグリに辿り着いた。

そこからカリンポンへは、老ラマ僧は乗合自動車を利用して向かったが、西川は倹約のため歩くことにした。

シリグリとカリンポンのあいだは四十マイル（約六十四キロ）ほどある。それを丸一日で踏破することができたのには、カリンポンで待っていた老ラマ僧だけでなく、当の西川自身も驚いた。

数日後、デプン寺で待っているぞと言い残して、老ラマ僧は名残惜しそうにラサに旅立っていった。


西川は、一年ぶりのカリンポンで、火葬場の老修道僧のもとを訪れた。そして、許しを得て、懐かしい火葬場の茅葺き小屋で暮らしはじめた。

そこでは、訪れた蒙古人の巡礼者から、木村肥佐生、蒙古名ダワ・サンボーもラサで元気に暮らしているという噂を伝え聞いたりした。

西川は安心し、さっそくビルマ潜入の夢を実現させようと思った。しかし、ビルマに入国するためにはビザが必要らしい。これまでの国のようにラマ教徒であることがパスポートやビザの代わりにはならないという。

どうしたらいいか、考えあぐねていると、すばらしい情報が入ってきた。この大戦におけるネパールのグルカ兵の勇敢で誠実な働きに心を動かされたビルマ政府が、ネパール人に対する移民の門戸を開いた。それを聞き、退役したグルカ兵の多くが応募し、いまはカルカッタとアッサムを結ぶ鉄道工事現場で苦力《クーリー》、つまり人夫として働きながら許可が下りるのを待っているところだというのだ。西川は、自分もそこに潜り込み、彼らと親しくなり、一行に紛れてビルマに連れていってもらおうと思うようになった。

だが、西川には、工事現場に入り、ビルマに潜入する前にどうしてもしておかなくてはならないことがあった。

それは蔵英辞典を手に入れることだった。英語からチベット語を引ける英蔵辞典はチベット新聞社をやめるときに貰うことで手に入れていた。しかし、チベット語を学ぶのにはどうしてもチベット語から英語を引く蔵英辞典が必要だった。西川は、もう少し深くチベット語を学びたいと思っていたのだ。

インドを放浪しているあいだも、行く先々の街で、眼についた書店に立ち寄り、蔵英辞典を探しつづけたが、ついに見つけることはできなかった。

カリンポンで、あらためて、つてを求めて探していると、ひとりの白系ロシア人から耳寄りな話を聞いた。

チベット寄りの街であるペドンに、フランス人が宣教師をしているキリスト教会がある。その倉庫に蔵英辞典が打ち捨てられるように積んであるのを見たことがある、というのだ。

西川は喜び勇んでペドンに向かった。カリンポンから丸一日歩いて、その教会に行き、辞書はあるかと宣教師に訊ねると、あるにはあったが、それは蔵英ではなく英蔵辞典だった。

悄然《しょうぜん》とカリンポンに戻り、白系ロシア人にその事実を伝えると、申し訳ないと思ってくれた彼が、今度は真剣に八方手を尽くして調べてくれた。そして、カルカッタのドイツ人が経営する書店にあるらしいということを突き止めてくれた。

西川は、すぐに今度は乗合自動車でシリグリまで行き、汽車を使ってカルカッタへ急行した。

そして、まっすぐに教えてもらった書店に飛び込んだ。

しかし……。

あるにはあったのだが、あまりにも売れないため、ダージリンの支店に送ってしまったという。

がっかりしていると、店主が親切にも支店に電話を掛けてくれ、まだ五冊残っているということを確かめてくれた。

西川は喜んだが、すぐにまた落胆しなくてはならなかった。辞典の値段が七十ルピーだと教えられたからだ。そのとき、西川の懐には四十ルピーしかなかった。そして、それが全財産だった。

こうなったら、一日でも早く苦力の群れに身を投じ、残りの金を稼ぎだし、ビルマ潜入までになんとしてでも辞典を手に入れるぞと堅く心に誓った。

カルカッタからシリグリに戻り、駅前の食堂で腹ごしらえをしているとき、店主に訊ねてみた。

「アッサムの鉄道工事で、苦力を募集しているらしいけど、どれくらいの金になるのかな」

すると、店主が答えた。

「一日二ルピー半くらいにはなるらしいよ」

それなら一カ月しないうちに足りない金は稼ぎ出せる。

急いでカリンポンに戻り、荷物をまとめて工事現場に向かおうと思い、店を出ようとすると、声を掛けられた。

「ロブサン、ロブサンじゃないか！」

それは、以前、カリンポンの火葬場で暮らしていたときに、よく茅葺き小屋に顔を出していたイシガワという蒙古人のラマ僧だった。

イシガワは西川の顔を見ると、叫ぶように言った。

「いいところで会った。どうか俺を助けてくれ！」

そして、一気にまくし立てた。

イシガワによれば、東チベットのカムの出身者、カムパのラマ僧にだまされ、食べる物も食べず、爪に火を灯すようにして必死に貯めた三百ルピーの金を盗まれてしまったのだという。

自分はインドの言葉が喋れない。ロブサンはインドの言葉が喋れるから、一緒に警察に行って、金を取り返すように頼んでくれというのだ。

イシガワは、インドで托鉢すれば金を貯められると聞き、満州蒙古からはるばるカリンポンまで出てきた男だった。そして実際に、ブータンやネパールを含んだインド周辺の集落から集落へと托鉢をして廻り、三年ほど耐えに耐えた生活をして三百ルピーの金を貯めることに成功していた。とりわけ農繁期の農家を廻ると、米ではなくトウモロコシをくれた。それも、収穫直後で気が大きくなっているせいか、鉢に一杯などというケチなものではなく、二、三杯分もくれる。四、五日すると、袋にいっぱい溜まる。それを知り合った家に置かしてもらい、トウモロコシが高くなった頃を見計らって売りさばく、というようなことをして金を貯めたらしい。

ところが、イシガワが小金を持っているということが知られるようになり、カムパのラマ僧に、その金をもっと増やすことのできる仕事がカルカッタにあるから行ってみないかと誘われたのだという。

カリンポンからシリグリに出て、カムパのラマ僧の知り合いがやっているという宿に泊まった。金は肌身離さず持っていたが、カムパのラマ僧に、危険だから外には少しだけ持って歩けと言われ、部屋のウールグの経典のあいだに隠しておいたのだという。

ある日、気がつくと、いつの間にかカムパのラマ僧がいなくなり、不審に思って金を調べるとそれも消えていた。

宿の主人に警察に届けてくれと言っても相手にしてくれない。ようやく、グルになって巻き上げられたのだと気がついたが、遅かった。警察に訴えたいから一緒に行ってくれというのだ。

西川には、詐取の構図がはっきりと見えた。金はもう戻らないだろう。

そこで、西川はイシガワにこう言った。ここで無駄な大騒ぎをするより、一緒に鉄道工事に行って働かないか。一日二ルピー半、一カ月で七十五ルピーになるらしい。月のかかりに四十五ルピーを使うとしても、一カ月三十ルピーは貯めることができる。そうすれば一年しないうちに三百ルピーになるではないか。

イシガワはカムパのラマ僧を激しく罵り、自分の運命を呪い、狂ったように騒ぎまくっていたが、ようやく西川の意見を受け入れ、一緒に鉄道工事の現場に行くつもりになった。

二人は、いったんカリンポンに戻り、そこから工事現場があるというセボークに行くことにした。

しかし、イシガワは、シリグリからカリンポンに戻るあいだも、ラマ僧だけでなく、カムの人々、カムパ全体を罵り、呪い、怒りつづけていた。

カリンポンに着いて二日後、約束の時間になってもついにイシガワは姿を現さなかった。心配になったが、西川には早く稼いでビルマに行く前に蔵英辞典を手に入れる必要があったし、もうひとり同行を約束していた者がいて、彼の手前もあって、イシガワを待ちつづけるわけにはいかなかった。だが、のちに西川は後悔することになる。イシガワは怒りのあまり発狂し、病院に入れられたあげく死んでしまったと聞かされることになったからだ。なんとしてでも一緒に工事現場に連れて行けばよかったと思わないわけにいかなかった。

そのイシガワとは別の、もうひとりの同行者というのは、名前をツェリンというチベット人で、年は二十歳、体格のいい屈強な若者だった。

ツェリンは、ラサで兵士になり、兵営にいたが、仲間と喧嘩をして、刺し殺してしまったという猛者《もさ》だった。たまたま、入営前に奉公していたのが、ラサの貴族の家だったということがあり、その元主人の口利きで、国外追放という軽い刑罰で一件落着となったのだという。

「軍隊では喧嘩をして俺にかなう奴はひとりもいなかった」

よくそう言っていたが、ふだんはとても穏やかなやさしい性格の若者だった。

チベットを追放されたツェリンは、カリンポンに出てきて暮らすようになったのだが、たまたま西川がチベット新聞社で働いているときに知り合い、以後、付き合いが続いていた。ツェリンは、どういうわけか西川に親しみを覚えたらしく、驚くほど慕われてしまった。

このツェリンが、西川が鉄道の工事人夫になると知ると、自分も一緒に連れていってくれと頼んできた。

西川は了解し、イシガワが来ないので、ツェリンと二人でセボークに向かって歩きはじめた。

その日は、ティースタ河のほとりの林で一夜を過ごし、工事現場の基地になっているセボークの事務所には、翌日到着した。

2

工事中の鉄道は、インドの独立と同時にパキスタンが分離独立してしまったために作らざるを得なくなった路線だった。

かつてはインドの路線だったが、あいだに東パキスタンの区間が挟まることになってしまったため、インド領内だけで路線を完結させるべく、新たに迂回した鉄路が敷かれることになったのだ。

西川が、ツェリンと共に事務所に行き、苦力に採用してほしいと申し出ると、すぐに採用された。本当は、そこに置いてある大きな石を持ち上げられるかどうかという試験が行われるのだが、二人の体格を見て、省略されたのだ。

賃金は一日二ルピー半、労働時間は八時から五時までで昼休みは一時間、休日は十日に一日、しかしその日も賃金は支払われる、という西川には文句のつけようのない待遇だった。西川が名前と年齢を告げ、出身地を蒙古と伝えると、事務員が驚いた。これまで蒙古人が応募してきたことはなかったらしい。苦力の多くは、インド人とネパール人とチベット人だという。ネパール人の苦力頭に連れられ苦力の宿舎へ行った。そこには、大きなテントが立ち並び、そのひとつに入ると、軍隊の兵舎のように、中央の通路の両脇にベッドがずらりと並んでいた。兵舎と異なるのは、そのベッドが手製であることと、そのベッドの奥に、やはり自分たちで作ったらしいカマドが設けられ、そこで自炊をしているらしいことだった。

西川とツェリンも、場所を決めてもらうと、さっそく、テントの背後に迫っているジャングルに入り、木と、竹と、葛《カズラ》の蔓《つる》を切り出し、ベッドを作った。木の枠を作り、そこに割った竹を渡し、葛の蔓を張れば完成だった。そして、二人でベッドのあいだにカマドを作り、共同で炊事をすることにした。

ここでの仕事の内容は四つあった。

ティースタ河の鉄橋架設、堤防工事、ジャングルの整地、鉄路の基礎工事。西川とツェリンは、チベット人のグループに入れられ、ネパール人と共に堤防工事に従事させられた。具体的には、ジャングルから岩や砂利を運んで、堤防を築くのだ。

普通に働いているつもりだったが、作業中もダラダラとした苦力の中ではどうしても目立ってしまうらしく、周囲の皆からはそんなに一生懸命働かなくてもいいよと言われた。

周囲を見回すと、確かに苦力たちはいかにサボるかに腐心しているだけだった。朝は監督の点呼から始まるが、そこで名前を呼ばれると、学校での「代返」よろしく、たとえいなくても誰かが代わりに返事をしてしまう。監督は、苦力の名前と顔が一致しないので、そのままごまかされてしまう。働きに出ている苦力も、できるだけ少ない労力で石を運ぼうとする。それどころか、雨が降り出すと、濡れると病気になると言い、すぐに仕事をやめてしまう。

だが、それもある意味で無理はなかった。その周辺は暑いうえに湿気が多く、働き過ぎると確かに体を壊す恐れがあったからだ。

午後五時ぴったりに仕事は終わり、そのあとはまったくの自由時間になる。

近くの湖では水浴びと魚釣りができた。

魚釣りなどする人がほとんどいない湖には、鮒《フナ》や鯇《ハヤ》が棲んでいて、大した餌をつけなくても、いくらでも釣れた。

それらは、米飯とダールという決まった夕食に彩りをもたらすものになってくれた。

背後のジャングルにはバナナをはじめとして食糧となる果実がいくらでも生っていた。

そのジャングルで唯一困ったのは蛇の存在だった。到るところにひと嚙みされれば命が危ない蝮《まむし》がいたし、一度など、鍋の中に青大将がとぐろを巻いていて、驚かされた。

みんなが寝静まった夜、ひとりで本を読んでいると、ティースタ河の滔々たる流れの音に交じって、ジャングルから猿、鳥、虫、蛙たちの鳴き声が聞こえてくる。

テントの透き間からは月光が洩れ入ってくる。

それらの音と光が綾なす自然の美しさにはほとんど表現する言葉を失うほどだった。

西川には義務として与えられる労働は軽く感じられ、夜はランプの光で本を読み、語学の勉強をする時間もある。それで二ルピー半ももらえるのだ。

寝るところの心配がなく、食べる物も自分たちの好きな物が食べられる。その上、放っておけば、金が貯まっていく。西川にとっては極楽のようなところだった。

旅における駝夫の日々といい、シャンでの下男の日々といい、カリンポンでの物乞いたちとの日々といい、デプン寺における初年坊主の日々といい、新聞社での見習い職工の日々といい、この工事現場での苦力の日々といい、人から見れば、すべて最下層の生活と思われるかもしれない。いや、実際、経済的には最も底辺の生活だったろう。しかし、あらためて思い返せば、その日々のなんと自由だったことか。誰に強いられたわけでもなく、自分が選んだ生活なのだ。やめたければいつでもやめることができる。それだけでなく、その最も低いところに在る生活を受け入れることができれば、失うことを恐れたり、階段を踏みはずしたり、坂を転げ落ちたりするのを心配することもない。

なんと恵まれているのだろう、と西川は思った。

最初のうちは蒙古人に対する物珍しさだけだったが、日が経つにつれて、工事現場にいる人々の、西川を見る眼が違ってきた。

チベット人の苦力のグループでは、ただひとり、インドの言葉もネパールの言葉も理解できる。その上、真面目に仕事をし、夜は暇さえあれば本を読んでいる。好意を寄せられ、信用されるようになった。

会社の本部からインド人の幹部が来ると、仕事の最中でも呼び出され、蒙古やチベット方面のことを話すよう求められたり、工事現場の監督からは、チベット人苦力についての問題が起きると、相談を持ちかけられたりするようになった。

西川は、将来の布石という意味もあって、ネパール人苦力とも親交を深めていった。

彼らは、グルカ兵を中心に、今次大戦の復員軍人が多かったため、ビルマ戦線における日本軍との戦いについてさまざまに語ってくれた。もちろん、西川が日本人だとは思いもよらない中である。

ある男はこんなことを話してくれた。

終戦になり、英国軍によって日本軍が武装解除されたときのこと、ある日本軍の兵士が、その元グルカ兵に、一振りの刀を手渡して、こう言ったという。

「これは日本軍人の魂だ。眼の色の違う人種である英国軍の兵士には渡したくない。同じ眼の色をした東洋人のあなたに渡すことができるのを名誉に思っている。どうかこれをあなたたちの魂として東洋を護っていただきたい」

だから自分は、その刀を家宝として、大事に守っているのだと。

西川が、彼らの思い出話のいい聞き手だったからというわけでもないだろうが、やがて彼らにこんなことを言われるようになった。

「俺たちと一緒にビルマに行こう。俺たちがなんとか一緒に行けるように取り計らってあげるから」

いつの間にか、チベット人苦力の中の暴れ者も、西川の言うことは聞くようになった。会社側もますます西川への信頼を厚くしていき、ついには、チベット人苦力の苦力頭になってくれと頼まれるようになった。

だが、その苦力頭も、さほど大変な仕事ではなかった。

日本ならこうした飯場に喧嘩はつきものかもしれないが、ここではまったく喧嘩は起きなかった。それはインド人とネパール人とチベット人という人種の民族性のおかげだったのかもしれない。

ただ一度だけ盗みが発生したことがあった。チベット人苦力の持ち物がなくなり、すぐにネパール人苦力が犯人だとわかった。

そこで、チベット人の苦力頭である西川と、ネパール人の苦力頭の二人とで相談し、犯人に二つの罰から好きな方を選ぶようにと命じた。この工事現場から立ち去るか、木に縛りつけられ一日恥をかくか。彼らにとっても天国のようなこの仕事場を失いたくない犯人は、罪状を記された札と共に一日木に縛りつけられることを選んだ。

それですべては丸く収まった。

3

そんな中、カリンポンから来たチベット人によって、気になる噂話がもたらされた。ラサから中国人が追放されることになり、その中に、木村が入っているらしいというのだ。そして、その一行が数日中にシリグリに到着するらしいともいう。

どうしようか迷ったが、会いに行くのはやめることにした。木村に迷惑がかかるかもしれず、ただ無事に日本に帰ってくれと祈るだけにしたのだ。

ついにひとりきりになるという寂しさはあったが、ビルマ潜入の夢が実現しそうだったし、工事現場の日々も楽しかった。

なにより、日本の敗戦を知ったあとの、チベットからインドとネパールに及ぶこの四年間の放浪で、どこに行き、どのように暮らそうとも、生きていけるという自信が生まれていたことが大きかった。

――未知の土地に赴き、その最も低いところで暮らしている人々の仲間に入り、働き、生活の資を得る。それができるかぎりはどこに行っても生きていけるはずだ。そして、自分は、それができる……。

それは、日本の敗戦を知り、深い喪失感を抱いていた西川に、国家という後ろ盾がなくとも、ひとりの人間として存在していけるという確信が生まれた瞬間でもあった。

ところが、その噂話を聞いて十日が過ぎた頃、不意にカリンポンから木村の手紙が届いた。工事現場に向かうチベット人に託されたその手紙には、相談したいことがあるのでカリンポンに来てくれないかと記されていた。

西川は、現場監督に二日間の休暇をもらってカリンポンへ急いだ。

久しぶりに会った木村の話によれば、ラサで急進的な中国人と付き合っていたため巻き添えを食って国外退去となり、台湾に移送されることになってしまったという。

しかし、台湾まで行かず、インドにとどまり、暮らしてもいいということになっているらしい。

どうしようか迷っているので、一度西川とも相談してみようと思ったのだという。

西川は、自分はビルマに行こうと思っているので、木村自身のことだけを考えて判断してくれと答えた。すると、木村は、インドで仕事を探してみようと思うが、もしインドでいい仕事が見つからなかったら台湾に行くことにすると言った。どちらの場合も、手紙で連絡をするということで別れた。


やがてティースタ河に架かる鉄橋は完成し、鉄道敷設のため、さらに奥地に行くことになった。

十月に入ると、インドの正月であるディワリが始まり、三日連続の休みになった。

みんなは帰郷したり、カリンポンやシリグリの街に繰り出したりして、工事現場の宿舎は静まり返っていた。

西川は、ひとり、湖で泳いだり、魚を釣ったり、ベッドで本を読んだりと、休日を満喫していた。

その二日目、湖での魚釣りから帰り、ベッドで本を読んでいた。

そこに、現場監督がやって来た。現場監督だけでなく、所長と、もうひとりの見慣れない顔のインド人もいる。そして、その恰幅のいいインド人が言った。

「ロブサンだね」

そうだ、と西川は答えた。

「では、キムラから手紙が来ているだろう」

それで木村の身に何かが起きたらしいことがわかった。この広いインドで木村の名前を知る人はいないはずだった。たぶん逮捕され、名前を名乗ったのだ。

しかし、手紙は来ていないと答えた。チベット人がカリンポンから届けてくれた手紙は破棄してあったし、それ以外の手紙は受け取っていなかった。

すると、そのインド人は嘘をつく必要はないと言い、素直に話してくれれば、日本に送還しようということになっているのだからと付け加えた。

そして、さらにこう言った。

「君はニシカワだね」

それを聞いて、木村はすべてを話してしまったのだと落胆した。

「そうです、日本人の西川です」

その瞬間、あの内蒙古の曠野で誕生したロブサン・サンボーは死に、ふたたび西川一三に生まれ変わることになったのだ。


所長の家で、二日にわたって調べられた後、共にこの工事現場に来たツェリンにさえ別れの挨拶をすることも許されないまま、私服警察官の二人に連れられてカルカッタの警察署に移送された。苦力たちに動揺を与えてはいけないと、彼らには何も知らせないまま姿を消すことになったのだ。

警察署では、一般の刑事犯係とは異なる、外事犯係とでも呼ぶべき部署で簡単な取り調べを受けると、こう言われて驚いた。

「いまは日本に向かう船がないので、しばらくカルカッタ内のホテルにでも滞在していてくれないか」

スパイとして裁判にかけられるのではないか。少なくとも、不法入国ということでなにがしかの処罰を受けるのではないか。そう不安に思っていた西川は、工事現場で恰幅のいいインド人が言っていた「素直に話せば帰還させる」という話が嘘ではなかったことに驚いたのだ。

どこかのホテルにといっても、懐には工事現場で稼いだ金しかない。それは蔵英辞典を手に入れるために貯めたものだった。それに手をつけたくはなかった。

そこで、無料宿泊所のダルマサールに泊まると告げると、逆に外事犯係に驚かれた。

西川は勝手知ったるダルマサールで何年かぶりのゆったりした日々を送ることになった。ただ、常に私服警察官が監視を続けており、遠出することは許されなかった。そのため、ダージリンに蔵英辞典を買いに行かせてくれないかという頼みは却下されてしまった。

ダルマサールの近くのガンジス河には沐浴所があり、西川もヒンドゥー教徒と共によく沐浴をした。

また、その近くには露天の火葬場があり、昼夜を分かたず、次々と死体が運ばれてきては組んだ木と一緒に燃やされていた。

西川はなぜかその炎と、煙と、長髪の苦行僧がうたう御詠歌のような聖歌の調べに惹かれ、通い詰めた。

ところが、ある日、高熱を発し、朦朧としてきてしまった。これには、監視役の私服警察官も慌て、病院に入院することになった。

医師によれば、回帰熱だろうということで、熱が下がった一週間後には退院して、ダルマサールに戻ることができた。

これによって、五年前にアラシャンのバロン廟にいたときに苦しんだ高熱も、回帰熱だったということがわかった。


ダルマサールに戻った翌日、外事犯係のジープが迎えにきた。いよいよ日本に帰る船が見つかったのかと思った。

乗り込むと、後部座席には木村がいた。走るジープの中で、木村からこの一連の出来事のいきさつを聞かされた。

木村は、西川と別れたあと、カリンポンで職を探したが、うまくいかず、そんなとき、新聞紙上で、カルカッタにジャカルタ丸という日本船が入港することを知った。

すると、どうしても日本人の船員と会いたくなり、カルカッタに向かった。そして、その港で船長に会うことができた。

木村が日本まで密航させてくれないかと頼むと、船長にそれはできないと諭された。

――アメリカの支配下にあるいまの日本で、自分がそんなことをすれば、罰せられ、職を失うことになってしまうだろう。それより、インド政府はとても親日的だから、自首をすれば悪いようにはしないと思う……。

木村によれば、その帰りに、「警察に飛び込んだ」ということらしい。

取り調べの中で、西川の名前を出してしまったのは、自分ひとりで日本に帰ったら、西川の両親に何と申し訳をすればいいのかわからなかったからだという。

西川は、それを聞いて呆然とした。「飛び込む」前に、どうして自分の意思を確かめてくれなかったのだろう……。

二人が、そんな話をしているうちにも、ジープは街の中心地を離れ、郊外に向かっていく。警察署とも港とも正反対の道だ。

不思議に思っていると、ジープはコンクリートの高い壁が張り巡らされた建物の前で停車した。そして、係官がこう言った。

「日本に向かう船の手当てができたら迎えに来ますから、それまでしばらくここで暮らしてください」

そこはプレジデンシーという名の刑務所だった。

4

西川と木村の二人は、そのプレジデンシー刑務所に蒙古人として収容され、未決囚の棟に送られた。

その棟には百名ほどの未決囚がいたが、既決囚のように囚人服は着ておらず、それぞれが「娑《しゃ》婆《ば》」で着ていた服を自由に身につけていた。

監房内は明るく、広かった。それが金網でいくつかの部屋に区切られている。指定された部屋には、二人のためにベッドと机と食器類が運び込まれ、置く場所は自由に選ぶことができた。西川と木村は、あまり目立たない隅の方にベッドと机を運んだ。

囚人はＡＢＣの三つの階級に分けられていて、房も違った。Ａ級とＢ級は、上流階級、政治犯、外国人で、Ａ級の特別な政治犯には個室が与えられていた。このＡ級とＢ級以外の囚人はＣ級とされ、あらゆる面において待遇に格差があった。まさに格差社会であるインド社会の格差が刑務所にまで持ち込まれているようだった。

Ａ級とＢ級の囚人がベッドなのに対し、Ｃ級の囚人は床の上に毛布を被って雑魚寝をする。しかも、Ａ級とＢ級の囚人はＣ級の囚人によってボーイのようにかしずかれる。

Ｃ級の食事は、米飯とルティとダールと野菜の煮付けに若干の菓子ということになっていたが、Ａ級とＢ級の囚人は、Ｃ級の囚人が作ってくれる、もう一段上等なものを食べることができた。

西川は、この刑務所での生活が、旅を不意に終わらせられてしまったという怒りと、これからどうなるのかという不安とで、つらく苦しいものになるかと思っていた。ところが、実際は工事現場での生活以上に快適だった。

時間はいくらでもあったので、本を読むことはもちろん、毎朝、房内に差し入れられるヒンドゥー語や英語の新聞を丹念に読むことができたし、なにより、刑務所に入っている囚人たちを観察するのが面白かった。

インドの各地を巡礼し、一時期は農村に住まわせてもらったりしたが、そうした日々の中では決して遭遇しなかったような人種に出会うことができたからだ。

その房には、なぜか詐欺師の未決囚が多かったので、よく裁判を受けるために裁判所に出向いていた。

西川と同じＢ級の監房には、スペイン人の若い船員が二人いて、どうしたのだと訊ねると、港の女に入れ揚げ、夢中になっているあいだに乗っていた船が出港し、置き去りにされてしまったのだという。

あるいは、インド人で、前科十三犯のスリだという老人がいた。博打が好きなわりには、勝負に引き入れた相手に負けては嘆いていた。その老人は、人がいいため、B級とC級の囚人をつなぐ世話役のような立場を引き受けていた。この刑務所を別荘のように思っており、もうすぐ出なくてはならないが、二、三年したら、また戻ってくるつもりだと言っていた。

珍しく漢人の若者も入っていて、広東《カントン》で日本軍の機銃掃射を受けたときのものだと、傷を見せてくれたりした。重慶《じゅうけい》に逃げたが、そこも共産党軍に追われ、雲南《うんなん》省の昆明《こんめい》からカルカッタまで逃げてきたものの、パスポートがないため逮捕されてしまったのだという。彼は、やがて、台湾に移送されることになり、大喜びをしていた。

この頃、インドの各地では、共産党旋風とでも言うべきものが吹き荒れていたらしい。さまざまな事件を起こしては、優秀そうな若者たちが大挙して入ってきた。

ひとり眉目秀麗な若者がいたが、彼はチャンドラ・ボースの甥で、現金強奪を狙ったギャング事件に連座して逮捕されたのだという。

また、別の共産党員の若者は、カルカッタのハウラー駅に近いハウラー橋で首相のジャワハルラル・ネルーを狙撃し、失敗して、逮捕されたということだった。

中庭の運動場ではフットボールやバスケットボールをしている未決囚の若者たちがいたが、その多くが共産党員だった。

彼らは裁判を待っている身なので、まだ元気がよかった。

運動場から監房に戻るときは、隊列を作り、「インターナショナル」を歌いながら歩いていた。すると、監房に残っている共産党員も呼応して、刑務所中で「インターナショナル」の大合唱になるということもよく起きた。

あるいは、女性が収容されている監房から、裁判を受けるため、女性の共産党員が連れ立って裁判所に向かうときは、男性の共産党員が窓から顔を出し、「共産党万歳！」と叫んで送り出したりした。

それには、共産党員だけでなく、普通の囚人も呼応し、一緒になって声援を送った。なにしろ、女性と無縁にされている囚人たちにとっては、そこでサリー姿の女性を拝めることは、滅多にない眼福だったのだ。

しかし、やがて、共産党による事件が少なくなったのか、次々と判決が下されていき、党員の若者たちもいなくなり、潮が引くように急速に静かになっていった。

その代わりに、房内で緊張をもたらすことになったのは、インド人とパキスタン人の対立だった。

一九五〇年（昭和二十五年）の年が明けた正月、民族対立によってパキスタン人を襲ったインド人が入所してきた。

そこで、もともといるパキスタン人との緊張関係が先鋭化することになったのだ。

共産党の提起した階級闘争は、熱病のように高揚し、そして退潮していったが、このインド人とパキスタン人との間の民族対立、宗教対立は、そう簡単に解決しそうもないほど根深いものに思えた。

この頃、西川を喜ばせたのは、外事犯の係から蔵英辞典が送られてきたことだった。カルカッタのダルマサールにいるとき、ダージリンに辞書を買いに行かせてくれと頼んだが、断られた。しかし、そのとき、辞書の件はこちらでなんとかしてあげるからと言っていた。どうせ口先だけのことだろうと思ったが、いちおう本の代金を渡しておいた。すると、多少、時間はかかったものの、約束をきちんと果たしてくれたのだ。

送られてきた辞書を使い、西川はさらにチベット語の勉強を深めることができた。

5

四月に入ると刑務所内は蒸し風呂のようになった。

周囲にいる囚人や未決囚は、他の刑務所に移送されたり、判決が出て保釈されたりと、少しずつ動きがあるのに、自分たちにはまったく音沙汰がない。西川は、このままカルカッタの刑務所で朽ち果てることになってしまうのではないかと不安にならないこともなかった。

ところが、五月の初旬、木村と二人揃って刑務所の事務所に呼び出された。

そこには、顔馴染みの外事犯担当の係官がいて、微笑を浮かべている。それを見て、もしかしたら送還の話かもしれないと思った。

彼らの前に座ると、係官が口を開いた。

「五月十二日に、カルカッタから日本に向かって出港するサンゴラ号という船があります。これに乗って帰ってもらうことになりました」

予想した通りだった。

のちに帰国してわかったことだが、ここまで日数がかかってしまったのは、インド側の事情ではなく、日本側の取り扱い方が決まらなかったからのようだった。最終的に、単なる民間の引揚者と同じ扱いにするということで送還が決まったらしい。


五月十二日、ジープに乗せられ、刑務所からカルカッタの港まで運ばれた。

乗り込んだサンゴラ号は、英国船籍の貨客船で、全長が五百フィート（約百五十メートル）、総トン数が八千トン級の大型船だった。

一等と二等船室には、英国人をはじめとするインド人や中国人の上流階級の客が乗り、三等船室にはインドやビルマやマラヤ（現・マレーシア）の一般客が乗っていた。また、ビルマの傭兵となっているネパールのグルカ兵の一隊も一緒だった。

西川と木村は、四等船室とも言うべきデッキ上の大部屋に入れられたが、そこでも充分快適だった。

食事は、希望によって、インド風、中華風、イスラム風、西洋風の料理を選択でき、二人は中華風の料理を食べさせてもらうことになった。四等船室の客たちは、二人が器用に箸を使って食べるのをびっくりしたように見ていた。

サンゴラ号は、ガンジス河を下ってインド洋に出ると、インドシナ半島のビルマに向かった。まずアキャブ（現・シットウェ）港に寄り、そこで香港に持っていく米を積み込んだ。さらに、マルタバン湾から河を遡行し、生い茂る棕櫚《シュロ》のあいだに黄金のパゴダが浮かぶように見えているラングーン（現・ヤンゴン）に近づいた。

サンゴラ号は二日ほどラングーン港に停泊したが、船長の命により西川と木村だけには下船が許可されなかった。船長は、インド政府から、二人を日本に送還することを義務づけられていたため、神経質になっていたのだ。

ラングーンを出ると、船は南下し、次はマレー半島のペナンに寄港した。

ここでは、下船が認められないだけでなく、西川たちは一室に閉じ込められ、乗船してきたマラヤ軍の若い二人の兵士が監視につくほど警備は厳重になった。

そのマラヤ兵は親切だった。彼らは、日本軍が侵攻してきたときは、日本軍支配下の警備兵をさせられていたという。そのため、懐かしそうに日本語を使い、煙草を勧めてくれただけでなく、無邪気にこんなことを言ったりした。

「日本軍は、今度はいつ来るんですか」

その言葉を聞いて、西川は、日本軍がアジアの地で、ひどいことばかりをしていたわけではないのだと気持が明るくなりかけた。

しかし、次の瞬間、兵士のひとりがこう言うのを聞いて、いたたまれなくなった。

「今度、進出してきたときは、ビンタだけはしないようにしてくださいね」

きっと、何かといえば、日本兵は彼らにビンタを食らわせていたのだろう。

彼らは、あくまでも懐かしそうに、明るい笑顔で話してくれていたが、日本兵の中には、「死んでしまえ」とか「豚を食わせるぞ」とかいう言葉を頻繁に使う人がいたらしい。それは、イスラム教徒の自分たちには、本当に恐ろしい言葉だったという。

西川は、彼らの話を聞きながら、こんなことを思っていた。

——この戦争で、日本軍は、その土地その土地の人々の感情や習慣を無視して、どれほどの失敗を犯したことだろう。それは、多くは無知によるものだった。何も学ばず、知ろうとせず、ただ闇雲に異国に侵攻していってしまった。日本は、戦争をする前に、自分や木村のような者たちを、あらゆる国に送り出しておくべきだったのだ。あるいは、実際に送り出されていたのかもしれない。だが、その人たちは、自分たちのように、地を這うようには人々のあいだを歩くことをしていなかったのだろう。同じ言葉を話し、同じ物を食べ、同じ苦しみを味わったりはしなかったのだ……。


サンゴラ号は、ペナンを出港すると、さらに南下を続け、シンガポールに錨を降ろした。港付近には、イギリスの沈没船が残骸をさらしていて、まだ戦争の惨禍から充分に回復していないことがうかがえた。

ここでも、西川たちは一室に隔離されたが、窓の外を眺めていた木村が興奮したような声を上げた。

「日本兵らしい者が何名か乗り込んでくる！」

それは、シンガポールのチャンギイ刑務所で、戦犯として捕らわれていた元日本兵が、刑期を終えて、日本に送還されるところだったのだ。

シンガポールを出港し、ふたたび船内を自由に動けるようになった二人は、船底の三等船室にいた彼らを訪ねた。

西川にとっては、木村を除けば、中国の内蒙古を出発して以来、実に七年ぶりに会う日本人だった。自然と目頭が熱くなったが、日本語が出てこないことに慌てた。それは木村も同じで、蒙古語やチベット語まじりの日本語を話す二人に、元日本兵の彼らも最初は怪訝《けげん》そうだった。

しかし、出港直後に、インド人のコックが西川にこう話しかけてきてくれたことで、状況は一変した。

――シンガポールで新しいビールの樽を積み込むことができた。残っている古いビールを海に流そうかと思っているが、よかったら飲んでくれてもかまわない……。

そこで、元兵士たちが持っていた飯盒などの容器をかき集め、大量のビールを入れてもらい、船底の三等船室で盛大な酒盛りをすることができた。

西川と木村の二人は、それによって、元将兵の彼らと、互いの長い苦難の年月について、夜遅くまで語り合うことができたのだった。

その兵士たちの中には、元陸軍中将の渡左近《わたりさこん》もいた。渡は、タイで武装解除を受けたあと、BC級の戦犯容疑で逮捕され、裁判の末、一九四七年（昭和二十二年）に重労働五年の刑を申し渡されて、チャンギイ刑務所で服役していた。しかし、この六月に、刑期途中の仮釈放というかたちで日本に送還されることになったのだ。

シンガポールを出たサンゴラ号は、今度は北に進路を向け、香港に向かった。

香港に停泊すると、警察官が乗り込んできて、西川たちを監視した。そこではカルカッタから乗った中国人たちが下船する際、西川の手を握りながら述べてくれた別れの言葉が深く心に残った。

「日本と中国とは、もう喧嘩をするのはやめよう。すべてを水に流して仲良くやっていこうではないか」

しかし、その彼らは、避難民でごった返す香港から大陸の故郷に帰れるかどうかわからないというのだった。戦禍を避けてインド方面に逃れてきたものの、共産化した中国に受け入れてもらえるのか、やはり台湾に渡るべきなのか、大きな不安を抱えていたのだ。

香港を出港したのは夕方だった。赤く大きな夕陽がしだいに離れゆく大陸に沈んでいく。大陸の夕陽も、これが見納めなのだな、と西川は思った。

サンゴラ号はさらに北上を続け、台湾沖を日本に向かって進んでいった。船の周囲をイルカが群れ泳ぎ、まるで日本への道案内をするかのように離れなかった。

香港を出て四日目、甲板から喚声が上がるのが聞こえてきた。

「日本だ！」

西川もそこに行ってみると、靄《もや》にかすんだ前方に大隅半島とその奥に広がる山々が見えた。甲板に立ち尽くした日本人たちの眼に涙がにじんでいた。

西川も、自分の眼がうるんでくるのがわかった。

しかし、同時に、この足掛け八年に及ぶ長い旅が本当に終わってしまうのだなという物寂しさも覚えていた。

それまで、西川は、どこかで、まだ旅を続けられるのではないかと思っているようなところがなくもなかったのだ……。

このとき、数え齢の二十六歳で内蒙古を出発した西川は、同じ数え齢で三十三歳になっていた。

第十五章　ふたたびの祖国

1

一年間、私は西川一三の話を聞きつづけた。

しかし、日本に帰ってきてからの日々については自分からあまり積極的に話したがらなかった。隠しているというより、興味がないような印象を受けた。帰国したところですべては終わってしまった、という意識があったのかもしれない。

それに、私の側にも、まず旅の全体を把握し切ってから帰国後のことは聞こうという思いがあり、旅の流れの中でときおり触れられる程度のことしか知ることがなかった。


サンゴラ号は一九五〇年（昭和二十五年）六月、早朝の神戸に着いた。

西川と木村の二人は、シンガポールからの復員軍人らと共に、復員局の係官の出迎えを受け、宿舎に案内された。

そこでは、まず通されたのが畳の部屋で、風呂も用意されていた。畳の匂いに風呂の温かさ。確かに、日本に久しぶりに帰還した者の喜ぶものをよく知っていると西川は思った。

一泊して、そこを出るとき、復員局の係官から故郷までの鉄道の切符と千円の現金が渡された。千円札などというものを見たこともなかった西川は、もっと細かい金に両替してくれと頼んだ。

西川が旅してきたチベットでもインドでもネパールでも、百という単位の高額な紙幣を持つと、それを崩すのにとんでもない苦労をしたからだ。それが千という単位の紙幣なのだから、誰も受け取ってくれないのではないかと思った。西川が知っている戦前の日本では、一円で本が一冊買えたのだ。しかし、復員局の係官は笑って相手にしてくれなかった。

その理由はすぐにわかった。

西川と木村は、神戸駅に出て、別れた。西川はそのまま山口方面に向かう山陽本線の汽車に乗り、木村は神戸の知り合いを訪ねてから、故郷の熊本に帰った。

だが、最後に、昼間からやっている一膳飯屋で別れの杯をかわした。その酒の代金がコップ一杯百円だった。千円はそれくらいの価値の札だったのだ。

故郷の地福《じふく》に帰ると、両親は老いていたが健在だった。

家は弟の貞三が継いでくれていた。

貞三は旧制の津和野中学を卒業すると、兄の一三を追うように満鉄に入社し、大陸に渡った。現地で召集され、中国戦線で戦ったが、所属していた部隊が終戦間際に広島に引き揚げると、そこで原爆に遭ってしまう。被爆し、長期入院を余儀なくされたが、西川が帰還する三年前に退院して帰郷していた。

長兄の義雄は日立製作所で出世コースを歩んでいたため家を継ぐことはなく、次兄の一三は生死がわからない。そのため、貞三が西川家を継ぐことになったのだ。

本来なら、生還した次男の一三が家を継ぐかどうかということで一悶着があっても不思議ではないが、西川がまったく興味を示さなかったことでそれは問題にすらならなかった。

西川は故郷の地福に白いインド服のドーティーを着たままの姿で帰ったため、村人から好奇の視線を向けられた。

家の前の畑で、草刈り仕事を手伝っていると、近所の子供たちが珍しそうに眺めていたという。西川のインド風の服と、頭に巻いたターバン風の布が珍しかったのだ。

「チベットから帰った男の人が、妙な服を着て、頭に妙な布を巻いて、畑の草刈り機を押している姿を見て、珍しい動物を見るような様子でいろいろな人が見にきたものですよ」

貞三の妻である寿子の記憶だ。

西川の、旅の名残りは服装だけではなかった。

長い旅のあいだについた寝方の習性が日本に帰っても直らなかった。何年も、敷物を敷き、毛皮の服を脱ぎ、それを掛け布団がわりにして、猫のように丸まって寝ていた。その猫のように丸まって寝る姿勢が、布団に寝るようになっても直らなかったのだ。

あるとき、その寝姿を見た母が、「どこか悪いところがあるのではないか」と心配したりもした。

この時期の西川の状況については、インドから持ち帰ったノートの余白に記されている、手紙の下書きのような走り書きによっていくらか知ることができる。

《拝啓
永らく御無沙汰致しました。

先生には益々御元気の様子何よりの事です。

御手紙拝見致しました。小生も帰郷後御伺い致す筈でしたが、田舎は田畑の仕事が忙しく、其の上、年老いたる者ばかりにて》

そして、数行分の取り消しのあと、こう続いている。

《一段落つきましたので、今月二十四、五日頃、貴地へ御伺い致す予定です。詳細は御面会の上で》

宛名は書かれていないが、これは当時、九州に隠棲していた次木一に宛てた手紙の下書きではないかと思われる。山口からなら行くにしてもそう遠くはない。この足掛け八年に及ぶ長い旅のきっかけを作ってくれた次木に、帰還の挨拶かたがた、そのあらましを伝えたいと思ったのだろう。

だが、そのとき九州には行かれなかった。直前に、GHQ、連合国最高司令官総司令部からの呼び出し状が届いたからだ。すぐ東京に出て来いという。理由がわからず、西川家は混乱した。

とりわけ父親は、戦犯として裁判にかけられるのではないかと心配し、行かない方がいいのではないかと主張した。

しかし、自分がしてきたことが何かの罪になるとしても、直接的に人の命を奪ったり、非道なことをしたりといった戦争犯罪に当たるようなことではない。少なくとも、死刑になるようなことではないだろう。このアメリカによる支配が徹底されたいまの日本で、逃げ隠れしても必ず見つけ出されるに違いない。逃げられるものではないのだから出頭した方がいい。そう決心して、西川は、父親の反対を押し切り、東京に向かうことにした。

七月、東京に着いた西川は、ＧＨＱに出頭する前に、まず霞が関の外務省に行った。まがりなりにも、自分は張家口《ちょうかこう》の日本公館からの任務で中国の奥地に入っていったのだ。その間、地福の父母のもとにはそこから給料が送られつづけていた。帰国の挨拶をするのは礼儀だろうと思えた。それに、もし外務省が必要とするなら、自分がアジアの奥深く旅をして手に入れた知見のすべてを伝えておきたいと思った。ＧＨＱに出頭するのは、それが終わってからでもいい。たとえ、そうした行為によって何らかの罰が加えられることになっても構わない、と腹を決めた。

ところが、外務省では、訳のわからない厄介者が来たという対応で、門前払いも同然の扱いを受けることになった。

これは木村肥佐生とほぼ同じ経験をしたことになる。木村も、西川と同じように呼び出しを受け、熊本から東京に着くとすぐ外務省へ行った。自分が歩いてきた地域に関する報告書を出そうかと訊ねると、必要ないと言われてしまった。そして、「神戸上陸の日を以て依願免職とする」という辞令を渡され、退職金として一万三千円を支払われ、追い返されてしまったという。

辞令も退職金も出されることなく追い返された西川は、外務省という組織とは、もう何も関わりはないものと思うことにし、ＧＨＱが接収していた丸の内の日本郵船ビルへ向かった。そこにあった参謀第二部、通称Ｇ２の情報担当部局に出頭するためである。

そこで自分が呼び出された真の理由がわかった。自分を裁いたり罰したりするためではなく、持っている情報を欲しがっていたのだと。

西川が日本に帰還したのは、朝鮮戦争が勃発する二週間前のことであり、呼び出しを受けたのは勃発して二週間後のことだった。アメリカ軍は、朝鮮半島から中国本土での戦いに備え、あらゆる情報を手に入れたいと考えていた。そこに、中国の内蒙古からチベットに至るまでの、ほとんど未知といってよい地域の情報を携えた元諜報員が出現した。放置しておくはずもなかったのだ。

翌日から、夜は市谷の復員局の宿舎に宿泊し、昼間は日本郵船ビルに通い、小さな部屋で日本語の話せる日系二世の係官に調書を取られるという日々が始まった。

その市谷の宿舎には、シベリアに抑留され、帰還した者も多くいた。やはり、彼らも、ソ連に関する情報を提供させられていたのだ。間もなく、木村肥佐生もやって来た。

毎朝、市谷から東京駅まで通い、午前九時から午後四時まで調書を取られた。それは、取り調べではなく、聞き取りだった。その証拠に、一日につき千円の日当が支払われることになっていた。大学を卒業した会社員の初任給が三千五百円くらいだった時代である。破格の日当だった。

西川は、自分から進んで話はしないが、訊ねられたことは話すと決めていた。それは敗者のつとめだと考えたからだ。しかし、かつての敵に魂まで売り渡す必要はない。自分にとって大切なことは話さない。それについては、ひそかに個人的にメモを取りはじめていた。

GHQ側の質問は細かく執拗だった。しかし、逆に、西川にとっては、それによってさまざまなことを思い出すことができた。

インドから持ち帰ったノートブックの余白には、やがて書きはじめることになる『秘境西域八年の潜行』の、その原初的なものとなる走り書きが残されている。

《十七年の秋、卒業式を明後日にひかえ、同志と血別し帰化城《きかじょう》を後に北京行きの孤客となった》

帰化城とは興亜義塾のあった厚和《こうわ》の旧名だが、たぶん、それが冒頭の文章となるべき一行だったのだろう。

2

夏が盛りになると、西川と木村が市谷にいることを知った興亜義塾の後輩たちが、二人のために帰還祝いをしてくれた。

新宿御苑に集合し、そのあとで後輩に当たる六期生の西村秀夫の家に行った。西村の母親が、一家の住む戸山ハイツの家に招いてくれたのだ。西村によれば、当時の戸山ハイツは高層マンションに建て替えられる前の、木造平屋建ての「バラック」だったという。

《西川さんはインドのサリー服、ヒゲものばして、まさにインド風のあぐらで応待。口かずは少なく、対照的に木村さんは日本人に戻って多弁でした》

西村の回想である。

その数カ月後、帰還祝いの会に出席していた六期生の鵜川龍一は、帰国後進学していた大学の掲示板に、チベットから帰国した青年の講演会が神田の日大講堂であるのを知り、友人と聞きに行った。すると、壇上に立ったのが西川だったので驚いたという。

またそれとほとんど同じ頃、暮れの十二月に発行された「文藝春秋」新年号に、木村が手記を発表した。これは自分で書いたものではなく、記者がまとめたものと思われる。当人ならしないはずのつまらない間違いが散見されるからだ。

いずれにしても、日本に帰還した二人は、ささやかながらある種の「時の人」だった時期があったのかもしれない。

冬が深まると、西川のインド服ではさすがに寒すぎるだろうと心配したGHQ側が、アメリカ軍兵士用の服と靴を支給してくれた。しかし、西川はそれを突き返した。敵として戦った相手から恵んでもらうわけにはいかないと。西川にとって、アメリカは依然として敵だった。

だが、その話を聞き、木村肥佐生は苦笑したらしい。のちに『チベット 偽装の十年』の中で、次のように語っている。

《西川氏は真冬のさなかでも、インド製の薄いドーティにサンダル姿だったため、取調官の通訳から進駐軍の軍服と軍靴を提供されたが、以前の敵からは恩は受けないと言って断わったそうである。彼の誇りには涙ぐましいところがあったが、私たちがみな彼と同じようにふるまっていたなら、今日の日本はどうなっていたやら》

西川にも、この戦後の日本において、自分がどれほど偏屈者と思われているかはわかっていた。しかし、戦後の日本の状況を素直に受け入れられなかった。強い違和感があったのだ。帰ってきた日本は異国のようだった。懐かしの日本、よき日本は失われ、損なわれ、破壊されていた。人間らしさが失われていた。これまで旅してきた国や地域の「後進社会」の方がはるかに人間的だと思えた。

帰国から一年が過ぎた七月、GHQの聞き取りも終わりに近づき、やがてお役御免となった。そのとき、長く聞き取りを続けてきた日系二世の係官から一本の舶来ウィスキーを貰った。

自由の身になった西川は、それを手に、九州の次木一のもとを訪ねた。帰国直後に挨拶に行くという約束を違えたことを謝りに行ったのだ。

帰りに山口の地福の実家に寄ったが、長居をせず、すぐに東京に戻った。西川には、自分の歩いてきた道とその日々について書き残しておくという絶対の仕事が待っていたからだ。

それからというもの、興亜義塾の同期生だった内川源司の下宿に転がり込み、本格的に自分が経験した八年のことを書き継いでいった。

自分の経験はアメリカ人のためのものではなく、日本人のためのもののはずだ。たとえ外務省にとっては不要でも、後世の日本人のために書き残しておきたいという使命感に燃えていた。

当時、内川源司は産経新聞の横浜支局に勤め、川崎に下宿していた。西川は、そこに同居させてもらい、一心不乱に書きつづけたのだ。

この頃の写真が一葉残されている。西川は、片隅に布団が積み上げられた狭い部屋に、髪を伸ばし、髭を生やし、インド風の服を着たまま、辞書や参考資料に埋まり、小さな文机の前に座っている。そして、鉛筆が握られた手は、机に広げられた原稿用紙の上に置かれている。

その姿は、まるでチベットやインドの苦行僧のようである。彼らは悟りを開くまで何年も洞窟から出てこない。まさに西川も、内川の下宿という洞窟に、ほとんど籠もり切りだった。

かつて『西蔵漂泊　チベットに魅せられた十人の日本人』で西川を取り上げたことのあるジャーナリストの江本嘉伸が、その中で内川の話を紹介している。内川が取材から帰ると、西川は常に、ミカン箱で作られた机の前に覆いかぶさるようにして書きつづけていたという。

完成まで三年かかった。

タイトルもいくつか変遷した。最初は『日本版「西遊記」』というものだったが、やがて『密偵 西に消える』と変わり、最終的に『秘境西域八年の潜行』となった。

しかし、なかなかそれを出そうという出版社は現れなかった。これ以後、実際に出版されるまでは長い年月を要することになる。

出版のメドが立たなかったのは、まずその原稿枚数にあった。とにかく長すぎたのだ。四百字詰め原稿用紙で三千二百枚という原稿量は、あまりにも膨大すぎた。一般的な三百ページ内外の単行本の原稿用紙の枚数は五百枚程度である。実にその六冊分に相当する原稿枚数だったのだ。カッパ・ブックスで有名な光文社の神吉晴夫に見せると、読む前に、三百枚にしたら考えてもいいと言われたという話も残されている。

出版先を求めて、右往左往する日々が長く続いた。

この時期、かつてのプロレタリア文学者で、『小林多喜二全集』の刊行に力を尽くした貴司山治と知り合い、出版についての相談に乗ってもらったこともあるらしい。

貴司の息子である伊藤純の回想によれば、西川はよく家に来ていたという。長身の異形の姿だったため、とりわけ強く記憶に残ったものらしい。伊藤は、父が手記を書くことを勧めたのではないかと推測しているが、会ったときにはすでに書いていたと思われる。長い原稿を、大学生だった自分がリライトして出版しようという案も出たが、何らかの理由で仲たがいしたらしく、西川が家に来なくなったため、うやむやになってしまったという。

帰国後も依然として昭和天皇に対する敬愛の念を抱きつづけていた西川と、元プロレタリア文学者の貴司山治とでは、決裂は最初から約束されていたのかもしれない。しかし、伊藤によれば、政治的な信条とは別に、父の貴司は変わった人物、面白い人物が好きだったのだという。貴司の眼には、当時の日本において、西川がまったく「変わった人物」であったのは確かだっただろう。

また、学者であり探検家でもある西堀栄三郎の滋賀県にある家を訪ねたのもこうした時期だったと思われる。

《まったく、なりふりかまわない、見るからに蒙古人のような長身の西川氏がわたしの家の玄関に立ったのは、たしか十年あまり前ではなかったかと思う。

縁側に腰掛けて語る彼の流浪の思出話に、わたしは吸いこまれていくようだった》

戦後日本の第一次南極観測隊で、越冬隊長を務めた西堀がそう書いたのは一九六七年（昭和四十二年）である。それからすると、西川が西堀家を訪ねたのは、一九五七年（昭和三十二年）前後ということになる。しかし、実際は、西堀が南極へ向かったのが一九五六年（昭和三十一年）の秋であり、日本に帰ってきたのが一九五八年（昭和三十三年）の春なので、その期間を除いた前か後ということになる。

いずれにしても、西川は、出版のきっかけを摑むためか、あるいはそれ以外の何かを求めてか、いろいろなところを訪ね歩いていたらしい。

3

そして西川は、この数年の迷走の果てに、なかば本の出版を諦めるようになっていく。

出版の希望が薄れていくにつれ、ふたたびインドに行き、もういちど旅をやり直したいという願望を強く抱くようになった。

日本には、自分の満足できる居場所はなさそうだった。

残されている『秘境西域八年の潜行』の原稿には、削除された部分に、帰ってきた日本への違和感や呪詛が無数に記されている。

そんな西川が真生活協同組合の桜沢如一と知り合ったのは、帰国した翌年のことだった。桜沢は、戦前からの「食養」の考え方を推し進め、マクロビオティックというものの普及に努めていたが、同時に、世界連邦運動というものにも精力を傾けていた。西川は、その機関紙である世界連邦新聞に四回にわたって短い旅行記を連載させてもらっていたのだ。そして、それが契機になって、真生活協同組合の代々木西原の本部に出入りするようになった。

西川によれば、桜沢からはインドに連れていってくれるという約束を得ていたらしい。

だが、一九五三年（昭和二十八年）に桜沢は妻とインドへ旅立ってしまう。このときは西川の側にまだ本の出版という大事な目標があり、同行できなかった。

それから一年、二年と本の出版が実現できないまま月日が経つにつれ、西川にとってインド行きがますます大きなものになってきた。

代々木の真生活協同組合に出入りして、桜沢が帰国するのを待っていた。

これは、確かではないが、恐らくスタッフのひとりとして本部に住み込み、自然食品を仕入れたり、販売したりする仕事の手伝いをしていたものと思われる。

だが、桜沢との約束は、結果的に空手形に終わってしまう。

のちに西川は、江本嘉伸らとの鼎談の席で、次のように、いささか雑駁に述べている。

《東京でインド行きを要請するところがあって、そこに行ったんです。健康食品を売っている店で、とてもじゃないが、インドへ行くっていったがウソだったんです》

しかし、その桜沢の真生活協同組合に関わったことで、西川に二つの大きなものがもたらされることになった。

まず、そこで、本部の「診療所」に出入りする石川ふさ子という女性と知り合った。

病弱だったふさ子は、体質改善のために真生活協同組合の本部で催されるセミナーなどに出席すべく、静岡県の富士市から泊まり込みで出てくるようになっていた。

そのふさ子に、最初に声を掛けたのは西川の方だったという。

およそ、そのようなことをしそうにない西川がなぜ見知らぬ女性に声など掛けたのか。ふさ子によれば、それは自分が着物を着ていたからではないかという。戦後十年経ち、女性もあまり着物を着なくなっていたが、ふさ子は自分の縫った着物を着て東京に出てきていたのだ。

それは大いに考えられることだった。

一九五〇年（昭和二十五年）に日本に帰還した西川は、戦後の日本がアメリカ文化に侵蝕されて社会が激変しているのを苦々しく眺めていた。けばけばしい化粧をした日本の若い女性が、占領軍として進駐してきたアメリカ兵の腕にぶら下がるようにして笑いながら歩いている。西川には顔をそむけたくなるような光景だった。それに比して、ふさ子の着物姿は、依然として存在している理想的な日本女性の姿のように見えたのだろう。

いずれにしても、それをきっかけとしてふさ子と言葉を交わすようになり、やがてふさ子は西川の原稿の清書を手伝うようになっていった。

当初は、ふさ子が真生活協同組合の本部に来るときに原稿を受け取り、次に来るときに渡すという方法だったが、それではあまりにも不定期で間遠すぎる。やがて、真生活協同組合に来る来ないにかかわらず原稿の受け渡しをするようになっていった。
二、三十枚ほどの清書ができると、それを渡しがてら新しい原稿を受け取る。その受け渡しの場所は、富士と東京の中間地点である二宮駅が選ばれることになった。東京駅から富士駅まで百四十六キロ、東京駅からも富士駅からも二宮駅は半分の七十三キロだったのだ。
駅前にある食堂で待ち合わせ、受け渡しをするついでに食事をする。そのとき、ふさ子は西川の食べる姿を見て、この人はきれいな食べ方をする人だなと思った。

たぶん、それは原稿の受け渡しという名の「デート」だったのだろう。

時には、東京で受け渡しをすることもあり、そのようなときには一緒に映画を見たりもした。

しかし、ふさ子は一度で懲りてしまった。西川は視力が弱いため最前列の席で見たがる。一緒だとスクリーンを見上げることになり、首が疲れて仕方がなかったからだ。


インドからアフリカ、ヨーロッパを経巡っていた桜沢如一はなかなか日本に帰ってこなかった。それればかりか、ヨーロッパからさらに大西洋を渡ってアメリカに向かったということを知り、西川は桜沢の助けによってインドに行こうとすることを諦めた。もしかしたら、あの旅の「続き」は存在しない、と悟ったのかもしれない。

そのとき、岩手の水沢で美容室や理容室を相手に商売をしている小さな商事会社の社長の言葉が思い出された。

その社長もまた体が弱く、食事から体質を改善しようという思いを持って、真生活協同組合の「診療所」に入所したりしていたのだ。

そこで西川と知り合った商事会社の社長は、寡黙ながら骨惜しみをしないで働く西川の姿に惚れ込み、「うちの会社で働いてみないか」と勧めるようになっていた。

インド行きを諦めた西川は、その勧めに応じ、社長の会社で働こうと思うようになった。

そう思うようになるについては、ふさ子の言葉が大きく作用していたかもしれない。

ふさ子は、西川との会話の中で、これからどんなことをするつもりなのかと訊ねたことがある。すると、西川は、インドにまた行きたいと思っていると答えた。いつかまたインドへ行き、旅の続きをしたいと思っていると。それを聞き、西川が地に足をつけて生きていないように思えたふさ子は、西川に、いつまでも夢ばかり見ていないで、現実を生きたら、と言った。

ふさ子は、体は弱かったが、当時としては珍しく、自分の考えをはっきり口にすることのできるタイプの女性だった。

それには、体が弱いということもあって、雨が降ると、父親に背負われて学校に通ったというほど大事にされて育ってきたことが影響していたかもしれない。わがままというのではないが、七歳年上の男性である西川にもまったく物おじせず、面と向かって、ずけずけと思ったことを口にした。

「いつまでもインドに行きたいとかアフガニスタンに行きたいとか夢のようなことばかり考えていないで、一日一日をしっかり生きる方が大切なんじゃない？　この日本と日本人を軽蔑しているように見えるけど、少しは現実を知るために週刊誌にでも眼を通してみたら」

西川は、この言葉に対しては何も言わずに黙って聞いていたが、ある日、ふさ子にこう言った。

「一緒に水沢に行かないか」

インド行きを諦めた西川は、商事会社の社長の勧めに応じて水沢に行くことにした。ふさ子の言うとおり、現実を生きようと思ったのかもしれない。

そうと決めれば、地に足をつけて生きることは、西川にとって苦もないことだった。そして、水沢行きの話をふさ子に伝え、さらに一緒に行かないかと付け加えたのだ。

それは疑いもなくプロポーズの台詞だった。ふさ子は、水沢が何県にあるのかも知らないまま、いいわ、と答えた。

間もなく、水沢は岩手県にあるということを知ったが、そして静岡育ちの上、体の弱いふさ子は寒さが苦手だったが、前言を撤回するわけにはいかなかった。地に足をつけた生活をしたらと勧めた手前もあり、結婚を承諾した。

もちろん、単なる責任感からだけで結婚したわけではない。

以前、ふさ子は、占い師にこう言われたことがあった。あなたは、何万人にひとりという男性と結婚することになるでしょう、と。ふさ子には、西川が、自分の眼の前に初めて現れた「何万人にひとり」の男性のように思えたのだ。

それによって二人は、まったく知り合いのいない水沢へ行き、所帯を持つことになった。

借りることができたのは、八畳一間の部屋で、台所と便所は共同という、まったくの借間だった。

暮らすのに困らないようにするからという社長の話だったが、給料は思いのほか少なく、最初から貧しい暮らしを強いられた。

それは一九五八年（昭和三十三年）の初夏のことで、婚姻届は七月に提出された。結婚の翌年の秋には娘の由起が生まれた。

商事会社の仕事は、美容室や理容室が必要とする備品や消耗品を仕入れて卸すというものだった。西川は、販路を拡大するための営業や注文された品の配送をするばかりでなく、顧客である美容師たちのための謝恩旅行などに同行し、添乗員の真似事のようなことをさせられたりもした。それによって、北海道の定山渓《じょうざんけい》に行ったり、安芸の宮島に行ったり、果ては香港やマカオ旅行の引率をしたりした。

西川が岩手の水沢で仕事を始めた一九五八年のやはり七月、木村肥佐生の『チベット潜行十年』が毎日新聞社から出版された。

いま、私の手元にあるその本は、奥付に次のような記載がある。

《昭和33年7月5日　初版
昭和33年8月1日　九版》

実に一カ月も経たないうちに八回も増刷を重ねている。その初版の部数はわからないが、かなりのベストセラーであったのだろう。

一方、西川の長大な原稿は出版の当てもなく、二つの段ボールに入ったまま部屋に積まれていた。清書は一部だけしか終わっていなかったので、ふさ子は岩手に行ってもぽつぽつと清書を続けた。

水沢で暮らして一年ほどして盛岡に引っ越すことになった。勤め先の会社が盛岡に乗り出し、西川がその営業所の責任者になったからだ。

盛岡で暮らしたのは借間ではなくアパートだったが、慣れない土地での子育てに疲労が重なったのか、娘の由起が一歳を過ぎた頃、ふさ子が肺結核にかかってしまった。

子供に感染させてはいけないということで、完治するまで娘を静岡の実家で預かってもらうことにした。

一年後、ようやく快方に向かったので娘を引き取りに行くことができた。

それと共に、ふさ子は中断していた原稿の清書を再開した。

ある日、西川が働きに出たあと、アパートの他の部屋から火が出た。ふさ子は原稿だけは守らなくてはならないと思い、咄嗟に二十三の束になっている原稿を、アパートの二階にあった部屋の窓から雪の積もっている庭に放り投げた。幸い、火事はさほど大きくならないで消し止められたため、雪の上の原稿の束を回収して事なきを得た。

ところが、春になり、雪が解けはじめて、中に埋もれていたためうっかり回収し忘れていた一束を、庭で遊んでいた由起が見つけて、びっくりするやらほっとするやらという一幕もあった。

だが、出版については、何も展望のないまま、日だけが過ぎていった。

西川は、商事会社の勤め人としてただ黙々と働きつづけた。

4

岩手に来て五年が過ぎた一九六三年（昭和三十八年）のある日、西川のもとに毎日新聞大阪本社の徳岡孝夫という記者から取材依頼の手紙が届いた。「ヒマラヤ・日本人の記録」という連載記事のため取材したいというのだ。

《先日東京で木村肥佐生氏から取材をした時、西川さんが当時の事を一編の物語にまとめ、原稿にまでしておられる由を聞きました。出来れば一読させていただければ幸甚です》

その手紙は山口の実家に届き、盛岡に転送されてきた。岩手にいることは興亜義塾の同期生の内川源司を除くと誰にも告げていなかったため、木村も実家の住所を教えたらしかった。

大阪と岩手では遠すぎたためか、最終的には、徳岡による直接の取材を受けることはなかった。結果、木村を中心に書かれた回の記事の中では、西川について触れられていたのはわずか一行だけだった。

《一人で黄河、揚子江、サルウィン、メコン、ブラマプトラとアジア五大川の源流を渡った日本人は、木村と、彼と前後してチベットに入った西川一三くらいではないだろうか》

しかし、この記事によって、あらためて西川一三の存在に関心を抱いた人がいた。

講談社の加藤謙一という人物だった。戦前、「少年倶楽部」を人気雑誌に育て上げた名編集者で、当時は顧問をしていた。

彼は、西川が原稿を書いているのを知り、興味を覚えて講談社の編集者に読んでみるよう勧めた。

講談社から原稿を送ってもらえないかという連絡を受けた西川は、まだふさ子の清書は三分の二しか終わっていなかったが、各章の目次を整え、段ボールに詰め直して送った。

しかし、一年経っても、二年経っても、音沙汰がなかった。そういうことには慣れていた西川は、そのまま放っておいた。

すると、一九六六年（昭和四十一年）になって、未知の人物から手紙が届いた。芙蓉書房の社長、上法快男《じょうほうよしお》という人物からだった。

お書きになった原稿を講談社に預けてあるということを聞いた。ぜひ読みたいので、講談社から引き取って、こちらに送ってもらえないだろうか、というのだ。

その上法の手紙は、いままで西川が受け取ったこともないほど熱烈な内容のものだった。

現在、その手紙は残されていない。

ただ、それから二年後にやはり上法から西川夫妻に出された手紙が残されているが、それを読むと、最初の手紙の熱烈さが想像できるように思われる。

《私は御主人の原稿のあることをチラッと聞いた瞬間に霊感の様なひらめきがありました。きっと立派な人に違いない、日本民族の精神作興に役立つに違いない、こんな想いがひらめいて夢中になって原稿の御催促を申し上げた次第でした。数箱の原稿が届いた時、私はどんなに嬉しかったことでしょう。読んで見た――果して私の予想と違わないことを確かめた時の私の喜び――お二人様には分って頂けることと存じます》

上法が「チラッと聞いた」といういきさつは次のようなものだった。ある日、芙蓉書房の企画会議で、顧問をしていた須藤憲三がこんなことを言った。

「講談社の出版部に段ボールに入った長大な原稿があるが、誰も面倒臭がって読まないまま放置されている」

須藤は、加藤謙一と共に「少年倶楽部」を育て上げた講談社の元編集者だった。

上法が内容を訊ねると、「戦争中、チベットに潜入した日本人の記録だそうだ」という。

芙蓉書房は、陸軍の主計少佐だったという経歴を持つ社長の上法によって、第二次世界大戦にまつわる戦史、伝記、手記などを積極的に刊行していた。その上法の好みや社の編集方針にとって、西川の本は格好のテーマを内包しているように思えた。

西川が、上法の手紙に応じて原稿を送ると、上法からすぐに連絡があった。やはり内容はすばらしいものだった、これぞ芙蓉書房で出すべき本だと思った、すぐにも出版したい、という。

これまでの経験から、西川はあまり簡単に信じないようになっていたが、この話には、もしかしたら……と微かな希望を抱くことができた。

実際には、出版までそれから一年以上の日数が必要だった。さすがに長すぎるので、大幅にカットする必要があるということになった。しかし、カッパ・ブックスの三百枚にしてくれれば考えてもいいというようなとてつもない要望ではなかったので、西川も受け入れた。というより、出版してくれるというだけで満足だったのだ。

最終的に、上下二冊、二段組で各三百五十ページ、一ページに原稿用紙三枚分が載せられるような組みにする。つまり、一冊に千枚分、上下二冊で二千枚の原稿が載る。しかし、千二百枚分はカットしなくてはならない。芙蓉書房の編集者が可能な限りカットしていった。

こうして芙蓉書房版の『秘境西域八年の潜行』は一九六七年（昭和四十二年）の十一月にまず上巻が、続いて一九六八年の二月に下巻が刊行されることになった。書き上げてから実に十五年近くが過ぎていた。

出版後の反響は、芙蓉書房側が驚くほどの大きさだった。朝日、毎日、読売の各紙の読書欄に好意的に取り上げられ、作家や学者や冒険家などから熱烈な賛辞が寄せられたのだ。

小部数だがゆっくりと何度か版を重ねることになった。

その好評を踏まえて、大きくカットしたチベットの部分を中心に別巻として出すことが決まった。最初は『秘境チベットを歩く』というタイトルだったが、すぐに『秘境西域八年の潜行　別巻』と称するようになった。

西川は、報われた、と思った。


この出版をきっかけに、東京12チャンネル（現・テレビ東京）で三國一朗が司会をする「私の昭和史」というテレビ番組に呼ばれたり、NHKのラジオで話をしたりすることにもなった。

しかし、疾風怒濤の一時期が過ぎると、すぐに生活は平穏になり、西川はまったく以前と変わらず働きつづけた。

ただ、東北の一地方におけるちょっとした有名人になってしまったことで、働いていた商事会社の社長が態度を変えた。他の社員の悪意ある噂話を信じ、会社が乗っ取られるのではないかと脅えるようになり、西川を馘首《くび》にしてしまったのだ。

困った西川は、他にできる仕事はなかったので、これまでと同じ仕事を自分でやることに決めた。盛岡周辺の得意先は、会社ではなく、西川という人物を信じて付き合ってくれていたため、販路は確保されていた。

独立する資金は、死んだ父親が、何かのときには処分するようにと言って山口の地福に遺しておいてくれた山のひとつを売ることで捻出できた。相談すると、兄の義雄が山を売る手筈を整え、その金を三等分して送ってくれたのだ。

岩手の山である姫神山からヒントをもらい、盛岡に「姫髪」と名付けた店を出した。

だが、最初期は、かつての勤め先である商事会社によって、どこからも商品を仕入れられないように手を回されてしまった。そこで、仕方なく、東京から名古屋あたりまで足を運び、直接交渉をし、どうにか商品を卸してくれる会社をひとつだけ見つけた。

そこから商売を始めたが、あまり時間が経たないうちに、取引を断られていた卸会社からも商品を仕入れることが可能になった。

独立してからは、元日を除いて、三百六十四日働く日々が始まった。

朝は、食事を済ますと、自転車に乗り、九時までには店に行く。

西川は、視力が弱いため運転免許が取れなかった。そのため、配達は雇い入れた運転手に委ねることになった。また、事務作業については、かつての会社の同僚だった女性が助けてくれることになっていた。

おかげで、自分でしなくてはならない仕事の量は少なくなったが、必ず店に行き、一日中、何かしら働きつづけた。

昼は、カップヌードルとコンビニで買う握り飯を二つ食べる。これもまた、三百六十四日変わらなかった。

午後五時には店を閉め、自転車で帰る。

その途中で居酒屋に寄り、好きな酒を銚子で二本分飲む。ただつまみはほとんど食べない。

ふさ子によれば、七時半までには家に帰り、きちんと夕食を食べていたため、長いあいだ西川のその習慣を知らなかったという。

もしかしたら、つまみをあまり食べずに酒を飲んでいたのは、家でふさ子が作ってくれる夕食を余さず食べるための、一種の工夫だったのかもしれない。

夕食を食べ終わると、ナイター中継があればプロ野球の試合を見て、あとはすぐに眠ってしまう。

ふさ子と結婚してからは、故郷の母親が驚いたような、猫のように丸まって眠るという癖は消えていたという。

これを三百六十四日変わらず続けた。それは、西川にとって、デプン寺におけるラマ僧の修行の続きのようであり、しかし、それに比べればはるかに楽なものでもあっただろう。

一九八八年（昭和六十三年）には、東京放送の看板番組のひとつだった「新世界紀行」という枠の中で、西川の旅についてのドキュメンタリー番組が放送されることになった。
それは、芙蓉書房の社長の上法のところに、テレビ番組を作っている会社のプロデューサーが次のような企画書を持ち込んできたところから始まった。
《ここに一冊の本があります。『秘境西域八年の潜行』。この本が発行されたのは昭和四十二年、戦後二十年を経てからでした。この本は年を経るに従い評判になり、内外の民族学者の注目を集めました。映像ドキュメントを目指すディレクターやカメラマンの間では一度は「実現してみたい」と云われる、いわば幻の聖典です》
実際に企画が通り、いざ撮影という段階になって、西川も取材に同行して出演することを依頼されたが、仕事を休むわけにはいかないし、一度行ったところに行っても仕方がないと断った。

しかし、大掛かりな取材班が組織され、日曜のゴールデンアワーに「遥かなる秘境　西域6000キロ大探検」と題し、四回にわたって放送された。

もっとも、その四回で追うことができたのは、長大な西川の旅の半分だけであり、チベットのラサに到着して以降の行程は含まれなかった。

ただ、それによって、ふたたび『秘境西域八年の潜行』に注目が集まったということもあったのだろう、文庫化の話が持ち上がり、一九九〇年（平成二年）に中公文庫から全三巻で出されることになった。

西川は「これで元通りの版が出る」と言って喜んでいたという。

確かに、辛うじて一続きのものにはなったが、やはり、完璧に元通りにはならなかった。多くのカット部分がそのまま踏襲されただけではなく、すでに散逸してしまい、復元できない部分も数多くあった。


西川には、およそ世俗的な欲望というものが欠けているようだった。衣食住のすべてに関して、普通に暮らすという以上のことを望まなかった。

だから、商事会社から独立してひとつの店のオーナーになっても、依然として借家暮らしのままだった。

しかし、中公文庫版の印税が入ったとき、ふさ子からそろそろ家を建ててもいいのではないかという提案が出された。西川は、積極的に賛成もしなかったが反対もしなかった。

そこで、その印税と、これまでの蓄えと、ふさ子が静岡に持っていた家を売った金とで、盛岡の市内に家を建てることになった。

ふさ子の持ち家というのは、岩手に来たばかりの頃、乏しい給料でやりくりに苦労している娘の姿を見かねた静岡の父親が、家計の足しにしなさいと富士市に建ててくれた賃貸用の家である。長いあいだ、その家賃収入が家計を助けてくれていたが、それを売ることにしたのだ。

若い時代に何かをなした証しとしての中公文庫の三冊が出され、その後の、ただ市井の一商売人として生きた証しとしての家が建てられた。もしかしたら、その二つのことによって、西川一三の人生の旅は、ある意味で完結したのかもしれなかった。

だが、娘の由起によれば、家を建てるということに、西川はまったく興味を示さなかったという。設計を含めて、雑事のすべてを保険会社に勤めていた経験のある由起に委ね、家が建っていく様をまるで他人事のように眺めていたという。


以後、地元の新聞などで取材されたり、遠方からファンだと言って訪ねてくる人が現れたりするようになった。由起は、こんなことで父の人格が変わり、天狗のようになったりしなければいいけれど、と心配した。だが、そんな懸念はまったく無用で、その小さな「ブーム」が去ると、また以前と変わらず、黙々と三百六十四日働きつづける父の姿を見ることになった。

ただ、晩年になっても、仕事帰りにひとりで居酒屋に寄るという習慣は続いていたという。

その一、二時間というもの、西川はひとりで何を考えていたのだろう。

もしかしたら、何も考えていなかったのかもしれない。かつて静寂な森や湖畔で行っていたチエバの修法というものを、喧噪が渦巻く居酒屋で行っていたのかもしれないと思ったりもする。本来、解脱の障害となるすべてのものを断つはずのところ、それだけはついに断つことのできなかった酒を二合飲みながら、頭を空っぽにして……。

5

一方、西川と共にサンゴラ号で日本に帰ってきた木村肥佐生のその後の人生は、西川のそれとは大きく異なるものだった。

木村もＧＨＱで十カ月に及ぶ聴取を受けたが、半年ほどでまず市谷の復員局宿舎を出て、自由が丘に住むようになった。知人宅の、庭続きの家に下宿することになったのだ。

そして、次に、聴取が終了すると、ＧＨＱの責任者だったアメリカ軍の将校に、ＣＩＡ、中央情報局の傘下にあるＦＢＩＳ、外国語放送情報サービスという組織を紹介され、そこで働くことになった。職場はアメリカ大使館内にあり、モスクワ放送、ウランバートル放送、北京放送の中のモンゴル語放送を聴き、英語で要点を記すというのが主たる仕事だった。木村は、日本とイギリスとアメリカの三つの国の諜報活動に携わるという希有な経験をすることになったのだ。

木村によれば、その仕事はかなり高給で、結局、二十六年ものあいだアメリカ大使館内で働きつづけたという。

結婚したのは一九五二年（昭和二十七年）で、千葉に家を構え、二女を得た。

そして、一九七六年（昭和五十一年）にＦＢＩＳを退職すると、それまでも非常勤の講師をしていた亜細亜大学でモンゴル語の専任講師になり、やがて教授になった。

西川と木村は、帰国してからの人生も異なったが、それぞれがそれぞれの旅について記した書物の運命も大きく異なるものになっていた。

一九五七年（昭和三十二年）、木村は、中国の奥地に登山隊を派遣しようとしていた毎日新聞社主催の講演会に駆り出された。その周辺のことを知る日本人が他に誰もいなかったからというかなり消極的な理由によるものだった。

しかし、その講演が好評で、速記録をもとに本にしないかという申し出を受け、毎日新聞社から一九五八年（昭和三十三年）に『チベット潜行十年』が出されることになった。

他方、西川の『秘境西域八年の潜行』の上巻が芙蓉書房から出たのはその九年後の一九六七年（昭和四十二年）である。

木村の『チベット潜行十年』が中公文庫になったのは一九八二年（昭和五十七年）であり、西川の『秘境西域八年の潜行』が同じ中公文庫に入ったのは八年後の一九九〇年（平成二年）である。

さらに、アメリカ人作家のスコット・ベリーのインタヴューによって新たな部分が加わった、『チベット潜行十年』の増補決定版とも言うべき『チベット 偽装の十年』が中央公論社から刊行されたのが、木村の死の五年後の一九九四年（平成六年）である。

それにしても、西川と木村の二人は、互いに、相手の書いた本についてどう思っていたのだろう。

木村の『チベット潜行十年』が刊行された後で『秘境西域八年の潜行』を出すことになった西川は、しかし、その中で、木村の著作についてまったく触れていない。

実は、驚くべきことに、西川は木村の『チベット潜行十年』をほとんど読んでいなかったのではないかと思われるのだ。少なくとも、精読はしていない。

もし、『チベット潜行十年』を精読していたら、自分が書いて、まだ出版できないでいる『秘境西域八年の潜行』の誤りを正していたはずだからだ。

たとえば、木村と同行することになる蒙古人のダンザン夫妻と初めて会ったところを、西川は百霊廟《ひゃくれいびょう》としているが、実際は張家口だったということがわかったはずだった。

あるいは、チベットとインドの国境にそびえている、ヒマラヤ山系のザリーラ峠についても自分の勘違いに気がついたはずなのだ。

西川は、その標高を六千七百メートルとしている。確かにザリーラ峠はヒマラヤ山系の一部だが、そこまでの高さはなく、実際は四千三百メートル内外である。

西川がなぜそう思い込んでしまったのかはよくわからない。

当時、チベットではそう言われていたのかと考えられなくもないが、西川より三十年前に同じ峠を通った青木文教は『西蔵遊記』の中で、標高を一万四千三百九十フィートと記している。メートルに換算すれば、四千三百八十六メートルということになる。

あるいは、西川が原稿ではフィートで表記していたものを、芙蓉書房の編集者がメートルに直す際に計算間違いをしてしまったのかと思えなくもない。そこで原稿を調べてみると、二万二千フィートと記されている。厳密に換算すれば確かに六千七百メートルになる。いずれにしても七千メートルに達しようかという高所を、普通の旅人が往来するばかりか、荷物を乗せた馬が登り下りするなどということは不可能に近い。

ところが、木村の『チベット潜行十年』には、このザリーラ峠が四千八百メートルだったと実際にかなり近い値が記されている。もし西川が木村の『チベット潜行十年』をよく読んでいたら、あらためてザリーラ峠の標高を調べ直していただろう。

一方、木村は、自分の『チベット潜行十年』のあとに出た西川の『秘境西域八年の潜行』に眼を通している。そして、読後、激しい怒りを覚えたらしい。

それについては、木村の死後に出た『チベット 偽装の十年』の中でこう語っている。

《西川氏の旅行記は日本でベストセラーになったが、彼の中傷によって私のアカデミックな経歴が傷つけられたり、モンゴル人やチベット人との友情が妨げられることはなかった》

また、その文章の前には《私への個人攻撃があまた記されていた》という一行もある。

客観的に読めば、西川の『秘境西域八年の潜行』には、木村への「中傷」や「個人攻撃」と思われる箇所は存在していない。だが、木村が自分への「中傷」や「個人攻撃」と受け取っただろうところを推測することはできる。

ひとつは、チベットのラサへ赴く前に、西川と木村が交錯したツァイダム盆地における生活ぶりについてである。

木村によれば、そこから新疆《しんきょう》に向かうつもりだったが果たせず、ラサに向かうことにして同行させてもらえる隊商の出現を待つ日々だったということになる。だが、西川が『秘境西域八年の潜行』で記しているところによれば、実際は、土地の蒙古人に騙され、いいように搾り取られているだけの、軟禁も同然の状態だったという。木村は、それを読み、自分たちがあまりにも愚かしく描かれていると憤慨したのだろう。

それだけでなく、西川と木村の本を読み比べると、とりわけカム地方への旅を描いた部分で、事実や、事実に対する解釈に大きな違いがあるのがわかる。

たとえば、カムパの盗賊たちに襲われ、西川の刀が奪われるという出来事について、二人の書くところはかなり違っている。

まず、盗賊たちの数が、西川が三人だったとしているのに木村は二人だったと書き、その後の展開も異なった描き方がされている。そして、最後に、縛っていた縄を親分格の男がほどいて逃げ出してしまうところでは、西川が情をかけて結び目をゆるめてやったためとしているのに対し、木村は、西川の眼が悪いため結び目がゆるんでいるのに気がつかなかったからだとしている。

さらに、西川の『秘境西域八年の潜行』におけるカム地方の旅の章では、木村の「口」による失敗がいくつも取り上げられている。それは木村がチベット語に堪能で、一手に対外的な折衝を引き受けていた結果でもあったのだが、かりにそうしたことによっていくつか思いもよらない結果が引き起こされることはあったとしても、その顚末をいかにも軽率きわまりないというがごとくに描かれるのは耐えられないと思ったにちがいない。

しかし、それくらいなら木村もここまで激しく反発はしなかっただろう。たぶん、最も深く傷ついたのは、インドのカルカッタにおける、「自首」をめぐる一件について書かれている箇所だったと思われる。

西川は、木村がインドの警察に自首した結果、鉄道の工事現場で苦力《クーリー》をしていた自分の身に逮捕の手が伸びてきたときの描写で、次のように書いている。

《……木村君が私のことを、すべて密告したことを悟った》

しかし、この「密告」という言葉は強すぎるし、正確でもない。密告すると言えば、密かに告げるために赴くことである。木村は西川のことを密かに告げるために自首したのではない。自首したあとで、西川の家族のためにも西川のことを話しておかなくてはならないと思い返すことになったのだ。

だが、一方で、西川の側から考えれば、どのようないきさつであれ、自分のことを勝手に告げられてしまったということに変わりはない。それをどう表現するか。西川には「密告された」としか言いようがなかったのだ。

ただ、この一件については、木村にも悪いことをしてしまったという心理的な負い目があったことは間違いない。

最初の書である『チベット潜行十年』にも、《私の取調べがおわり、本国送還が確実となった時、私は西川氏のことを話した。すぐ刑事が飛び、西川氏が連行された。彼はまだ帰国の決心がつかず、ビルマ行きを考えていたらしい。私は彼に悪いことをしたと思った》という部分があるし、二冊目の『チベット 偽装の十年』には、逮捕後、初めて西川と顔を合わせた刑務所行きの車の中でのやり取りが述べられている。

《彼が私に投げつけた言葉は短いものだったが苦々しさに満ちていた。彼の家族に義務を果たしたと信じてはいても、彼が私を裏切り者とみなしていると思うと、数カ月におよぶ刑務所生活が

さらにつらく感じられた》

しかし、その後に、次のような文章がある。

《西川氏とは一九五〇年代初頭復員局の共同部屋で一緒に暮らしていた間に仲直りをすることができた》

密告という最大級の強い言葉で非難した西川は、しかし木村が述べているように、その後、GHQで聴取を受けているあいだに「仲直り」をし、そのことを「許した」のだろうか。

それについては、私もいちど西川と話したことがあった。あれを「密告」というのは当たらないのではないかと。それに、と私は言葉を続けた。カムへの旅の途中で、木村がパセリまがいの毒草を口にして、寝込んだことがあった。そのとき、西川はもしここで木村に死なれたら遺族に何と言えばよいのかと思ったはずだ。木村が西川をひとりインドに残してはおけないと思って喋ってしまったのも同じ気持からなのではないか。

そして、私は西川に訊ねた。

「もし、西川さんが木村さんの立場だったら、木村さんのことは喋りませんでしたか」

すると、少し考えてから西川は言った。

「自分だったら、自首する前に、木村君の意思を確かめます」

たぶん、西川ならそうしただろう。

市谷の復員局の施設で別れて以来、二人の交渉はほとんどなかったと思われる。

ただ、その後の二人が写っている写真が一葉ある。興亜義塾の母体となった善隣協会の関係者が、戦後、日本に帰ることのできた人たちの親睦を図るために「善隣会」なるものを設立したが、その年次総会における出席者全員の集合写真である。

このとき二人は当たり障りのない言葉を交わすことはあったかもしれないが、それ以上の会話はしなかったものと思われる。

どうしてそう推測できるのかというと、その後に出されることになる『チベット 偽装の十年』において、木村が西川の日本に帰ってからの人生について次のように述べているからだ。

《西川氏は岩手県に住んでいる。彼は裕福な美容器材卸売業者の娘と結婚し、義父の亡き後その仕事を継いだ》

たぶん、西川とあまり親しくない興亜義塾の卒業生のあいだで囁かれていた噂話をそのまま信じて語ってしまったのだろう。

木村はモンゴル語放送を聴きつづけるという仕事ばかりでなく、日本政府の依頼を受け、モンゴル人民共和国との国交樹立のための準備作業に手を貸したりするというようなかたちで、蒙古との関わりを持ちつづけた。

蒙古だけでなく、チベットとの関わりも続いていた。

中国の手を逃れ、インドに亡命政府を樹立したダライラマの長兄が来日したときは世話係を引き受けたし、チベットの難民援助にも力を尽くした。そのひとつとして、亡命政府からチベット人の少年少女を引き受け、日本で学ばせることを実現させた。そのうちのひとりであり、のちに日本で大学教授になったペマ・ギャルポによれば、木村は最後までよく面倒を見てくれ、アメリカ大使館に勤めているときは、小遣いを貰いに行くと、新橋で中華料理を食べさせてくれたりしたものだったと述べている。

亜細亜大学の教授になってからの木村は、モンゴル人民共和国をはじめ、香港やインドネシア、それに中国の各地を訪れるようになり、交換教授によってアメリカにも行くことになった。

中でも、とりわけ中国の新疆ウイグル地域への旅行には感慨深いものがあったらしい。あの『チベット潜行十年』の旅の真の目的地は、新疆だったのだ。

その四十年後の初めての新疆訪問は大学間の学術交流が目的だったが、以後、続けて訪れることができるようになった。

6

木村肥佐生が死んだのは一九八九年（平成元年）の十月だった。

その死の前後のことについては、『チベット 偽装の十年』の末尾に妻の信子が書いている。

夏、木村はまだ訪れていなかった新疆ウイグルのウルムチを旅行することになっていた。

だが、ウルムチへ向かう途中、北京で倒れてしまった。十二指腸に穴が空き、北京で緊急手術を受けた後、日本に戻ってさらに手術を受けなくてはならなくなった。

その手術後のことである。

麻酔科の医師が、どのくらい意識が戻っているか確かめるため、「あなたの名前は？」と訊ねた。

すると、木村は、しばらく天井を見つめ、固い口調で言った。

「名前は言えません」

それを聞いて、木村の意識が混濁し、潜行していたチベット時代に戻ってしまったのではないかと思い、信子は咄嗟に口を挟んでしまったのだという。

「ダワ・サンボーです」

ダワ・サンボーとは、木村が潜行中に名乗っていた蒙古人としての名前だった。

すると、木村は、信子を少しきつい眼で見てから、医師にこう言ったという。

「逃亡ではありません。潜行です」

だが、三度にわたる手術の甲斐もなく、力尽きて死んだ。六十七歳だった。

葬儀には、西川も、興亜義塾の仲間と共に参列した。


この木村に関して、西川は、私と話を続けている一年のあいだ批判的な言葉をいっさい述べなかった。しかし、ただ一度だけこういうことがあった。

「木村さんはどういう人でしたか」

私は木村の性格を訊いたつもりだったが、西川の答えは意外なものだった。

「彼はひとりでは旅のできない人でした」

それは、西川の、木村に対する唯一の批評であり、本質的な批判であったのだろう。

しかし、会葬の席では、興亜義塾の一期生であり、二人にとって先輩にあたる春日行雄に向かって、西川がこんなことを呟いたという。

——ある日、ある時、胸がしめつけられ、とても苦しいことがあった。あとで知ったところによれば、ちょうどそれと同じ時刻に木村君は息を引き取ったらしい……。

およそ、オカルティックな神秘主義とは無縁の西川の言葉だから、それは本当のことだったのだろう。

西川は木村と異なり、盛岡の一商売人としての生活を守りつづけた。頑なに三百六十四日働くという姿勢を崩さなかった。

いつだったか、私がこんな質問をしたことがあった。戦後、日本に帰還し、『秘境西域八年の潜行』を書き上げたあとで、どうして自分の語学力を生かそうとしなかったのですか、と。蒙古語、チベット語、インド諸語、ネパール語を身につけていれば、教師をはじめとしてさまざまな仕事があったのではないかという含みを持たせての質問だった。

すると西川は、まったく興味なさそうに答えた。自分がそれらの言葉を身につけたのは旅をするためであり、人に教えたり通訳したりするためではなかったし、また、それだけの水準のものでもなかった、と。

だが、そのとき、西川は、珍しいことに、さらに言葉を重ねた。ひとつの質問に対してはひとつの答えを簡潔に返すというのが常だったが、思いがけない話を始めたのだ。

ヒマラヤのザリーラ峠を初めて越えたとき、インド側から登ってくる隊商に荷物を積んだ馬たちがいて、すれ違うときにびっしょり汗をかいているのに驚かされた。驚いたのは、こちら側はこんなに暑いのかということだったが、それとは別にもうひとつの感慨を抱いたことをよく覚えている。かつて暮らしていた中国の内蒙古では、遊牧民が多くの馬を飼っていた。その馬たちは、重い荷物などを背負わされることなく、緑の草原を自由に駆けめぐっていた。同じ馬でも、汗をかきながら荷物を背負って峠を越えなくてはならない馬もいれば、いつまでも草原を自由に走りまわっていることのできる馬もいる。馬の一生にもこれほどの違いがあるのだ……。

自分は、もしかしたら、蒙古高原の馬のような存在になれるかもしれないと思ったこともある。しかし、やはり、自分はあのザリーラ峠ですれ違った馬たちと同じく、汗をかきながら荷を運ぶ人間だったのだと思う。

西川はそう言って、話を切り上げた。

盛岡の「姫髪」に、ときおり訪れる新聞や雑誌の記者には普通に対応したが、メディアに向かって自らの存在をアピールするなどということはもちろんなかった。

もしかしたら、西川には、もう『秘境西域八年の潜行』には関心がなかったのかもしれない。読者や、私のような者が訪れて質問されれば答えるが、それは過去の話であり、いまの自分には関係ないと思っているようでもあった。

西川は、木村の『チベット潜行十年』をよく読んでいなかっただけでなく、自分の『秘境西域八年の潜行』もさほど熱心に読み返していなかったのではないかと思われる。

もし読み返していれば、芙蓉書房版における誤植を中公文庫に入れるときに訂正していたはずだからだ。

たとえば、旅の最初のときに登場してくるバト少年については、単に「弟子」が「弟」となっていただけでなく、名前も「李三品」が「季三品」となっていた。しかし、中公文庫版でも、二つともそのままになっている。そうした箇所は他にいくつもある。

たぶん、西川にとって『秘境西域八年の潜行』は、書くことに意味があるものだった。書くことで、自らの青春の意味を確認することができたからだ。そして、三千二百枚を書き切ったとき、深く満たされるものがあった。

確かに、書いたものを何とかして出版したいと願ってはいた。しかし、ひとたび出版されてしまうと、それがさほど重要なことではなかったと気がついたのではないだろうか。あの旅に「続き」がなかったように、『秘境西域八年の潜行』もまた岩手で生きる自分とは本質的なところで関係がないものである、と。

西川は、若き日、アジアの大陸に在って、多くを求めることなく、ひとりのラマ僧として、ただ旅を生きた。同じように、岩手の地でも、多くを求めることなく、一商店主として、ただ日々を生きることを望んだ。

西川は、善隣協会の「善隣会」の総会に出席することは滅多になかったが、晩年になると、興亜義塾の三期生による同期会には出席するようになった。

同期会は、たいていは一泊二日でどこかの温泉地で催された。

その日は店をいくらか早めに出て、夜の会に出席し、翌日はやはり早めに宿を出て、店に戻った。

それまでは、三百六十四日働いていたが、差し引きすれば一日分の休みを余計に取るという程度の柔らかさが出てきたということなのかもしれなかった。

あるいは、二〇〇一年（平成十三年）には、東京で催された「日本人チベット行百年記念フォーラム」というシンポジュームに招かれて出席すると、請われるままに御詠歌をうたったりした。

私が西川と会っていたとき、昭和天皇が死んですでに十年近くが経っていた。その昭和天皇に対する思いはどのようなものだったのだろうか。天皇についてはほとんど語らなかったが、一度だけこう言うのを聞いたことがある。

――自分が日本から大陸に渡るときの首相が誰だったのか覚えていないし、大陸から日本に帰ったときの首相が誰だったのかも知らない。ただ、天皇はひとりだけだった……。

それは、単に事実を述べただけだったのか、心の中の支えとして常に昭和天皇がいたということを伝えたかったのか、私にはどちらとも判断がつかなかった。


西川は、八十五歳までは元気そのものだったという。

二〇〇三年（平成十五年）、鼻の不調を覚え、病院に行って調べてもらうと、副鼻腔にガンが見つかり、手術をすることになった。患部を除去すると顔に穴が空き、そこを応急的にガーゼで塞いだ。顔の中心を白いガーゼで覆われるという、ある意味で無様な格好になったが、気にしなかった。手術をするときはもちろん、ガーゼを取り替えたりするときもかなり痛かったはずだが、痛いとか苦しいとかの言葉を一度も吐かなかった。

三週間で退院できたが、それからゆっくりと、しかし確実に衰えた。娘の由起が不安だったのは、認知症の気配が少しずつ増してきたことだった。

思えば、それは同期会の宿泊先に行かれなくなったときにその兆候は出はじめていたのかもしれなかった。

ある日、興亜義塾の同期会のためにどこかの温泉に行くことになっており、盛岡の店を出たのだが、夜になって同期生から家に電話が掛かってきた。出席する予定になっていたがどうして来ないのかというのだ。

どうやら、約束している場所への行き方がわからなくなってしまったらしい。父が目的地に行けなくなっているということを知って、由起は驚いた。だが、それを認知症と結びつけることはできなかった。

やがて、徘徊に似たことが起きはじめ、父の認知症は疑いようがなくなった。

二〇〇七年（平成十九年）の夏、必要があって由起は西川をショートステイの施設に預かってもらうことにした。ところが、そこでの生活が合わなかったのか食欲が衰え、徐々に瘦せはじめ、十二月には病院に入院しなくてはならなくなるほど容体が悪化した。だが、回復することなく、翌年の二月に死んだ。直接の死因は肺炎で、そのとき西川は八十九歳だった。

チベットのカム地方に木村と二人で潜入していたとき、西川がどんなときにも、そしてどんなところでもぐっすり眠れるのに呆れた木村は、いつも「君は長生きするよ」と言っていた。八十九歳まで生きられたことは、木村の言葉どおり、「長生きした」ということになるのかもしれなかった。

終章　雪の中へ

二〇一七年（平成二十九年）七月、西川一三の妻のふさ子が死んだ。

私が初めて会ったときはいつ死ぬことになっても不思議ではないと言われていたが、それから一年半以上も命を永らえたことになる。

それには、娘の由起が、病院から自宅に引き取り、注意深く食事の世話をしたこともあったのかもしれない。由起は、ふさ子が西川と知り合う契機となった桜沢如一の「食養」の考え方による食事法を学び、ふさ子が望むような食材によって食事を作りつづけた。ふさ子は、寝たきりだったが、最後まで頭脳は明晰なままだったという。

葬儀は、酷暑の中、近隣の親しい人のみという簡素な家族葬で盛岡市内の葬儀場で営まれたが、連絡を受けた私も、そこに参列させてもらうことになった。

すべてが終わったあとの「精進落とし」の席では、ひとり残された由起が、母の介護に費やしたこの二年は、ゆっくり眠ることもできなかった、といくらかやつれた表情で語っていた。

秋が終わり、冬に入りかけた十一月、私のもとにその由起から連絡があった。ようやく家の中が片付いたので、いらしていただいても結構ですと。

そこで、私は初めて西川家を訪問した。ふさ子の葬儀の折り、少し落ち着いたら西川一三が遺した本を見せてもらいたいと頼んでおいたのだ。

駅からタクシーに乗って番地を伝え、連れていってもらったその家で、由起が見せてくれた西川の蔵書は、小さな本棚にすべてが収まるくらいの数だった。

その中で気になる本を抜き出し、ぱらぱらと眺めながら、由起ととりとめのない話をした。

由起によれば、この介護の数年で母と初めて触れ合ったような気がするという。幼い頃、母の結核により静岡の実家に預けられたということもあり、また、家に連れ戻されてからも、日中は父の原稿の清書をするために相手をしてもらえなかった。母親との間にはどこか一枚薄い膜が存在しているような気がしていたが、この介護の日々に抱きかかえるといったような肉体的な接触を重ねざるをえなくなったことで、距離が近くなった印象があるというのだ。

成人した自分にも、何度か家を出る機会があったが、そのたびに思い止どまり、父母と暮らす道を選んだ。年月が経つにつれて、ますます年老いていく二人を残して出ていきにくくなってしまった。とりわけこの十数年は父と母の介護に疲労困憊する日々の連続だった。

もちろん、後悔はしていない。ただ、一人娘というだけで、きっと蝶よ花よと大事に育てられたのでしょうねというような意味のことを言われると、ひそかに首を傾げたくなってしまう。母とは微妙な距離があり、父は父でただ仕事をするだけの人で、猫かわいがりをするような扱いをされた覚えはないからだ。

しかし、いま、ひとりになって、初めてわかるのは、一筋に仕事をするだけの父が居たおかげでどれほど心安らかに生きてこられたかということだった。特別なことは何もしてくれなかったが、毎日毎日ひたすら仕事をしている姿を見せてくれていたことで、自分は何の心配もなく安心して生きることができていたのだ。そのありがたさを、ひとりになるまでわからなかった。

一度だけ、家族で三陸海岸の浄土ヶ浜に海水浴に行ったことがある。そのとき、ひとりで足の立たないところまで出ていってしまい、溺れかけてしまった。すると、父がまさに風のように走ってきて、泳ぎ、助けてくれた。どこかで、いざとなったら、あのときのように父が助けてくれるという安心感を抱いていたのかもしれない……。

そして、由起はこんな話をしはじめた。

父が鼻のガンの手術をして五年目の夏のことだった。母が最初の大腿骨骨折によって入院しなくてはならず、その世話で大変なので、父にショートステイの施設に入ってもらうことにした。その少し前から徘徊の回数が増えていた。母にかかりきりになると、父に眼が行き届かなくなる。それが不安で、一時的に施設に預かってもらうことにしたのだ。

しかし、鼻のガンの治療は続いており、ショートステイ先の施設から病院までの送り迎えは、由起が運転する車でしなくてはならなかった。

そして、冬のある日、治療を終えた病院からの帰り、施設に戻る途中、家に寄った。父も久しぶりに家の空気を吸いたいのではないかと思いやったのだ。

由起が、施設に持っていく替えの荷物の用意をしていると、父がぽつりと言ったのだという。

「もっといろいろなところに行ってみたかったなあ……」

そしてしばらくして、こうも言った。

「……こんな男がいたということを、覚えておいてくれよな」

そのとき、必要な物が揃っているかどうかで気もそぞろだった由起は、こう返事してしまった。

「はい、はい」

西川は、その日、施設に戻ると、ふたたび家に帰ることはできないまま病院に入院することになってしまい、そこで死亡した。そんなことが予期できていたとは思えないが、結果的に、それは西川にとって、家を離れるに際しての最後の言葉になっていたのだ。

それに対して、「はい、はい」と軽く答えてしまったということに、由起は深い後悔の念を抱いているというのだ。

「はい、はい、なんて……どうしてそんな返事をしてしまったんだろうって……」

私は本箱にあったうちの二冊ほどを直接借り出し、残りの十冊あまりを宅配便で送ってもらうことにして、西川家を辞去した。


その日は、西川に話を聞くため盛岡に通っていた二十年前と同じく、北上川に架かる開運橋近くのホテルに泊まった。

夜、食事をするためひとりで繁華街に向かった。

裏通りをぶらぶらしていると、手頃な居酒屋が見つかり、そこで三陸沖で採れたという牡蠣やちょっと変わったおでんなどを食べ、岩手の酒を飲んだ。

満足して店を出ると、雪がちらつきはじめていた。

タクシーで帰ろうかとも思ったが、歩きたいような気がして、ホテルに向かって歩きはじめた。

雪の降りは徐々に強くなっていく。その中を歩いていると、さまざまなことが浮かんでは消えていく……。

あれは最後に西川と会った夜だった。

そのとき、私は一年に及んだインタヴューを切り上げる覚悟を決めており、ほとんど雑談のような会話を、酒を飲みながら楽しんでいた。どちらかといえば、私の話を西川が聞くというような流れになっていた。

話が、二人共に訪れたことのあるインドについてのものになったときのことだった。カルカッタで高熱を発した西川と同じく、私もまたバラナシで高熱を発したことがあった。それも、同じように火葬場で死体が焼けるのを見つづけたあとのことだった。不思議ですねと私が言うと、西川が訊ねてきた。

「熱の原因はなんだったのかな」

「さあ、いまでもよくわかりません」

「回帰熱だったのかもしれないな」

「どうでしょう。西川さんの熱は回帰熱ということになっていますけど、あれも実際は原因不明なんじゃないですかね」

「いや、回帰熱だと思う」

「原因不明の知恵熱のようなものとした方が面白くありませんか」

「そういうものかな」

そんなやりとりのあと、私は、インドにおける最も印象に残っているブッダガヤでの経験を話しはじめた。

まずは、ブッダガヤの近くの、最下層の子弟を学ばせるためのアシュラムで暮らした日々やその少年や少女のこと。そして、ふたたびブッダガヤに戻ってきたときのこと。

「あそこに菩提樹の大木がありますよね。あれが本当にお釈迦様が悟りを開いたときに立っていた樹の子孫か親戚かどうかはわかりませんけど、あの樹の下にいつもひとりの老人が座っていました」

その老人は、盲目で、片膝を立て、股に小さな太鼓をはさみ、ときおりそれを打っていた。彼のような盲目の芸人をスーラーというらしい。そのスーラーは、手のひらで打ったり、指だけで打ったりしているが、ふと気がつくと、低い声で歌いはじめている。彼の前には小銭の入ったアルミニウム製の容器が置かれている。誰かが通る気配がすると、太鼓を打ちはじめるが、足を止める気配がないと打つのをやめる。しかし、時に、その前に人が居ても居なくても、不意に太鼓を叩き、歌いはじめると、それを自分が満足するまで続けていた。

私はスーラーの太鼓と歌だけでなく、その姿を眺めているのが好きだった……。

すると、西川が言った。

「いたなあ」

私は意味を捉えられず訊き返した。

「何がです？」

「あの樹の下で太鼓を叩いている男がいた」

「そうでしたか」

「やはり眼が見えなかった」

「いくつくらいの人でしたか」

「三十か四十か……」

私はそれを聞いて、鳥肌が立つような感覚を覚えた。

西川がブッダガヤを訪れたのは、私が行く三十年近く前のことだった。そのとき三、四十くらいだったとしたら、ちょうど私が見た老人と年代が一致する。

もしかしたら、西川が見たスーラーと私が見たスーラーは同一人物だったのかもしれない。

「同じ人だったかもしれませんね」

「いや、老人ではなかったから……」

西川はそう言いかけて、二人が旅した時期に隔たりがあったということを思い出したらしく、言い直した。

「そうかもしれない……」

同一人物だったかもしれないし、そうではなかったかもしれない。しかし、もし同じ人物だったとしたら、あの菩提樹の下で、少なくとも三十年近くは股にはさんだ太鼓を叩き、地を這うような低い声で歌をうたいつづけていたことになる。

西川も同じ思いだったのか、二人はしばらく黙って盃を口に運びつづけた……。

その夜、西川との最後になったその夜も、私はいつものようにホテルのエントランスまで見送りに出た。

外は、夕方から降りはじめていた雪がまだ降りつづいていた。

西川はいつものように自転車を曳き、いつものように北上川に架かる開運橋を渡っていった。それほど激しい降りではなかったが、自転車を曳く西川の姿はすぐに雪の中に消えかかった。かつて西川が内蒙古から長い旅の第一歩を踏み出した夜も雪だったという。私は、自転車を曳いて歩み去っていく西川の後ろ姿に眼をこらしているうちに、若い西川が駱駝を曳いて中国の奥地に歩み去っていく姿と二重写しになって見えてくるような気がした。

「気をつけて！」

声を出しそうになって、危うく思い止どまった。これから西川が向かうのは中国の奥地ではなく家族の待つ家なのだ。

私は黙ったまま、すっかりその姿が消えるまで、見送りつづけた。

あとがき

ここ何年と、新型のコロナウイルスの流行によって外国に旅することができなくなってしまった。

だが、実を言えば、私はほとんど退屈していなかった。

ある人物の旅の全体像を把握するため、書物上で、地図上で、あるいはグーグルアース上で、その足跡を追いつづけていたからだ。

第二次大戦末期、ひとりの日本の若者が、敵国である中国の、その大陸の奥深くまで潜入した。彼はラマ教の巡礼僧に扮した「密偵」だった。しかし、彼は日本が敗れたあともなおラマ僧に扮しつづけ、実に足掛け八年に及ぶ旅を続けることになった……。

彼、西川一三の旅も長かったが、その彼を描こうとする私の旅も長かった。彼に会ったのを発端とし、書き上がったときを終結とすれば、発端から終結まで二十五年かかったことになる。

その長さには我ながら茫然とするが、本格的に執筆に取り掛かったこの七年あまりにおいても、飽きるということがなかった。

ここにこんな人がいた、あるいはここにこんな事があった。その驚きが、ノンフィクションの書き手をして新たな作品に向かわせる原動力となる。この『天路の旅人』は、ここにこんな人がいたという驚きから出発して、その人はこのような人だったのかというもうひとつの驚きを生んでくれることになった。

西川一三を書く。

しかし、その彼が自らの旅について記した『秘境西域八年の潜行』という書物がありながら、あえて彼の旅を描こうとするのはなぜなのか。

私は、何度も、そう自問した。

そして、やがて、こう思うようになった。私が描きたいのは、西川一三の旅そのものではなく、その旅をした西川一三という希有《けう》な旅人なのだ、と。

確かに『秘境西域八年の潜行』という書物は存在する。だが、それはあまりにも長大すぎるため、最初から最後まで読み通すことのできた人がどれくらいいるかわからないほどである。少なくとも、その本文中に散見される誤植や誤記だけでなく、事実に関する、西川の重要な勘違いや思い込みのようなものについての指摘がほとんどないところからすると、精読した人の数はかなり少ないと思われる。

私は、この『天路の旅人』が、『秘境西域八年の潜行』という深い森を歩くための磁石のような、あるいは広大な海を航海するための海図のようなものになってくれれば、と願いつつ書き進めていたような気もする。

完成の日が近づくにつれ、この作品をどのように発表するかで迷った。

書き下ろし作品として刊行するか、雑誌に一挙掲載という形で発表するか。しかし、四百字詰め原稿用紙で千枚近いものを、一挙に掲載できる雑誌などというのは現代の日本には存在しない。では、どこかの誌紙に長期連載させてもらうか。

迷っていると、文芸誌の「新潮」から、二回にわたって分載するというのはどうかという提案を受けた。千枚の原稿を五百枚ずつ二号にわたって載せるというのは、文芸誌としても極めて例外的で、リスキーなことだろうということは私にもよくわかっていた。編集長の矢野優氏は、そこをあえて載せてくださるという。

かつて私が書いた『檀』も『凍』も「新潮」における一挙掲載だった。この『天路の旅人』も、「新潮」に載せていただくことにした。

雑誌掲載に際しては、副編集長の松村正樹氏が実務を担当してくださった。


この単行本の『天路の旅人』は、「新潮」に掲載した内容にあまり手を加えていない。しかし、一カ所だけ大きくカットした部分がある。

二〇二二年七月、「新潮」の八月号に『天路の旅人』の前半部分が掲載されると、さっそく盛岡から西川由起さんが電話を掛けてきてくださり、言った。

「沢木さんの作品て、タイトルが素敵なんですよね」

そこには、内容はともかく、という意味が込められているのだろうか。ちらっとそんなことを考えたのがわかったのか、由起さんは少し慌てたように付け加えた。

「もちろん、タイトルだけじゃないですけど」

その際、いただいた電話で申し訳ないのですがと断ってから、次号の九月号が出たら盛岡にうかがうので、文中に誤りがあったら指摘していただきたいとお願いをした。

すると、ちょうどよかったと、逆に由起さんから頼み事をひとつされることになった。西川一三が遺した本を検分して、なんとしてでも保存しておいた方がいいものと、処分しても差し支えないものとに分類してくれないかというのだ。

八月、「新潮」の九月号が出た一週間後、私は盛岡の西川家に向かった。

そこで久しぶりにお会いした由起さんは、「新潮」の『天路の旅人』には誤字がひとつあることと、私が微妙な勘違いをしている箇所がひとつあるという指摘をしてくださった。

しばらく、この七年に起きたさまざまなことを思い出したり、笑い合ったりしたあと、本の分類作業を開始した。

段ボール箱を三つ用意してもらい、Aの箱に「保存」の本を、Bの箱には「できれば保存」の本を、Cの箱には「処分可」の本を、それぞれ入れていくことにした。

分類すべき本は、基本的にひとつの本箱に収まっていたものだったが、それとは別に、小さな箱に入ったものがあった。

五年前、私が西川一三が遺した本のチェックをさせてもらったときには、奥の部屋が片付いていなかったため、埋もれて、出すことのできなかった箱であるという。

私は、その中にあるものを取り出して、思わず息を呑んだ。

そこには、本が五冊と大きめの書類袋がひとつ入っていた。そして、その五冊の中に、木村肥佐生の『チベット潜行十年』があったのだ。

チェックさせてもらった本箱になかったため、西川は木村の『チベット潜行十年』を入手していなかったと判断し、「新潮」の原稿にもそのように書いていた。


西川の蔵書は少なく、小さな本箱ひとつに収まる程度の量しかないが、買ったり贈られたりした書物はすべてそこに遺されている。しかし、そこに木村の『チベット潜行十年』は見当たらない。その本の出版当時、木村は西川の住所は知らなかったはずだから贈っている可能性はない。だが、西川は買ってもいないらしいのだ。もしかしたら、書店の店頭で手に取り、パラパラと見るくらいのことはしたかもしれない。しかし、買うことを含めて、なんらかの方法で手に入れ、じっくり読んだという形跡はない。


だが、西川は、「なんらかの方法で」手に入れていたのだ。

私は、この単行本では、「新潮」の原稿に含まれていた右の六行をカットすることにした。

ただし、『チベット潜行十年』があるにはあったのだが、それは六十年以上も前の本だというのに、新品のようにきれいなままだった。私が推測したとおり、精読していなかったということは確かなようだった。

さらに、書類袋に入っていたものにも驚かされた。なんと『秘境西域八年の潜行』のゲラが入っていたのだ。中公文庫版の初校ゲラだった。

驚いたのは、そこにまったく西川の手が入っていなかったことである。編集部から送られてきたものの、ほとんど読みもしなかったかのように、きれいなままの状態だった。

それによって、中公文庫版の『秘境西域八年の潜行』で、芙蓉書房版の誤りや誤植が訂正されていなかった理由がわかった。西川は、ゲラに手を入れなかっただけでなく、送り返しもしていなかったのだ。西川には、書いたものに手を加えることを潔しとしないという思いがあったのかもしれないし、あるいは『秘境西域八年の潜行』の中身にさほど執着する気持がなくなっていたのかもしれない。


西川一三については、江本嘉伸氏の『西蔵漂泊　チベットに魅せられた十人の日本人』が、資料的な価値のあるほとんど唯一の著作だと言ってよい。

江本氏には、その著作によって教えられることも少なくなかったが、実際に連絡をし、いくつか投げかけた質問に対しても懇切に応じていただいた。

この『天路の旅人』については、雑誌掲載時だけでなく、出版に際してもまた、校正の上村栄氏に重要ないくつもの指摘をしていただいた。そのたびに立ち止まり、思考を深めさせてもらうことができた。

装幀の緒方修一氏には、いつものように面倒な注文を出したが、軽々と私の要求を乗り越え、圧倒的に力のみなぎる表紙を作ってくださった。

編集の武政桃永さんは、夫や子供に次々とコロナウイルスの陽性判定が出るなか、持ち前の陽気さを失うことなく、この分厚い本の編集作業に邁進してくださった。

ありがとう。

書き終わったら、すぐにも、中国の内蒙古からインドまで、西川一三が歩いた道を辿ってみようと思っていた。さすがに徒歩ではなく、バスや鉄道を使うつもりだったので、百日もあれば廻り切れるだろうと楽しみにしていた。

しかし、新型のコロナウイルスの流行によって、中国からチベットにかけてを自由に移動することは、以前よりさらに難しくなってしまった。

諦めたわけではない。状況が好転したら、なんとしてでも、中国の内蒙古からインドまでの旅をしてみたいと思っている。

そのとき、私の『天路の旅人』は、いちおうの完結を見ることになるはずだ。

二〇二二年九月

沢木耕太郎

主要参考資料

『秘境西域八年の潜行』（上巻・下巻・別巻）　西川一三　芙蓉書房
『秘境西域八年の潜行』（上・中・下）　西川一三　中公文庫
『チベット潜行十年』　木村肥佐生　毎日新聞社
『チベット潜行十年』　木村肥佐生　中公文庫
『チベット　偽装の十年』　木村肥佐生／スコット・ベリー編／三浦順子訳　中央公論社

『チベット旅行記』（上・下）　河口慧海　講談社学術文庫
『西蔵遊記』　青木文教　中公文庫
『蔵蒙旅日記』　寺本婉雅／横地祥原編　芙蓉書房

『内陸アジア』（一・二）　蒙古善隣協会編　生活社
『西北支那紀行』　陳賡雅／池田孝訳　博文館
『大陸風雲録』　中沢達喜／西内雅編　重寿会
『特務機関』　内蒙古アパカ会／岡村秀太郎共編　国書刊行会
『ウランバートルの灯みつめて五十年』　春日行雄　モンゴル会

『冬のモンゴル』　磯野富士子　中公文庫
『善隣協会の日々』　都竹武年雄述／小長谷有紀・原山煌・Philip Billingsley 編　桃山学院大学総合研究所
『知らなかった国よ　マクロビオティックの世界「メゾン・イグノラムス日記」』　斎藤武次　文芸社
『西蔵漂泊　チベットに魅せられた十人の日本人』（上・下）　江本嘉伸　山と溪谷社
『新編 西蔵漂泊　チベットに潜入した十人の日本人』　江本嘉伸　ヤマケイ文庫
『チベットと日本の百年』　日本人チベット行百年記念フォーラム実行委員会編　新宿書房
『チベット密教』　立川武蔵／頼富本宏共編　春秋社
『ヒマラヤ』　徳岡孝夫　毎日新聞社
『天葬への旅』　森田勇造　原書房
『善隣協会史　内蒙古における文化活動』　善隣会編　日本モンゴル協会
『善隣会報』　善隣会
『掌中 支那全図』　木崎純一製図　伊林書店
『新編 中国司機行車地図冊』　中国地図出版社
貴司山治ｎｅｔ資料館　http://ito-jun.readymade.jp

沢木耕太郎（さわき・こうたろう）

1947年東京生れ。横浜国立大学卒業。ほどなくルポライターとして出発し、鮮烈な感性と斬新な文体で注目を集める。1979年『テロルの決算』で大宅壮一ノンフィクション賞、82年『一瞬の夏』で新田次郎文学賞を受賞。その後も『深夜特急』『檀』など今も読み継がれる名作を発表し、2006年『凍』で講談社ノンフィクション賞、13年『キャパの十字架』で司馬遼太郎賞を受賞する。長編小説『波の音が消えるまで』『春に散る』、国内旅エッセイ集『旅のつばくろ』『飛び立つ季節　旅のつばくろ』など著書多数。

天路《てんろ》の旅人《たびびと》

発　行　2022年10月25日
5　刷　2023年 2 月25日

著　者　沢木耕太郎《さわきこうたろう》
発行者　佐藤隆信
発行所　株式会社新潮社
住　所　〒162-8711
東京都新宿区矢来町71
電　話　編集部 03-3266-5411
読者係 03-3266-5111
https://www.shinchosha.co.jp
印刷所　大日本印刷株式会社
製本所　加藤製本株式会社

乱丁・落丁本は、ご面倒ですが
小社読者係宛お送り下さい。
送料小社負担にてお取替えいたします。
価格はカバーに表示してあります。

ISBN978-4-10-327523-7　C0095

深夜特急 第一便 黄金宮殿 沢木耕太郎

デリーからロンドンまで、二万キロの道のりを乗合いバスで旅してやろう！ ユーラシアの果てを目指して、26歳の〈私〉は旅に出た。香港、マカオ、マレーシア、そして……。

深夜特急 第二便 ペルシャの風 沢木耕太郎

風に吹かれ、水に流され、偶然に身をゆだねて旅することに快感を覚えるようになった〈私〉は、クレイジー・エクスプレスともいうべきバスに乗って「絹の道」を一路西へ…。

深夜特急 第三便 飛光よ、飛光よ 沢木耕太郎

『深夜特急』はついに、闇を駆けぬけ光り輝く海へ出た！ トルコ、ギリシャ、スペイン、ポルトガル――大西洋の風に吹かれながら私は、〝旅の終り〟を決意した……。

旅する力 深夜特急ノート 沢木耕太郎

誰もが目指し、憧れた『深夜特急』の旅。第三便から十六年の刻を経て、遂に最終便が走り出す。旅に関する文章の総決算とも言うべき、著者初の長編エッセイ。

旅のつばくろ 沢木耕太郎

はじめての旅のように、自由気ままに歩いてみたい。この国を、この土地を、ただ歩きたいから歩く……。そう、つばめのように軽やかに。著者初の国内旅エッセイ。

飛び立つ季節 旅のつばくろ 沢木耕太郎

いつだって旅はある。夢の場所がある限りは。16歳で訪れた男鹿半島、檀一雄の墓に参った福岡、吉永小百合と語り合った伊豆など35編を収録、国内旅エッセイ集。

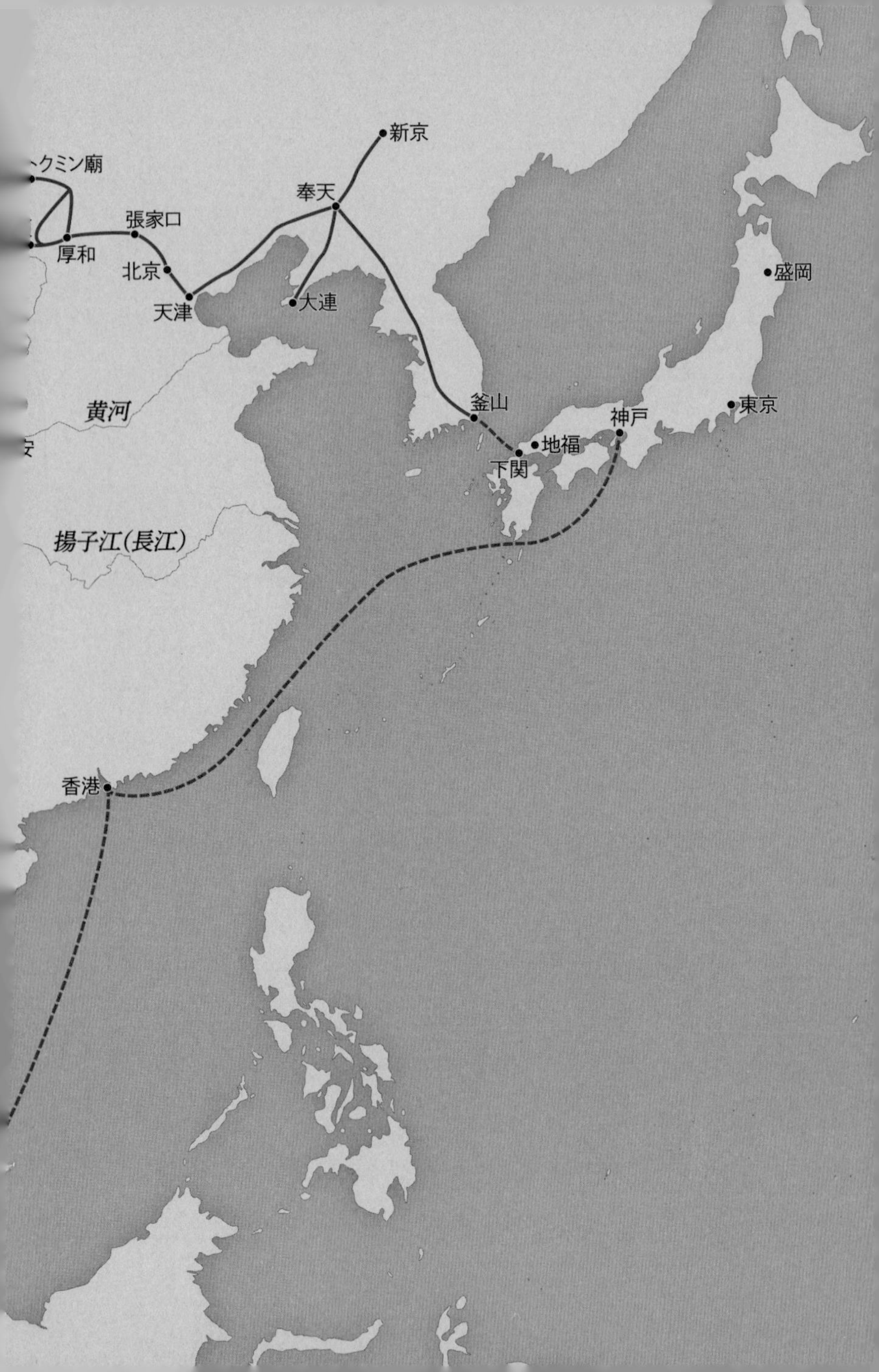

新京
クミン廟
奉天
張家口
厚和
北京
大連
天津
盛岡
釜山
東京
神戸
地福
下関
黄河
揚子江(長江)
香港